清代通史

萧一山 著

七

商务印书馆
创于1897 The Commercial Press
2019年·北京

第七册目录

下卷

第三篇　光绪前期之政治与外交

第三篇　光绪前期之政治与外交

第十六章　光绪初叶之政局

六十九　载湉继位与二次垂帘

（一）同治帝遗诏之疑

先是，载淳既患淫创，太医李德立、庄守和以恐"风声过大，且非两宫圣意"（翁同龢日记语），强以治痘药治之。帝殊恨恨，疾大渐，命召军机大臣侍郎李鸿藻入见寝宫，皇后侍侧，欲引避，帝止之曰："毋须，师傅先帝老臣，汝乃门生媳妇，吾方有要言，何必引避耶？"鸿藻见后在侧，急免冠伏地。帝曰："师傅快起，此时岂讲礼节时耶？"因执鸿藻手曰："朕疾不起矣。"鸿藻失声哭，后亦哭。帝曰："此非哭时。"因顾后曰："朕倘不讳，必立嗣子，汝果属意何人？可速旨之！"后曰："国赖长君，我实不愿居太后之虚名，拥委裘之稚子，而贻宗社以实祸。"帝莞尔曰："汝知此礼，吾无忧矣！"乃与鸿藻谋，以贝勒载澍入承大统，且口授遗诏，令鸿藻于榻侧书之，凡千余言，所以防慈禧者甚密。书诏成，帝阅之，犹谓鸿藻曰："甚妥善，师傅且休息，明日或犹得一见也。"鸿藻出，战栗无人色，即驰至慈禧宫，请急对。既见，出袖中草诏以进，慈禧太后阅毕，怒不可遏，立碎其纸，掷于地，叱鸿藻出。旋命尽断医药饮膳，不许入乾清宫，移时，穆宗崩耗闻于外矣。或言：帝疾大渐，后不待召，哭而往，问有遗旨否。且手为拭脓血。帝力疾书一纸与之，尚未阅竟。忽慈禧至，见后悲惨，手拭帝秽，大骂曰："妖婢！此时尔犹狐媚，必欲死而夫耶？皇帝与尔何物？可与我！"后不敢匿。慈禧阅讫，冷笑曰："尔竟如此大胆。"立焚之。顺手批其颊无数，以戴金指甲，致后面血痕缕缕。帝为缓颊，慈禧乃斥令退，不使之送终也。须臾帝崩,故后以片纸请命于父崇绮,父批一“死”字。殉节之志遂决。以上二说,俱见《清宫遗闻》,而恽毓鼎《崇陵传信录》云:“惠陵上仙,实系患痘,外传花柳毒者非也。甲戌十二月初四日,痘已结痂,宫中循旧例谢痘神娘娘,幡盖香花鼓乐,送诸大清门外。是日,太医院判李德立入请脉,已报大安,两宫且许以厚赏矣。夜半,忽急诏促入诊,踉跄至乾清宫,则见帝颜色大变,痘疮溃陷,其气甚恶。德立大惊,知事已不可为,而莫解其故,未久即传帝崩矣。嗣后始有泄其事者:孝哲毅皇后为侍郎崇绮之女,明慧得帝心,而不见悦于姑,慈禧太后待之苛虐。初四日,不知何事,复受谴责,后省帝疾于乾清宫,泣诉冤苦。帝宿宫之暖阁,屋深邃,苦寒,中以幕隔之。慈禧侦后诣帝所,窃尾之,宫监将入启,摇手令勿声,去履袜行,伏幕外听之。适闻后语,帝慰之曰:‘卿暂忍耐,终有出头日也。’慈禧大怒,揭幕入,牵后发以出,且行且痛抶之,传内廷备大杖。帝惊恐且悲,坠于地,昏晕移时始苏,痘遂变。慈禧闻帝疾剧,始释后,而诬以房帏不谨,致圣躬骤危云。”此说虽未言继嗣事,然载淳临崩之前一日,有与皇后相见密语之事,致后遭慈禧谴责,固诸说皆相同也。帝病早告不治,所谓痘痂将结,厚赏医官,德立以六品杂流越六级以三品卿候补,又于大清门外结墤,焚烧彩帛车马,名曰:“送圣。”恽氏所谓谢痘神者,皆故示人以“天花之喜”耳。据翁同龢日记,十一月十九日,痂已落,而头眩发热、腰腿重疼、便秘、痉挛、肾虚、遗泄赤浊。二十三日以后,脉息弱而无力,腰间肿处,两孔皆流脓,已有内溃之势。故十二月初则两颊肿甚,口糜唇鼓,又成走马疳。口气作臭,毒势内攻,食少寐减,气血已亏,何言变生俄顷乎?故当送圣时,都中士庶,窃窃私议,以为颇似大丧祖送也。可见宫廷虽极尽掩饰之能事,而百姓皆不之信。载淳临死,必有遗言,无论其属意何人,而临终受命者,非皇后即师傅。慈禧对皇后谴责,盖即肇因于此。皇后殉节,在载淳崩后七十五日,其所以不遽死者,则知初尚欲忍辱以偷生也。及慈禧立载湉,而不为载淳立嗣,后以寡嫂居宫中,成何体统?未免有遗诏不符之悲。慈禧闻之,亟召至,批其颊曰:“尔既害吾子,尚思作皇太后耶?”后泣不止,痛不欲生。一日,崇绮入视,知其状,奏闻。慈禧曰:“皇后如此悲痛,即可随大行皇帝去罢!”崇绮出,未移晷,而毅皇后忽薨,年仅二十二。《崇陵传信录》谓其吞金以殉，似为实录。盖慈禧虽无赐死之命，而实即赐死，若子若媳，皆等亲手杀之。谕旨谓“毁伤过甚，遂抱沉疴”，皆属饰词。御史潘敦俨奏请表扬潜德，慈禧斥其糊涂谬妄，下吏夺职。夫既伤毁殉节，表扬亦属常事，有何谬妄？可见此淫毒妇人以争夺大权，固不惜毁帝之遗诏，又曷能留一有名分之人哉？后日慈安之崩，亦以怀遗诏故也。

(二) 载湉之得位

罗惇曧《德宗继统私记》云：“同治十三年十二月，穆宗大渐，两宫皇太后御养心殿西暖阁，召惇亲王奕誴、恭亲王奕䜣、醇亲王奕譞、孚郡王奕譓、惠郡王奕详等入，孝钦后泣语诸王曰：‘帝疾不可为，继统未定，谁其可者？’或言溥伦当立。惇亲王言，溥伦疏属不可。后曰：‘溥字辈无当立者，奕譞长子今四岁矣，且至亲，予欲使之继统。’盖醇亲王嫡福晋，孝钦后妹也，孝钦利幼君可专政，傥为穆宗立后，则已为太皇太后，虽尊而疏，故欲以内亲立德宗也。诸王皆愕，不知所对，醇亲王大惊，哭失声，伏地晕绝。恭亲王奕䜣叱之，令内侍扶出。诸王不敢抗后旨，议遂定。是日，穆宗崩，帝入居宫中，遂即位，用两宫太后旨，皇帝龙驭上宾，未有储贰，不得已以醇亲王奕譞之子载湉，承继文宗显皇帝为子，入承大统，为嗣皇帝。俟嗣皇帝生有皇嗣，即承继大行皇帝为嗣，改元光绪。醇亲王愤郁成疾，疏言：‘臣侍从大行皇帝十有三年，时值天下多故，尝以整军经武，期睹中兴盛事，虽肝脑涂地，亦所甘心。何图昊天不吊，龙驭上宾，臣前日瞻仰遗容，五内崩裂，已觉气体难支，犹思力济艰难，尽事听命。忽蒙懿旨下降，择定嗣皇帝，仓卒间昏迷，罔知所措。迨舁回家，身战心摇，如痴如梦，致触犯旧有肝疾等病，委顿成废。惟有哀恳皇太后恩施格外，洞照无遗，曲赐矜全，许乞骸骨，为天地容一虚縻爵位之人，为宣宗成皇帝留一庸钝无才之子，使臣帡幪于此日，正邱首于他年，则生生世世，感戴高厚鸿慈于无既矣。’谕令王公大学士六部九卿会议具奏。旋诏准开去各差使，以亲王世袭罔替。醇亲王具疏恳辞，诏不许。两宫皇太后垂帘听政。”又《清宫遗闻》曰：“方穆宗之初殁也，是日薄暮，内廷忽传出懿旨，令军机王大臣入议要政,于是咸趋伺。良久,始见慈禧一人出,身穿轻便服,手携一淡巴菰筒,依坐位立。诸王大臣乃进,敬问皇上病状。慈禧尚含笑应曰:‘皇帝无恙。’语毕,默然者久之。诸王大臣咸惴惴无人色,盖知宫中必有大故矣。移时,慈禧复言曰:‘圣躬颇虚弱,未有子,脱有不测,必立嗣,卿辈试思宗室中谁可承大统者?’众多不敢作一语。独文祥微言曰:‘分当为皇上立太子,溥字辈近支已有数人,请择其贤者立之。’慈禧闻而色变。不答,徐曰:‘醇亲王之子载湉,甚聪睿,必能承继大统,吾欲立之,为文宗显皇帝嗣。卿辈以为何如?’文祥知其意已决,不复谏,众皆唯唯。慈禧始厉声曰:‘皇帝已驾崩矣。’众闻言,均失声大哭,而立德宗之议遂定。”以上所记,大体虽不谬,惟皆非亲莅其事者,故情况多有出入。翁同龢以弘德殿行走,每日皆入宫,其日记云:“初五日卯正二入宫……辰正三刻散,……返寓小憩未醒,忽传急召,驰入尚无一人也。时方日落,有顷,恭邸(奕䜣)、宝(宝鋆)、沈(沈桂芬)、英桂、崇纶、文锡(总管内务府大臣)同入,见于西暖阁。御医李德立方奏事急,余叱之曰:‘何不用回阳汤?’彼云:‘不能,只得用麦参散。’余曰:‘即灌可也。’太后哭不能词。仓卒间御医称:牙闭不能下矣。诸臣起立,奔东暖阁,上扶座瞑目,臣上前遽探,既弥留矣,天惊地坼,哭踊良久。时内廷有续至者,入哭而退,惨读脉案云:‘六脉俱脱,酉刻崩逝。’戌刻,太后召诸臣谕:‘此后垂帘如何?’枢臣中有言:‘宗社为重,请择贤而立,然后恳乞垂帘。’谕曰:‘文宗无次子,今遭此变,若承嗣年长,实不愿!须幼者,乃可教育!现在一语即定,永无更移,我二人同一心,汝等敬听,则即宣曰某(载湉)。惟时醇亲王惊遽敬唯,碰头痛哭,昏迷伏地,掖之不能起。诸臣承懿旨,即下至军机处拟旨。潘伯寅(祖荫)意必宜明书为文宗嗣,余意必应书为嗣皇帝,庶不负大行付托。遂参用两人说定议。亥正请见面递旨意(黄面红里),太后哭而应之,遂退。方入见时,戈什爱班奏迎嗣皇帝礼节大略:‘蟒袍补褂入大清门,从正路入乾清门,至养心殿谒见两宫,方于后殿成服。’允之。遣御前大臣及孚郡王等以暖舆往迎,寅正一刻闻呼门,则笼烛数百枝入门矣。余等通夜不卧,五鼓出。”是急召诸臣时,载淳尚弥留,而谕立载湉,则驾崩越一时矣。《德宗实录》议立时,未载文祥名,据《清史稿》文祥以病久不愈,在告。德宗立,又以久病请罢,温诏慰留,专任军机大臣及总理各国事务。故谓文祥微言立溥字辈者妄也。慈禧召诸臣谕以一语即定,其不愿立长,利幼君可专政之意,已极显然,故诸臣皆不敢有所谏议,惟醇亲王以其子被胁入宫,痛哭晕厥,乃属实情。遗诏及懿旨,皆翁同龢、潘祖荫所拟也。载湉以同治十年六月二十八日生于西太平街醇王府之槐荫斋。入承大统,不及四岁,较顺治、康熙、同治三帝均更幼,以故迎入时犹酣睡。此一稚龄小儿,在慈禧之掌握中,如弄木偶,"天颜戚戚,常若不愉,未尝一日展容舒气也"(恽毓鼎语)。其生平遭际困厄,早定于离开母亲怀抱时,无怪奕譞之痛哭昏迷也。

(三) 太后垂帘听政

当载淳病称天花时,医言即令一切平安,亦须休养百日。廷臣因慈禧之讽示,遂奏请帝权停万机,两宫太后裁决庶政,改引见为验放如初垂帘故事。翁同龢日记记其经过云:

> 十一月初八日,已正叫起……数语皆退。旋传再入,皇太后御中间宝座西向,宣谕数日来圣心焦虑,论及折奏等事裁决披览,上既未能躬亲,尔等当思办法,当有公论。又谕及上体向安,必寻娱乐,若偶以丝竹陶情,诸臣谅无议论。诸王跪向前,有语宫闱琐事,惇亲王奏对失体,颇蒙诘责,诸臣伏地叩头而已。反复数百言,皇太后调护过勤,焦虑过甚,不免流涕。……
>
> 诸王奏言:圣躬正值喜事,一切章奏及必应请旨之事,拟请两宫太后权时训谕,俾有遵循。命诸臣具折奏请。退后因同至枢廷拟折稿,略言俟来年二月十一日后,再照常办理。恭邸告孟忠吉入内请旨即散。甫散又传再见,入见于西暖阁,皇太后谕此事体大,尔等当先奏明皇帝,不可径请。(语亦多,不能悉记)一刻许退。
>
> 初九日,辰初一刻又叫起,与军机御前同入,上起坐,气色皆盛,头面皆灌浆饱满,声音有力。皇太后亦同在御榻,上首谕恭亲王,天下事不可一日稍懈,拟求太后代阅折报一切折件,俟百日之喜,余即

> 照常好生办事。并谕恭亲王当敬事如一,不得蹈去年故习,语简而厉。太后谕略如昨,并言昨西暖阁一起,乃出臣工之请,本恐烦皇帝心虑,故未告知。今当诸王大臣即告皇帝勿烦急,已允诸臣所请矣。

由此可见慈禧早有垂帘之意,而尚忸怩作态者,则以同治帝个性倔强,自亲政后即不愿太后多与闻庶政;而帝偶患病,并非缺位,即议垂帘,清议不可不畏也。特谕诸臣先奏明皇帝,语出载淳,自可不露痕迹。有隙即乘,犹谓允臣工之请,"识者已恶其不祥"(李慈铭语),故不及一月,而载淳即病崩矣。载湉以冲龄践祚,乃系慈禧作掌握政权之地步,翌日,王公、大学士、六部九卿即吁请垂帘听政,上谕曰:"钦奉慈安端裕康庆皇太后、慈禧端佑康颐皇太后懿旨:览王大臣等所奏,更觉悲痛莫释,垂帘之举,本属一时权宜。惟念嗣皇帝此时尚在冲龄,且时事多艰,王大臣等不能无所禀承,不得已姑如所请。一俟嗣皇帝典学有成,即行归政。钦此。祗承懿训,寅感实深,因思朕以薄德藐躬,钦承两宫皇太后懿旨,入承大统,诞膺景命,仰荷大行皇帝付托之重,遗大投艰,茕茕在疚。幸赖两宫皇太后保护朕躬,亲裁大政,尔王大臣暨中外臣工惟当翼为黾勉,各矢公忠,共襄郅治,以上慰大行皇帝在天之灵,下孚薄海臣民之望,朕实有厚望焉。"名义上号称两宫垂帘听政,实际一切由慈禧裁决。薛福成记《慈安皇太后盛德》云:"东宫见大臣,呐呐如无语者,每有奏牍,必西宫为诵而讲之,或竟月不决一事。……迩年以来,太后益谦让未遑,事无巨细,必待西宫裁决。或委枢府主持,或者天下大定,可以垂拱而治,故益务韬晦欤?"薛氏仅以杀何桂清、胜保、安德海事及锡封曾、左、李侯伯谓实出东宫之意,以西后锐于任事,太后悉以权让之,颓然若无所与者。故同治帝发病后之召见大臣,皆慈禧一人所为,故翁同龢日记只言太后而不及两宫矣。载淳亲政不及二年,慈禧即借口子病而欲垂帘,继立幼主,亦早有成竹在胸,盛年(慈禧方四十岁)弄权,纯为私欲,非关国政。盖赤凤之谣,杨华之歌,众口流传,几成事实,慈禧之贪位揽政,图个人享乐方便计耳。其初念殆与武则天相同,虽弑君鸩母而不惜也。但则天饶有政治天才,虽易唐为周,而其治未衰,慈禧则只有机诈之心,最初利用奕䜣,其继利用奕谖，二人皆郁勃以死。似此神差（奕谖好顺众议以攘外为能，管神机营，人称为神差）鬼使（奕䜣熟悉外情，主张自强，时掌总署，人讥为鬼使）之结局，正象征有清末叶之命运，一切事业之进行，冥冥中皆有为之牵掣者，故均不免于失败，而枢纽皆由于慈禧一念之差。故《崇陵传信录》云："孝钦后为叶赫那拉氏，天命朝，大兵定叶赫，颇行威僇，男丁罕免者。部长布扬古临没愤言曰：'吾子孙虽存一女子，亦必覆满洲。'以此祖制宫闱不选叶赫氏。"当时人既无法解释慈禧僭窃之动机，即谓满清之亡，实天假其手以为叶赫复仇耳。叶赫本海西女真，效忠于明朝，努尔哈赤统一东北，惟叶赫最后灭，故与建州若世仇然。其事当未必有据，而其理则殆或然乎？否则以爱新觉罗氏子孙之繁，又好以守家法遵祖制自鸣者，何独不能制一妾媵妇人，而皆听其驱使？尤以慈安嫡后，受咸丰帝付托之重，亦不能假遗诏以废之，反谦退让其独裁，岂非所谓神差鬼使欤！

（四）穆宗立嗣之问题

载湉与载淳为兄弟辈，既入承大统，继文宗为子，是不仅违背清朝家法，且改变历代传统以嫡之旨。所谓"俟嗣皇帝生有皇子，既承继大行皇帝为嗣"一语，究竟此为嗣之皇子，是否能承继皇位，仍属悬拟未定。内阁侍读学士广安乃上奏曰："窃维立继之大权，操之君上，非臣下所敢妄预。若事已完善，而理当稍为变通者，又非臣下所可缄默也。大行皇帝冲龄御极，蒙两宫皇太后垂帘励治，十有三载，天下底定，海内臣民，方将享太平之福。讵意大行皇帝皇嗣未举，一旦龙驭上宾，凡食毛践土者，莫不吁天呼地。幸赖两宫皇太后坤维正位，择继咸宜，以我皇上承继文宗为子，并钦奉懿旨：俟嗣皇帝生有皇子，即承继大行皇帝为嗣。仰见两宫皇太后宸衷经营，承家原为承国；圣算悠远，立子即以立孙。不惟大行皇帝得有皇子，即大行皇帝统绪亦得相承勿替，计之万全，无过于此。惟是奴才尝读《宋史》，不能无感焉。宋太祖遵杜太后之命，传弟而不传子，厥后太宗偶因赵普一言，传子竟未传侄。是废母后成命，遂起无穷斥驳，使当日后以诏命铸成铁券，如九鼎泰山，万无转移之理，赵普安得一言间之？然则立继大计，成于一时，尤贵定于百代。况我朝仁让开基，家风未远，圣圣相承,夫复何虑? 我皇上将来生有皇子,自必承继大行皇帝为嗣,接承统绪。第恐事久年湮,或有以普言引用,岂不负两宫皇太后诒厥孙谋之至意。奴才受恩深重,不敢不言,请饬下王公大学士六部九卿会议,颁立铁券,用作奕世良谟。”两宫以前降旨俟嗣皇帝生有皇子,即承继大行皇帝为嗣,业经明白宣示,中外咸知。广安冒昧渎陈,殊堪诧异,着传旨申饬。至光绪五年三月,穆宗葬惠陵,吏部主事吴可读虑大统授受之间,类多变故,鉴宋太宗、明景帝之故事,思以尸谏,而坚为穆宗立后之信。乃请于吏部长官,随赴惠陵襄礼。还次蓟州马伸桥三义庙,于闰三月五日夜间饮毒毕命,遗疏请代奏,疏云:

奏为以一死泣请懿旨,预定大统之归,以毕今生忠爱事:窃罪臣闻治国不讳乱,安国不忘危,危乱而可讳可忘,则进苦口于尧、舜,为无疾之呻吟,陈隐患于圣明,为不祥之举动。罪臣前因言事忿激,自甘或斩或囚,经王大臣会议,奏请传臣质讯,乃蒙我先皇帝曲赐矜全,既免臣于以斩而死,复免臣于以囚而死,又复免臣于以传讯而触忌触怒而死。犯三死而未死,不求生而再生,则今日罪臣未尽之余年,皆我先皇帝数年前所赐也。乃天崩地坼,忽遭十三年十二月初五日之变,即日钦奉两宫皇太后懿旨,大行皇帝龙驭上宾,未有储贰,不得已以醇亲王之子承继文宗显皇帝为子,入承大统为嗣皇帝,俟嗣皇帝生有皇子,即承继大行皇帝为嗣,特谕。罪臣泣涕跪诵,反复思维,以为两宫皇太后一误再误为文宗显皇帝立子,不为我大行皇帝立嗣,既不为我大行皇帝立嗣,则今日嗣皇帝所承大统,乃奉我两宫皇太后之命,受之于文宗显皇帝,非受之于我大行皇帝也。而将来大统之承,亦未奉有明文,必归之承继之子,即谓懿旨内既有承继为嗣一语,则大统之仍归继子,自不待言。

罪臣窃以为未然,自古拥立推戴之际,为臣子所难言。我朝二百余年祖宗家法,子以传子,骨肉之间,万世应无间然。况醇亲王公忠体国,中外翕然,称为贤王,观王当时一奏,令人忠义奋发之气,勃然而生。言为心声,岂容伪为? 罪臣读之,至于歌哭不能已已。倘王闻臣有此奏,未必不怒臣之妄而怜臣之愚,必不以臣言为开离间之端。而我皇上仁孝性成,承我两宫皇太后授以宝位,将来千秋万岁时,均能以我两宫皇太后今日之心为心,而在廷之忠佞不齐,即众论之异同不一,以宋初宰相赵普之贤,犹有首背杜太后之事;以前明大学士王直之为国家旧人,犹以黄竑请立景帝太子一疏,出于蛮夷而不出于我辈为愧。贤者如此,遑问不肖?旧人如此,奚责新进?名位已定者如此,况在未定?不得已于一误再误中而求一归于不误之策,惟仰祈我两宫皇太后再行明白降一谕旨,将来大统,仍归承继大行皇帝嗣子。嗣皇帝虽百斯男,中外及左右臣工,均不得以异言进,正名定分,预绝纷纭,如此则犹是本朝祖宗子以传子之家法,而我大行皇帝未有子而有子,即我两宫皇太后未有孙而有孙,异日绳绳揖揖,相引于万代者,皆我两宫皇太后所自出,而不可移易者也。罪臣所谓一误再误而终归于不误者此也。……仰鼎湖之仙驾,瞻恋九重;望弓剑于桥山,魂依尺帛。谨以我先皇帝所赐余年,为我先皇帝上乞懿旨数行。……惟望我两宫皇太后我皇上怜其哀鸣,勿以为无疾之呻吟,不祥之举动,则罪臣虽死无憾!

吏部以其疏上,朝野惊愕。诏言:"同治十三年十二月初五日降旨嗣后皇帝生有皇子,即承继大行皇帝为嗣,此次吴可读所奏,前降旨时,即是此意。着王大臣、大学士、六部九卿、翰詹科道会同妥议具奏。"可读字柳堂,甘肃皋兰人,道光三十年进士。乌鲁木齐提督成禄诬民为逆,击杀多人,虚饰胜状,为左宗棠所劾。可读以御史请斩成禄以谢甘民。语过戆直,被诃责,镌三级。归后主讲兰山书院。光绪元年,起吏部主事。遗命葬于蓟州,谓出蓟州一步,即非死所。清廷悯其忠,予优恤。群臣会议,佥言穆宗继统之义,已早赅于前降懿旨中,吴可读以大统所归,请旨颁定,似于我朝家法,未能深知,应请毋庸置议。旋奉懿旨:"前降旨俟嗣皇帝生有皇子,即承继大行皇帝为嗣,原以将来继绪有人,可慰天下臣民之望。第我朝圣圣相承,皆未明定储位,彝训昭垂,允宜万世遵守,是以前降谕旨,未将继统一节宣示,具有深意。吴可读所请颁定大统之归,实与本朝家法不合。皇帝受穆宗付托之重,将来诞生皇子,自能慎选元良,缵承统绪,其继大统者,为穆宗毅皇帝嗣子,守祖宗之成宪,示天下以无私,皇帝亦必能善体此意也。"其所谓家法者,即雍正所定不明立太子之制也。然太后垂帘,兄终弟及,岂得谓之家法哉?群臣不争其大端,而徒执其末节,似有愧于可读"一误再误"之言矣。慈禧事事不遵祖制,而驾驭诸王,玩弄儿帝,威胁后妃,动辄以家法为借口,任所欲为。对外臣则曾、左、李等所标榜之礼教主义,正可为之平乱拒敌,看守门户,于是"圣人以孝道治天下"之金科玉律,乃竟为慈禧所利用以持政柄图享乐矣。

七十　慈安被弑与恭王罢黜

(一) 慈安太后之暴崩

同治年间各种施政所以能呈复兴之现象者,以上有慈安之主持,而下有奕䜣之提倡,一为先帝之元后,一为翊戴之亲王,皆可与慈禧有制衡作用。慈禧所恃者,仅载淳为其亲生子耳。然载淳对生母之感情,似尚不如对嫡母之投合,于生母行为,诸多不满,故慈禧虽一度惩诫奕䜣,以示威权,而中心仍不免有所顾忌,未敢一意孤行也。及同治帝崩,慈禧故立其妹之子,此不仅可利用冲龄之儿皇帝以为傀儡;而载湉之父奕譞,正是奕䜣之对头人物。盖奕䜣主张维新自强,奕譞主张守旧攘外,以内亲素与慈禧结托,提高奕譞之地位,不啻减低奕䜣之声价,所谓一石两鸟,在慈禧心目中已筹之熟矣。光绪初年,恭王以环境恶劣,务益韬晦自全,于新政不敢有所建议,于外交亦不敢别持异同,心灰气沮,曲意承欢。其势力已无形瓦解,尤以光绪二年五月文祥卒后,奕䜣更少一得力助手,宝鋆、沈桂芬皆不能如文祥之见重于朝廷。李鸿藻、景廉、王文韶更无论矣。是以当时尚能与慈禧分庭抗礼者,仅慈安一人而已。慈安为人卑懦,又识字无多,遇事皆让慈禧裁决,原不足以掣西后之肘,然慈禧视之,形同赘疣,非割去不为快也。光绪七年,慈禧忽患疾甚剧,征中外名医治之,皆无效。盖由误认血膨所致。惟薛福辰(福成兄)诊其脉,知为小产,乃投以疏瀹补养之品,故奏效如神。慈安知其多失德,思有以感悟之,因置酒为庆病愈。

酒半，慈安屏去左右，殷勤追述咸丰时北狩木兰，猝遭大故，肃顺擅权，宫中颠沛艰难之状，及同治时共临朝十余年事，甚悉，欷歔零涕久之。慈禧亦悲不自胜。慈安忽慨然曰："吾姊妹今皆老矣，旦夕当归天上，仍侍先帝。吾二人相处二十余年，幸同心，无一语勃豁，第有一物，乃畴昔受之先帝者，今无所用之矣。然恐一旦不讳，失检藏，或为他人所得，且致疑吾二人貌和好而阴妒嫉者，则非特吾二人之遗憾，抑且大负先帝意矣。"语次，袖出一函，授慈禧，使观之。乃文宗所付之遗诏也。略谓：叶赫氏祖制不得备椒房，今既生皇子，异日母以子贵，自不能不尊为太后，惟朕不能深信其人。此后如能安分守己则已，否则汝可出此诏，命廷臣传遗命除之。慈安笑曰："吾姊妹相处久，无间言，何必留此诏乎？"立取火焚之。慈禧面发赤，虽申谢，意怏怏不自得。慈安百计慰之。越数日，慈安偶因事至慈禧宫，慈禧执礼甚恭，非复如曩时之骄纵，侍者窃异之。慈安亦阴自喜，以为前日所为之果有效也。岂知慈禧已于笑里藏刀矣。二人坐谈时，慈安觉腹中微饥，慈禧令侍者奉饼饵一合进。慈安食而甘之，谓似非御膳房物。慈禧曰："此吾弟妇所馈者，姊喜此，明日当令其再送一分来。"慈安方逊谢，慈禧曰："妹家即姊家，请弗以谢字言。"三月十一日，慈安闲立庭中，倚缸玩金鱼，西宫太监捧盒至，跪陈曰："外舍顷进克食，西佛爷特分呈东佛爷。"慈安甚喜，启盒拈一二饼食之。顿觉不适，然亦无大苦。旋即传太医，谓东后骤痰厥，医未入宫，而遽逝矣。年四十五。凶信出，百官皆以为慈禧也，既知为东后，乃大惊诧。盖是日晨慈安尚临朝，召见军机，御容和怡无疾色。及内廷忽传慈安崩，命枢府诸人速进。抵宫，见慈安已小殓，而慈禧坐矮凳，言东后向无病，日来未见动静，何忽暴变至此？诸臣仰慰顿首，出议丧事。曩时后妃薨，即传戚属入内瞻视后小殓，历朝以为常。慈安薨，椒房无预其事者，众咸叹为创举。慈禧悍然弑之，盖以遗诏而促其决心，亦慈安自取之咎耳。岂有相处二十余年而尚不知其素行者？虽死亦何能"复命先帝"乎？真愚不可及矣。慈安既逝，则奕䜣之位置愈危，故不久即遭罢黜。

(二) 恭亲王奕䜣之罢黜

奕䜣以亲王管领军机译署,为朝臣领袖,达二十四年。在其执政期中,初颇振作有为,与曾国藩、李鸿章合作以维持内外,创建维新事业。及受守旧派之攻击,而奕譞又暗助之,失欢慈禧、载淳,屡遭训诫,已不免敛迹自全,遇事模棱推托,已无早年负责锐进之豪气矣。故侍读学士张佩纶虽曾上疏请太后严饬恭王负责主持,而奕䜣之顾忌愈多,因循如故也。惟不轻言对外作战,力主和平交涉一端,始终与李鸿章意见一致,得鸿章之实力支持,仅可勉强维持现状。此时放言高论之士大夫,动辄以复仇雪耻为言,苟有衅隙,即主激进,慈禧与奕譞皆隐隐赞成,故奕䜣处内外夹击之中,殊感进退维谷。光绪六年,太监违禁携物品外出,为护军拦阻殴辱,此原为数百年相沿之门禁规例,无可非议者。而宫监为慈禧所遣,以赠送物品与母家,乃大怒,严谕当值护军处斩,首领革职。命下之日,盈廷骚然。张之洞、陈宝琛皆上书力言,恭王亦以为不可,致与慈禧争辩。慈禧曰:"汝事事抗我,汝为谁耶?"王曰:"臣是宣宗第六子。"慈禧曰:"我革了你!"王曰:"革了臣的王爵,革不了臣的皇子!"慈禧无以应(见金梁《清宫外传》引《皇室闻见录》)。由是慈禧与奕䜣嫌隙日甚。及慈安暴崩,慈禧独握大权,生杀予夺,一由己意,恭王为明哲保身计,惟有因循敷衍,以琐细迎合而已。《翁文恭公日记》有云:

> 十年三月初四日:北宁事确,又谅江亦据,封奏三论此者二,意皆主起宿将,然皆未办也。恭邸述惇邸语请旨,则十月中进戏事也。极琐细,极不得体。慈谕谓:本不可进戏,何用请旨?且边事如此,尚顾此耶?意在责备,而邸犹剌剌不休,竟跪至六刻,几不能起。
>
> 初五日:比入,仍申昨日之谕,两邸所对皆浅俗语,总求赏收礼物。垂谕极明,责备中有沉痛语,略言心好则可对天,不在此末节,以为尽心也。臣越次言:惇亲王、恭亲王宜遵圣谕,勿再琐屑。两王叩头,急急退出,天潢贵胄、亲藩重臣识量如此。

恭王、惇王之言行,为其同僚所讥诮者如是,则慈禧心中之反感,更可

推见。连日召见醇亲王再三商讨,始定罢黜恭王之大计。而对外公布之理由,则盛昱痛斥枢廷之无状一疏耳。疏云:

日讲起居注官左庶子奴才宗室盛昱跪奏,为疆事败坏,责有攸归,请将军机大臣严加议处,责令戴罪图功,以振纲纪而图补救事:窃越事失机,议者皆咎在云南抚臣唐炯、广西抚臣徐延旭,现已奉旨拿问。奴才谓唐炯、徐延旭坐误事机,其罪固无可逭,而枢臣之蒙蔽诿卸,罪实浮于唐炯、徐延旭,奴才敢不避嫌怨,为我皇太后皇上陈之:唐炯、徐延旭自道员超擢藩司,不二年即抚滇、粤,外间众口一词,皆谓侍讲学士张佩纶荐之于前,而协办大学士李鸿藻保之于后。张佩纶资浅分疏,误采虚声,遽登荐牍,犹可言也;李鸿藻内参进退之权,外顾安危之局,义当博访,务极真知,乃以轻信滥保,使越事败坏至此,即非阿好循私,律以失人偾事,何说之辞?恭亲王、宝鋆久直枢廷,更事不少,非无知人之明,与景廉、翁同龢之才识凡下者不同,乃亦俯仰徘徊,坐观成败,其咎实与李鸿藻同科。然此犹其咎共见共闻者也,奴才所深虑者,一在目前之蒙蔽,一在将来之推诿。北宁等处败报纷来,我皇太后赫然震怒,将唐炯、徐延旭等拿问,自宜涣大号以励军威,庶几敌忾同仇,力图雪恨。乃该大臣等犹欲巧为粉饰,不明发谕旨,不知照内阁吏部。夫一月之内更调四巡抚,一日之内逮治两巡抚,而欲使天下不知,此岂情理所有?在该大臣等必托言恐法夷诘问,于和局有关,不知都下喧传,《申报》刊布,其迹早不可掩,该大臣等惟冀苟安旦夕,遂置朝纲于不问。试思我大清二百余年有此体制欤?抑我中国数千年有此政令欤?现在各国驻京公署及沿海各国兵船纷纷升旗,为法夷致贺,外邦腾笑,朝士寒心,奴才窃料该大臣等视若寻常,未必奏闻也。该大臣等以为可免法夷诘问,而法夷在总署已索兵费至六百万镑,奴才又料该大臣等狃于所托未必奏闻也。甘辱靦颜,孰不可忍?是蒙蔽之罪也。

唐炯、徐延旭既经拿问,即当另简贤员,乃就近于湖南用一潘鼎新,复就近于贵州用一张嵩凯,该二员一则粗庸,一则畏葸,该大臣等岂不深知?以奴才愚见揆之,恭亲王等鉴于李鸿藻而不敢言,李鸿藻亦自鉴于前而不敢言,以为就地取材,用之而当固不为功,用之而非亦不为过,选举之咎,犹可解免。如此存心,殆不可问,是诿卸之罪也。该大臣等参赞枢机,我皇太后、皇上付之以用人行政之柄,言听计从,远者廿余年,近亦十数年,乃饷源何以日绌?兵力何以日单?人材何以日乏?即无越南之事,且应重处,况已败坏于前,而更蒙蔽诿卸于后乎?有臣如此,皇太后皇上不加显责,何以对祖宗?何以答天下?惟有请明降谕旨,将军机大臣及滥保匪人之张佩纶均交部严加议处,责令戴罪图功,认真改过,讳饰素习,悉数湔除。迅将拿问唐炯、徐延旭及更调各省抚臣之谕旨,即行明发。并责令将沿边各督抚孰堪胜任,孰是替人,于五日之内,和衷商榷,公同保奏,将来即以此数人功罪,为该大臣等之功罪,一有败衄,刑即随行,倘复互诿,即予罢斥,以专责成。当今之要,无过于斯!抑奴才更有言者:目下时势有战无和,法人所欲不过割地索款二事,并请明降谕旨,力坚战议,宣示天下,中外大小臣工敢有言及弃地赔款者,即属乱臣,立置重典。不以小胜而骄,不以迭挫而忧,此又在我皇太后皇上之宸衷独断也。奴才目击时艰,徬徨夙夜,冒昧渎陈,劾及贵近,自知万死,不胜屏息待命之至!

此折为光绪十年三月初十日封进,因中法安南之役,纠纷正亟,恭王总持枢机,一无善策,俯仰徘徊,确为当时事实。故舆论交责,登诸白简,而慈禧正恶奕䜣之往日未尽服从,乃把握此一机会,与醇王合谋,将五军机同时罢黜。十三日,由小军机缮发谕旨曰:

钦奉慈禧端佑康颐昭豫庄诚皇太后懿旨:现值国家元气未充,时艰犹巨,政虞丛脞,民未敉安,内外事务,必须得人而理。而军机处实为内外用人行政之枢纽,恭亲王奕䜣等始尚小心匡弼,继则委蛇保荣,近年爵禄日崇,因循日甚,每于朝廷振作求治之意,谬执成见,不肯实力奉行,屡经言者论列,或目为壅蔽,或劾其委靡,或谓簠簋不饬,或谓昧于知人。本朝家法綦严,若谓其如前代之窃权乱政,不惟居心所不敢,亦实法律所不容,只以上数端,贻误已非浅鲜!若不改图,专务姑息,何以仰副列圣之伟烈贻谋?将来皇帝亲政,又安能诸臻上理?若竟照弹章一一宣示,即不能复议亲贵,亦不能曲全耆旧,是岂朝廷宽大之政所忍为哉?言念及此,良用恻然!恭亲王奕䜣、大学士宝鋆,入直最久,责备宜严,姑念一系多病,一系年老,兹特录其前劳,全其来路,奕䜣着加恩留世袭罔替亲王,赏食亲王全俸,开去一切差使,并撤去恩加双俸,家居养疾。宝鋆着原品休致。协办大学士吏部尚书李鸿藻内廷当差有年,只为囿于才识,遂致办事竭蹶;兵部尚书景廉只能循分供职,经济非其所长,均着开去一切差使,降二级调用。工部尚书翁同龢甫直枢廷,适当多事,惟既别无建白,亦有应得之咎,着加恩革职留任,退出军机处,仍在毓庆宫行走,以示区别。朝廷于该王大臣之居心办事,默察已久,知其决难振作,诚恐贻误愈深,则获咎愈重,是以曲示矜全,从轻予谴,初不因寻常一眚之微,小臣一疏之劾,遽将亲藩大臣投闲降级也。嗣后内外臣工,务当痛诫因循,各摅忠悃,建言者秉公献替,务期远大,朝廷但察其心,不责其迹,苟于国事有补,无不虚衷嘉纳。倘有门户之弊,标榜之风,假公济私,倾轧攻讦,甚至品行卑鄙,为人驱使,就中受贿渔利,必当立抉其隐,按法惩治不贷,将此通谕知之。

此为晚清政局最著之事件,比较同治四年恭王一人之遭谴,其性质与影响,均大有不同也。奕䜣自辛酉政变后,执掌朝政,维持大局,亘二十余年,在大体上言,尚属功多于过。后此执政之亲贵,无一能及其才智者,又二十余年而清卒覆亡矣。故事召见枢臣皆全班进,亦间有首辅独对者,是日,因黜全班军机大臣,故独召领班章京入见,御前拟旨以上,朱书授之而出,前所未有之特例也。以视同治四年慈禧亲作别字连篇之诏书者,在处事之技术上可谓大有进步。翁同龢日记谓真炯目怵心,盖非仅为一己之进退,而实有关清室之命运耳。

(三)恭王罢黜之善后

军机全班既黜,命礼亲王世铎,户部尚书额勒和布、阎敬铭,刑部尚书张之万在军机大臣上行走,工部左侍郎孙毓汶、刑部右侍郎许庚身(不必常川入直)在军机大臣上学习行走。并命军机处遇有紧要事件,着会同醇亲王奕譞商办。三月十七日命郡王衔贝勒奕劻管理总理各国事务衙门。后此在总署行走之大臣,除阎敬铭、孙毓汶、许庚身以军机兼领外,尚有工部右侍郎徐用仪(光绪十九年亦兼在军机大臣上学习行走)、内阁学士周德润、工部尚书福锟、理藩院尚书昆冈、都察院左都御史锡珍、内阁学士廖寿恒、三品卿衔张荫桓、鸿胪寺卿邓承修、顺天府尹沈秉成、三品京堂候补续昌、兵部左侍郎曾纪泽、署理藩院左侍郎崇礼、兵部左侍郎洪钧、兵部尚书敬信、工部右侍郎汪鸣銮等十八人。昆冈、周德润、张荫桓等以对安南之役主战主和意见不一,旋出总署。军机处为政治枢纽,总理衙门为外交枢纽,此为同、光间清廷之两大机关。醇王密折所谓:“秉政之臣,即办夷之臣,此格不破,夷务终无了期。”盖恭王、宝鋆、沈桂芬、李鸿藻、景廉均以军机大臣兼领总署事务也。至是以礼王、庆王分领军机总署,而秉政大臣即办夷大臣之格破矣。醇王以皇帝本生父之关系,避嫌不能问政,但令遇事会同商办,是礼王仅具其名而醇王乃有其实,数年来奕譞与奕䜣对立之恩怨,终达成其排而去之目的,不久海军衙门成立,而醇王即正式总理海军事务,代恭王以总揽大权。至光绪十六年奕譞卒,始由礼王、庆王分执其事。此三王皆非枢辅之材,故政治已不免江河日下矣。若汉人之任军机者,在恭王时为沈桂芬、李鸿藻、翁同龢、王文韶,沈以光绪六年卒,王以八年罢,实际上初期为文祥、沈桂芬时代,后期为李鸿藻、翁同龢时代。至礼王时之阎敬铭、张之万、孙毓汶、徐用仪、许庚身等,除阎仅任二年即乞病罢直,余四人皆用事较久。然真能发生作用者,仅孙毓汶、徐用仪二人。其才具比较李、翁何如?殊难言也。以故军机尽易新人后,名望能力均大不如前,即原劾枢臣之盛昱,亦自恨多事矣。乃又上疏曰:

为获谴重臣未宜置身事外,请量加任使,严予责成,以裨时艰,恭折仰祈圣鉴事:窃奴才恭读邸钞,钦奉懿旨,将恭亲王等开去军机大臣差使，仰见宸谟明断，尽义极仁。伏念该亲王等仰荷圣恩，倚畀既专且久，乃办事则初无实效，用人则徒采虚声，律以负国误国之条，罪奚止此？犹复曲蒙高厚，许以投闲，该王苟有人心，宜如何感激！在廷诸臣，苟有人心，宜如何奋勉！惟是该王等既以军国重事贻误于前，若令投老田园，优游散局，转遂其逸安之念，适成其诿卸之心，殊不足以示罚。方今越南正有军事，筹饷征兵，该王等于档案尚为谙练，若概易生手，圣躬既恐烦劳，庶事或虞丛脞，况疆事方殷，而朝局骤变，他族逼处，更虑有以测我之深浅，于目前大局，殊有关系。宝鋆年老志衰，景廉、翁同龢小廉曲谨，断不能振作有为，力图晚盖，均无足惜。恭亲王才力聪明，举朝无出其右，缘以沾染习气，不能自振；李鸿藻昧于知人，暗于料事，惟其愚忠不无可取，国步阽危，人才难得，若廷臣中尚有胜于该二臣者，奴才断不敢妄行渎奏。惟是以礼亲王世铎与恭亲王较，以张之万与李鸿藻较，则弗如远甚。奴才前日劾章，请严责成而不敢轻言罢斥，实此之故。可否请旨饬令恭亲王与李鸿藻仍在军机处行走，责令戴罪图功，洗心涤虑，将从前过举认真改悔，如再不能振作，即当立予诛戮，不止罢斥！如此则责成既专，或可收使过之效，于大局不为无益。奴才愚昧之见，恭折沥陈，不胜战栗待命之至！

世铎与奕䜣较，张之万与李鸿藻较，则弗如远甚。盛昱固亦知恭王之才力聪明举朝无出其右者矣。何以责成之奏章，竟为慈禧利用以罢黜？不知内幕，反请戴罪图功、复加任使，真所谓缘木而求鱼也。疏上留中不报，于是御史丁振铎复疏陈恭王之功绩曰：

为懿旨过于贬损，请存录亲旧再沛德音，以息群疑，而固元气，恭折沥陈仰祈圣鉴事：窃本月十三日朱谕恭亲王奕䜣等分别罢免，懿旨有“若仍不改图，专务姑息，何以仰副列圣之伟烈诒谋？将来皇帝亲政，又安能诸臻上理”之语。自命下之日，朝野惊疑，中外惶惑，适有法越之事，于是谣传腾起，一日数惊。臣窃反复推寻，而知皇太后求治之心过切,故罪己过严;罪己过严,故责备臣下之言亦过决。何以言之?当同治初元,皇太后垂帘听政,其时泰西诸国,固已海上通商,京城驻使矣。而粤、捻蹂躏于中原,缠回负嵎于西域,被兵者十八省,用兵者十余年,卒能勘定大乱,镜清砥平,海内共登仁宇,外夷咸就范围,列圣创业垂统于前,皇太后训导穆宗皇帝继志述事于后,何不足仰副列圣者?及皇帝御极以来,振晋、豫之奇灾,改俄人之成约,宏开言路,拔擢贤能,天下喁喁以有道之世,何不足垂示将来者?即以法越而论,兵端初肇,边惊方闻,但当责诸臣以振作挽回,而于皇太后之功德初无损毫末。乃懿旨谦冲,痛切自责,凡有血气之伦,无不为之感泣,若竟不再沛恩纶,宣示天下,众且谓今日必有贻误之事,举二十年削平大难康济时艰之政,均有不足以当之,而后圣心乃贬损如此也。不然恭亲王在枢廷二十余年,皇太后平粤、捻,改俄约,恭亲王皆在政府,岂无微勤?即有小过薄愆,面加戒饬,仍令在枢垣总署自赎足矣,而竟开去一切差使耶?宝鋆身事三朝,粤、捻之役,亦与筹谋,即云年老,以大学士予告足矣,而竟原品休致耶?李鸿藻两次终丧,夙孚众望,穆宗皇帝旧学近臣,剿捻匪改俄约亦参密勿,即办事偶有不当,加恩仍竭诚补过足矣,而竟严加罢黜耶?夫二十余年之亲旧,同时俱罢,则是以此二十余年并无功之可纪也,并无效之可言也。二十余年之亲旧,举不足信,将皇太后二十余年之功德亦举不足信耶?皇太后不自信,而天下之人则共信之,天下既共信皇太后有足副列圣足贻皇上之功德,亦即不能没恭亲王等赞佐之微劳,舍二十余年之劳而遽予谴责,盖由宵旰之忧惕者深,而圣虑之㧑挹者至也。夫近年中外亦多故矣,寿庄公主(宣宗第九女,嫁德徽,以二月薨)薨逝,则懿亲可念也;左宗棠衰病开缺,则老成可念也;皇太后圣不自圣,欲舍旧谋新,以图振作,臣愿皇上密请于宫廷,醇亲王挽回于殿陛,特沛德音,存录恭亲王等,仍令当差效职,使群疑尽释,元气不伤,天下幸甚!臣为解释圣意加厚亲旧起见,昧死陈言。

此疏情文并茂,立论亦极公允,盖二十余年之勘定事业,皆由恭亲王及二三耆旧大臣主持之，宁无勤劳足录耶？俄约之改定，收回伊犁，在外交上亦属重大胜利，天下共信有足副列圣足贻来叶之功德，岂能一概抹杀？振铎欲以往事感动慈禧，并请醇王挽回于殿陛，殊不知正所谓与虎谋皮也。奕劻受命管理总署，亦自知不能胜任，乃上枢臣不兼总署之流弊一疏，谓：上下之情易隔，机括不灵，转致贻误；中外之隙易生，各国环伺，恐多棘手；衙门之体制顿改，章京之鼓励倍难，其事系天下之重，而其秩视六部为轻，一变旧章，均令藐忽，为四夷所笑，为外吏所轻，虽欲忍辱负重，何益于事乎？此系审时度势，真心为国之言，而慈禧竟传旨申饬。盖以有非恭王不能办之意，适中太后、醇王所忌耳。是年十月，恭王吁请祝嘏，反遭申斥。《召南笔记》云："庆王代请祝嘏，太后曰：'予闻其名且头痛，不许。'"足见慈禧厌恶恭王之深切，似非一朝一夕之故。自此元后亲藩俱除，清朝乃真成那拉氏之天下矣。

七十一　海军之建设与颐和园

（一）南、北洋舰队之成立

中国初无海军仅有水师。道光二十二年，文丰疏言：购吕宋国船一艘，驾驶灵便，足以御敌。旋谕隶水师旗营操演，并谕绅商多方购置，是为海军购舰之始。咸丰十一年，曾国藩请购外洋船炮，奕䜣等请以关税款购外洋小兵轮十余艘，饬广东、江苏各督抚募内地人学习驾驶。以已租之美国轮船二艘，配以炮械，驶赴安庆，交曾国藩调遣。同治元年国藩于安庆试造小轮船，二年令容闳赴美采办机器。四年遂在上海设制造局。五年左宗棠议兴船政，疏荐沈葆桢总理福建造船厂，清廷命为船政大臣。七年，江南制造局造恬吉兵船成，广东总督瑞麟亦订购六兵船于英，取名安澜、镇涛、澄清、绥靖、飞龙、镇海。又向法订购澄波兵船。八年福州船政制万年青兵船成。是为中国自制最早之兵船。此后年有添制，至光绪四年，沈葆桢督两江，奏定各省协款（粤海等关四成洋税及江海关四成内二成暨江、浙等省厘金），每年解南北洋各二百万两，专储为筹办海军之用。期以十年，成南洋、北洋、粤洋海军三大支。嗣犹恐缓不及事，请以四百万两尽解北洋成军后,再解南洋,于是筹议多购快碰船铁甲舰及各种蚊子炮船,以期编练。

适晋省告饥,朝士议提海军款以济之。沈葆桢以为大戚,贻书李鸿章争之。谓:“国际安危所系,葆桢老病不及见,必为我公异日之悔。”遂奏请将前项协款,仍以分解南、北洋,拟各治一军,以求速效。五年十一月葆桢卒,遗疏称:“天下事多坏于因循,但纠因循之弊,继之以卤莽,则其祸更烈,日本自台湾归后,君臣上下,早作夜思,其意安在? 若我海军全无能力,冒昧一试,后悔方长。”盖时因琉球问题,庶子王先谦请兴师问罪,而葆桢以海军未成,不可轻于一试也。葆桢卒后,海军之规画,遂专属于李鸿章,乃设水师营务处于天津,办理海军事务,以道员马建忠董之。光绪六年,又设立水师学堂,以严宗光(复)为总教习。迄庚子而不替,海军人材,几尽属福建船政学堂及天津水师学堂之学生。光绪十年,南北洋海军渐有规模,其分属之军舰,大约南洋十七艘,北洋十五艘,福建十一艘,多为闽、沪两厂出品,迎送官员,拖船载勇,习以为常,无从训练,战备阙如。于是李鸿章在英、德订购定远、镇远二艘铁甲船,济远、致远、靖远、经远、来远五巡洋舰,又鱼雷艇六艘,合以旧有之快船、炮船、练船、运船,而北洋海军始成。镇远、定远弁兵各三百二十九人,致远、济远、靖远、经远、来远弁勇各二百二人。超勇、扬威弁兵各一百三十七人。鱼雷艇各二十八人(惟左一号二十九人)。镇中、镇东、镇西、镇南、镇北、镇边蚊炮船弁兵各五十五人。威远、康济练船弁兵各一百二十四人,敏捷夹板练船弁兵六十人,利远运船弁兵五十七人。练勇学堂弁兵十四人,炮目练勇二百七十人,凡弁兵四千余人。设提督一员,统领全军,总兵二员,分左右翼,各统铁舰为领队。副将以下各官以所带船舰之大小职事之轻重,别其品秩。并聘英人琅威理为总查,实司训练。琅颇勤事,为海军官佐所敬惮,中外称之。一时军容顿为整肃,与外船相遇,始讲往来迎送庆吊交接之礼。及对法宣战,琅威理以回避去职,募德人式百龄以代之。式百龄颇奋勇效力,曾带两船赴朝鲜戡乱。十二年越事平,超勇管带林泰曾等请重聘琅威理复职,既至,训练如前,而意气之骄矜特甚。其时两江总督兼南洋大臣曾国荃亦请整顿海军,嗣后凡有兵轮,专事操练,梭巡洋面,以备战守,不得载勇拖船,以昭慎重,得旨允行。然以订购外国之新舰极少,故南洋海军较北洋有逊色矣。

(二) 海军衙门之成立

先是,奕䜣在总署,侍读学士张佩纶请创设水师衙门。奕䜣甚以为然,函李鸿章筹划。鸿章以海军规模日具,请仿各国先例,在北京设专部司其事。未几,奕䜣被黜,议遂中止。及佩纶受命会办福建海疆事宜,临出京又奏请设水师衙门,特简重臣经划一切,奉旨饬下南北洋先行会议。光绪十年五月,李鸿章出海巡阅,并邀佩纶及张之洞、吴大澂等同阅,盖彼等多喜言事,号清流党,对越事均主备战者也。之洞已以山西巡抚授两广总督,佩纶以三品卿衔会办福建海疆事,大澂亦奉会办北洋军务之命,驻防乐亭、昌黎。其时铁甲船订购尚未来华,海军有名无实。不久马江失败,朝议筹海防善后事宜,拟先从北洋精练水师,以为之倡。此外分年次第兴办,遂成立海军衙门,派醇亲王奕譞总理海军事务,所有沿海水师,悉归节制调遣。庆郡王奕劻、直隶总督李鸿章会同办理;正红旗汉军都统善庆兵部右侍郎曾纪泽(国藩子)帮同办理。而以鸿章专司其事。时光绪十一年九月也。鸿章致书曾国荃云:"鸿章在京,勾留两旬,召对五次,敷陈时事,愧无以仰赞高深,与当轴意见不能尽合。大抵禧圣与醇邸锐意图政,欲力变从前媕婀虚饰之习,而诸臣墨守旧规,似不足振兴,亦不敢有所建白。……海军一事,条陈极多,皆以事权归一为主,鸿章事烦力惫,屡辞不获,虽得两邸主持,而仍不名一钱,不得一将,茫茫大海,望洋悚惧,吾丈何以教之?"可见衙门虽设,而诸事茫无头绪,只得希望曾纪泽回国任之。十二年正月,鸿章致纪泽书云:"海军之役,同舟共济,借资赞襄,鄙人方幸卸肩有期,执事乃欲称病避事,受恩深重,只可鞠躬尽瘁,徐图干济时艰耳。法事平后,各省须还洋债近二千万,海军无可恃之饷,尚未能多购巨舰,将才尤乏。欲仿英制万分之什百,一时实办不到。甚盼及时采访西国水师兵制,以备他日逐渐振兴,公其有意乎?"鸿章知海军无可恃之饷,购舰储才,一时实办不到,只望能仿西法,逐渐振兴。是时在德订购之定远、镇远、济远三舰已到津,鸿章亲诣勘验,乘赴旅顺口,遍阅各处台垒。遂约南洋大臣曾国荃派开济、南琛、南瑞三快船赴北洋会操以资检点。四月,清廷派醇亲王、李鸿章、善庆校阅海陆军并沿海台垒。慈禧竟公然以其所宠之总管太监李莲英同往,御史朱一新乃上奏曰:

> 我朝家法严驭宦寺,世祖宫中立铁牌,更亿万年昭为法守,圣母垂帘,安德海假采办出京,立置重典。皇上登极,张得喜等情罪尤重,谪配为奴。是以纲纪肃然,罔敢恣肆。乃今夏巡阅海军之役,太监李莲英随至天津,道路哗传,士庶诚愕,意深宫或别有不得已苦衷,匪外廷所能喻。然宗藩至戚,阅军大典,而令刑余之辈,厕乎其间,其将何以诘戎兵,崇体制?况作法于凉,其弊犹贪,唐之监军,岂其本意?积渐者然也。圣朝法制修明,万无虑此,而涓涓弗塞,流弊难言,杜渐防微,亦宜垂意。从古阉宦巧于逢迎,而昧于大义,引援党类,播弄语言,使宫闱之内,疑贰渐生,而彼得售其小忠小信之为,以阴窃夫作福作威之柄。我皇太后皇上明目达聪,岂有跬步之地,而或敢售其欺?顾事每忽于细微,情易溺于近习,侍御仆从,罔非正人,辨之宜早辨也。

慈禧怒,诘责疏言苦衷何指?一新曰:"臣所谓不得已苦衷者,意以亲藩远涉,内侍随行,借以示体恤,昭慎重也。顾在朝廷为曲体,在臣庶则为创见。风闻北洋大臣以座船迎醇亲王,王弗受,而太监随乘之,至诚人观听。一不谨慎,流弊遂已至斯,臣所为不能已于言也。"诏切责,降主事。一新乞终养归,主讲广雅书院。可见海军衙门初创,慈禧即以阉宦监督其事,匪特李莲英之招权纳贿由此起,而海军已不替宫廷聚敛之外府矣。此种大事,体制全失,故《实录》之纪载殊略。仅四月己卯,电寄醇亲王:"览奏欣慰,应奖三舰洋人,着俟操毕,分别等次,传旨给予宝星。"庚辰,电寄李鸿章:"此次醇亲王阅看旅顺、烟台、天津水陆各操阵式,及三处地形炮台船只式样,均用洋法照图呈进。"五月初一日,奉皇太后懿旨:

> 醇亲王奕譞奏巡阅北洋覆陈水陆操演情形,暨请奖叙将领员弁

各折片。精练水师，前经谕令先从北洋开办，此次醇亲王亲赴天津会同李鸿章、善庆周历旅顺等处，将南北洋轮船调集合操，并将水陆各营，一律校阅，技艺均尚纯熟，阵法亦极整齐。除由该王奖给物件银两外，提督宋庆、周盛波、唐仁帘，总兵丁汝昌、史宏祖，副将罗荣光、郑崇义，记名总兵黄春源，津海关道周馥，候补道刘含芳、袁保龄均着交部从优议叙。候补道潘骏德、盛宣怀，补用知府龚照玙均交部议叙。已革总兵吴安康留营效力，统带南洋轮船，尚称得力，着加恩赏给四品顶戴。至洋员教练兵舰，著有成效，亦应一体奖励。琅威理尤为出力，着赏给提督衔。汉纳根监造炮台，坚固如式，着赏给三品顶戴，以示鼓励。海防关系紧要，必须逐渐扩充，历久不懈。据奏练兵先须练将，陆军人才以武备学堂为根本，水师人才以驾驶管轮学堂为根本，洵属扼要之论。并据王面奏各学堂肄业，于讲求战备外，兼习经史，尤属合宜。经此次巡阅之后，醇亲王奕谖务当会同李鸿章等物色将才，实力整顿，并督饬现在管带各员，认真练习，力求精进。应如何筹集巨款，续添船炮之处，并着随时会商，奏明办理。

此谕可见醇王巡阅海陆军，对一切兴革事宜，毫无建树，而慈禧惟以如何筹集巨款为言。然筹款并非添购船只，实为其个人享乐之用，以故自光绪十四年海军衙门奏定官制，海军正式成立以后，即不闻再添购一新舰。《清史稿·兵志·海军篇》述外国订购各兵舰，始于咸丰十一年，自同治、光绪朝迄于宣统初，历五十年得船不及百艘。而光绪十二年以前所购者，大小约五十三艘，光绪二十一年以后所购者大小约四十三艘。在光绪十四年至二十年间，并未订购一船，此为海军经费移筑颐和园最显著之证据，无待他求矣。以故海军正式成立之岁，亦即海军冻结之时。如此安能望其于甲午战争胜利哉？海军会操以后，南洋各船仍回上海驻防。丁汝昌率定远、镇远、济远、威远、超勇、扬威六舰赴朝鲜釜山等处操巡，至海参崴留超、扬俟吴大澂勘定俄界事毕驶回。余船折赴日本长崎进坞修理。水兵与日警口角，次日放假登岸，日警向前寻衅，堵住街巷，逢人便斫，街民亦持刀追杀，致死者五人，伤者六人，微伤者三十八人，不知下落者五人。琅威理力请即日宣战,汝昌阻之,乃各聘律师,讼其曲直。翌年审结,死者头目给恤六千元,兵警四千五百元,重伤给恤二千五百元。日应给我五万二千五百元,我应给日一万五千五百元。是我方死伤三倍余,此海军初成即与日人冲突,两国之决战,盖有先兆也。而曾纪泽莅任后,事事受善庆掣肘,因愤成病而死(光绪十六年),真可惜矣。

(三) 海军衙门之经费

海军衙门成立后,即由户部奏准将南北洋海防经费每年四百万两拨交,作为常年饷需。以后北洋用项,李鸿章请由海军衙门预期照数拨发。南洋则指定江、浙厘金贴补。两江总督曾国荃《复潘伟帅书》论其事曰:"南洋从前可恃者为各省协拨海防经费,而厘金从无报解之款,关税也有名无实,解不足数,约而计之,每年可得三四十万,而南洋所需之数,不啻五倍。于是捉襟见肘,剜肉医创,久有岌岌不可终日之势。自都中设立海军衙门,饬将南、北洋海防经费提解海署,于是各省关如众星之随斗柄,百川之赴谷王,相率舍外而趋内,南洋已成坐困之势。……北洋水师为内廷所最注意者,而新购之定远、镇远、济远铁甲三舰,甫由海署奏定年拨息借之洋款二十二万七千余两以养之,似自海防经费提归海署以后,北洋之窘状亦复可以想见。夫北洋如此,南洋何望焉?"又《复谭文卿书》云:"自设立海军衙门以后,南洋海防经费一切提归内用,涓滴无从取资,其势万难束手以待,不得已呼吁于海署,请其指款付用。乃所指者为苏、浙两省厘金,皆系历年不解者。两省将窘情和盘托出,则追呼之力立穷。来日大难,诚不知如何着手。"李鸿章对此事在与醇亲王尺牍中,仅言为璇宫几余营养之所,为借银八十万,未及海军经费事,但就国荃所言观之,则南、北洋之窘状可见。惟鸿章在畿辅,北洋海军又为内廷所最注意,以其为看守门户者,故仍拨借洋款以养之,而南洋则指定厘金贴补,然皆历年不解者,追呼力穷,徒唤奈何。此每年四百万两之海防经费,关系南北洋军备之大局,海军衙门焉能独吞?其移作修建之费,已毫无可疑。故翁同龢日记有:"庆邸深谈时局,当谅其苦衷,盖以昆明易渤海之语也。"十三年冬在昆明湖设立水师学堂,即欲借此作掩耳盗铃计耳。昆明湖即颐和园内之池沼也,规模尚不逮三海,何能建设水师?王伯恭《蜷庐随笔》云:“光绪中,合肥建议创办海军,因筹海军经费无虑数千百万,乃朝廷悉以之修颐和园,其拨归海军者仅百分之一耳。翁大司农复奏定十五年之内,不得添置一船一炮,于是中国之武备可知矣。”梁启超先生在《瓜分危言》中有云:“自马江败后,戒于外患,群臣竞奏请练海军,备款三千万思练一劲旅。其后海军之捐,日日增加,积之十年,其数可想。旁观外论,孰不谓国家费如许帑藏,如许经营,一旦有事,而必可一战乎?乃甲午之役,未一交绥,全军已覆,拱手以让诸敌人。论者或切齿于丁汝昌,或施罪于李合肥,丁、李岂曰无罪?然以败亡之咎,一举而归之,彼固不任受也。当海军初兴,未及两年,而颐和园之工程大起,举所筹之款,尽数以供土木之用,此后名为海军捐者,实则皆颐和园工程捐也。吾尝游颐和园,见其门栅内外,皆大张海军衙门告示,同游者窃窃焉惊讶之,谓此内务府所营,与海军何与?而岂知其为经费之所从出也。甲午之冬,平壤、凤凰警报频达,乃下诏停海军衙门。当时忧时之士,及海外各国,咸色然怪异之,谓方当战时,何以撤战备?而岂知其为停颐和园工程也。谚曰:‘虽有巧妇,难为无米之炊。’括全国之膏血以修国防,而其实乃消磨于园林土木之用,而莫之或知。卒令一蹶不振……以启戎心而速危亡。”颐和园门栅内外,皆大张海军衙门告示,此梁氏所亲见者,可知海军衙门始终系办颐和园工程处之事,未尝一顾南、北洋之海军,其经费全移于园林土木,特于昆明湖挂一水师学堂招牌,以掩人耳目,直视国防为儿戏,较之内监阅兵,尤属不伦。此醇王排挤恭王后,独掌大权所作之唯一事业也。梁氏所谓备款三千万思练一劲旅,乃系豫计之词,积之十年一语,即沈葆桢原议各省每年协助四百万两,专储为筹办海军之用,期以十年,可成南洋、北洋、粤洋三大支。光绪十二年以前所添购之军舰,大致皆用此款。自十二年拨归海军衙门后,原有海军,维持胥感困难,更何能添造新船?自十二年至二十年计之,凡九年应有三千六百万两,或有拨解不足者,故约计为三千万两。段祺瑞追怀李鸿章诗,有云:“已筹三千万,意在添艨艟,不图柄政者,偏作园林供。”太监王世龢《造陶庐日录》亦言“海军谋营修清漪园,动款三千余万”者是已。池仲祐《海军大事记》则谓:“又有人建议提海军款百万为颐和园建筑费者,于是园工无已时,而海军款二千余万,尽输入颐和园之用矣。南洋调集之款数百万,亦为江督提办朱家山河工,筑室道谋,此海军之所以不振也。”池氏所谓二千余万,系就实际开支者而言,因四百万之海防经费,据清代档案所记,每年实收三百余万(最多三百四十一万三千七百三十六两,其余皆三百一二十万两不等。亦偶有不足三百万者),海署及北洋之开销,大约为百余万(李鸿章《海军经费报销折》光绪十五年为九十九万七千一百八十三两,十六年一百四十二万六千三十八两,十七年一百二十七万八千四十七两)。每年约余二百万弱,十年即近二千万矣。故所谓三千万与二千万者,均有其根据,惟计算法不同耳。实则海军衙门经费,又不仅此海军协款,尚有“海防捐”,继“郑工捐”后开办者,光绪十二年二月以前,直隶一省,即收一百五十余万,他省亦收三四十万至二三万两不等。平均计之,十年间亦有千万两以上。另有所谓海军生息之款者,则各省报效者也。光绪十五年,醇王示意李鸿章致函各省,认解海军经费,俾筹积巨款,以正款备海军之用,而以存储生息供颐和园修理工程。曾国荃《致德晓帅书》云:

> 顷得李傅相来函,知庆典一款,已经海署具奏,大约仍以正款备海防,闲杂款备工作为言,措辞洵为得体。伏念慈圣恭俭之心,一至于此,臣子之义,益当格外仰体,想荩抱必有同情。将来奉到海署文件,章门之十万金自当即由执事具奏,以慰宸注。惟傅相函内谆谆致意者:一系奏内声明所动之款,无碍京协各饷,以与海署原奏不背;一系无逾两年之期,宁、苏无论如何为难,惟有勉践此诺,以稍尽普天率土之义。执事公忠体国之抱,百倍寻常,重以傅相再三谆嘱之情,将来列数上陈,想必能力任其难,不至稍烦慈念,下风逖听,祷祝深之!

从国荃函中所述,可知鸿章为海署作嫁,仍以海军为借口,而令各省报效,备作工程之用。所谓庆典,即指慈禧太后六旬大庆,修颐和园以备祝嘏者也。结果国荃就江宁、两淮司道各库各局,共凑五十四万两,前苏抚崧骏认解十六万两,江西巡抚德馨十万两,合计八十万。另由广东筹一百万两，直隶、四川各二十万两，湖广四十万两，共二百六十万，存之北洋生息，以备宫廷之需。御史林绍年以为此举有关国家政体民生甚巨，中外传闻，纷纷叹异，乃奏陈生民疲敝，当以俭化天下，使督抚爱养百姓，若诛求进献，未足以言忠，虚帑贾怨，未足以言智，请即下诏停输，发还所奉。得旨严饬。盖慈禧竭泽而渔，惟求享乐，大有“一不做二不休”之意，任何谏言，均不肯容纳，况此举经醇王与李鸿章密议假借海军用项为名，阴以生息解工程处，故谕旨亦振振有词也。据李鸿章致鄂抚函称各省共得二百六十万两之多，实非初意所及。以海军为名，立义亦自正大。慈圣勤劳宵旰垂三十年，兹当归政颐养之初，豫为称觞之地，书之史官，本无疑义。是李氏亦不讳言借海防为颐和园筹款也。而尚曰正款备海防，未免滑稽之至。甲午战时，李鸿章请以二百万购舰，而户部尚书翁同龢谓：“海军乃生息之款，一时未能遽提。”所谓“抱着金饭碗讨饭”者，殆近之矣。总之，海军衙门所用于颐和园工程之费，大约为三千万两，系时人所周知者，必非捕风捉影之谈也。吴相湘《清季园苑建筑与海军经费》一文，所考仅借海防集款，作为工程之用一事，其数目殊有限。于海军经费亦谓文献不足征，只有暂时存疑，其态度甚是。但谓梁、段、王、池之说，都不足为据，即断定无挪用海军经费迹象，理由殊欠充分耳。

（四）颐和园之修理

圆明园被毁后，同治帝亲政，欲令其母有颐养之所，俾少干涉政治，遂下诏兴修。既为内外群臣所谏阻，乃改修三海。以在禁闼之下，便于宸游也。不久帝崩，工程亦罢。光绪初，每当两宫游三海时，恭王必从，慈禧辄以言探之曰：“此处该修了。”恭王正色厉声而言曰：“喳。”绝无下文，慈禧亦不敢再言。慈安则曰：“空乏无钱奈何！”及慈安崩，恭王亦罢，以瞽瞍（指醇王）继任，于是迎合慈禧，先修三海，包金鳌、玉蛛桥于海中。蚕池口之天主教北堂，亦迁建西什库。据宫监王世龢《造陶庐日录》所述：“自光绪九年内廷翊坤宫、体和殿、储秀宫、丽泉轩四处落地重修，改为一所，彼时获重利者，惟内务府各司匠堂役等，均得数万金。相继修西苑，归奉宸苑司其事，动用二千万余金，奉宸苑堂司各得百余万金，差役各得数千金数万金不等。海军各堂司瞰见如此得金,谋营修清漪园,动款三千余万,而海军各堂司较奉宸苑鱼肉尤甚。”又云:“近年来,醇贤亲王辅政之设立海军衙门武备学堂,名谓海军,实未办丝毫海军事,惟著司重修清漪园大工程。”清漪园者,原为咸丰时三山之一,经修葺改名为颐和园,并命括万寿山、大报恩延寿寺于其中,凿池以成昆明湖,遂为圆明园焚后京都西郊一胜境。此由海军衙门经修,欲从中渔利,以每年提出之海军经费二百万两为工程费,不三年而园成。光绪十四年二月朔,乃下谕择于四月初十日奉皇太后临幸驻跸,谕曰:

> 朕自冲龄入承大统,仰蒙慈禧端佑康颐昭豫庄诚皇太后垂帘听政,忧勤宵旰,十有余年,中外奠安,群黎被福。上年命朕躬亲大政,仍俯鉴孺忱,特允训政之请。溯自同治以来,前后二十余年,我圣母为天下忧劳,无微不至,而万几余暇,不克稍资颐养,抚衷循省,实觉寝馈难安。因念西苑密迩宫廷,殿宇尚多完整,稍加修葺,可以养性怡神。万寿山、大报恩延寿寺为高宗侍奉宪皇后三次祝嘏之所,敬踵前规,尤征祥洽。其清漪园旧名谨拟改为颐和园,殿宇一切,亦量加修治,以备慈舆临幸。恭逢大庆之年,朕躬率群臣,同申祝悃,稍尽区区尊养微忱。吁恳再三,幸邀慈允,钦奉懿旨:自垂帘听政以后,夙夜祇惧,如临渊谷,今虽寰宇粗安,不遑暇逸之心,无时少弛。第念列圣敕几听政,问民疾苦,凡苑囿之设,搜狩之举,原非若前代之肆意游畋,此举为皇帝孝养所关,深宫未忍过拂。况工用所需,悉出节省羡余,未动司农正款,亦属无伤国计。但外间传闻不悉,或竟疑圆明园工程亦由此陆续兴办,则甚非深宫兢惕之本怀。盖以现在时势而论,固不能如雍正年间之设正朝,建公署,即使民康物阜,四海乂安,其应仰绍前猷,克光令绪者,不知凡几,尤当审时度势,择要而图。深宫隐愿所存,岂在游观末节?想天下亦应共谅。惟念皇帝春秋鼎盛,此后顺亲之大,尤在勤政典学,克己爱民,不可因壹意奉亲,转开逸游宴乐之渐。至中外大小臣工,尤宜忠勤共励,力戒因循浮靡积习,冀臻上理,庶不负深宫殷殷求治之苦心,实所厚望,钦此。朕钦承慈训,惟当

祇服懔遵，不敢稍涉侈纵，诸臣亦应仰体圣慈谆勉至意，各勤职业，共赞升平。现在西苑将次告竣，谨择于四月初十日恭奉皇太后銮舆驻跸，其一切直班守卫事宜，均照王大臣等前奏章程，敬谨办理，将此谕令知之。

此谕旨对于园工称："工用所需，悉出节省羡余，未动司农正款，亦属无伤国计。"数语，系指户部所报杂项。时阎敬铭为户部尚书，悉举库中闲款无多寡皆册报。旧例：凡年终户部册报，仅各项正款，他如历年查抄之款，罚款，变价之款，皆不呈报，一以恐正款有亏，以此弥缝；一以堂库于此亦小有沾润也。阎将此等杂款多报出七百余万。慈禧大喜，遂有修复圆明园之意，又有人奏言：修圆明园须三千余万，不如万寿山，地大而风景胜圆明，估计千余万足矣，乃定议修颐和园。自移园后，每日园用一万二千金，园中设电灯厂、小铁道、小汽船，每一处皆有总办委员等数十人，满员居多。且白玉石级，每年一易，易后太监必椎而碎之，碎则更修，即一龙舟，每年亦然。以故园工无已时，而太监人人充橐，尤以李莲英所得为多。盖京师所有大工程，以三成到工为正例，而内务府经手者，到工不过十分之一。勘估大臣及随员得一成半，承修大臣得三成，监督得一成，两大臣衙门之书吏合得一成，经手人又得一成。实到包工之木厂仅二成半，而领款极不易，必年余始能领足，加以利息折耗，较寻常工作不过二成而已。若奉内监，则几十六七。譬如戊戌南苑预备大阅，造营房若干，报销一百六十万，李莲英即独得七十万。初修三海，已用二千余万，奉宸苑堂司各得百余万，差役各得数千数万不等。而颐和园动款三千余万，则海军衙门及内监之所得可知矣。光绪二十年，中日战起，内臣均请停工。户部尚书翁同龢云："停工指以后寻常工程，其业经办者不停。"光绪二十二年内监寇连材冒死进言，则知当时尚未停工，综十余年之所费，尚不止于三千万，土药税（内地产鸦片烟）每年一百四十余万，亦归颐和园，合之又千余万。大约计之，海军经费二千余万，海防捐一千余万，土药税一千余万，户部杂项七百余万，共有五千万，各省报效生息之款不与焉。此与王监所述之数目适合。而真正到工者，不过十分之一二。如颐和园搭一彩棚，旨令户部提款百万,翁同龢以一彩棚何需如此巨款?坚持不可。而内务府遽拨百万与之。慈禧不满同龢而必欲去之,此为一重要原因。王国维《颐和园长词》曰:“因治楼船凿汉池,别营台沼追文囿。西直门外柳色青,玉泉山下水流清。新锡山名呼万寿,旧流湖水号昆明。昆明万寿佳山水,中间空殿排云起。拂水回廊千步深,冠山杰阁三重峙。磴道盘纡凌紫烟,上方宝殿放祈年。更栽火树千花发,不数明珠彻夜悬。是时朝野多丰豫,年年三月迎鸾驭。长乐深宫苦敞神,甘泉爽垲宜清暑。高秋风日过重阳,佳节坤成启未央。丹陛大陈三部伎,玉卮亲举万年觞。嗣皇上寿称臣子,本朝家法严无比。问膳曾无赐座时,同怀罕讲家人礼。”盖危楼崇殿,砌玉泥金,火树千花,明珠夜悬,慈禧之穷奢极欲,已尽括府库所有,而尚言无伤国计,真不知其是何居心?至醇王所以迎合其意而不恤巨帑者,盖亦有光绪帝行将亲政,恐慈禧居大内而遇事仍多干预。殊不知慈禧虽纵情游乐,其干政如故。奕譞亦不久郁郁而殁。李鸿章于甲午战后常恨恨曰:“使海军经费按年如数拨给,不过十年,北洋海军船炮甲地球矣,何致大败?此次之败,我不任咎也。”翁同龢反对鸿章,而于此语实无以难之,其情可想见矣。

七十二　光绪前期之宰辅

(一) 汉人政权之建立

光绪在同治中兴以后,虽恭王、醇王先后辅政,而威柄下移,其权力已不如一总管太监李莲英。李莲英者,河间无赖子,初为私贩,被捕入狱,得释后,改业补鞋。此“皮硝李”绰号之所由来也。河间本太监出产地,内监沈兰玉怜而引荐之,以善梳新髻得幸。东宫既殂,晋为总管,权倾朝右,营私纳贿,无恶不作,奔走其门者,辄得显位。慈眷之隆,或并坐听戏,或乔装摄影,其形迹殊滋人疑猜,垂五十年而弗替。宣统间卒,赃私之积,以千万计,宫内犹藏现银三百余万,内监谋瓜分,遽起争斗,事闻,交内务府查办,悉数充公,则其平素之败行可知矣。然莲英汉人也,特以佞幸擅窃,不能视为正当耳。

军机处为清廷政令所从出，号称枢臣，自光绪元年以后至二十年间，除奕䜣、文祥、宝鋆、景廉（十年以前）世铎、额勒和布（十年以后）外，汉大臣之任军机者，有沈桂芬、李鸿藻、王文韶、左宗棠、翁同龢、潘祖荫（前期）、阎敬铭、张之万、孙毓汶、许庚身、徐用仪等，宗棠事业在边省，入军机乃偶一挂名，敬铭、用仪任事不过二年内外，其余沈、李、王、翁、张、孙、许七人，皆颇能掌握实权，尤以前之李、翁，后之孙、徐，在当时卓著声誉。此为历朝所无之事，盖与各疆吏之多半由军功出身者大有关系也。其时直隶总督自同治九年由李鸿章继曾国藩出任，迄光绪二十一年，凡二十五年（只光绪八年至九年一年余鸿章丁忧，由张树声调署），又兼北洋通商大臣，凡外交军事皆鸿章司之，清廷对于管北门锁钥之重臣，每有要政，无不咨询其意见；而外国人交涉进行，亦均视天津为第二朝廷。李之成为当代唯一中心人物，即由其承袭曾国藩勘定内乱之功，据此重要位置，且甚久也。其次两江总督：沈葆桢任五年，刘坤一先后各任五年（光绪六年至七年，十六年至二十年。在二十二年以后又任至二十八年卒），左宗棠任三年，曾国荃任七年。两广总督：刘坤一任五年，张树声先后任约四年，曾国荃任一年余，张之洞任五年，李瀚章任六年（至二十一年免）。湖广总督：李瀚章任七年（中有一年余由翁同爵代），涂宗瀛任一年，卞宝第任二年，裕禄先后任四年余，张之洞先后任十一年。此南徼与中部三大重镇，几尽属湘、淮军人物，仅张之洞、卞宝第为科甲出身之京朝官，裕禄为满人而已。余如四川之吴棠、丁宝桢、刘秉璋，云贵之刘长佑、岑毓英、王文韶、谭钧培、岑毓宝，陕甘之左宗棠、杨昌濬、曾国荃、谭钟麟，闽浙之李鹤年、何璟、杨昌濬、卞宝第、边宝泉，全系汉人。庚子以后，始有满人任之者。可见地方政权，均操汉人之手，而中央任事之宰辅亦多汉人，实际业已反满为汉，清廷仅具一空洞之躯壳，不啻告朔饩羊而已。外人早已窥破此点，故英、俄人均有劝鸿章推翻满室，取而代之以大加改革之举。惟鸿章懔于其师之薄帝王而不为，不敢发此大难耳。其事在表面上观之，似易若反掌，然而中国社会组织以士大夫为基础，当时士大夫之所谓清议，皆顽固不了解世界大局者，对李氏之苦心孤诣，模仿西法，提倡自强，中心嫉恶，诋为汉奸，与天津教案时曾国藩所处之情况相等。李氏苟有异动，正可为彼辈借口,十手所指,无病而死,李氏岂不知之?清廷席祖宗余荫,勉强支持数十年,殆所谓“百足之虫,死而不僵”者也。以后辛亥革命之成功,其种因胥在洪、杨平定,汉人政权之建立,清室自此不能复振矣。慈禧之所以信任李鸿章,实出于不得已;因兵权财权在湘、淮军手中,岂敢动其毫发,以摇撼国本乎?但其衷心,实偏袒满人,纵容旗员,欲图最后挣扎,非真能悔祸自新者,一方则纵欲追欢,一方则蛮悍排外,明知夕阳有限,聊为晚景自娱。亦犹囚徒赴市,尽醉一饱,其心情与咸丰帝晚年相同,殊堪悲也。惟汉人久受压抑,习惯已成自然,若非慈禧频召外侮,有亡国灭种之祸,尚不能促其觉醒,从事革命。甚矣愚忠愚孝所维护之旧社会,欲其接受新思潮,岂不戛戛乎难哉!

(二) 李鸿藻与翁同龢

在光绪中汉人之任宰辅者,以李、翁历时较久,信用亦专,同时朝士中之言官与文学侍从之臣,率喜以直谏博声誉,号清流党。如张之洞、陈宝琛、张佩纶、吴大澂、宝廷(字竹坡,满人。李慈铭《越缦堂日记》云:“侍郎宝廷,曾劾工部尚书贺某,认市侩妻为义女,宝廷曾买一船伎,被逃去。自闽典试,归至衢州,纳江山船女为妾。面麻,年已三十六七矣。故有人为诗嘲之曰:‘昔曾浙水载空花,又见闽娘上使槎,宗室八旗名士草,江山九姓美人麻。曾因义女弹乌柏,惯逐京娼吃白茶。为报朝廷除属籍,侍郎今已婿渔家。’”此宝廷以名士风流之结局也。事详《孽海花》第七回)、邓承修、黄体芳辈,皆恃李、翁为奥援,俨然为群伦领袖。在其前者尚有沈桂芬,桂芬原江苏吴江人,寄籍宛平,字经笙,道光二十七年进士,选庶吉士,授编修。同治二年出署山西巡抚,明年丁母忧。六年起吏部右侍郎,充经筵讲官,命为军机大臣,兼总理各国事务大臣。历户部及左都御史,迁兵部尚书。光绪元年,协办大学士,充翰林院掌院学士,与文祥同在枢府,佐恭王治政,遇事持重。自文祥逝后,以谙究外情称。日本灭琉球,廷论多主战,桂芬独言劳师海上,易损国威,力持不可。及与俄人议还伊犁,委曲斡旋,言者犹激论不已,桂芬久卧病,六年卒,年六十四,谥文定。桂芬躬行谨饬,自奉若寒素,声势固不若李、翁之煊赫也。李鸿藻,字兰荪,直隶高阳人,咸丰二年进士,选庶吉士,授编修。咸丰十一年特诏授大阿哥读。载淳即位,命直弘德殿。同治元年擢侍讲,累迁内阁学士署户部左侍郎。四年命值军机。五年迁礼部右侍郎,遭母忧,太后命开缺守孝百日后仍授读,兼参机务。并谕移孝作忠,勿以守礼固辞。鸿藻恳终制,不允,连疏称疾,遂得赐告。七年仍起原官,直弘德殿军机如故。十三年同治帝病,命代批答章奏。旋崩,自劾辅导无状,罢弘德殿行走。光绪二年,命兼总理衙门大臣。旋丁本生母忧,服阕,起故官,以兵部尚书协办大学士,调吏部。两广总督张树声于李鸿章丁忧期中,代署直督,欲见好于张佩纶,奏调帮办北洋军务。议者谓疆臣不得奏调京僚,佩纶反恨树声多事。树声恐其不利于己,乃由其子游说言官,弹劾枢臣。盖以鸿藻为佩纶奥援也。会慈禧早不慊于奕䜣,因借以罢黜全班军机。鸿藻迁内阁学士,后复累迁吏部尚书。十三年,查办郑州河工。翌年疏请停缓,以督率无方,革职留任。褫河道总督李鹤年职,命鸿藻暂署。八月回京。十五年正月,以光绪帝大婚开复原官。又兼署都察院左都御史。十八年兼署刑部尚书。以二十年为慈禧六十庆典,命为总办。中日战起,命商办军务。与翁同龢皆主战,并争和约,卒不能阻。十月复授军机大臣。二十一年六月,命在总理衙门行走。二十二年十月,命以礼部尚书协办大学士,寻调吏部。二十三年三月,因病乞假,七月卒,年七十四。谥文正。翁同龢,字叔平,晚号瓶庵居士,江苏常熟人,大学士心存之子。咸丰六年一甲一名进士,授修撰。同治四年以右中允命在弘德殿行走,七年晋国子监祭酒。九年升太仆寺卿。十年擢内阁学士。光绪元年署刑部右侍郎,特命与侍郎夏同善在毓庆宫授皇帝读。二年迁户部,充经筵讲官。四年晋左都御史,五年迁刑部尚书。四月调工部。六年廷臣争俄约,久不决,命醇王、惇王及同龢、潘祖荫每日在南书房看折件电报拟片进呈,取进止。八年命充军机大臣。同龢疏辞,不允。十年,以恭王罢,退出军机处,仍在毓庆宫行走。十一年调户部尚书。载湉亲政后,每事必问同龢,恩眷甚笃。同龢遇事专断,与左右时有争执,群责怙权。并有十年内毋增船炮之奏。刘铭传闻之,顿足叹曰:"人方惎我,我乃自抉其藩,亡无日矣。"二十年,中日事棘,同龢及李鸿藻主战,孙毓汶、徐用仪主和,遂开政见异同门户之争。会海陆军皆败,慈禧命同龢赴天津,传谕李鸿章诘责之。恭亲王复起,同龢、鸿藻会商办理,再授军机大臣。二十一年,命在总理衙门行走。二十三年以户部尚书协办大学士。同龢痛于甲午之败,知非变法不足以图存,破格求贤,冀匡时变。二十四年因密荐康有为通晓时事,才可大用。及见康作《孔子改制考》,以为野狐禅,虑其嚣张无实际,复疏远之。四月,慈禧将其开缺回籍,上谕曰:“协办大学士翁同龢近来办事多不允协,以致众论不服,屡经有人参奏。且每于召对时谘询事件,任意可否,喜怒见于词色,渐露揽权狂悖情状,断难胜枢机之任。本应查明究办,予以重惩,姑念在毓庆宫行走有年,不忍遽加严谴,借即开缺回籍,以示保全。”八月政变作,光绪帝被幽,慈禧复谕:“翁同龢授读以来,辅导无方,往往巧借事端,刺探朕意,至中东之役,信口侈陈,任意怂恿,办理诸务,种种乖谬,以致不可收拾。今春力陈变法,滥保匪人,已属罪无可逭。其余陈奏重大事件,恫喝要挟,无所不至,事后追纵,深堪痛恨!前令开缺回籍,实不足以蔽辜。翁同龢着革职永不叙用,交地方官严加管束。”同龢隐居虞山鹁鸽峰,筑室曰“瓶庵”。绝口不言仕宦,有人提及朝中事,即怒形于色,愤不作答。光绪三十年卒,年七十五。其绝笔诗云:“六十年中事,凄凉到盖棺,不将两行泪,轻为汝曹弹。”中怀郁结,可以想见。鸿藻、同龢为同治、光绪二帝之师傅,一主张理学,一主张汉学,其结果因生活严肃之教,而流为放诞;因精神苦闷之故,而成为好奇。此真辅导无方乎?盖以二帝皆受慈禧钤制,发育已不正常,李、翁不知施教畸人,为之疏导症结,故不免趋于反动耳。

(三) 张之万、阎敬铭、孙毓汶与徐用仪

张之万,字子青,直隶南皮人,道光二十七年一甲一名进士,授修撰。咸丰二年充河南学政。六年充日讲官,七年命在上书房行走,八年命授钟郡王读。十年擢侍讲学士。同治元年升礼部右侍郎,编《治平宝鉴》,作垂帘法戒。六月转吏部。十一月署河南巡抚。九年调江苏巡抚,十年,补授闽浙总督,以母年逾八旬,奏请开缺回籍养亲,许之。光绪八年谕令来京陛见,二月授兵部尚书。九年调补刑部。十年命在军机大臣上行走。兼署吏部,充上书房总师傅。十一年十一月,以刑部尚书协办大学士。十

五年补大学士,管理户部事务,授体仁阁大学士。十八年转东阁,管理吏部事务。二十年以年逾八旬,着毋庸在军机大臣上行走,用示体恤。二十二年,屡请开缺,着以大学士致仕,食全俸。二十三年五月卒,年八十七,谥文达。之万虽在军机十年,以领枢机者礼亲王世铎治尚安静,故得无事,之万年老,不复有所建树,仅得参机务而已。若阎敬铭初颇欲得君专国政,为势所限,不得行其志,世颇惜之。敬铭字丹初,陕西朝邑人,道光二十五年进士,选庶吉士,散馆改户部主事。咸丰九年湖北巡抚胡林翼奏调赴鄂,总司粮台。林翼疏荐其才,授湖北按察使。同治元年,署布政使,以丁忧归。诏署山东盐运使,擢巡抚。捻众犯鲁,设炮划防河,自督军露宿四昼夜。有张积中结寨肥城黄崖,集众自保,以不受抚夷之。六年移疾归,居久之,以工部侍郎召,不起。光绪三年,山西大饥,奉命视察赈务。八年起户部尚书,九年充军机大臣总理衙门行走,晋协办大学士。十一年授东阁大学士,仍管户部。十四年四上书乞休,乃得请。十八年卒,谥文介。敬铭质朴,以廉洁自矫,虽贵,望之若老儒。善理财,在鄂治军需,足食足兵。及长户部,精校财赋,立科条,令出期必行。初直枢廷,慈禧颇信仗之。终以户部结余,颐和园工程时时提用,予则伤义,不予则伤恩,敬铭不自安,求早退。翁同龢继之,则不似敬铭戆直矣。

孙毓汶,字莱山,山东济宁人,尚书瑞珍子。咸丰六年以一甲二名进士授编修。十年以在籍办团抗捐被劾革职遣戍,恭亲王深恶之。同治元年以输饷复原官。五年擢侍讲学士。光绪元年,丁母忧,服阕,起故官。擢内阁学士授工部左侍郎。毓汶以习于醇亲王,渐与闻机要。十年遂命入直军机兼总理衙门大臣。时当国益厌言路纷嚣,出张佩纶等会办南、北洋、闽海军务,余亦先后去之,风气为之一变。十五年擢刑部尚书,寻调兵部。二十年中日媾和,李鸿章遣人赍约至,廷臣章奏凡百上,皆斥和非计。翁同龢、李鸿藻以俄、法、德谋阻割地,主展期换约,以待转圜。载湉尝问诸臣:时事至此,和战皆无可恃。台湾去则人心皆去,朕何以为天下主?声泪并发。毓汶素与鸿章相结纳,力言战不可恃,请签署。载湉为流涕书之。明年,称疾乞休,二十五年卒,予谥文恪。毓汶权奇饶智略,直军机逾十年,醇王以尊亲参机密,不常入直,疏牍日送邸阅,谓之“过府”。谕旨陈奏,皆毓汶为转达,同列或不得预闻,故其权特重云。徐用仪字筱云,浙江海盐人,由副贡生入资为主事。咸丰九年,举顺天乡试。同治初,充军机章京。兼直总理各国事务衙门。累迁鸿胪寺卿,以忧归。光绪三年,起太仆寺少卿,迁大理寺卿,直军机如故。擢工部侍郎,始罢直,旋充总理衙门大臣。历兵部、吏部,授军机大臣。二十年,举朝争议和战,孙毓汶以主和被劾罢,翁同龢继入主战。用仪论事与同龢忤,遂出枢廷,并解总署事。二十四年,戊戌政变,慈禧训政,复直总署。密荐袁昶、许景澄入署。拳匪之乱,三人同被杀。宣统元年,追谥"忠愍"。浙人并祠之西湖,称"三忠"。又与蒙、满人立山、联元号"五忠"。用仪盖附和毓汶以与李、翁对立,各树门户,至数十年而未已也。

七十三　台湾之改省与建设

(一) 日人侵台之善后

近代中国之转变,由于国际关系,亦由于帝国主义之侵略,于是议时务者,莫不以改革自强为号召,急起直追,以图应付环境,赶上时代。台湾孤悬海外,原不过福建之一府而已,郑氏经营以后,虽为我民族革命策源地,然生番杂处,鞭长莫及,当局尚不知列强之窥伺而剑及履及也。及日本借口生番杀琉人事,兴兵犯疆,两国几致决裂。台湾危机之严重,始渐为时人所注意,而沈葆桢以钦差大臣率兵援台,事平首倡善后创始之议。因此台湾在光绪间为吾国继新疆平定后首建之行省。西北东南,边防赖以完固,其新事业较内地十八省为显著,则巡抚刘铭传之功,不可没焉。先是葆桢曾致函李鸿章谓:"彼(日本)退而吾备益修,则帖耳而去;彼退而吾备遂弛,则又抵隙而来。""台地向称饶沃,久为他族所垂涎,今虽外患暂平,旁人仍眈眈相视,未雨绸缪之计,正在斯时。而山前山后,其当革变者,其当创建者,非数十年不为功。……年来洋务日密,偏重在于东南,台湾海外孤悬,七省以为门户,其关系匪轻。"鸿章复书谓:"台地百产菁英,什倍内地,我公在彼,开此风气,善为始基,其功更逾于扫荡倭奴数十万。"当时李、沈皆负责海防之人,其重视岩疆,彼此同心,于是台湾善后之议,一变而为建设政策矣。葆桢以台湾善后不容稍缓,惟此次之善后,与往时不同,台地之所谓善后,即台地之所谓创始也。善后难,以创始为善后尤难。盖其所谓创始乃积极建设之意,而非徒消极弥缝了事,以为善后耳。鸿章尽力支持其说,函福建巡抚王凯泰言:“一切善后,端绪宏大,责任非轻,必须执事与和(闽督李鹤年字子和)、幼(沈葆桢字幼丹)诸帅同心合谋,永杜觊觎,沿海防务,尤要逐渐认真整备,勿蹈因循苟安积习,庶遇事不至张皇失措。”可见鸿章亦以海防紧要,永杜觊觎,端绪宏大,非督抚钦差同心合作,不能除苟安之习,而认真整顿也。葆桢原为船政大臣,对海军船只之制造,人才之培植,已著成绩。又以为林则徐之婿,贞干有为,洞达局势,初莅台,即用法人柏尔都(Berthailt)依照巴黎要塞监修安平炮台。日军因生番引起,抚绥生番乃为当务之亟,葆桢认为抚番开山须同时并进。“欲开山而不先抚番,则开山无从下手;欲抚番而不先开山,则抚番仍属空谈。”命台湾道夏献纶提督罗大春负责北路;同知袁闻析、总兵张其光负责南路;披荆斩棘,锤幽凿险,冒暑犯瘴,历经艰苦。北路自苏澳至岐莱(花莲)开路二百里;南路自赤山至卑南,约一百七十里。皆同治十三年事也。光绪元年,总兵吴光亮负责中路,由林圯埔而东,经一年至璞石阁,共二百六十三里。拟出秀姑峦之背,通山前山后与自岐莱而南之北路接联。平路以横宽一丈为准,山溪以六尺为准,沿途设碉堡,派屯营哨,安抚良番,平服凶顽,募民随往垦耕。葆桢初定计划,开山后应办者十四事,即:屯兵卫,刊林木,焚草莱,通水道,定壤则,招垦户,给牛种,立材堡,设隘碉,设官吏,建城郭,设邮驿,置廨署;抚番时须并行者十一则,即:选土目,查番户,定番业,通语言,禁仇杀,教耕稼,修道路,给盐茶,易冠服,设番学,变风俗。李鸿章称之曰:“大哉皇言,实操长治久安之胜算,不作敷衍苟且之近图。台湾百物殷富,各国觊觎已久,日本相距尤近,早迟必图侵占。若不趁此时抚绥招徕,俾为我用,后患曷可胜言?”其次则增置郡县。台湾原仅一府四县(台湾、凤山、嘉义、彰化)、两厅(淡水、噶玛兰),日军由瑯琊登陆,葆桢亲至其地勘查,筑城设恒春县。淡水辖境南北约三百里,户口四十二万,沪尾、基隆开港,华洋杂处,治理不易,稽察难周,而于警备外患,亦呼应不灵。葆桢请区为三县:改噶玛兰为宜兰县,淡水厅为新竹县,另于艋舺(万华)设淡水县。鸡笼改名基隆,移噶玛兰通判驻之。总辖于台北府,府治亦设艋舺。原驻台湾府(台南)之南路理番同知,改为抚民理番同知,移驻卑南(台东);原驻鹿港之北路同知改为中路,移驻埔里社。台湾始有二府八县四厅(澎湖原为一厅),规模粗具。又请将福建巡抚移驻台湾,如此则事权归一,政事不致稽延,兴利除弊亦可有人主持矣。廷议以巡抚有全省之责,为双方兼顾,定冬春驻台湾,夏秋驻福州。其时台地吏治不清,蠹役盘踞,营伍废弛,班兵(驻防兵)寻殴,地方械斗之事,层见迭出,官员贪污之风,视为固常。海防陆防,全无可恃。葆桢建议闽抚移驻,即欲其整顿军政耳。其开山抚番之计划,偏重东部,因西部平原,多半为移民开发,而东部山地,尚属番人。旧例禁民私入番界,亦不许内地人民偷渡台湾。葆桢力言:"欲开山不先招垦,则路虽通而仍塞;欲招垦而不先开禁,则民裹足而不前。"请将一切旧禁,概予开豁。光绪元年正月初十日,奉旨正式开禁,在汕头、厦门、香港各设招垦局,往台者免费乘船,官与口粮,及耕牛种籽,每人得田一甲,每十人耕牛四头,农具四副。此为开发台湾之高明政策,然台人对郑成功驱逐荷兰,辟洪荒世界,功德在民,永受崇拜。以其领导民族革命,反清复明,不敢显然祠之,特假开台王号,争相私祭。葆桢以为"遗灵莫妥,民望徒殷,每逢阴阳水旱之沴,时有嗟呼祈祷之声。若不加褒扬,何以平服舆情,作励忠义?"因请旨为建延平郡王祠,列之祀典。至是台人之精神有所寄托,而郑延平之民族大义,亦昭昭在人耳目,胥视此祠为台湾之圣地矣。葆桢先后二次来台,为时不过年余(第一次同治十三年五月初四日至十二月二十四日。第二次因狮头社番乱,光绪元年二月十三日至七月二十二日。先后合一年一个月),即调任两江总督,以短暂之时间,布长久之规模,在延平后之开发台湾者,当以沈氏为权舆矣。

(二) 台湾继续之开发

基隆煤矿,早为外人所注意,葆桢在福州船厂开办时,即决予开采。同治七年曾派船厂洋员都逢(Dupont)勘测。来台后知全台之利,以煤矿为始基,经营益力。掘煤之外,复拟炼铁。政府特准借洋款一千万两,即以一部分用于矿务。后减借二百万两,又计划开采石油,架设电线,委丹麦人任之。李鸿章致函云:"内山开矿为兴利创举,执事锐意行之,良可钦佩。"及葆桢调两江,与鸿章分督南北洋海防,一意经营海军,海军经费之筹集,即由葆桢所奏定者也。福建巡抚王凯泰到台后,继葆桢任开发事,矿务交总税务司赫德所雇英人翟薩(David Tyzach)勘探,以翌年开工。惟闽督李鹤年对葆桢之锐意经营台湾,需饷甚巨,颇不谓然。葆桢拟设海底电线,以通厦门,与鹤年龃龉。凯泰置身其间,相处为难,有乞退意,鸿章力予勉励,不久,凯泰病卒。清廷命丁日昌继任。丁日昌者,字禹生,广东丰顺人,原在曾国藩幕中,金陵既下,任上海道,为曾、李创办江南制造局,开中国维新事业之端绪。同治六年授江苏巡抚。九年,协办天津教案,寻遭忧归。李鸿章称其:"洋务吏治,精能无匹,足以斡济时艰,任事精果,实为一时杰出之才。"光绪元年八月,起为船政大臣,十一月复继任闽抚。会霪雨为灾,城内外水逾丈,乃躬亲散赈,口煦手附,卵翼备至,全济灾民数十万,皆感泣曰:"活我者丁中丞也。"日昌统筹全局,以台地事事始创,非专派威望素著知兵重臣,督办数年,不易生效。又建设需款,非有三四百万不能兼营并举,各海关入不敷出,无从提借,而督办重臣,亦难有其人。李鸿章复书曰:"督办重臣,舍公其谁?惟何处筹措二三百万,陆续应手,此则千思百虑,而无从着笔。"劝其先专力于矿垦路电。日昌亦主量力经营,分别缓急,择要以图。盖其初意,凡购铁甲船,练水雷军,枪炮队,造炮台,开铁路,立电线,招垦开矿,均为切要应办之事。而"基隆煤矿开采已有端绪,硫磺、煤油、茶铁、樟脑诸利,亦应逐渐招商开拓,或借官本,或集公司,十年后成本可还,三十年后,库储可裕。"清廷一切责成日昌一手经理,准其购船设马车路,俟矿务大兴,再办铁路。光绪二年十二月初九日,日昌力疾赴台,先巡查北路,次巡南路,直抵恒春。所至抉服蚁伏,惟凤山辖境悉芒社及狮头、龟纹诸社素梗化,遣兵讨平之。令薙发归诚,赏以银牌、哔吱、布匹等物,为立善后章程。中路水埔六社,不谙树艺,雇汉民代耕,谓之租贌。特令地方官计口给予银米,教之耕作,广设义学,训以识字。并通饬全台文武,于善良之番,善为抚绥,不准百姓稍有欺凌,通事稍有垄断,其原有地田,设有界址,不准百姓稍有侵占。并于每社设立头目,稍予体面,以资约束。其未经就抚凶番,严禁接济军火,并不准百姓与之销售货物。庶几受抚之番,有利而无害,则向化之心益坚;不受抚之番,有害而无利,则革面之心益笃。又罢台属渔户税,增添旗白(高雄)炮台炮位,加强防御力量。但其所最重视者,为铁路电线。曾函鸿章称:“该处路远口多,防不胜防,非办铁路电线,不能通血脉而利要害,亦无以息各国之垂涎。”欲修铁路,苦于无钱,福建本非富裕省份,海关收入,又须协济西北,以当时左宗棠正向新疆进兵,军饷孔急。故台防经费,更形竭蹶,一年之间,欠解八十万两。总署户部曾议分拨南洋海防经费,而葆桢已准先解北洋矣,鸿章谓之“望梅止渴”,“尤属乞醯与邻”。又因告以:“俄土战争方始,日本内乱甚长,台湾目前必可无事,路电垦矿得尺得寸,亦可作长久之计。”加之闽督何璟局量褊狭,怨丁不顾闽省艰难,只知有己不知有人。日昌虽办事认真,见机敏断,而多病烦躁,无米为炊,不克畅行其志。所筹民股五十万元,又为袁保恒奏借救济豫灾。即拟筑台湾府城至旗后一段铁路,需银六十万两,托赫德代借,以利息太重,日昌又因病请假离职,遂作罢论。时光绪三年七月也。继日昌后任者为葆亨,满人也。光绪四年六月始派船政大臣吴赞诚为闽抚。赞诚先以接办防务,不辞劳瘁,入山周巡,亲历番社,自恒春、卑南、花莲以达宜兰。四年秋二次东渡,督率总兵孙开华、吴光亮剿办后山生番,开辟道路,由花莲沿海绕回台北,因病请假,未几竟殁。刘铭传谓其“为国尽瘁,勤事忘身,与沈葆桢先后辉映”。其后任闽事者,鉴于王、丁、吴三抚之婴疾,或去或死,多视台湾为畏途。惟光绪六年因俄警设防,巡抚勒方畸一度到台,布署沿海防务,抚恤番人,恩威兼施,吏治民风,亦加顿整。光绪七年,岑毓英为闽抚,将开山抚番未尽事宜,悉心规画,赴台勘阅,主将道府移设彰化,居中控制,以沟通南北声气。台湾之建设虽未尽如理想,而建省之议,乃势在必行矣。

(三) 台湾之改建行省

台湾建省之议,发其端奠其基者为沈葆桢。葆桢主张闽抚移台,以专责成,盖即有分闽、台为二省之意也。光绪二年六月,御史林拱枢奏言,区处台湾,非善后之谋,实创始之事,即重提葆桢之议。十二月刑部侍郎袁保恒(袁甲三子,袁世凯族伯,道光三十年进士。初佐甲三军,甲三卒后,恤典以侍讲学士即补。从李鸿章平捻,又从左宗棠管西征粮台。同治十三年,擢内阁学士户部侍郎,光绪元年召回京,二年调刑部)上疏论时事称:"历观各国情形,惟俄为最强最狡。往往不动声色,布局于十数年以前,肆毒于十数年以后,履霜有象,桑土宜先。伏愿特简重臣,专办东三省练兵事务,无事则可消觊觎之萌,有事则可为挞伐之助,用以拱卫神京,威强敌而弭外患也。福建之台湾,僻处海澨,物产丰饶,民番逼处,非专驻大臣,镇以重兵,孚以威信,举民风、吏治、营制、乡团,事事实力整顿,未易为功。若以福建巡抚每岁半载驻台,恐闽中全省之政务,道路悬隔,而转就抛荒;台湾甫定之规模,去住无常,而终为具文。请改福建巡抚为台湾巡抚,驻台湾,而以总督办福建全省事,各专责成。"所建二议皆有远见,惜清廷仅交部议,未能施行。荏苒十年,及中法之战,法舰攻福州、基隆,台湾之危机及重要性,始复为时人所注意。左宗棠以钦差大臣督办福建军务,力陈建省之议。贵州按察使李元度亦请以福建巡抚专驻台湾,谓:"台湾地大物博,百利未兴,若能经理得人,需以岁月,何遽不如日本哉。"而淮军名将刘铭传以福建巡抚来台督办军务,"访求利病,见台事有可为,深叹前此因循之误,因知补牢未晚,而时会所迫,势不能并日兼营。各国垂涎已久,一有衅端,辄欲攘为根据。今大局虽云粗定,而前车可鉴,后患方殷,一切设防、练兵、抚番、清赋诸大端,均须次第筹办。纵使专心一志,经营十年,尚恐难收实效。"乃决辞福建巡抚,以免顾此失彼,一曝十寒。论者谓:闽抚安,台防危,闽抚逸,台防劳,闽抚地大而权尊,台防不过一虚名钦使,平时设防兵饷,仰人鼻息,一有外患辄当其危。铭传奈何独辞闽而就台?盖其一生血性,既已身当台难,必思安治台地,然后可保七省门户,以快其志。英雄举动,思独辟规模,实非寻常所能窥测。此真能道出铭传心事。铭传在淮军中为首用西洋枪炮队法者,其平吴、平捻之功,全恃劈山炮制胜疆场,自以人力不足道,举当时文牍一火焚之,惟拳拳以自强为念。尝曰:"中国与外洋通商以来,门户洞开,藩篱尽撤,自古敌国外患,未有如此之多且强也。泰西制造精,日新月异,中国踵而行之,已居人后,若再因循坐误,一旦变生仓卒,和战两穷,将何以自立?”又上奏云:“自欧、美崛兴,利炮坚船,横轹海表,中国数千年一统之势,廓焉尽变。臣尝发愤太息,谬思得雄才大略,总括海疆,内厉耕商,外兴制造,船台电炮,战守相资,循此十年,且将纵横万国。”是知铭传为一雄才大略之人物,颇欲总括海疆,纵横万国,以建非常之业。光绪六年,因俄事奉召至京,疏陈兵事,谓自强之机括,在于急造铁路。当时反对铁路者,尚不惜将外人已造成之吴淞小铁路买回而拆毁之(丁日昌请将轨材移台,竟得旨允行),更何有于新造?铭传维新之志,不得伸也。既至台湾,私念此岛孤悬海外,土沃产饶,倘使台地之财,足供台地之用,不须取给内地,而后处变处常,均可自全。独辟规模,追踪延平,是即铭传之英雄举动,欲以达其总括海疆之宿愿耳。故宁辞安逸之闽抚,而就危难之台防。清廷有鉴于马江之败,既欲大治海防,兴办水师,则台湾为七省门户,南洋枢纽,而榛莽未辟,防务空虚,必须及早经营,建省设防,方可杜人觊觎。乃于光绪十一年六月,上谕铭传仍留巡抚缺,专办台湾善后事宜。福建巡抚由总督杨昌濬兼署。昌濬为左宗棠部下,与铭传意见相合,亦热心闽台分治者。是年九月初五日,清廷遂正式发表台湾建省之上谕,福建巡抚改为台湾巡抚(原在福州之巡抚裁撤)。同时设立总理海军事务衙门,此为光绪前期之两大新政,可见二者皆与海防有关也。铭传又以建省设官必多,建造城垣衙署,非财力所能胜任,请仍与福建联为一气,名为福建、台湾巡抚,俾二省分而不分,不合而合。俟五年之后,全番归化,再行改省。清廷以命令既下,未便更改,仍持原议,增设藩司,以沈应奎为台湾布政使。于是铭传遂为台湾建省后之首任长官,而台湾则为中国本部十八行省外,第二个新建之省份。第一乃新疆也,较之台湾,仅长一岁耳。

(四) 台湾省之新建设

铭传既任台抚,已获一有为之机会,以展其抱负。“恨不能倍日经营,保固海疆门户。前车不远,后患方长,不敢视为缓图,致资强敌。”故拟“以一岛基国之富强,奉一隅之设施,为全国之范”。换言之,即建设台湾为模范省,以作中国近代化之先河而已。尝云:“办防以御外侮,抚番以清内患，清赋以裕饷需，此三事均为急不可缓。”所谓办防、抚番、清赋，亦即安定秩序，整理财政，与充实国防是也。尤以最后一项，牵涉颇广，举凡一切新政及经济建设，无不包括于国防之中，兹分别述之如下：

一、政治安定　光绪十二年六月，铭传奏上建省事宜十六款，十三年八月，又奏添改郡县方案，为便于施政提高效率，于彰化桥仔头庄设台湾府县，以为省会，即今台中也。分嘉义东境，彰化南境，添设云林县，分新竹西南之地，添设苗栗县。将原有之台湾府县，改为台南府，安平县。升卑南厅为台东直隶州，于花莲港设州判。分淡水东南之地，归基隆厅，改通判为同知。于是全台有三府一州十一县三厅。台北原治艋舺，旧时贸易之地也，建省以后，乃趋于大稻埕，而艋舺稍退。巡抚以台中设备未周，暂驻台北。铭传对安定秩序以抚番为第一要务。台湾番社约八百有余，人数二十余万，大别有三类：牡丹等社，劫杀为生，若是曰凶番。卑南、埔里一带，居近汉民，略通人性，若是曰良番。台北斗史等社雕题黥面，向不外通，屯聚无常，种落难悉，猎人如兽，虽社番亦惧之，若是曰王字番。而不法之徒，及土匪盗贼，出没番地，聚集番界，侵占番族田庐，诓骗番民财货，奸民被杀，则诉冤于官，官辄兴师剿办，番族被冤，则无官可诉，类多集众复仇，杀掠多系良民。若不悉心规划，终于民番俱毙，防海又须防番。诚令全番归化，内乱无虞，外患虽来，尚可驱之御侮。即可减防节饷，又可伐内山之木，以裕饷源。进而辟地广垦，财用有出，民番生活，随之改善，宜一举而数得也。先是，提督刘朝祜首抚北路淡水（台北）东南番众，为定规约，命遣子弟至城读书，雉发归化，生番地界，各归各业，不许军民侵占。明年（十二年），铭传复亲至大科嵌抚定该处及新竹菜瓮一带番社。道员林朝栋驻兵新竹、彰化间之罩兰，与总兵柳泰和办理中路，提督章高元招抚埔里及花莲港地区，副将张兆连招抚后山。为时仅半年间，招抚四百余社，归化七万余人。光绪十二年八月，中路苏鲁番叛，铭传自来罩兰督师，调提督吴宏洛讨平之。番乱由于居民欺侮，官抑不伸，为之划明地界，清结民欠，并撤换罩兰抚垦委员。寻返大科嵌，再定北路白阿歪等社。光绪十三年，后山张兆连续抚二百一十八社，番丁五万余人，山前章高元续抚二百六十余社，番丁三万八千余人，辟田园数十万亩。抚番与开山，仍相辅而行,张兆连开嘉义直达卑南,林朝栋及抚垦帮办大臣林维源(在籍太仆寺卿)等开中路东路。而横贯前后山道路之打通,关系尤巨,因命章高元自集集街凿山而东,张兆连自水尾凿山而西,会于丹社岭。峭壁深溪,凿崖伐木,光绪十三年春,一百八十余里之山路竣工,军声轰震岩谷,威德远播遐荒,使深山幽谷,穴居野处之伦,向化归仁,易獉狉而登衽席。遂颁宪书,奉正朔,设教条,立社长以束之。但番情反复,千百年之习性,非一朝一夕所能全改者,故仍不免时有骚乱之事。如十四年后山北路卑南吕家望社之叛,尤为严重,匪首刘添旺从中煽动,卑南被围,蔓延及花莲。铭传并调北洋军舰致远、靖远以助战,数月后平之。十五年,副将刘朝带在苏澳开路,所带二百余人,均为番人袭击战殁。铭传派吴宏洛进剿。十六年复亲往督剿,绝其粮道,番始乞降,全台大定。于是广招福建贫民扩垦,使番民共处杂居,逐渐转移其习俗。使之耕织自精,货财自殖。各重要番区,如大科嵌、东势角、埔里社、苏澳、花莲等处,各设抚垦局,立番市,振兴茶叶樟脑。局中有医生教耕教读人员,开义塾,收番童来学者千数百人。另于台北特设番学堂,与之衣食,课以汉文、算学、官话、台语,起居礼仪,常令与汉人晋接,潜移其气质,消除其疑忌,使不以异类自居。铭传曾三亲绝域,蒙瘴涉险,不骑而徒。彼岂不知暇逸哉,其所志者远也。

二、财政清理 台湾之行政费,向由福建每年协助八十万两,然往往不能如数解到。丁日昌之不得畅行其志,即由于财政困难也。铭传开山抚番,建造城衙,及一切交通军事建设,百废待举,在在需款,因商诸总督杨昌濬,减协款为四十四万两,以五年为限。其余就地筹划,将钱粮税收,一律清查,以台湾新辟之地,田产甲于东南,不惟能自给自足,且可有盈无绌也。康熙以来,田园从未清丈,且有台赋不准议加之诏,田亩日辟,而赋不增。政府虽有意体恤农民,然垦户之负担并未减轻。因土地多为绅士霸揽,向官府承包,募佃垦荒,不费一钱,成熟之后,每年抽大租、屯租、番租、隘租等项,私纳土豪。正供粮课,毫无报升,反多隐匿侵吞。光绪十二年四月,铭传于南北两府各设清赋总局,派十余人分赴各县,会同地方正绅,先查保甲,就户问粮。户亩查明,再行逐田清丈,就田问赋。丈竣之后,一律由藩司给单,私租悉行入公。光绪十四年六月,大致蒇事。隐匿者揭报,开垦者升科,盈溢田粮,计逾旧额不下四十万两,民间供赋,反比从前减轻。中间因嘉义、凤山延误,彰化抗阻,至十五年全部清丈给单,溢出原额田数倍,约四百万亩。赋则南北悬殊,嘉义以南,均沿郑氏旧例,失之于重,彰化以北,则照福建同安下沙则折征供粟,赋额较轻。盖台湾之开发,先南而后北,台北在郑氏时,以流罪人,雍、乾之际,尚苦瘴疠,同、光以后,繁华靡丽,冠于全省矣。铭传将现丈田园,悉照同安下沙成例,分则配征,清厘划一,仿一条鞭法,以便乡愚易知。胥吏无所朘削,定则虽轻,征数较巨,民生国计,裨益实多。豪绅地主,不能再事隐匿,人民之负担均平,蒙受实惠不浅。正供之外,"补水"、"平余",亦予明定章程,不得任意加派。自谓:"宁为怨府,不累小民。"以故台湾额赋,原仅十八万两,经整顿后则达六十七万余两,已近四倍。然开办之初,官绅土豪,多方阻挠,胥吏亦乘机勒索,因而激成民变。光绪十四年八月彰化施九缎之乱,即系一例,聚众数千,围困县城,毁断电线,要求收毁丈单。铭传命道员林朝栋往平之。将彰化知县撤革,胁从罔治,民始渐安。税收以洋药(鸦片)、煤斤、茶叶、樟脑、船货厘金为著,向多吞蚀,合盐课关税,每年所入不过九十万两。经铭传整顿后,樟脑、硫磺,由官收买出卖,余利四万余两。百货厘金增至七万余两,盐课十二万两,洋药四十余万两,关税一百余万两,与田赋等合计约三百万两,最后增至四百四十余万两。另设官银局购办机器,铸造银币,每年数十万枚。财力既充,而新事业之建设,亦可以实现矣。

三、国防建设　铭传认为守台必先守澎,保南、北洋必须以澎、厦为管钥。台、澎之防,岂特台、澎?所以固吾圉也。光绪十一年与杨昌濬合疏请划海军为三路:津沽为北洋,吴淞为中洋,台、澎为南洋。其时清廷议兴海军,重在北洋,原为台湾购置之四艘铁甲快船,亦编入北洋舰队。铭传续请拨次等稍快兵船二只,再购大小鱼雷艇数艘,以作防巡海口之用,亦未成功。兵船难集,炮台兴修,刻不容缓,特请拨款八十万两,以为澎湖、基隆、沪尾、安平、旗后五处建筑炮台,增购新炮之用。户部以无款可拨,令其逐年撙节,次第兴建。铭传以如不及时赶办,一有兵争,仓皇束手,海疆难安;况炮已订购,洋人催索,亦无以应,不得已,商由闽、台各借四十万,自行筹还。始筑成钢筋洋灰炮台十座,配以英制阿姆士顿(Armsttong)大炮三十一尊,水雷八十具。改澎湖副将为总兵,以曾守吴淞口炮台,历办广东海防,深悉外洋火器精微之吴宏洛任之。防军三十营,均用洋枪,聘外国教习教练之。又设机器局于台北,自制弹药、枪弹、炮弹,聘德人彼德兰(Bitgram)为工程师,督修基隆炮台者亦为德人庞斯(Baons)。电线在沈葆桢、丁日昌时代,即已安设,但只府城旗后、安平一带,不足百里。铭传决定先架台北至基隆、沪尾及台南之陆线,共八百里;以通贯全岛。复敷设安平至澎湖,沪尾至福州之水线,以接连大陆。均于光绪十四年告成。为培植电信人材,又设一电报学堂,计划办电话,惜尚未成。同年邮政局成立,备有邮船二只,往来本省各港及福州、上海,较之内地正式开办邮政尚早九年也。海上交通原只外国轮船,沈葆桢渡台,福建造船厂之轮船,始不时航行于闽、台间。岑毓英时代,又置办两艘。中法战争期间,运兵运饷,均雇用英、德之船。铭传莅台后,闽厂所制万年青、伏波两船,已不堪使用,特添购德轮二艘,另在香港定制四只,并南洋侨商集资续购二只,除航行上海、香港外,并远至吕宋、西贡、新加坡。基隆港口之建筑,旗后、安平之疏浚,均在计划之中。而成绩最著者则为铁路。铭传系吾国提倡铁路最早之人,在内地既未能见诸实行,自主台政,当可如愿以偿矣。光绪十三年三月二十日,铭传奏请借商款,开办台省南北铁路,既可繁兴商务,便利驿递,且有裨于海防及建省工程。路线起至基隆以达台南。路轨火车向英、德订购,枕木就地取材,特设伐木局。先修台北至基隆一段。自北门外大稻埕开始,以兵代工。督办为林维源,工程师有德人碧加(Becker),英人瓦特逊(W. Watson)、密契尔(H. Mitcher)、玛体荪(H. C. Matheson)。明年台北、新竹段亦开工。以商股观望不前,经办人李彤恩、杨宗瀚一死一病,乃收归官办,挪用原拟建造省城经费。光绪十七年基隆、台北段通车,共长二十哩。台北、新竹段亦于二年后完成,共长四十二哩,两段约合一百八十余华里。台湾纵贯铁路线,实以此为始基也。

(五) 经济之建设与停顿

基隆八斗煤矿开采以来,颇有流弊,渐成漏卮。中法之役,复经毁坏,战后初由商人承办,亏折不支。铭传以煤炭为船厂、兵轮、铁路、机器局所必需,乃商同两江总督船政大臣合资经营,官商各半,添置机器,聘用西人,并自矿场修铁路至基隆码头。光绪十三年正月开办,一年后商股因无利退出,收为官办,派英人玛体荪监督工程。以旧有矿井矿质已完,非添资一百万两另开新窑,不能获利。适英商范嘉士,愿集资承办,另在暖暖辟新窑二处,偿还旧矿官本十四万两。合同业已拟订,而清廷不准,诏旨申斥,仍令自办。光绪十六年再改官商合办,户部总署复行指驳,严旨责其谬执己见,率意径行,竟予以革职留任处分。结果仍由官办,新窑无力另辟。铭传之坚决求去,此亦主要之原因也。煤矿之外,尚有油矿,光绪十三年设煤油局,派林朝栋主持,产量不大。两年后曾与英商议妥委托承办,中央亦不准行。铭传离台,油矿局遂归裁撤。关于农产,力事提倡种茶、植棉、栽桑、养蚕。水利灌溉亦所留意,曾派德国工程师墨尔溪设计大科嵌水源,准备开凿巨圳,惜未及实行。商业方面,立有通商总局,鼓励对外贸易,糖茶樟脑为出口大宗。光绪十二年,设招商局于新嘉坡,派员招南洋闽侨来台合办商务,划台北大稻埕为商埠,由富绅修造街市,江、浙商人开设兴市公司,马路、电灯、自来水、医院一应俱全,俨然有近代都市之规模焉。一切新创事业,不得不借重西人,但终非长久之计,故铭传首设电报学堂,继之又开中西学堂。此为台湾最早之新式学校。早晚授经史文学,上下午传习西学,以英法语文、史地、算术、物理、化学为基本科目,渐进以图算、测量、制造之学。冀各生砥砺研磨,日臻有用,而将来台湾所办新政,亦不患任使无才。延英人布茂林为主科教习,并不时亲莅视察奖励。铭传极具干才,大兴新政,计日度月,次第举行,将置台湾于富强之域,以防制日本之侵略,尝登基隆炮台,东望欷歔叹曰:"即今不图,我为彼虏矣!"顾以在台七年,军政忧劳,屡入山地,感受瘴湿,手足麻木,耳暗目障,视听俱茫。继复咯血气喘,举步艰难,屡疏请辞。既因煤矿章程,受户部之阻挠,又获革职处分,而去志益决。盖翁同龢长户部,与李鸿章素称政见不合之两党,刘为李之旧部,不免受其牵累也。醇亲王奕𫍽当政,对铭传所创之事业,颇表支持,及醇王卒,则铭传感觉诸事掣肘,不安于位,光绪十七年二月,遂四疏告病,请开缺,三月获准,四月二十八日交卸。铭传“倡淮军、练洋操、议铁道、建台省,实创中国未有之奇”。在中国近代史上,殊为一杰出之人物,其干济伉爽,恢廓雄伟,尤以创建台湾,奠立近代化之规模,志行殊不可及也。山东巡抚张曜,亦异人,初随僧格林沁剿捻,积功至河南布政使,御史刘毓楠劾其目不识丁,改授总兵。曜遂发愤读书,既成嵩武军,随左宗棠西征陕、甘、新疆,皆有奇勋。光绪十年入关防直北,次年改授山东巡抚,而曜之诗文书法,均斐然可观矣。闻铭传称疾去,遂上《请效力岩疆疏》云:“台湾一隅,孤悬海东,与闽、浙、粤东有辅车之势;我朝经营数十年,始得平定。既为各省之屏蔽,又为各国所觊觎,况今轮船飙速,防备之难,尤非往昔可比。臣才识虽极庸愚,惟久历戎行,粗习师旅,年虽六十,精力未衰,若蒙圣恩简派署理台湾巡抚,臣当殚心区划,妥慎经营,仍俟朝廷简定谋勇兼优重臣,俾以实授。山东幅员虽较台湾为大,而台湾事任实较山东为难。是以披沥血诚,冒昧上请。”自愿舍大就小,舍易就难,是其雄心壮志,盖与铭传前后辉映耳。惜清廷已发表邵友濂继任台抚,仅优诏答之,而曜以是年七月病卒。倘使清廷能允其所请,则铭传建台之事业,当可发扬光大,而曜以环境变更,精神振奋,或不至遽殁矣。友濂文吏也,初任出使俄国大臣随员,历上海道,台湾布政使,湖南巡抚。以清廷对铭传有“操之过急,任用或不得人,措置不无失当”,“凡事当行之以渐”之语,遂一反铭传所为,将新政诸皆废止。学堂亦撤,并奏停铁路工程。谓:“台湾土地松浮,田园漫衍,培筑不密,随见崩塌。又或坡陀参差,峦壑倚伏,曲直不安,高下靡常,北穿狮岭,洞隧百寻,南渡龟仑,坂逾九折;路工之难如此。又或溪间纵横,宜临宜束,水流湍急,因势筑防,矗址重渊,构基陡岸,洪波方迅,垒石旋倾,积沙既深,插桩亦陷;桥梁之难又如彼。加以工银料价,共须倍加,此后增进,计难逆料。”又奏称:“前卜定省城之地,虽当中枢,控制南北,而山岳四面围匝,距台南、台北各四五日程,其间溪水暴涨,交通颇烦。兼以沿海水浅,轮船难以驶入。南北有事,接济迟延。又省城必须建筑坛庙衙署等,经费浩繁,无由筹办。伏思台北居台湾之上游,衙署局库,略已成工,商民辐辏,铁路亦通,舟车之利两便,故拟以该府城为台湾省会。”于是铁路既停工,而省会亦移于台北矣。盖友濂“处心积虑,不过欲谋充实宦囊而止。凡有大利可图之局,遍布私人分领,笼入囊橐”(御史钟德祥弹劾语)。其庸劣无能,举一切之新政而并罢之,台湾建设之进步,一时陷于停顿。人存政举,人亡政息,此台湾之不幸,抑国家之不幸也。

第十七章 新疆之勘定与建省

七十四 新疆回乱之概况

(一) 北路之清真王

新疆自乾隆间勘定后,迄同治初已达百余年。道光中,张格尔及七和卓木之乱,亦不久旋平。中亚诸国如布哈尔、浩罕、阿富汗、布鲁特、哈萨克等皆入贡称藩。西北边境,久告粗安。但浩罕为回教国家,常以回疆之不能独立为耻,虽有时支持和卓子孙内犯,惟事皆无成;及俄侵浩罕,屡起战争,浩罕自顾不暇,更无余力以援助和卓子孙,故同、光之际,新疆回教徒之独立运动,皆由云南、陕、甘之回变所引起者也。先是陕回有阿浑妥明(一名妥得璘),假星命游金积、河、隍间,比乱起,窃三妇人出关,至乌鲁木齐,客参将索焕章家。索焕章者,前甘肃提督索文子也,素蓄异志,师事妥明。妥明掌教演经,妄言祸福,愚回多惑之。同治三年春,乌鲁木齐都统借防饷勒州县亩捐,绥来知县毛遂吾、奇台知县恒颤皆不应,独迪化知州孔福允之,都统乃遣员搜括。州役马全,驮户马八,皆回民无赖,倚势苛敛,敲比无虚日。汉民怨愤,阴约木垒汉民结团练以抗捐而御回,马全亦结回民备之。四月,汉民与马全战奇台布,回败,遁入南山匿不出。会库车回叛,提督聂布冲遣兵赴南路讨之,标兵固多回人,行至喀喇沙尔溃归。六月,遂举乌城反。索焕章手刃提督,戕其家属,据汉城,推妥明为主,索焕章自为元帅,书吏马升为先锋,进围满城。八月,陷之,知州孔福缒城逃,都统平某,盛服往议和,死乱兵。索焕章胁镇迪道尹某至其家,将囚之,其母骂曰:“尔父官一品,尔官三品,今乃作贼,缚职官,罪当族,吾不忍见也。”乃舍之。尹某仰药死,其家四十余口殉焉。其时奇台捕役马福等率回众陷奇台,分掠绥来、昌吉、阜康、吉木萨、古城皆陷之。而吐鲁番、呼图壁、库尔、喀喇、乌苏先后失守。于是妥明益自尊,号称清真王。降索焕章为散目,令守吐鲁番,以其母屡诫焕章反正也。马升、马泰、马仲、马明、马官皆为元帅。结缠头共取南八城,比城拔,缠头竟自踞之。四年,妥明遣党分陷山北诸城。五年,伊犁土回攻陷九城。塔尔巴哈台亦不守。清廷诏乌鲁木齐提督成禄自肃州赴奇台,会李云麟办新疆军务。云麟自罢陕军,帝惜其才,以侍卫充布伦托海办事大臣,崎岖赴漠,遥权伊犁将军,筑城布伦托海,旋为敌袭陷,论罪遣戍。其后左宗棠奏调赴营,荐保副都统,所著《西陲论略》,讥切时事,其言颇有可采云。八年,索焕章诡词乞抚,哈密帮办大臣景廉弗纳。自乌城之乱,北路边民,结团自保,寇至则战,寇去则耕,其田公种公收,立壮士为之长,兵事田事皆属焉。于是徐学功起迪化,赵兴体起绥来,刘乡约起河西,马进福、邓生玉起古城、奇台,又有张和、张兴率团数千,日与回战,先后殁于阵,而徐学功勇略冠一时,中外回皆畏之。徐学功者,少贫贱,喜技击,乡里号无敌。年弱冠,值寇作,乃结健儿数十,掠回庄赀货自赡,遇汉民则保护之,虽边外悍回,固已惮之矣。其后依附者日众,有民兵五千人,每战以马队陷阵,骤若风雨,敌枪炮不得施,见之辄走。其时阿古柏据南路,闻学功名,使使约和。九年妥明遣马泰攻库车,败绩。南路回潜结马仲自吐鲁番共攻妥明,妥明乞降。仍令为清真王据守乌垣,以马仲为阿奇木,总回务。其后马仲为徐学功阵斩,其子马人得袭职,与妥明积不相能,复纠南路回来攻。于是阿古柏约徐学功围吐鲁番,妥明遣党三次赴援,皆却之。闰八月,遂拔吐鲁番。帕夏拣精壮者缚送南八城。与徐学功进攻乌鲁木齐,距城四十里。妥明倾巢出战,学功马队驰击,南回助之,斩其元帅马官。妥明众大奔,不敢还乌垣,走绥来,数日病死,昌吉、绥来、呼图壁皆王。自妥明据北路称清真王,至是凡七年,遂为阿古柏所灭,新疆南北路除伊犁为俄人所据,哈密、巴里坤尚为清军所有外,皆属阿古柏之势力范围矣。

(二)南路八城之统一

北路妥明之叛也,南路诸城,亦相率独立。其著者有四部:一、黄和卓据阿克苏,自称土耳其斯坦王,辖喀喇沙尔以西喀什噶尔以东地。二、马福迪、哈必布拉(Mufti Habiboulla)据于阗,称于阗王。三、阿布都拉门(Abdurahman)据叶尔羌。四、布鲁特酋思的克(Sadic Beg)据喀什一带。土回金相印亦起。惟诸回皆乌合之众,极肆寇掠,民众皆恶之。清军据城守御,叛回累攻不下。于是金相印乞师于浩罕王阿来姆苦尔汗(Alim Kul),并请张格尔之子和卓帕夏(Buzurg)入新,思借其势以得回众之拥护。然浩罕方与俄构兵,塔什干国都已失,仅有安集延一城,无力援助。金相印之使者数请,始派将官阿古柏(Yakoob Beg)募兵六十六人随帕夏往。

阿古柏原为舞童,丰姿秀美,手段灵活,入新后,一切大政皆出其手,帕夏耽溺声色,徒拥其名而已。金相印原欲借帕夏以增厚己力,而帕夏自立为汗,二人遂不免冲突,结果金相印失败。阿古柏又取喀什噶尔城,以为根据地。喀什由清军坚守十四阅月,城内有携贰者,居中策应,城始破。黄和卓及阿布都拉门以帕夏势力渐大,联军攻之,又为阿古柏所败。帕夏虑阿古柏跋扈难制,乃于用兵叶尔羌时潜与敌通,在战事正酣之际,突率兵离去,欲置阿于死也。不料阿古柏大胜,帕夏怒,下令捕阿,并命教会取消其教籍,教会未允。于是阿古柏率队回喀什,废帕夏,放之西藏,乃自立为毕条勒特汗。复受布哈尔、爱迷尔、莫瑟费尔(Sayyid Mozaffar U-Din Khan)之尊号,称阿达里克格什(Atalik Ghaji),意即圣道拥护者也。阿古柏既独立,团结南疆各族,禁止劫杀,训练新军。同治六年,诱杀于阗王马福迪于叶尔羌,灭黄和卓取库车。南疆八城,俱归于一。乃北结徐学功以进攻妥明,妥明败死,北疆乌鲁木齐,亦为所属。阿古柏俨然有统一新疆之势,令汉、回薙发易服,效浩罕国俗,光顶圆领,几同异域。其结徐学功也,以学功骁勇善战,冀其得清廷柄用后,荐己为哈密王,统制新疆,以附庸中国。已而知其无远识,且百战不得一阶,益轻之,令学功还南山,仍以甘回马人得为阿奇木,绾乌垣回务。学功大恚,常使马队间出,邀击回众。阿古柏合回缠,纵击学功,乘中秋袭其营。学功仅率二百骑拒战,退去绥来南山。阿古柏派人守乌垣,纵兵大掠,土回不堪其扰,还降学功。学功率大队至乌垣,与阿古柏众鏖战数月,杀伤相当,以粮罄还南山。土回见学功去,仍投阿古柏。伊犁为土回所据,党众时相争杀,索焕章初遣数千人往袭,败还。俄人以有隙可乘也,同治十年,派兵据之。又纠土回将袭乌垣,阳称赴绥来易市,驱驼马羊只数千,载洋货银钞以行。至石河,距绥来八十里,徐学功率马队截击之,杀俄、回兵数十人,余悉纵还,尽夺其驼马洋货,并俄钞二万卢布。自此俄人不敢东窥,以徐学功为之障也。清廷派直隶提督刘铭传规复新疆,诏署伊犁将军荣全赴伊犁,收回城池,乌鲁木齐都统景廉进规北路,左宗棠、穆图善拨兵顾关外。宗棠方击回河州,奏言:"俄罗斯与我素无衅端,其取伊犁名为收复,词近顺而心则狡。关外回部,向本愚弱,不似内地诸回之狡悍,而富庶过之。所云收复伊犁,揆诸弱肉强食之常,乘间抵隙之事,亦毋足怪。惟当欲收复乌鲁木齐,则舐糠及米,渐近中边,于理不协,于势尤不可。臣现规河湟,未能兴师远举,然当此强邻觊觎,未敢拘执,已咨商刘铭传酌定进兵道路,飞饬徐占彪驰赴肃州,以便成禄拔队出关。"会刘铭传乞病还皖,以曹克忠接统其军,未几克忠亦乞病,以臬司刘盛藻统之,仍屯乾州,成禄亦未果行。其时甘回势不支,渐谋西窥,诏促徐占彪迅赴肃州,换成禄出关。同治十一年春,景廉率师抵古城,使使招徐学功至绥来之沙山,集旧部三千余人,开屯田,且战且耕。时哈密大臣文麟亦招团首孔才自哈密赴古城,修堡兴屯,孔才复收学功散勇二千余人任耕战。于是古城、吉木萨屯田大兴,兵食稍裕。其后徐学功、孔才皆擢提镇,然事事承将帅风指,英气渐减,异于初起血战时矣。十二年三月,陕回白彦虎援肃州,败走新疆,清军追蹑,遁入山。秋白彦虎率悍回数千分掠乌垣、绥来,徐学功横出截击,杀数百人,夺骆驼五百匹,货物无算。白彦虎自揣势孤,乃投阿古柏为之役,新疆之回众,全归于阿古柏之势力范围。

(三)阿古柏之外交政策

当阿古柏入新之时,俄人正侵略浩罕及中亚各国,以伊犁为中外通商巨埠,正眈眈欲攫取之,对阿尚未暇注意也。阿为浩罕所遣,自然可得中亚诸国之同情,然诸国皆弱小不足道,颇思得一大国能与中国势均力敌者,连络外交,长其声势。乃由守边官吏与俄人订一非正式之互不侵犯条约,许两国皆有追捕逃人之权。既而俄欲夷阿古柏为附庸,以作中亚诸国表率,阿古柏不从,俄人拟进军攻之,因浩罕战事未果。俄商克鲁道夫(Kludof)于同治七年(一八六八年)至回疆经商,颇受阿古柏欢迎,阿以克居间特派萨迪密尔查(Shadi Mirza)至塔什干及圣彼得堡,要求俄国承认。俄仍持强硬政策,不遽许,并派乌兰托(Capitaine Reinshal)入回疆,要求引渡俄境抢犯。阿古柏不肯示弱,对被捕俄人,故示侮谩。

其时中亚诸国,均受俄人之压迫,不能自主,颇怂恿阿古柏抵抗俄国,以领导宗教战争。阿知俄势强大,未可与敌,仅暗中同情援助而已。因此益为俄人所忌,俄令浩罕古德耶尔汗(Khudayar Khan)攻阿古柏,不遂,复令致书阿古柏,令向俄人请成。一方面则占据伊犁,向南疆取包围之势。阿古柏惧,致书俄国土耳其斯坦总督高福曼(Kaufman),言两国结盟及商务事,可用直接交涉,不必假手浩罕之调停。同治十一年(一八七二年),俄派可尔巴尔斯男爵(Baron Kaulbars)入回疆,调查该地情形,承认阿古柏之政权,并欲取得独占新疆通商之利益,以阻英人之发展。结果乃于四月九日订商约五条:一方俄人承认阿古柏为回疆首领(Chief of Dyety Shahr),一方彼此皆有经商通行及设商务员之权利,入口税值百抽二.五。旋阿古柏又遣使者赛亦德·阿古柏(Seyyid Yakoob)至塔什干及圣彼得堡,俄皇待以上宾之礼,并请其参加阅兵典礼。盖俄国于进据伊犁后,对阿之态度骤变,其原因有二:一即欲助长新疆之叛乱,使中国永无收复之日,则其占领期亦可以延长;二即英人之势力已逐渐由印度向北发展,且一向袒护中亚诸国,与俄人抗争,故俄人以先下手为强也。然中亚诸国因受俄人威胁,素持亲英政策,阿古柏来自浩罕,对英人较有好感,故虽与俄订约通商,而阴嗾贸易官用贬值之货币,尽量购买俄商货物,使其不能久留,以免窥探虚实。又令赛亦德由俄赴土耳其,尊土耳其为上国,与土密订协约,以增外援。铸苏丹像于银币之上,以示藩属。赛亦德复由土至印度,与英人成立谅解。其时英正欲制俄向新疆发展,乃于同治十二年(一八七三年)派费昔斯爵士(Sir D. Forsyth)为全权代表,至回疆与阿古柏订商约十二条。由英人承认阿古柏为南疆之“爱迷儿”。阿古柏则予以通商、驻使、设领之权,其条件较俄约为优。俄人要求援英人例设领事官,阿古柏不许。英人自订约后,商务大发达,又设英喀通商公司,英、印货物之入南疆者增至二倍以上。俄人商务,至不能立足。阿古柏又于致高福曼申贺英皇世子伊丁堡(Duke Edinburg)与俄公主玛利(Marie Alexandrovna)结婚时,故称英之同盟国。于是俄人怒欲攻之,调军储饷以待,会浩罕内乱,俄人不遑远图,但其对阿古柏之外交,则显然失败。以故清军进规新疆,左宗棠事先筹饷,俄人出售食粮五百万斤,代为运送。是俄对阿古柏之态度,始欲利用之以对抗中国,继因阿古柏依附英人,则又助中国以平定新疆,博取中国之好感。但其于伊犁之占领,狡赖侵夺,终引起剑拔弩张之交涉。两国国交,亦几濒于破裂矣。

七十五 左宗棠平定新疆

(一) 西征军事之准备

同治十二年,陕、甘回乱既平,诏以金顺迅赴古城,会景廉规复乌鲁木齐,张曜、宋庆驰往哈密,会文麟等剿办围城之回。各军粮饷,令左宗棠源源接济,勿任缺乏。盖隐知宗棠积劳,但责饷事,未忍使其驰驱沙漠也。宗棠奏言:“由肃州出嘉峪关而西,本汉、唐师行大道,安西、玉门、敦煌近遭白逆(白彦虎)扰掠一空,然使关内之粮,足供裹带,车驮驼只,足供周转,出关之兵,何惮不进?安西抵哈密计程十一站,千里而遥,经由戈壁,无台站,无水草,沙砾纵横,人马每多困踬。中间仅安西四站马莲井支帐小憩,以备汲饮,未可久留。过此七站抵哈密,为缠回族聚居之所。军兴以来,音耗阔绝,近被白逆窜扰,是否有粮采买,更无从知。臣前在肃,与诸军集议,分起次第行走,必先将甘凉采买粮料,运存肃州,又由肃州出关,运至玉门,然后头起开拔。至玉门又用其私驼转搬玉门存粮,赴安西腾出驮官,官军转运第一起军粮而后,第二起继进,余军仿照办理。比到安西州,作一停顿,又裹粮抵哈密,如此层递衔接,人畜之力稍舒,士气常新,可免意外之虑。至由哈密前进,粮运事宜断非臣力所及。自古至今,未有运甘、凉、肃之粮济哈密以西军食者。金顺等至安西州搬齐粮料,必面遣人赴哈密询访,就近堪资采买者若干,以定进止。如有可设措,不须搬安西存粮,以节劳费。张曜进哈密,即借资其粮,时距麦熟之期,当亦不远,后此续进之军,相时而动,自可不误师期。”又奏:“甘、凉、肃素称腴地,自诸军勘定河、湟,甘、凉道路渐清。农安耕获,幸获中稔。两年采买,集有成数,通计甘、凉、肃三郡,定买市斗军粮十六万三千余石,石重三百余斤,给银四两,以供金、张、额三军食用。及运粮车驮驼只,算至明年六月新熟,尚短粮料市斗二万余石。拟括额征本色,及各标营季粮,陆续填补。凉州至安西千四百余里,路多砂石,运转宜驼,臣派弁出口采驼三千,暂以官价雇用民车,调集各营官羸,先后起运。通计粮百斤,需银十一两七钱内外,劳费如此。若不筹撙节,动言用众,恐官军饷运不继,粮台之储徬早空,不但后时不能保此不竭之源,即目前出关之师,亦忧饥溃。自古关塞用师,在精不在多,承平无事,官私充足时,尚不能用众,矧祸乱十年,人物凋残,财用匮绝之日乎?臣在肃时,汰疲乏冗杂,以求精资,遣伤残成废弁丁,以省累察。张曜一军,锐气方新,作为头起,金顺次之,额尔庆额又次之。宋庆一军,整理需时,俟明年秋后继发,并拟于所部整锐足恃诸军内,精选数营,届时慎择统将,率之同行。如天之福,甘、凉、安、肃明岁丰稔,西师饱腾,再分起层递而前,如行衽席,庶边塞肃清,可操全算。”此可见西征军事,筹饷难于筹兵,筹运难于筹粮,无一事不艰巨。宗棠在甘肃筹足十六万三千余石,即合五千万斤,购价不过六十五万余两,而运至安西,即需银五百八十五万两,几近十倍。若至哈密,又不知烦费几许。而哈密以西尚非力所能及,必须就地采集耳。故兵宜汰弱择精,宗棠所部裁去四十余营,犹存马步一百四十一营,约七万余人。金顺抵古城,接统景廉军,裁三十余营,合原部共四十余营,约二万余人。即此两部每岁需饷银八百七十八万有奇(左部六百十四万,金部二百六十四万)。余尚不计,此岂甘肃财力所能许乎?而诸省关协饷积欠银二千六百万两,文牍咨催弗应也。光绪元年三月,诏宗棠以钦差大臣督办新疆军务,金顺为乌鲁木齐都统副之。陕西巡抚谭钟麟督西征饷事。布政使裕宽、陕安道沈应奎管粮台。宗棠奏起刘典帮办军务。钟麟奏言:“自接管西征粮台,迄今八月,仅收各省关协饷八十余万,左宗棠每月需的饷四十余万,近于新疆南北两路,创设采运数道,计程皆四五千里,运费月需银二十余万。而举办屯田有费,购买车驼有费,制备军火器械有费,整顿营伍、裁撤勇丁有费,出款日增,入款愈少,数月以来,恃借到洋款三百万,然随到随放,现亦告罄矣。袁保恒前奏,每届年终一关,悉发满饷。本年各营月饷,固未满发,转瞬年关,需饷如命,若仍不发一月足饷,何以泯觖望之心,而作效忠之气?今出关诸军,整理待发,月饷之外,益以粮运,窘乏情形,尤甚往年。乞饬部指提各省关欠饷六十万,为年终一月满饷,并出关粮运的饷一百四十余万两,限十月内外到陕,转运前敌,以资支发,西事幸甚!”旨如所请。据钟麟所奏,知西征粮饷所需,各省协饷不能供应,而所赖以支持者,乃系借用洋款。此事关系军事甚大,不可不一述之。盖宗棠于无可奈何之时,托杭州胡庆余堂药铺商人胡光墉(字雪岩,浙江人,在钱肆习贾,因湘军营官称贷被斥,穷无所归。营官荐入宗棠幕,以得资佐之设肆,诸将财货,皆阴储光墉铺中,乃设典库于各省县,金银号达二十三处,并营丝茶业,积资达二千万以上。操纵江、浙商业,为外人所信服)假华洋商款一千二百五十余万两,大部分皆英商汇丰银行所借。光墉并制诸葛行军散以济军。清廷录其功,赏至极品。光墉营第宅园囿,姬妾成群,筑十三楼以居之,意颇骄侈。后以贮丝变质,亏累数百万,信誉日堕,为户部尚书阎敬铭所劾,褫职监追,以宗棠力救得免,光墉愤而死。然其对宗棠西征饷糈,贡献固不少也。光绪元年六月左宗棠奏陈筹划西征情形,由北路归化、包头至射台、大巴,再至巴里坤,已运粮四十余万斤。又由俄人代办起交送古城者,于明夏运足五百万斤。哈密报垦荒地一万九千余亩,获粮数千石。由安西运哈密、运巴里坤者,用驼只,节设厂局,刈草薪,浚水泉,以利运道。派人经画哈密、巴里坤、古城屯垦事宜。对粮运事已略有头绪。八月,始奏以刘锦棠总理行营事务,率军先赴肃州。时朝议纷纭,多以远征劳费,欲弃南八城,封阿古柏为外藩,英国驻京公使威妥玛复为之请。于是遂有海防、塞防之争论。

(二) 海防与塞防之争论

当西征军事之进行也,正日本侵台方告解决之时,总理衙门以庚申之衅,创巨痛深,原期力图自强,以为御侮之计。乃日军踞番社,自问用兵殊无把握,不得不姑事羁縻,若再不切实筹备,后患何堪设想?因请饬沿海、沿江各督抚封防务实力讲求,同心筹办,以纾目前当务之急,以裕国家久远之图。于是海防之议以起。李鸿章以直隶总督管北洋海军,提倡海防最力,同治十三年十一月,因议海防筹饷,遂有放弃新疆之论。鸿章以为新疆犹中国之肢体,而海防则系中国之腹心,塞防不固,不过肢体之小患,而海防不坚,则系中国心腹大患。近日财用极绌,人所共知,欲图振作,必统天下全局,通盘合筹而后定计。并引曾国藩前有暂弃关外,专清关内之议,谓为老成谋国之见。今虽命将出师,兵力饷力,万不能逮,海防塞防之争议起焉。鸿章谓:

自古立国,必先足用,足用之道,必先充实内部,而后以余力控制边陲,未有竭内地之藏,以供边陲之用而能善其后者也。且海防密迩京师,一旦有事,京师动摇,纵新疆不守,亦难危及京师。自咸丰初年军兴以来,殚竭财赋以佐军饷,为数已不可胜计。迨至发、捻既平,滇、黔肃清,而各省犹协拨频仍,不遗余力,以内地甘、陇未靖,不得不竭力图维,勉资军食,其实百计搜括,已极艰难。乃自肃州告捷,因出关师行紧要,征饷益繁,而兵事伊始,需饷已极浩繁,盖关外出兵,骡驼之费,转运之费,较之关内,且增至数十倍。然其事果有把握,计期可以告成,各省即设法筹措,尚冀有日息肩。无如西地荒僻,回情狡谲,恐非克日成功之举,设迁延岁月,边外之征需未已,内地之罗掘先穷。万一遗误戎机,悔将何及!

新疆自乾隆年间始归中国版图,无论开辟之难,即无事时,岁需兵费尚三百余万,徒收数千里之旷地,而增千百年之漏卮,已为不值。且其地北邻俄罗斯,西界土耳其、天方、波斯各回国,南近英属之印度,外日强大,内日侵削,今昔异势,即勉强图恢复,将来断不能久守。屡阅外国新闻纸,喀什噶尔回酋,新受土耳其回部之封,并与英、俄两国立约通商,是已与各大邦勾结一气,不独伊犁久踞已也。揆度形势,俄先蚕食,英必分其利,皆不愿中国得志于西方,而论中国目前力量，实不及专顾西域，师老财痡，尤虑别生他变。可否密谕西路各统帅，但严守现有边界，且屯且耕，不必急图进取。一面招抚回酋，准其自为部落，如苗、瑶之土司，越南、朝鲜之略奉正朔可矣！两存之则两利，俄、英既免各怀兼并，中国亦不至屡烦兵力，似为经久之道。况新疆不复，于肢体之元气无伤，海疆不防，则腹心之大患愈棘，孰重孰轻，必有能辨之者。此议果定，则已经出塞及尚未出塞各军，似须略加核减，可撤则撤，可停则停，其停撤之饷，即匀作海防之饷，否则只此财力，既备东南万里之海疆，又备西北万里之饷运，有不困穷颠蹶者哉？

鸿章放弃新疆专顾海防之论，其最大理由，即西征并无把握，若劳师糜饷，而争一无用之旷地，殊不值也。左宗棠意气之豪，布置之密，皆可为成功之保证。其奏驳海防论者之言曰：

伊古以来，中国边患，西北恒剧于东南。盖东南以大海为界，形格势禁，尚易为功；西北则广漠无垠，专恃兵力为强弱，兵少固启戎心，兵多又耗国用。以言防，无天然可限戎马之足；以言战，无舟楫可省转馈之用。非若东南之险阻可凭，集事较易也。周、秦至今，惟汉、唐为得中策。及其衰也，举边要而捐之，国势遂益以不振。我朝定鼎燕都，蒙部环卫，北方百数十年无烽燧之警，不特前代所谓九边皆成腹地，即由科布多、乌里雅苏台以达张家口，亦皆分屯列戍，斥堠遥通，而后畿甸晏然。盖皆祖宗削平准部，兼定回部，开新疆立军府之所贻也。是故重新疆者，所以保蒙古，保蒙古者所以卫京师，若新疆不守，则蒙古不安，匪特陕、甘、山西各省之边城，时虞侵轶，防不胜防，即直北关山，亦将无安眠之日。而况今之与昔，事势攸殊，俄人拓境日广，由西而东万余里，与我北境相连，仅中段有蒙部为之遮阂，徙薪宜远，曲突宜先，尤不可不豫为绸缪也。（按：此奏在后，因比较海防塞防之形势，故特先录之。）

窃维泰西诸国之协以谋我也，其志专在通商取利，非必别有奸谋,缘其国用取给于征商,故所历各国,壹以占埠头争海口为事,而不利其土地人民。盖自知得土地,则必增屯戍,得人民则必设官司,将欲取赢,翻有所耗,商贾之智,固无取也。自通商定议,埠头口岸已成,各国久以为利,知败约必妨国用也。商贾计日求赢,知败约必碍生计也,非甚不得已,何敢辄发难端?论者乃议停撤出关之饷,匀作海防,夫使海防之急,倍于今日之塞防,陇军之饷,裕于今日之海防,犹可言也。谨按臣军二次凯旋入关请拨的饷四百万,分六十万两畀陕,余以饷臣部各军。凡军需、军粮、军火、军装、转运、赈抚、津贴、召募一切均挪移饷项,暂应急需,未尝另立款目。合计入关度陇,每年所获实饷不满五百万两,而应出之款,不下八百余万两。协饷到营,一散即尽。陈陈相因,旋成巨款,故臣军每年初发满饷两月,继则发一月满饷,尚虑不敷。截至同治十二年底止,欠常年饷八百二十余万两,挪空恤赏银三十余万两,而各省关积欠之饷,则已三千数百万矣。论者拟停撤出关兵饷,无论乌鲁木齐未复,无撤兵之理,即令乌鲁木齐已复,定议划地而守,而兵饷仍难遽言裁减也。北自乌鲁木齐迤西,南自阿克苏迤西,土沃泉甘,物产殷阜,旧为各部腴疆,所谓"富八城"者也。其自乌鲁木齐迤东四城,地势高寒,山谷多而平川少;哈密迤南而西抵阿克苏四城,地势褊狭,中多戈壁,谓之"穷八城"者也。以南北两路而言,北可制南,南不能制北,故当准部强盛时,回部被其侵削,后为所并,高宗用兵准部以救回部。准部既平,遂并回部有之。腴疆既得,乃分屯列戍,用其财赋,供移屯之用。节省征防徭费,实亦不少。今若划地自守,不规复乌垣,则无险要可扼;即乌垣速复,驻守有地,而乌垣南之巴里坤、哈密,北之塔尔巴哈台各路,均应增置重兵,以张犄角。精选良将,兴办兵屯民屯,招徕客土,以实边塞,然后兵渐停撤,而饷可议节矣。若此时即拟停兵节饷,自撤藩篱,则我退寸,而寇进尺,不独陇右堪虞,即北路科布多、乌里雅苏台等处,恐亦未能晏然。是停兵节饷于海防未必有益,于边塞则大有所妨。利害攸分,亟宜熟思审虑者也。

宗棠所持之理由,实较李鸿章为充足。不特海防、塞防之轻重缓急言之綦切,即鸿章所谓以所省塞防之饷,匀作海防,亦经宗棠一语道破。盖塞防之饷奇绌,已积欠三千余万,尚何余饷足匀乎?其保持领土完整,巩固边防之远识卓见,固非鸿章只顾目前现实者所能及也。宗棠又云:“外间议论,或以为事可缓图,或以为功可速就,或主撤兵以节饷,或言难得易失,其命意皆因裨益洋务起见,岂真由衷之言哉?臣一介书生,高位显爵,为平生梦想所不到,岂思立功边徼,觊望恩施?况年已六十有五,日暮途长,乃不自忖量,妄引边荒艰巨为己任,虽至愚极陋,亦不出此。而事固有万不容已者,乌鲁木齐各城不克,无总要之地以安兵,今伊犁为俄人所据,喀什噶尔为安集延所据,若此时置之不问,后患环生,必有日蹙百里之势,此区区愚忧,不敢不尽者也。”以宗棠之功业地位与年龄,尚不肯作持重保守之论,诚以国事重于个人,所谓“烈士暮年,壮心未已”,此其所以能成不朽之功。若李鸿章则虽注重海防,固无往而不失败,责任未必尽由鸿章负之,但鸿章之豪气消沉,已不能与宗棠相比,故世称“曾左”,而不曰“曾李”者,可以知其因矣。

(三) 西征军事之推进

光绪二年二月,刘典至兰州,宗棠以善后事畀之,建旗启行。清廷嘉其公忠体国,力任其难,所陈敌势军情了如指掌,命随时相机筹办,奠定西陲,为一劳永逸之举。三月宗棠进驻肃州,刘锦棠率所部分道出塞,期以闰五月会于古城。肃州至哈密中隔戈壁,水泉不能供千人,诸军抵安西后,分起递进。汉中总兵谭上连为前锋,宁夏总兵谭拔萃继之,陕安总兵余虎恩又继之。四月,锦棠出嘉峪关,谭上连师次巴里坤,谭拔萃次哈密,余虎恩越安西出戈壁西进。乌垣回分掠台尔巴哈台,劫俄粮,自布伦托海出红柳峡,金顺遣军蹑之。回绕古城走吐鲁番,还入乌垣。宗棠檄领队大臣锡纶赴沙山护俄运,金顺复调参将徐学功马步四营助之。时谭上连进古城,分兵屯芨芨台、色毕口、大石头、三个泉护运道,金顺自吉木萨飞书乞粮,宗棠拨巴里坤存粮三百六十万斤济之。宗棠雇商驼万只负粮出哈密达古城,肃州复以官民车载粮道戈壁赴哈密,而归化、包头、宁夏商驼赴巴里坤者,络绎于道。俄人复以粮市我,辘轳转输,远者五千里,近亦三千里,虽储跱稍裕,而费已不赀矣。五月,刘锦棠令军士取哈密存粮逾天山递运巴里坤,后由巴里坤递运古城。闰五月,锦棠次巴里坤,进驻古城,分兵屯木垒河。侦马人得踞乌鲁木齐,白彦虎踞红庙子,土回马明踞古牧地。当先取古牧,撤乌垣红庙藩篱,而阜康距古牧才百里,宜先据之。六月,锦棠轻骑赴吉木萨,与金顺会议,约顺屯阜康城,自屯城东之九营街图进取。宗棠增遣徐占彪接防巴里坤,而令张曜之军分屯安西者,皆归并哈密,以厚哈、吐之防。白彦虎闻清军大出,自红庙移踞古牧,纠土回抗拒,阿古柏遣兵助之。锦棠觇阜康城西野潦纵横,延二十里,可疏废渠供饮啜,自此行戈壁五十里,达黑沟驿始有泉,令军士开沟引水,傍废渠而营。赴戈壁佯掘井以懈敌,其夜,锦棠约金顺潜袭黄田,破其卡,遥闻古牧角声四起,锦棠、金顺先踞岗,余虎恩、黄万鹏等马队自山驰下,与敌骑战良久,步回来助,谭拔萃、谭上连、董福祥等步队出中路,马军分左右抄之,回大败,守卡者皆逃。官军径抵古牧,锦棠以城坚难骤下,还驻黄田。时古牧回酋马明为阿古柏所逮,白彦虎率土回王治等坚守,锦棠围之,分攻山垒南关皆下,以开花炮攻城,垛堞多坍,遂克古牧。阿古柏遣将阿托爱来援,锦棠令余虎恩马队击之,阿托爱弃马逃。锦棠度乌垣回且他遁,自将趋之,抵城东,土回及阿古柏助守兵皆宵遁,遂克乌鲁木齐、迪化州及伪王城。伪王城者,妥明所筑也。锦棠遣诸将分追三十里,至盐池,阻戈壁而返,于是吉昌、呼图壁、玛纳斯北城守回皆遁。阿古柏复遣五千骑至达坂,距乌垣二百里,闻败不敢进,新疆北路略定,惟玛纳斯南城未克。阿古柏以北路既失,乃增厚天山防线,于达坂城南之托克逊筑三城为犄角,托克逊者,噶孙营也。北守达坂拒刘锦棠、乌垣之军,南守吐鲁番拒张曜哈密之军。白彦虎于小虎踞南山小东沟,遣党四出刈禾备干粮,图绕官军后。锦棠趋小东沟。白彦虎先一日走金口峡。锦棠急行九十里及之,金口峡老弱妇女数万踉跄惊走。白彦虎、于小虎皆并入托克逊,阿古柏待之甚倨,勒其众薙发易服,傍三城以居。锦棠还乌垣,时金顺攻玛纳斯南城久不下,咨湘军助剿。八月,锦棠派罗长佑与谭拔萃、黄万鹏、董福祥等十一营赴之。宗棠以锦棠兵单,增遣总兵章洪胜、方友升、桂锡桢等归调遣,后奏调金运昌军五千人自包头西行助之。九月，金顺会湘军克玛纳斯南城，掘清真王妥明尸戮之，俘元帅海玉、马受、马有才等，并悍党歼焉。金顺移驻昌吉，提督孔才驻玛纳斯，方春发驻呼图壁，副将徐学功等分屯北路要害。湘军还乌垣，自后大雪封山，诸军不能逾岭而南。锦棠下令搜山，北路完全肃清，自湘军到后为时不过三月耳。而宗棠之准备则已两年余矣。先是宗棠奏陈进军方略，言："乌城之贼，土回居多，白彦虎复挈陕、甘悍回，分踞红庙、古牧、玛纳斯与相联，而皆南与安酋帕夏通。自帕夏踞喀什噶尔各城，吐鲁番、辟展以西土回皆附之。帕夏能以诈力制其众，又从印度多购西洋枪炮，势益猖獗，土回缠头皆倚之为重，然不敢显与俄夷较，俄夷亦颇言其狡悍异诸贼。今官军出寨，自宜先剿北路乌垣等处，而后加兵南路。当北路进兵时，安集延或悉其丑类与白彦虎合势死拒，当有数大恶战，如天之福，事机顺利，白逆歼除，安集延悍贼亦多就戮，由此而下兵南路，其势较易，是致力于北，而收功于南也。若贼情先图自固，但作守局以老我师，则旷日持久，亦在意中。"一切策划，了如指掌，北路既平，而南路亦仅时间问题耳。

(四) 阿古柏独立国之败亡

阿古柏以次子海古拉守托克逊，大通哈守达坂，大通哈犹言大总管也。令白彦虎、马人得守吐鲁番，自居喀喇沙尔为策应。吐鲁番旧有满、汉两城，海古拉又建造王府雄阔异常度。宗棠檄张曜镇嵩军向辟展，徐占彪蜀军出木垒河夹攻吐鲁番。光绪三年三月，冰解，刘锦棠自乌垣逾天山攻达坂，张曜自哈密西进，先遣提督孙金彪与徐占彪会师盐池，趋吐鲁番。锦棠抵柴窝，踞达坂二十里，夜初鼓，令军士衔枚疾走，期五鼓集达坂城下。大通哈新引湖水卫城，泥深及马腹，余虎恩、陶生林等马队，掠过深淖，列城左山冈；谭上连、谭和义等率步队列城后山阿，降人崔伟以马队承弥缝。群回方卧，未觉也。天明雾收，城回望见，始大惊，发西洋枪炮下击，自卯至午不绝，清军小有伤亡，屹立如故。此西洋枪炮皆英国所供给者，英并派军官教官以训练回军。锦棠策马周览城濠，坐骑中枪，易马而前，饬各营筑垒掘濠困之，傍城东筑炮台。海古拉遣骑番进赴援，陶生林等截之隘口,分左右包抄,回骑皆返奔。城回盼援不至,议突围出走,锦棠诫诸军严备。炮台成,以开花炮连环击之,城身多坍。有顷,炮火中药房,瓦屋砖石皆飞,大风骤起,引烧开花炮弹,城中人马碎裂,群回夺门走,清军遮之不得出。锦棠使人呼曰:“缚异装者有赏。”于是大小头目悉致麾下,无一脱者,遂克达坂城。擒其酋爱伊德尔呼里,即所谓大通哈也。又获胖色提六人,玉子巴什六人,胖色提者,华言营官,玉子巴什者,华言哨官。其余夷职甚多,则管理、执事、什长之类,于是大通哈暨诸回同声代阿古柏乞款,愿缚白彦虎献南八城赎罪。锦棠听其致书招阿古柏,释夷回及土尔扈特人数千勿诛,悉给衣粮纵归原部,夷回大欢。锦棠进驻白杨河,闻嵩武军孙金彪与徐占彪已下奇克腾木,进攻辟展及鲁克沁、连木沁、胜金台,尽破其城垒,会师于哈拉和卓,距湘军仅两日程。锦棠遣罗长佑率五营赴之。徐孙引军至吐鲁番,白彦虎先遁,城东守回殊死斗,乃麾马军两旁抄袭,敌阵大乱,蹑至城边,城回倾巢出,战正酣,罗长佑领湘军合力攻之,回西奔。马人得诣嵩武军降。缠回万余跪地乞命,孙金彪悉宥勿诛,遂以吐鲁番满、汉两城分驻之。是日,刘锦棠急驰百里,抵托克逊,海古拉亦先遁,守回与清军战城外,败绩,举火焚粮药弃城逃。锦棠派军士入城灭火,缠回二万人跪马前降,锦棠令缴马械候安插,于是托克逊三城皆下。自吐鲁番告克,南八城门户洞开,阿古柏日夜忧泣,不知所为。白彦虎益掠人畜焚村堡,负缠回同奔,缠回皆怨。而达坂、托克逊、吐鲁番三城降众皆释不问,夷回无复疑惧,转相告语,南八城皆延颈盼清军出水火。阿古柏遇缠回虐,怨毒中人深,人人思报复之。阿古柏知不免,遂于四月在库尔勒仰药死。其子海古拉淹尸水中,三日始出,裹香牛皮舁之西行,将达库车,伯里胡里使人截之,杀海古拉,浩罕人所呼小帕夏也。官书称阿古柏为帕夏者,盖以初入新时,张格尔子名帕夏,乃回疆首领,阿古柏既废帕夏,名言非正,而《勘定西域记》遂谓帕夏名阿古柏,而帕夏、阿古柏遂混而不分矣。阿古柏有子六人,长哎哥,即伯克胡里,非所爱也。次即海古拉,次引上胡里,次迈府胡里,其余二子无名。海古拉既死,伯克胡里保南境自立为王,推白彦虎守库尔勒,白彦虎自踞开都河西岸,觊入俄罗斯境。是时郭嵩焘为驻英公使,英人因赛亦德之请,央嵩焘并令其驻北京

公使威妥玛,再度代伯克胡里缓颊。向吾国请封为藩。事下左宗棠议,宗棠奏言:

窃维立国有疆,古今通义,必合时与地通筹之,乃能权其轻重,而建置始得其宜。(中段“伊古以来”至“豫为绸缪”语已见前,故略。)方今北路已复乌鲁木齐全境,只伊犁尚未收回;南路已复吐鲁番全境,只白彦虎率其余党偷息开都河,喀什噶尔尚有叛弁逃兵,终烦兵力。此外各城,则方去虎口而投慈母之怀,自无抗拒颜行者。新秋采运足供,余粮栖亩,鼓行而西,宣布朝廷威德,且剿且抚,无难挈旧有之疆宇,还隶职方。此外如安集延、布鲁特诸部,则等诸邱索之外,听其翔泳可矣。英人为安集延说者,虑俄之蚕食其地,于英有所不利。俄方争土耳其与英相持,我收复旧疆,兵以义动,彼将何以难之?设有意外争辩,枝节横生,在我仗义执言,亦决无所挠屈。新疆南路,以吐鲁番为腴区,其八城以喀喇沙尔所属地多硗瘠,余虽广衍不及北路,而饶沃或过之,全境收复,经画得人,军食可就地采运,饷需可就近取资,不致如前此之拮据忧烦张皇靡措也。区区愚忱,实因地不可弃,兵不可停,而饷事匮绝,计非速复腴区,无从着手,局势所迫,未敢玩愒相将。至省费节劳,为新疆画久安长治之策,则设行省改郡县,事有不容已者。

自浩罕为俄人所并,安集延谄附英吉利,英人亦阴庇之。兹复以护持安集延为辞,保护立国为义,其隐则恐安集延为俄人所有。夫安集延非无立足之处,何待英人别为立国?即欲别为立国,则割英地与之,或即割印度与之可也。何乃索我腴地以示恩!且喀什噶尔为古疏勒国,汉代已隶中国,固我旧土也,而英人直以为帕夏固有之地,其意何居?从前恃其船炮横行海上,犹谓只索埠头,不取土地,今则并索及疆土矣。彼阴图为印度增一屏障,公然强我于回疆撤一屏障,此何可者?我愈示弱,彼愈逞强,势将伊于胡底!臣奉职边方,惟有勉竭驽钝,不顾目前成败利钝图之。郭嵩焘片奏“乘阿古柏冥殛之时,席卷扫荡”一语,尚无不合。现在南路之师,刘锦棠三十二营,拟于

> 八月中旬,分起西进。张曜拟于九月初旬继发。前闻英人遣使赴安集延,臣已驰告刘锦棠、张曜,属其善为看待,如论及回事,则以我奉令征讨侵占疆宇之贼,以复我旧土,他非所闻。如欲议论别事,请向肃州大营,彼如来营,臣自有以折之。

清廷嘉其奏,如所议行,英人亦不敢向肃州大营,与宗棠理论,自是始哑口无言。综南北两路进军而言,实际作战尚不及两月,而此浩罕人窃据十余年所立之回教国,即告崩溃矣。

(五) 南疆各城之全定

光绪三年七月,刘锦棠遣汤仁和等自托克逊进兵,八月朔,董福祥、张俊等自阿哈布拉沿途置哨垒,张春发继之,均至曲惠而营,士卒曳粮浚泉,接程以俟大队。锦棠率大队行五日至曲惠。余虎恩出库尔勒之背,锦棠自趋开都河。开都河源出天山之麓,汇而南趋,贯库尔勒、喀喇沙尔之中,下流注于博斯腾淖,古所谓泑泽者也。白彦虎壅开都河水溢百余里以遏清军。锦棠马步绕淖行碱地,纡折达开都河东,白彦虎先期走库车。九月朔,锦棠收复喀喇沙尔,城中水数尺,庐舍荡然,召其台吉,迁和硕特数百户实之。余虎恩收复库尔勒,城空无人,食罄,掘窖粮数千石济军。锦棠侦白彦虎胁缠回走布告尔,急行四百里,至洋萨尔,见各堡火光烛天,知回去未远,令后队救火,前锋及之布告尔,黄万鹏、谭拔萃与战,破走之。次日追四十里,以望远镜瞭回众,尚数万,持枪矛者才千人。锦棠令曰:“执械者诛,余勿问!”亟逐之,敌委难民狂奔,锦棠悉遣归复业,仍领精骑蹑敌。至托利赖,缠回万余伏地号呼,复慰遣之。五鼓,蓐食行数十里,至库车,白彦虎方驱缠回西走,缠回不从,皆散布郊原,见清军至,仓卒列队,锦棠麾马步突之,皆大奔,遂复库车。是役自库尔勒六日驰九百里,拔难回约十万,宗棠遣员设善后局安抚之,筹籽粮,招耕牧,治涂造船,以通商贾,缠回附者益众。白彦虎在拜城与浩罕营官等日夜掠城外缠回为助,村堡皆墟,拜城回闭关拒之。锦棠军至,遣通事谕之,拜城回目买卖提、托呼达等开城迎降。锦棠留方友升镇抚,而自履冰夜行。至铜厂,与回遭,回纠二万众列河岸拒战。锦棠鼓之，敌骑皆靡，积尸塞河，水为不流。遣难回悉还拜城，复促所部乱流而渡，击回于上铜厂，连败之，遂越察尔齐克台而西。度戈壁百四十里，至哈拉裕勒至札木台，解鞍小憩，进薄阿克苏。遥望城上枪矛林立，西南飞尘蔽天，遣候骑觇之，则前一夕回目将献款，为浩罕人缚去，其闭关设守者，城回十万余人严备以待清军者也。锦棠召回目出城，谕以威德，群回膜拜乞抚，遂克阿克苏，驻军汉城。遣将蹑击白彦虎于胡马纳克河败之，获哈密回王迈合默特之母，送归其部，赀遣难回还库车。白彦虎见清军日迫，患之，乃嗾浩罕兵走叶尔羌，自走乌什，冀分我方兵力。锦棠专力讨白彦虎，令黄万鹏、张俊趋乌什，谭盛典、夏辛酉自西会之，渡胡马纳克河，行戈壁八十里，俘其魁马有才等。击回于乌什城东，败之，遂复乌什。逐至阿他伯计，阻戈壁而返。于是南疆东四城皆下。湘军冒寒远征，一月中驰驱三千余里，连收四城，皆锦棠督率之力也，清廷为晋秩三品京卿，诸将给奖有差。十月朔，张曜由哈喇沙尔进库车，库车迤南曰沙雅尔，其酋麻木尔闻清军已下东四城，遁匿哈番。哈番在阿克苏西南四百里，锦棠率席大成亲攻之。麻木尔受创遁，部众解散。锦棠还军阿克苏。当是时伯克胡里（阿古柏长子）踞喀什噶尔，犹保西三城，而和阗伯克尼牙斯图反正，乘隙围叶尔羌，遥为清军声援。伯克胡里仅余一城，愤甚，率五千骑与呢牙斯战于叶尔羌，呢牙斯败走，降于清。伯克胡里进夺和阗据之。而喀什噶尔守备何步云、章京英韶及满、汉兵弁陷敌中者尚数百人，相率守汉城，使使迓官军。浩罕酋阿里达什保回城以攻汉城，且约白彦虎来助。伯克胡里乃弃和阗走英吉沙尔，并入回城。十一月，锦棠分三路进军：黄万鹏等由乌什道布鲁特边为奇兵，桂锡桢等由阿克苏道巴尔楚克为正兵，均听进止于余虎恩以取喀什噶尔。锦棠自驻巴尔楚克、玛纳尔巴什扼叶尔羌、和阗冲要。虎恩师次喀城北，万鹏次喀城东，相距六十里。敌候骑猝遇清军，驰归呼于城曰："大军至矣。"缠回皆骇溃。伯克胡里禁杀不能止，乃与白彦虎分路逃。留其党守城，缀清军。是夜三鼓，两军抵城下，城回纵火烧庐舍，以骑兵出拒战，余虎恩进中路，萧元亨等出其左，戴宏胜等出其右，比交绥，回大败。俘回元帅王元林。何步云、英韶等凭汉城大呼，回城恟惧失措，开西门出走，遂克喀什噶尔，时天色犹未明也。余虎恩留张俊守喀城,自出正西追伯克胡里,黄万鹏出西北追白彦虎,俘于小虎、马元于阵,白彦虎、伯克胡里及阿里达什遁入俄罗斯境。时锦棠师次阿郎格尔,遇敌百余骑,尽歼之,疾驱而前,至叶尔羌城,回先遁,遂复叶尔羌,锦棠入居新城。旋收复英吉沙尔。派董福祥收复和阗,于是南疆西四城皆下。俘阿古柏妻女及四子三孙,按律治之。于小虎、马元、麻木里暨初倡乱之金相印父子磔于市,诛悍党一千一百六十人,新疆平。诏晋宗棠为二等侯,锦棠为二等男。其余给奖有差。是时湘军声威远慑诸番,夷侨寓南八城者皆翕然听命。凡英商教习皆给文返国,布鲁特十四部落愿隶中国者纳之。十月,阿里达什结布鲁特酋谋袭喀城,锦棠遣提督方友升击败之,斩阿里达什。布酋复嗾安集延酋二次内犯,皆击败之。宗棠以俄人庇匿逋寇,虑诸将忿极启衅,请总理衙门与俄人议之。时正与俄人为交还伊犁之交涉也。

七十六 中俄伊犁之交涉

(一) 伊犁问题之发生

俄人自十六世纪逾乌拉山后,至十七世纪末即奄有西伯利亚全境,但其经营中央亚细亚,则在俄皇尼古拉一世(Nicolas 1.)时代。道光三十年(一八五〇年)俄之边界已与我新疆接壤,次年(咸丰元年),中国许俄商至伊犁及塔尔巴哈台,贸易交通,逐渐繁盛。同治初年,阿古柏由浩罕侵占南疆,俨然成立一回教王国,其势力且达于北路乌鲁木齐。于是俄人为牵制阿古柏,以免俄国新征服之回教徒群起思动,且可乘中国内乱之际,侵占新疆边地,以便于防守,乃于同治十年五月十七日,由土耳其斯坦总督高福曼(Kaufmann,《夷务始末》称为七河省巡抚廓)派兵将我伊犁占领。俄驻京公使倭良嘎哩(George Vlangaly)得信后,即派翻译官李祺(Lenzy)告知总理衙门。清廷以俄人此举,难保无觊觎要求情事,关系甚为重要,着金顺等确切查明当地情状,并派伊犁将军荣全驰赴伊犁,会晤高福曼,将伊犁城收回,妥筹布置。俄人既据伊犁,思永久占领,建设市廛,延袤二十里,并移俄人居之,笼络土尔扈特王车拉布坦为向导,集兵边境,拟进攻乌鲁木齐,幸为徐学功所挫,乃不复进。总署屡与俄使辩论,俄使初云:“俟荣全到伊犁后,即将伊犁交还。”后又云:“俄国并无久占伊犁之意,只以中国回乱未靖,代为收复,权宜派兵驻守。俟关内外肃清,乌鲁木齐、玛纳斯各城克复后,即行交还。”盖俄人以为中国断无收复新疆之力,特作此游词,以达其占领目的耳。且无故侵略我国之土地,深恐引起各国之怀疑与干涉,故亦不能悍然无所顾忌,在外交辞令上仅云暂时代守,殊非有意侵占也。但荣全于十一年四月十三日,在色尔贺鄂普勒地方,与俄国所派之代表博呼策勒傅斯奇(Bogolauaky)会晤时,俄先问荣全调兵多少;哈萨克迁移攘夺,何以能令安辑?塔城迤东顺额尔果斯河有哈萨克地方,须让俄国。乌里雅苏台俄人失去之银,是否能赔?俄国边界不安,何时可以平定?俄商欲往科布多、哈密、巴里坤,并喀什噶尔等处通商等语。荣全问伊犁之事如何?则答须请示本国政府,再行通知。既而该代表辗转至京,并不给荣全回信。总署大臣先往俄馆与俄使及该代表反复辩论,俄使坚执先将伊犁以外各事议妥,然后再交。而所谓以外各事者,亦不肯明言究为何事。总署告以应一面交收伊犁,一面商办各事。俄使则谓荣将军兵力太单,如接收伊犁,恐不能守,能永保边界无事乎?如此空言诘难,故作延宕之计。交涉年余,始终不得要领。而伊犁俄军复将距塔城四百里之察罕鄂博附近,及距伊犁七百余里之西湖地方,攘为己有。是既于伊犁实行鸠居之计,复于各处冀为蚕食之谋,总署质询俄使,俄使言因该处人民请俄兵前往保护。又推以边界之事,须要两国边界官商办。动辄转函总署,岂不周折?总署答以荣全亦愿如此,无如俄官与之意见不合,一味强硬,何从商办?总之,俄使与高福曼互相推诿,肆意诪张,毫无交涉诚意,以致荣全与总署皆无可奈何。同治十三年四月,俄使更易布策(Eugene de Butzow),态度尤阴险蛮悍,竟请总署转咨荣全,伊犁俄官决不让中国官干预其事。总署以其违约背理,将原函退还。而俄人复有塔城系伊犁兼辖,也是俄国暂管地方之语。清廷乃派察哈尔马队驰往塔城,以增厚荣全兵力,力图整顿。并令左宗棠奏派出关诸军,将各城以次荡平,与荣全联络一气,自固藩篱,不使俄人得步进步,续有侵越。统俟扼其冲要,占得先着,然后徐图进取,规复伊城。舌辩笔战之事,一时暂告搁置,以致俄人霸占伊犁十年,终遂其狡展宕漾之计矣。清廷以累年交涉,毫无结果,不得不任命左宗棠督办新疆军务,下收复失地之决心。盖伊犁问题,已成骑虎之势,欲罢不能。海防、塞防之争,宗棠所以终获胜利,此其重要之一因也。

(二) 崇厚之出使俄国

左宗棠整旆西行,势如破竹,为时不及二年,即将南北疆一律收复。光绪四年六月,清廷以俄人在法理上、道德上均有将伊犁交还中国之义务,而俄使布策又谓中国须将通商交涉各案先行办结,方可会议交还。屡次辩论,迄无定议。于是特派吏部侍郎崇厚为出使俄国全权大臣,便宜行事。九月,翰林院侍讲张佩纶疏言:“使臣议新疆必先知新疆,自宜身历其地体察形势,知己知彼,则刚柔操纵,数言可决。今航海而往,不睹边塞之实情,不悉帅臣之成算,胸无定见而遽蹈不测之地,将一味迁就乎?抑模棱持两端乎?事事迁就则不能,语语模棱则不可,不必许而许之则贻害,不必缓而缓之则失机,是犹医者未尝切脉辨证而悬揣以处方,安在其能中窾窍乎?臣度左宗棠责任重,更事多,虽整兵正辞,盛气以临俄人,此自疆吏之体则然耳,其老谋深算必有持久通变之策,决不孟浪侥幸,以生戎心。请敕令崇厚由陆路前往,与左宗棠定议而后行,庶胆识坚不至受绐而召侮矣。……窃谓殊域遣使,当予以便宜之实,而不假以便宜之名,遇有重件创举,驰奏候旨,则所以为使臣地者稍宽。若贸然从事,一诺之后,便成铁铸,不慎于始,虽悔何追?”佩纶所论二事,均有先见,惜清廷及崇厚均未能采纳,其失败盖早已注定矣。崇厚以是年十二月抵俄,面递国书。光绪五年四月,乃与俄外交大臣格尔斯(Giers)订厘《洼萨条约》(Treaty of Liuadia)。据总署电报摘要,其第一款,俄国允还伊犁。第二款,中国允即恩赦伊犁居民。第三款,伊犁民人迁居俄国入籍者,准照俄人看待。第四款,俄人在伊犁财产,准照旧管业。第五款,交收伊犁由左宗棠与高福曼会办,条约批准后照行。第六款,中国允给俄国守伊犁各费卢布五百万元。第七款,接收伊犁后霍尔果斯河西及伊犁山南之帖克斯(Tekkes)河归俄属。第八款,塔城界址拟稍改。第九款,两国分界派员酌定,安设界牌。第十款,旧约喀什噶尔、库伦设领事官外,现准嘉峪关、乌里雅苏台、科布多、哈密、吐鲁番、乌鲁木齐、古城酌设领事。第十一款,领事与地方官会办公事,待以客礼。第十二款,俄商在蒙古、天山南北路贸易均不纳税。第十三款,设领事处及张家口均准设栈。第十四款,俄商运货走张家口、嘉峪关赴天津,走汉口,过通州,西安、汉中运土货回国同路。第十五款,此约通商章程,自批准日起,五年后修改。第十六款,俄国愿收税则,将下等茶税,会商总理衙门酌定。第十七款,边界牲畜被偷,声明旧约追究,官不代赔。第十八款,定约画押,由两国批准后通行,一年为期,在俄京互换。此十八条之订立,盖崇厚只知奉命索还伊犁,其他皆非所计。而俄人复召回布策、高福曼与之谈判,恐吓诈骗,任情需索,崇厚毫无争执,一一允许。电报到京,朝野骇然。外国官方报纸,无不同感惊异。因俄人强占伊犁,已属无理,而如约交还伊犁,乃属当然义务,其条件竟如此苛刻,较之鸦片战争与英法联军之役,我国战败求和,殆犹过之而无不及也。其中割让伊犁四面之沃壤险要,使伊犁变为一座空城,内地完全开放与俄人,东三省亦任其通航,边圉难防,堂奥已失。最妙者则为蒙古、新疆之通商,俄人全免税,此则世界所无之例矣。于是修撰王仁堪、庶吉士盛昱交章论劾。恭亲王奕䜣奏言:"似此则伊犁已成弹丸孤注,控守弥难。况山南划去之地,有通南八城要路两条,关系回疆全局。俄人在伊犁照旧营业,彼此人民混杂,种种弊端,难以枚举。以此观之,收还伊犁与不收同,或尚不如不收之为愈。第先允后翻,曲既在我,再以敌情测之,无论从此不还伊犁,俄人有所借口,且恐彼仍以分界修约为词,肆意要挟,靡所底止。缘洋人惟利是视,凡事于彼有益者,虽中国未允之款,尚且争之至再,岂中国已允之款,遂肯作为罢论乎?中、俄接壤,西北处处毗连,边衅一开,防不胜防。溯自办理交涉事务以来,长驾远驭,中国一时力有未逮,所与争论者,只恃笔舌之能。往往有先议一事,在我以为难行而不允,一反覆间,其所要求者,虽视前议尤不可行,而恃强挟制,将欲仅照前议而不可得。此洋务之愈办愈难,亦愈难愈不能不办之情形也。"总署办理外交之苦心,此疏所陈,委宛尽致。收伊犁尚不如不收,但不收亦不能弥俄人贪得之心!边衅一开,设防为难,倘恃强挟制,将欲仅照前议而不可得。

瞻前顾后,进退两难。顾日后之利害宜权,当前之是非亦宜审,因请饬下李鸿章、左宗棠等酌核密陈。清廷谕谓:“若照所拟条约,所损已多,断不可行。口岸既多,与华商生计大有妨碍,允行则实受其害。先允后翻,则曲仍在我,应设法挽回,以维全局。”至如何设法挽回,则清廷已毫无一自处之善策矣。

(三)左宗棠、李鸿章之主张

光绪五年十月,李鸿章奏称:“俄人踞守伊犁,将近十年,每岁收其商农之利数十万金。其平时注意开疆拓土,得尺得寸,不稍退让。即迫于公论,碍于成约,不能不返我故地,然彼国上下深谋,视为奇货,借肆要挟,不餍其欲壑不止。俄人阴鸷狡诈,虽英、德等国皆视为劲敌而惮与共事。我出使大臣宜沉毅坚忍,置得失荣辱于度外;又必统筹全局,相机应付,以全力与之磋磨,乃不至堕其术中。中国士大夫向以出使为畏途,平时讲习俄事者尤少。而此事一出一入,关系极巨。往者微臣筹及西事,每不免鳃鳃过虑者,诚恐恢复故疆则有名而无实,变通商务,或受损于无穷也。议者初虑俄人浮开兵费俾我力不能偿,为久假不归之计,今核计偿银二百八十余万两,尚不甚多。俄人之善于操纵而隐事要求者在此,崇厚之受其牢笼而不免迁就者亦在此。不知偿费一层,中国即多出数百万金,虽竭蹶于一时,不至贻患于事后,若界务、商务,则几微不慎,后悔难追。在崇厚或由使俄之役以索还伊犁为重,既急欲得地以报命,而他务之利病遂不遑深计,诚未免失之轻率。”以下论条约损失,鸿章同意总理衙门所谓收回伊犁尚不如不收回之为愈。但如兵衅一开,其所要求,恐仅照现议而不可者,况防不胜防,日本或将伺隙而动,各国亦因而生心。是崇厚所定俄约,行之虽有后患,若不允行,后患更亟。其意宜稍事含容,徐图补救,倘实无可改易,无可延宕,只有让左宗棠就近酌度妥办。总之鸿章虽不赞成此约,而议及后事,为患更亟,在隐微中似有劝清廷批准之意。左宗棠之覆奏,则理直气壮,毫无模棱之词,其言曰:

窃维国家建中立极,东南滨海,西北以昆仑枝干为界画,向与俄罗斯不相连接，以蒙部哈萨克、布鲁特、浩罕为之遮蔽间隔也。近自俄人日迫，诱胁日众，哈萨克、布鲁特各部落多附俄人，俄人又取浩罕三部落拓其边围，于是俄与中国边境毗连无复隔阂矣。适中原兵事方殷，未遑远略，俄人乘间占据伊犁，借称代我收复为要索计，并照其国法按灶科赋，以充兵费，亦称餍足矣。光绪三年西洋报纸，载俄国议愿得俄元二百五十万交还伊犁，此次偿款忽议增五百万圆，其挟诈相尝，已可概见。若此后蚕食不已，新疆将有日蹙百里之势，而秦、陇、燕、晋边防且将因之益急，彼时徐议筹边，正恐劳费不可殚言，大局已难覆按也。夫陆路相接，无界限可分，不特异日无以制凭陵，即目前亦苦无结束，不及时整理，坐视边患日深，殊为非计。俄人占伊犁之始，谓俟我克复乌鲁木齐、玛纳斯即当交还。比官军连下各城，并克复南路，而俄不践前言，稳踞如故，方且庇匿叛逆，纵其党类肆出窥边。四次纵贼犯边，官军追贼均未越俄界一步，我之守约如此，彼之违约如此，尚何信义可言？俄之占据伊犁也，将大城西北三城庐舍堕为平地，而取各城堡木料于大城东南九十里，金顶寺营造市廛几二十里。察俄人用心，殆欲踞伊犁为外府，为占地自广，借以养兵之计，久假不归，布置已有成局。我索旧土，俄取兵费巨资，于俄无损而有益。我得伊犁只剩一片荒郊，北境一二百里间皆俄属部，孤注万里，何以图存？况此次崇厚所议接收伊犁后霍尔果斯河及伊犁山南之帖克斯河归俄属，是划伊犁西南之地归俄也，自此伊犁四面俄部环居，官军接收堕其度内，固不能一朝居耳。虽得必失，庸有悖乎？武事不竞之秋，有割地求和者矣，兹一矢未闻加遗，乃遽议捐弃要地，餍其所欲，譬犹投犬以骨，骨尽而噬仍不止。目前之患既然，异日之忧何极？此可为叹息痛恨者矣！

臣惟俄人自占据伊犁以来，始以官军势弱，欲诳荣全入伊犁，陷之以为质。既见官军势强，难容久踞，乃借词各案未结以缓之。此次崇厚出使，嗾布策以巽词餂之，枝词惑之，复多方迫促以要之，其意盖以俄于中国未尝肇启衅端，可间执中国主战者之口，妄忖中国近或厌兵，未便即与决裂，以开边衅。而崇厚全权出使，便宜行事，又可牵制疆臣,免生异议。是臣今日所披沥上陈者,或尚不在俄人意料之中。当此时事纷纭,主忧臣辱之时,苟心知其危而复依违其间,欺幽独以负朝廷,耽便安而误大局,臣具有天良,岂宜出此?就事势次第而言:先之以议论,委婉而用机;次决之以战阵,坚忍而求胜。臣虽衰庸无似,敢不勉旃!除乌台雅苏台、科布多边务应请旨敕下该大臣预筹布置以臻妥慎外,所有新疆南北两路军务,臣既身在事中,自当与各将领敬慎图维,以期有济。见调谭上连挑带旧部一营并杨昌濬所练关内三营赴肃,俟明春冻解,先赴喀什噶尔仍归刘锦棠总统外,并催谭拔萃、席大成、戴宏胜挑选旧部,并分统关内各营驰赴喀什噶尔以厚兵力而资分布。臣率驻肃亲军,增调马步各队,俟明春出屯哈密,就南北两路适中之地驻扎,督饬诸军妥慎办理。务期内外一心,坚不可撼,维持大局,仰副宸谟。见将军械先运哈密,诸凡布置已有端绪。

宗棠所言先之以议论,委婉而用机;决之以战阵,坚忍而求胜。清廷认为自是刚柔互用之意,特命其通筹全局,谋定后动。光绪五年二月,宗棠分兵进取伊犁,以精河一带为东路,金顺主之;自阿克苏沿特克斯河为中路,张曜主之,自乌什经布鲁特为西路,刘锦棠主之。塔城与俄逼处,使徐学功、孔才益之。四月,宗棠发肃州,舁榇以行,示死战之决心。五月,抵哈密。李鸿章本不赞成用兵新疆,更何敢与俄人启衅?以其外交政策,始终持保守主义不肯轻言开战也。崇厚回国,不即入京,先与鸿章晤于保定,言俄人皆不愿让还伊犁形胜之地,其君相念两国多年和好,不得已始允退还。若不换约,后患实不可思议。鸿章因致函总署,请恭亲王主持大计,勿为浮言所摇惑。并言左相欲进驻哈密,恫喝俄人,使其酌议减改,此万做不到之事。其所恃刘、张两军,皆冀早日了结,不致别生枝节,外强中干,深为可虑。然而当时之京朝士大夫以主战者居多数,慈禧本为一排外之人,视虚憍为士气,亦不肯承认此约。乃借崇厚不候谕旨自起程回京,着交部严加议处。既而王公大臣会同刑部审拟"论斩监候",此固为主战派之胜利,而国际间之轩然大波以起矣。

（四）外人之阴谋与清廷之让步

是时，尚书万青藜，侍郎长叙、钱宝廉，司业周德润，少詹事宝廷，中允张楷，给事中郭从矩、余上华、吴镇、胡聘之，御史孔宪谷、黄元善、田翰墀、邓承修、邓庆麟、叶荫昉，员外郎张华奎、陈福绶，赞善高万鹏，侍读乌拉布、王先谦，编修于荫霖，检讨周冠，及肃亲王隆懃等先后奏请，大半主战，而以詹事府右庶子张之洞为主战派之代表，其光绪五年十二月初五日奏云：

俄人索之，可谓至贪至横，崇厚允之，可谓至谬至愚，皇太后、皇上赫然震怒，谴使臣，下廷议，可谓至明至断。上至枢臣、总署、王大臣，以至百司庶官，人人知其不可，所以不敢公言改议者，诚恐一经变约，或招衅端，然臣以为不足惧也。必改此议不能无事，不改此议不可为国。请言改约之道，其要有四：一曰计决，二曰气盛，三曰理长，四曰谋定。何谓计决？无理之约使臣许之，朝廷未尝许之，崇厚误国媚敌，擅许擅归，国人皆曰可杀者也。治使臣之罪，即可杜俄人之口，按之万国公法，既有不准违训越权之例，复有臣执全权，可否仍在朝廷之条，正与崇厚不遵密约，不请谕旨之罪相合。耆英之狱成宪昭然，故立诛崇厚则计决。何谓气盛？俄人欺我使臣孤弱，逼胁画押，施一偿百，意犹未餍。俄罗斯覥然大国，乃至出此，不特中国愤怒，即环海万国亦必皆不直其所为。至俄使不待定议，声言归国，外洋亦无此例。其为恫喝无实，情状显然，尽可去留不必过问。莫若将俄人不公不平，臣民公议不愿之故，布告中外，行文各国评其曲直，据众怒难犯之情，执国敝不从之志。俄国虽大，自与土耳其苦战以来，师老财殚，臣离民怨，若渝盟犯顺，图远劳民，必且有萧墙之祸，行将自毙，焉能及人？故明示中外则气盛。何谓理长？若尽如新约，所得者伊犁二字之空名，所失者新疆二万里之实际。而每年尚需耗四五百万饷需，此有新疆尚不如无新疆也。索伊犁而尽拂其请则曲在我，置伊犁而仍肆责言则曲在俄，况使臣画押未奉御批，未钤御宝，一如载书未插，岂足为凭？俄人理屈辞穷，焉能生衅？故缓索伊犁则理长。何谓

> 谋定?俄人而讲信义,兵端可以不开,若俄人必欲背公法弃和好,设防之处,有约三路:一新疆,一吉林,一天津。左宗棠席屡胜之威,兵力素强,以静待动,俄人必败。联络喇嘛,遏其归路,彼将只轮不返。若出吉林,边地辽敻,林谷丛杂,悬军深入,馈饷艰难,不能用众。如特简将帅,授以重权,资以的饷,招集索伦、赫津打牲人众,教练成军,定能制胜。即小有挫衄,坚守数日,必解而去。天津一路,逼近神京,然俄国兵船扼于英、法公例,向不能出地中海,即强以商船载兵而来,亦非西洋有铁甲等船者比。李鸿章高勋重寄,岁靡数百万以制机器而养淮军,正为今日。若并不能一战,安用此重臣?伏请严饬李鸿章谕以计无中变,责无旁贷,及早选将练兵,增建炮台。山有猛虎,自可建威销萌,故急修武备则谋定。臣非敢迂论高谈,以大局为孤注,惟深观世变日益艰难,西洋挠我榷政,东洋思启封疆,今俄人又故挑衅端,若更忍之让之,从此各国相逼而来,至于忍无可忍,让无可让,又将奈何?无论我之御俄本有胜理,即或疆埸之役利钝无常,臣料俄人虽五战不能越嘉峪关,虽三胜不能薄宁古塔,终不至制动全局。旷日持久,顿兵乏食,其势自穷,何畏之有?然则及今一决,乃中国强弱之机,尤人才消长之会,此时猛将谋臣,足可一战。若再阅数年,左宗棠虽在而已衰,李鸿章未衰而将老,精锐渐尽,欲战不能。而俄人已城于东,屯于西,行栈于北,纵横窟穴于口内外,通卫藏,胁朝鲜,不以今日捍之藩篱,而待他日斗之于庭户,悔何及乎?

此种书生空论,全系纸上谈兵,与左宗棠之主张,似是而实不同,未可混而为一。盖宗棠以军事为外交之后盾,备兵严阵,乃疆臣应有之义;决心效死,亦壮士保全之方。俄人之不敢趋于极端,而终获改订条约者,固由曾纪泽折冲之力,亦宗棠之态度有以促成之也。江督刘坤一《复朱若农书》云:“合肥非徒请薄崇罪,并请暂依崇约,且请姑让于俄,以取偿于日本。弟既与之力争,抵任后复具疏论之。谓俄约决不可迁就,致启得步进步之渐,恐以肉啖虎,肉不尽而虎不止。至湘阴密奏,有先与讲款,不妨委曲以期于成,亦既交兵,必须坚忍以待其胜等语,何尝请杀崇地山而专主战事耶?”此可见李鸿章主暂依崇约,而左宗棠、刘坤一等皆认决不可迁就,应委曲以达改约之目的,所谓决计用兵,特以为外交之后盾耳。若张之洞等虚憍以自张大,徒引起外人反感而已。外人顾虑此种气焰之发展,不仅对俄,且将演为排外运动,是以最初同情于我者,一反而同情俄国与崇厚。其同情俄国者,则有物伤其类之感;其同情崇厚者,则维持俄国体面,留一可资利用之人耳。故各国驻京公使曾开会讨论此事,结果通过由各使单独自行措词,劝导清政府于崇案从宽办理。法使宝海(Bourée)之照会,劝中国重用出使人员,英、美、德之照会,则直言崇厚之罪刑,伤及外国公众之情感,将引起欧洲各国之严重态度。又集中四国军舰于上海,派两舰来津,使清廷与主战派畏惧外人势力,不敢轻言战争。而俄人一面扬言派兵船二十三艘,由黑海绕阿非利加驶至中国洋面,图封辽海;一面令远东舰队故作声势,调集军队九万人,于伊犁附近,以示恫喝。其实情则亚伯利亚总署已告俄使,谓军力不敌左宗棠,要求让步。为避免危险之战争,俄廷竟与德相俾斯麦密议推翻满清政府,以消灭主战派,怂恿主和之李鸿章取而代之。德国驻京公使巴兰特(de Brandt)与英公使威妥玛至天津秘密劝说鸿章,鸿章不为动。总署探悉俄、德阴谋,深恐变起仓卒,乃令总税务司赫德电召在印度之戈登来京。戈登以为鸿章召之也,及抵沪,始悉清廷欲利用之以钤制李鸿章,乃大不怿。过津与鸿章晤,举以告之。鸿章托其劝总署王大臣不可与俄决裂。戈登告恭王等曰:“如中国欲与俄作战,应先准备三事:一、迁都西安;二、长期战争,至少十年;三、满人放弃政权。因为中国守备不具,若开战,则俄必由黑龙江以进窥北京。北京距海太近,中国既无海防,外兵容易侵入,故中国一日建都北京,即一日不宜与外国开战。若抱长期战争之策,则满人政权,必难维持也。”“倘此三事不能做到,而欲冒昧一战者,即为疯癫!(Insans)”又谓:“中国有不能战而好为主战之议者,皆当斩首。”清廷信其言,始决心让步。改派驻英公使曾纪泽,赴俄与之开议,以为真心和好之据。借英女皇维多利亚之转圜,将崇厚暂行赦免。又特召左宗棠入京备顾问,以缓和战机。刘坤一谓:“崇地山之居官为人,弟所习见习闻,深恶而痛绝之。顾因俄约而杀之,则激强邻之怒,各国亦不以为然。惟有暂缓崇狱,而令英、法居间,以舒目前,冀免咸丰九年之变。两次力请,始见施行。”于是战云密布之紧张形势,旋即消散矣。

(五) 驻英前后任公使之议论

时前任驻英使臣侍郎郭嵩焘方引病在籍,轸念时艰,乃上疏言:“臣查崇厚贻误国家,原情定罪,无可宽假。然推其致误之由:一在不明地势之险要,如霍尔果斯河,近距伊犁,特克斯河截分南北,两路均详在图志,平时略无考览,俄人口讲指画,乃直资其玩弄。一在不辨事理之轻重,其心意所注,专在伊犁一城,则视其种种要求,皆若无甚关系,而惟惧缴还伊犁之稍有变更。一在心慑俄人之强,而丧其所守,臣奉使出洋,以崇厚曾使巴黎,就询西洋各国情形,但言船炮之精,兵力之厚,以为可畏。崇厚名知洋务,徒知可畏而已,是知其势而不知其理,于处办洋务,终无所得于心也。一在力持敷衍之计,而忘其贻害,臣在巴黎,与崇厚相见,询以使俄机宜,仅言伊犁重地,岂能不收回?颇心怪其视事之易,而亦见其但以收回伊犁为名,于国事之利病,洋情之变易,皆在所不计。故常以为于西洋交际,亦当稍求通悉古今事宜,中外情势,而后可以应变。是崇厚之罪,人能知而能言之,而当定议条约之时,崇厚不能知也,参赞随员亦不能知也。置身数万里之遥,一切情势,略无知晓,只有听俄人之恫喝欺诬,拱手承诺而已。朝廷加罪使臣,是于定约之国,明示决绝,而益资俄人口实,使之反有辞以行其要挟,崇厚殷实有余,宜责令报捐充饷赎罪,而无急加刑以激俄人之怒,即各国公论,亦且援之以助成俄人之势,臣所谓定议崇厚罪名,当稍准万国公法行之者此也。廷臣主战,只是一隅之见,亟宜斟酌理势之平,求所以自处,而无急言用兵。臣查西洋构患以来,凡三次用兵,皆由疆臣措置失宜,以致贻患日深,积久而益穷于为计,然其时中外之势,本甚悬绝,一切底蕴,两不相知,徒激于廷臣之议论,愤然求一战之效。至今日而信使交通,准情处理,自有余裕。俄人之狡焉思逞,又万非英、法各国专以通商为事,衅端一开,构患将至无穷。国家用兵三十年,财殚民穷,情见势绌,较道光、咸丰时气象又当远逊。俄人蚕食诸回部,拓土开疆,环中国万余里,水陆均须设防,力实有所不及。即使俄人侵扰边界,犹当据理折之,不与交兵角胜,何况以伊犁一城?遣使定议,准驳应由朝廷,纵彼以兵力要挟,亦可准度事势之宜,从容辨证,何为贸然耀兵力以构衅端,取快廷臣之议论?窃以为办理洋务,当以了事为义,不当以生衅构兵为名,名之所趋,积重难返,虽稍知其情状,亦为一时气焰所慑,而不敢有所异同。臣之愚昧,直知今日之急务,固不在此。应恳饬令驻俄使臣,转达俄国外部,以伊犁一城,为天山南北两路关键,中国必待收回。而崇厚所定条约,万难核准,所有俄兵驻扎伊犁,应暂无庸撤退,从前喀什噶尔与俄通商,应否照旧举行之处,由陕甘督臣左宗棠与俄国督兵大臣会商核办,以期妥善,毋得轻易率请用兵,致失两国交谊。开诚布公,正辞明辨,或冀挽回万一。以后与俄人交涉,亦可于此稍得其端倪,关系大局,实非浅鲜。"

嵩焘之意见,颇蒙清廷嘉纳,当即电知曾纪泽照办。而纪泽奉命后,亦于光绪六年四月十九日(一八八〇年五月廿七日)上疏论伊犁事曰:

窃惟伊犁一案,大端有三:曰分界,曰通商,曰偿款。筹办之法亦有三:曰战,曰守,曰和。言战者谓左宗棠、金顺、刘锦棠诸臣拥重兵于边境,席全胜之势,不难一鼓而取伊犁,似也。臣窃以为伊犁地形岩险,攻难而守易,主逸而客劳。俄人之坚甲利兵,非西陲之回部乱民所可同日而语。大兵履险地以犯强邻,直可谓之孤注一掷,不敢谓为能操必胜之权也。不特此也,伊犁本中国之地,中国以兵力收回旧疆,于俄未有所损;而兵戎一启,后患方长,是伊犁虽幸而克复,只可为战事之权舆,而不得谓大功之已蒇也。俄人恃其诈力,与泰西各国争为雄长,水师之利,推广至于东方,是其意不过欲借伊犁以启衅端,而所以扰我者,固在东而不在西,在海而不在陆。我中原大难初平,疮痍未复,海防甫经创设,布置尚未悉周,将来之成效或有可观,第就目下言之,臣以为折冲御侮之方,实未能遽有把握。又况东三省为我根本重地,迤北一带处处与俄毗连,似有鞭长莫及之势,一旦有急,尤属防不胜防。或者谓俄多内乱,其君臣不暇与我为难,臣则以为俄之内乱,实缘地瘠民贫,无业亡命者众也。俄之君臣常喜边陲有事,借侵伐之役以消纳思乱之民,此该国以乱靖乱之霸术,而西洋各国之所稔知。凡与接壤者,因是而防之益严,疑之益深。顾未闻有幸其灾而乐其祸者,职是故耳。又或谓结欧洲各邦足以怵俄人而夺其气。试思事定之后,又将何以厌其求?曩者俄土之役,英人助土以拒俄,大会柏林,义声昭著,卒之以义始者实以利终,俄兵未出境,而赛普路斯(Cyprus)一岛已入英人图籍矣。况各邦虽外和内忌,各不相能,而于中华则独有协以谋我之势,何也?一邦获利,各国均沾,彼方逐逐眈眈,环而相伺之不暇,岂肯显违公法,出一旅以相助?是战之一说,刻下固未易言也。言守者谓伊犁边境一隅之地耳,多予金钱,多予商利以获之,是得边地而溃腹心,不如弃之,亦足守吾所固有。第就西域而论,英、法人谓伊犁全境,为中国镇守新疆一大炮台,细察形势,良非虚语。今欲举伊犁而弃之,如新疆何?更如大局何?而说者又谓姑纾吾力以俟后图,然则左宗棠等军召之使还乎?抑任其逍遥境上乎?召之使还而经界未明,边疆难保无事;任其久留,则岁费不资而终归于无用。此固廷臣所宜统筹全局不可视为日后之事而忽之者也。俄约经崇厚议定,中国诚为显受亏损,然必欲一时全数更张,则虽施之西洋至小极弱之国,犹恐难于就我范围。俄人桀骜狙诈,无端尚且生风,今于已定之约忽云翻异,而不别予一途以为转圜,中国人设身处地,似亦难降心以相从也。臣愚以为分界既属永定之局,自宜持以定力,百折不回。至于通商各条,惟当即其太甚者酌加更易,余者似宜从权应允。得失虽暂未公平,彼此宜互相迁就,庶和局终可保全,不遽决裂。臣所鳃鳃过虑者,窃恐廷臣所议,除偿款以外所有通商、分界各条,逐条均须驳改,在议者固属堂堂正正之辞,然言经而不言权,论理而不论势,俄人之必不见允,则不待智者而后知之。如此则日后之事不外三途:一曰俄人不允则称干比戈,声罪致讨,此战之说也;庙堂自有胜算,非使臣之所敢议也。一曰俄人不允则暂弃伊犁,存而不论,此守之说也;是边界不可稍让,而全境转可尽让也,臣亦未敢以为是也。一曰俄人不允然后取现今所驳者陆续酌允,委曲求全,此和之说也;然则目前之所驳是姑就吾华之公论以尝试之耳。尝试不效乃复许之,此市井售物抬价之术,非圣朝所以敦信义以驭远人之道也。俄人本以夸诈为能事,若此时逐条驳改,日后又不得已而允之,则将益启其狡谲之谋,且使西洋各国从而生心。臣所以言分界之局宜以百折不回之力争之,通商各条则宜从权应允者,盖以准驳两端均贵有一定不移之计,勿致日后为事势所迫,复有先驳后准之条,此臣愚昧之见也。

纪泽所奏,为此次论俄事折中最有见地者,衡情酌理,守经达权,面面俱到,丝丝入扣,以其智识任此艰巨,宜能挽回危机,力破成局。若与崇厚之"名知洋务,但言船炮之精,兵力之厚,以为可畏,只以收回伊犁为名,于国事之利病,洋情之变易,皆在所不计"者相较,诚有天壤之别矣。盖崇厚之洋务,犹传耆善、耆英、奕经、奕山之衣钵,而纪泽之明达,不让林则徐,坚忍求胜之精神,亦颇有乃父之风,诚吾国特出之外交家也。后此焉有斯人者哉?

(六) 曾纪泽之改订俄约

纪泽以光绪六年七月抵俄,先令随员马格里(Halliday Macartney)、日意格(Giquel)往见驻俄英、法使德佛楞(Dufferin)、商西(Chanzy),探询其意见。皆表示崇厚罪必须赦免,边界要案必须速办,以平其心。纪泽连电总署言之,但谓:英、法使言赦崇厚之益,亦有不可尽信者,中国援议贵之典,赦崇厚以自保威重则可,因事之棘手乃赦崇厚以悦俄则似不可。俄人因我之谴崇厚而出怨怼之词,散讥谤之语则有之;因赦崇厚而遽肯就我范围则未必也。今因俄君抱歉而减免其罪,彼此喻于不言之表,冀暗中可获微益,若谆谆然取赦崇厚之事,明以示德于俄,是自认前此之重治其罪为有意辱俄也,似不可也。总署循其意力拒英、法二使真赦之请,而与俄代办凯阳德(Koyander)先议结车隆等五案。时布策方奉命返华任,纪泽请俄外部追回,在俄商议。乃与俄外交大臣格尔斯(Giers)、副大臣热梅尼(Jomini)及布策等笔舌辩论,俄言全权签约后,无再商者。纪泽言:崇厚所许,大溢出朝旨之外,不能不酌改。俄言中国罪使臣,废成约,悖公法。纪泽言:中国以使臣失职,悖朝旨故罪之,无与外国事。旋虑碍贵国颜面,已释之矣。俄言中国备兵,将失和。纪泽言备兵非缘俄而起。俄言中国既备战,俄不得不遣兵,衅由中国起。纪泽言中国亦云尔,然两国方敦睦,不当有此言。俄谓纪泽非全权,纪泽言吾驻使以有议约之权为断。逮俄既允议,纪泽所更实多,俄谓与全废约同,必不可。迭会议,均不决。俄既迫愈甚,纪泽请于朝,谓伊犁自我索之,今约不成,盍缓之,俟诸他日?报可,纪泽既以为言,俄谓不索还,请使臣署约为信。纪泽言:吾特少缓之,俟贵国之转圜,各国原保留之例。若自我割地,何以对吾国人?俄许还地,索偿甚奢,纪泽坚却之,朝旨屡备兵,俄屡诘之,纪泽言设防非为备战,万难中止。俄言中国既备兵,我国不能不设备,他日兵费当取之中国。纪泽言未战而索兵费,古无此例,若必索之,则中国宁一战而后偿,惟两国敦睦二百余年,不当出此。俄言中国不能守伊犁,俄代守之十年,既不我德,兵费尚靳之乎?纪泽言俄厚谊还伊犁,偿款则可,不当称兵费。俄言:二五之于一十,又奚辩乎?纪泽执不可。久之,俄帝自黑海归,谕令外部无使中国为难。乃于光绪七年正月(一八八一年二月)议定条约二十款,专条一,陆路通商章程十七款。据纪泽奏称,新约更改之事约有七端:一曰交还伊犁之事,将南境一带地方全数来归,西南隅允照前将军明谊所定之界。二曰喀什噶尔界,各派大臣照两国现管之地秉公勘定,不言崇厚原约所定之界矣(崇厚已放弃苏约克山口)。三曰塔尔巴哈台界务,崇厚较明谊勘定之旧界,又让去三百余里,俄知纪泽必不肯照崇议,允于两界酌中勘定,专以分清哈萨克为主。倘勘界办理得法,或不至多所侵占。即此三端,纪泽所争回者,伊犁广二百余里,长四百余里全属险要之地。塔城二百余里,喀城尚不计焉。四曰嘉峪关通商允许俄商由西安、汉中行走直达汉口之事,驳议以此条为最重,此端一开,效尤踵至,后患不可胜言。纪泽争之,词意激切。俄允将嘉峪关通商仿照天津办理,其余删去不提。五曰松花江行船至伯都讷之事,由《瑷珲条约》误指混同江为松花江,俄人历年借为口实,崇厚许以行权,至伯都讷,俄人犹以未能满志也。现将专条径废,非特于崇厚新约夺其利,直欲为瑷珲旧约辩其诬。声明再行议定。六曰添设领事之事,仅吐鲁番添设一员。七曰天山南北路贸易纳税之事,将均不纳税改为暂不纳税,俟商务兴旺,再订税章。合条约章程计之,则挽回之端,似已十得七八。惟增偿卢布四百万元,合前后卢布九百万元,计银五百万两以内。和约于正月二十六日(一八八一年二月二十四日俄历二月十一日)公同画押盖印。纪泽又虑俄约虽改,恐启国人易视交涉之心,因备陈所经艰困,以资观省,乃奏言:

> 臣于定约之折,须宣示内外臣工,甚或流传海外,是以未敢将委曲难言之隐,据实奏明,然微臣办事之难,与寻常出使情形,迥不相同,有不能不沥陈者:西人待二等公使之礼,远逊于头等,而视定议复改之任,实重于初议。原约系特派头等全权,便宜行事之大臣所订,臣晤吉尔斯布策诸人,咸以是否头等、有无全权相诘,臣答以职居二等,不称全权大臣。乃彼一则曰头等所定,岂二等所能改乎?再则曰全权者所定尚不可行,岂无全权者所改,转可行乎?臣渥承眷遇,岂复希非分之宠荣,且西洋公法,凡奉派之公使,无论头等、二等,虽皆称全权字样,至于遇事请旨,不敢擅专,则无论何等,莫不皆然。前大臣崇厚误以师心自用,违旨擅行,为便宜行事之权,盖考之中国宪章,各国之成例,无一而合者也。俄人亦未尝不腹诽之,及至与臣议事,稍有龃龉,则故以非头等、无全权之说折臣,每言"使者遇事不敢自主,不如遣使前赴北京议约,较为简捷"等语。臣亦知其借此词以相难,非由衷之言也。但彼国既以无全权而相轻,微臣既不免较崇厚而见绌,此其难一也。按之万国公法,使臣议约,无不候君主谕旨,不与外部意见相合,而敢擅行画押者,间有定而复改之事,亦不过稍有出入,从无与原约大相径庭者。往岁崇厚急于索地,又急于回京,遽定遽归,诸多未协,外部见臣照会,将约中要领,痛行驳斥,莫不诧为奇谈,屡以崇厚违旨擅定之故晓之,奈彼闻所未闻,始终不信,此其难二也。原约所许通商各条,皆布策驻京时,向总理衙门求之多年而不可得者,崇厚甘受其绐,求无不应,一经画押,彼遂据为已得之权,再允熟商,彼即示其莫大之惠,吉尔斯贤于布策,而不明中、俄商情,经臣剀切敷陈,彼仍茫然不解,此难三也。泰西臣下条陈外务,但持正论,不出恶声,不闻有此国臣民诋及彼邦君上者。虽当辨难纷争之际,不

废雍容揖让之文。此次廷臣奏疏,势难缄密,传播失真之语,由于译汉为洋,锋棱过峻之词,不免激羞成怒,每谓“中国非真心和好,即此可见其端。若于兹时忍辱改约,则柔懦太甚,将贻笑于国人,见轻于各国”等语。臣虽饰词慰藉,而俄之君臣怀憾难消,此其难四也。自筹兵筹饷叠见邸抄,而俄之上下亦惴惴焉时有戒心,遣兵船以备战,增戍卒以防边。臣抵俄时,彼已势成骑虎,若仍在俄议事,则前此之举动为无名,故欲遣使晋京议约,以归功于海部。无怪一言不合,俄使即以去留相要。维时留之则要挟必多,不留则猜嫌滋甚,恐留而仍去,适示怯而见轻,此其难五也。俄皇始命予限一月,又添展两月与臣议事,我皇上因俄事日迫,意在转圜,许臣由电径达总署代奏请旨,已属破格施恩。而事势无常,日期甚促,有时于立谈之顷须定从违,臣于未经请旨之条,既不敢许之过骤,然既奉转圜之旨,又不敢执之过坚,良由自沪至京,无电线以资迅速,非旬日所能往还,敌廷之询问益多,专对之机权愈滞,此其难六也。犹幸我朝与俄通好二百余年,素无纤芥之嫌,未肇边疆之患,俄国自攻土耳其后财殚力竭,雅不欲再启衅端,加以圣明俯纳臣言,释放崇厚以解其疑,办结各案以杜其口,故其君悦服,修好输诚。布策诸人虽坚执各条不肯放松,而俄皇与外部吉尔斯实有和平了结之意,故得从容商改,大致就我范围。臣之私心过虑,诚恐议者以为俄罗斯国如此强大,尚不难遣一介之使,驰一纸之书,取已成之约而更改之,执此以例其余,则中西交涉,更无难了之事。斯言一出,将来必有承其弊者。窃以为兵端将开而后息,关乎生民之气数,而气数不可以豫知;条约已定而可更,视乎敌国之邦交,而邦交不可以常恃。臣是以将办事艰难情形据实直言,不敢稍存隐饰,请旨密饬海疆诸臣仰体圣朝讲信修睦之心,至诚以待邻封,息事而全友谊,庶几遐荒悦服,永协止戈为武之休,海宇清平,益臻舞羽敷文之盛。

纪泽不矜不伐、操心虑患之态度,真不愧为曾文正之子也。英国驻俄公使称之曰:“凭外交从俄国取回已占领之土地,曾侯实为第一人。”吾人若就《曾惠敏公集》及《金轺筹笔》等观其出使交涉之经过，只“稍有把握”、“厉色争辩”与“词意激切”诸语，较崇厚之“拱手承诺”，即知二人成败所由，而办理外交之技术，殊非仅恃口舌，必须胸中先有丘壑，此可想见纪泽之为人矣。

七十七　新疆之建省

（一）左宗棠之建议

自汉代通西域，新疆在中国之势力范围中，经营已二千年。然率多因俗设治，采取羁縻政策，旋服旋叛，仍属半独立状态也。至乾隆夷准部，平回疆，始正式收归版图，然而置郡县者仅北路之迪化、镇西而已。所有重要城市，或设将军，或设都统，或设参赞大臣、办事大臣、协办大臣、领队大臣等以为统治机关。彼此不相统属，而又多为禁卫之武员，对于民治吏事，一切茫然。惟借军队之力以镇压叛乱，政治放任，听其自然，民族复杂，风俗各异，统治有名无实，故变乱常易发生。道光间魏源、龚自珍均有西域建置行省之议，宗棠受林则徐之影响，早年亦有此种意见。及督军西征，勘定全疆，书生壮志，始克实现。光绪六年四月，条陈新疆善后事宜，以凿井开渠，建筑城堡，广兴屯垦，清丈地亩，厘正赋税，铸造钱币，兴办蚕桑事业，分设义塾，数大端为最要，次第兴办，欲先施行郡县之实，俟办有头绪再以郡县之名行之。其分设义塾一项疏奏云：

> 新疆勘定已久，而汉、回彼此扞格不入，官民隔阂，政令难施。一切条款，均借回目宣传，壅蔽特甚。将欲化彼殊俗，同我华风，非分置义塾，令回童读书识字，通晓语言不可。臣与南北两路在事诸臣筹商，饬各局营多设义塾，并刊发《千字文》、《三字经》、《百家姓》、《四字韵语》及杂字各本以训蒙童，续发《孝经》、《小学》课之诵读，兼印楷书仿本，令其摹写。诸本读毕，再颁《六经》，俾与讲求经义。叠据防营局员禀，兴建义塾已三十七处，入学回童聪颖者多甫一年，而所颁各本已读毕矣，其父兄竟以子弟读书为荣，群相矜宠，并请增建学

舍,颁发《诗经》、《论》、《孟》,资其讲习。并称蒙童试诵告示,皆能上口。盖读书既能识字,而由音声以通语言,自易为功也。张曜因出《圣谕十六条附律易解》一书,中刊汉文,旁注回字,刊发缠民,见者宝贵。

此即宗棠教育同化政策,为新疆统筹长治久安之计也。既而又陈新疆开省事宜,其大略云:

新疆久罹兵燹,户口凋耗,镇迪一道所属,虽孑黎仅存,频年散给耕牛籽种,酌发赈粮,广示招徕,自木垒河抵精河除戈壁外,又均是腴区,土客民人及遣散勇丁领地耕种,逐渐增加,稍需时日,百堵皆兴。即以目前论之,亦非无可治之民也。吐鲁番旧隶迪道,荒地尚少,现经抚辑,粮食租税,已逾旧税之半。南八城除英吉沙尔壤地褊小,乌什土性瘠薄,余均较吐鲁番为饶,而喀什噶尔、和阗、叶尔羌、阿克苏庶而兼富,物产丰盈,又较各城为盛。现又派员开渠,清丈地亩,修筑城堡塘站,铸钱征厘,百废肇兴,具有端绪,较之北路,尤易为功。南北设行省,天时人事,均有可乘之机,失今不图,未免可惜!此新疆之应改行省者一也。

北路得自准部,南路得之回部,皆因俗施治,未能与内地一道同风久已,既为边地伊犁设将军,又设参赞大臣一员,乌鲁木齐设都统,塔尔巴哈台、叶尔羌均设办事大臣,伊犁设领队大臣五员,乌什设帮办大臣一员,喀什噶尔设抚防总兵一员,是边地腹地,皆一律视之,无甚区别,与经野驭边之义不符,将军都统与参赞大臣办事大臣协办与领队大臣等,或皆出自禁闼,或久握兵符,民隐未能周知,吏事素少历练,一旦持节临边,各不相干,稽察督责,有所难行。地周二万里,治兵之官多,治民之官少,而望政教旁敷,远民被泽,不亦难哉?北路粮员,但管征收,而承催则责之头目,南路征收均由回目阿奇木伯克等交官,官民隔绝,民之畏官,不如其畏所管头目,不肖者狎玩其民,辄以犬羊视之,凡有征索,头目人等辄以官意传取,倚势作威,民之怨官，不如恕所管头目也。内地征收，常制地丁合而为一，按亩出赋，故无无赋之地，亦无无地之赋，新疆则按丁索赋，富户丁少，赋役或轻，贫户丁多，则赋役反重，事理失平，莫甚于此。货币之制，子母不能相权，争讼之事，曲直不能径达，官与民则语言不通，文字不晓，全恃通事居间传述，颠倒混淆，时所不免。此非官与民亲，渐通其情实，去其壅蔽，广置义塾，先教以汉文，俾其略识字义，征收所用券票，其户民数目，汉文居中，旁行兼注回字，令户民易晓，遇有舛错，即予随时更正。责成各厅州县，而道府察之，则纲目具而事易举。头目等之权杀，官司之令行，民之情伪易知，政事之修废易见，长治久安之效，实基于此。此新疆之应改行省二也。

观此二点，已可知新疆过去乱事之所由生，政治设施之不当，实为主因，欲图长治久安，势非改革制度不可也。宗棠因奏请新疆形势所在，北路则乌鲁木齐，南路则阿克苏，以其地能控制全境，地居天山南北之脊，居高临下，足以有为。拟设总督驻乌鲁木齐，巡抚驻阿克苏；彼此声势连络，互相表里。疏入，下部议行。未几宗棠即奉召入京，以刘锦棠署钦差大臣督办新疆军务，锦棠为宗棠手臂，萧规曹随，建省之事，乃逐步实现矣。

（二）刘锦棠之首抚新疆

光绪七年正月，俄约既定，诏金顺往接收伊犁，按图划界，参赞大臣升泰锡纶佐之。八月，刘锦棠真除钦差大臣，屡疏恳辞，清廷慰勉之。八年三月，会同甘督谭钟麟奏设新疆郡县，自哈密南至吐鲁番，北至精河，无须另设多员。回疆东四城设兵备道一员驻阿克苏。阿克苏设温宿直隶州，拜城设知县隶之。喀喇沙尔、库车皆设抚民同知，乌什设抚夷同知，统辖于东四城巡道。西四城设兵备道一员，驻喀什噶尔，喀什噶尔设疏勒直隶州，治汉城，疏附知县治回城，隶之。英吉沙尔设抚夷同知。叶尔羌设莎车直隶州，治汉城，叶城知县治回城，隶之。玛纳巴什设抚民通判一员。和阗设和阗直隶州，治和阗，于阗知县治喀拉噶什，隶之。统辖于西四城

巡道。九年,锦棠复奏言:

> 臣自出关办贼,历今七载,熟度关外形势,固舍设郡县易旧制别鲜良图,惟将新疆另为一省,则臣颇以为不然。现在南路同通州县,合之哈密及镇迪道原有各厅州县,不过二十余处,即将来地方富庶,增亦无多。尝考各省州县最少者莫如贵州、广西,新疆尚不及半,其难自成一省明矣。且新疆与甘肃形同唇齿,从前左宗棠以陕甘总督办新疆军务,凡兵饷制办,皆以关内为根本。臣受代两年尚未偾事者,皆赖谭钟麟、杨昌濬力顾全局,故能勉强支持。向使甘省大吏稍分畛域,则边事已不堪问,若将关内外划为两省,以二十余州县孤悬绝域,其势难以自存。惟新疆归甘肃节制,鞭长莫及,拟仿江苏建置大略,添设甘肃巡抚一员,加兵部尚书衔,以乌鲁木齐为省治,哈密以西南北两路道厅州县皆隶焉。新疆布政使一员,随巡抚驻扎,镇迪道加按察使衔,管刑名驿传。改迪化直隶州为知府,添设迪化知县,并昌吉、绥来、阜康、奇台五县,俱隶迪化知府。伊犁满营照各省驻防将军营制,镇迪道无须都统兼辖,伊犁将军亦无庸总统全疆。移乌鲁木齐提督驻喀什噶尔,乌垣自设抚标,南北两路另设额兵,添设总兵副将参游都守千把等官。吐鲁番暨南路旧有参赞办事领队各大臣一律裁去。自哈密北至伊犁都统办事领队各臣酌量裁撤。

疏入,下吏部议行。是年四月锦棠、钟麟始派员试署南疆道厅州县,设吏、户、礼、兵、工、刑六房,以旧有伯克经收粮赋者充之。令与习汉字书吏杂处,互授汉回文,另设义塾授回童。督兵勇修补城垣,造坛庙仓敖监狱,通驿传,设塘站,南疆岁征粮至二十余万石,兵食充然有余,百废俱举,民气渐苏,回疆积弊,湔除殆净矣。光绪十年十月,诏授刘锦棠为甘肃、新疆巡抚,魏光焘为新疆布政使。新疆改为行省自此始。十一年三月,锦棠进驻乌鲁木齐省城,奏移乌垣巴里坤旗兵并入古城,设城守尉治之。又奏裁伊犁参赞大臣,增副都统二员,佐将军同驻惠远大城。修新疆省城,拓迪化汉、满两城而一之,始建抚、藩衙署。四月,奏增伊塔兵备道一员,驻宁远城，升伊犁同治为伊犁知府，治绥定城。增设绥定县，以广仁、瞻德、拱宸、塔勒奇四城隶之。宁远知县，治宁远城，以惠宁、熙春两城隶之，俱属伊犁知府。又设伊犁分防通判，精河抚民通知，塔尔巴哈台抚民同知，俱隶伊塔道。其他杂职如内地，于是新疆南北郡县之制大定。至光绪十三年，综计汉、回、缠民二十六万六千九百五十九户，男女大小一百二十三万八千五百八十三丁口。丈量荒熟地一千一百四十八万一百九十四亩有奇。额征本色粮二十七万六千五十一石有奇。本色草一千四百九十万二千七百斤。折色银五万九千一百四十八两。从此新疆为中国第十九行省，翌年，台湾亦改省。西北东南之二刘（锦棠与铭传），其事业殆相近焉。但宗棠之经略西北，在晚清国势凌夷，外交失败，割地赔款，丧权辱国之连串纪载中，乃绝无仅有之特例，较之台湾于甲午之战割让日本，而新疆屹立为边防重镇，似尤有足称者，宗棠之功大矣。盖宗棠之用兵西北，不仅在平乱，其建设亦极可观，如甘肃织呢厂之设立，采用英国机器，为中国新工业肇其基。军力所至，道路广辟，两旁植柳，自潼关至嘉峪关，长达三千七百余里。浓荫毵毵，甘棠遗爱，人皆称为“左公柳”。杨昌濬有诗赠宗棠云：

> 大将西征人未还，湖湘子弟满天山。新栽杨柳三千里，引得春风渡玉关。

此诗于宗棠在西北之功业，可谓描述尽致矣。汉人之移殖新疆，自乾隆以来已渐多，而宗棠所带湘军数万人，后多裁退垦植，与缠回共经营此纵横数千里膏腴之地，繁荣滋长，其事业之伟大艰巨，盖可与郑延平开辟台湾媲美，吾国特出之民族英雄也。相传俄国曾派军官索斯诺福斯借游历为名，赴甘肃窥察虚实，宗棠为讲《孟子》“三必自反”之义，俄官为之敛容。又直询索氏谓：“如中、俄开战，君试思胜利将谁属乎？”索云：“未必致此。”宗棠言：“余亦愿两国不致失和，但中国素讲信义和平，倘出于万不得已，固亦不惜一战。伊犁本我疆土，俄人先求通商，继以保侨而实行霸占，在中国人视之，乃不义也。未知俄人作何解？”索答：“此事由来已久,自可从长计议。"宗棠云:"余所恃者,除武力外,尚有正气。如俄人始终不顾信义,自当与之周旋到底。"索以宗棠词严义正,无以为应,乃阅所携地图,宗棠发现俄图多谬误,一一据新图指正之。索回国报告,俄国以宗棠有备,故始终对伊犁问题不愿作战。观此可知宗棠以军事为外交后盾,而非徒肆大言者也。

第十八章　边省与藩属之问题

七十八　帝国主义者与边案

（一）帝国主义之性质

人类自有历史以来，无时不见有帝国主义之踪迹，无论为石器时代、游牧时代、农业时代、工业时代，凡一民族图向外族侵占其土地或利源，则皆帝国主义者也。何谓帝国？盖以有藩属之称，如英之于本国则称王，而于属国则称帝。然十五世纪以前之帝国，其活动范围甚狭，大概不外地中海流域。自印度航路发现以后，帝国主义之活动，逐渐扩及于全世界。初为葡萄牙、西班牙与荷兰争夺海上霸权，继而英、法争夺美、亚属地。十九世纪以来，帝国主义之发展，最为显著，因其已具近代国家之规模，利用科学机械之发达，遂又产生资本主义，于是帝国主义与资本主义相结合而变成一种新型态。二者之关系可得而言者，约有三端：第一，资本主义之国家欲在外国投资，可以获得更高之利息。如英、美资本家在国内，所能获得之利息，不过百分之四，但投资于中国、印度或南美，则年利极易达至百分之七以上，是以资本家竞向落后国家投资。接受外国资本，亦未必尽属有害。美国自独立后，一切建设事业，大半皆利用英国资本，英国固蒙其益，而美国富源之开辟，人民生活之改善，其获益更多。吾国最初建筑铁路，亦借用外国资本，但以营业所得还本付息后，铁路即属于我。故利用外资建设，在经济尚未开发之国家，殊有必要，而与帝国主义之侵略初无关连也。但亦有若干资本家常利用政治之压力以强迫投资，更有政治野心家利用资本以扩充势力，如清末之四国大借款及中东铁路之兴筑，皆其显例。凡有政治作用之国际投资,即为侵略之帝国主义,是故资本主义与帝国主义有无关系,胥视投资之作用与条件何如耳。第二,帝国主义与资本主义之关系,端在商品之推销。资本主义之国家,既以机器制造货品,其规模愈大出品愈多者,得利愈厚,唯一困难,则在推销之市场而已。市场竞争,本可以“价廉物美”而争取之,不必靠武力与政治之压迫,但十九世纪末年,国际贸易之自由逐渐减少,各国不仅提高本国关税,并提高属地之关税,如此则商业发展,随政权之发展为转移,争市场亦等于争属地。被压迫之国家,一旦丧失关税自主,工业即永无发展之可能。虽国际贸易之总额,以平等国家间居其多数,如英对美、德、法、日之贸易额,远过于对其他属地之贸易额,英属地最多且如此,他国更不必论。然即此一部分商品,侵占某国市场,某国即不啻“次殖民地”矣。第三,帝国主义与资本主义之关系复在原料之寻求。世界各国之工业,无一不靠外来之原料,英、美、俄为最富原料之国家,亦需由外国输入原料,日本、意大利为贫乏之国家,故煤、铁、棉、油四种根本原料,无一不由外国输入。德国虽较优,亦不出棉油。一国之工厂愈多,倘无原料以供给之,则何以发动机器?所以帝国主义者为寻求原料而大事侵略,其目的在减轻原料国家之出口税,俾得廉价之原料以减轻生产成本,然后能以廉价之制成品向市场竞争。虽然出卖原料之国家,未必为被压迫者,如美国之出口货,以石油、棉花为大宗,德、意、日皆从美国购买此种原料,但德、意、日不能向美国施行帝国主义。若贫弱而富于原料如中国者,斯为帝国主义侵略最佳之对象已。总之资本主义,可以变为帝国主义,亦可不变为帝国主义,要视未开发国家之运用何如。我国初与外人接触,未知帝国主义与资本主义之属性,以为通商惠工之事,不外国际惯例,与之协定关税,入其彀中。外人乃利用我之无识,以订利益均沾之专条,协而谋我,步步蚕食。吾人既不能利用外国资本以开发自己之富源,提高人民之生活水准,及稍有所晤,则又举帝国主义与资本主义一概摒弃之。盲目排外,愈陷愈深,至十九世纪末年,中国殆已成为帝国主义者俎上之肉矣。因西洋文化之来源,由于希腊、罗马,而希腊、罗马之对外经略,开始即以海上掠夺和海外殖民为事。由掠夺而进为交易,由殖民而逐渐占领,皆不免具有帝国主义之性质。故德人斯宾格勒《欧洲之没落》有云:“商业民族就是新的游牧民族。”斯言实可谓鞭辟近里,盖游牧民族无不有征服观念,而商业民族亦具有独占心理,其基本意识相同,即皆为帝国主义也。海通以还,欧人视新大陆为逐鹿地,自美国独立强盛后,自命为新大陆之主人翁,岂肯容人在卧榻之旁鼾睡? 遂于一八二三年发表门罗主义(Monroe Doctrine),对野心家下逐客之令。因此欧人更积极向澳、非、亚三洲进攻,世界各地,既尽为所征服,惟余一富饶“神秘之中国”。中国门户,最初被英人打开,帝国主义者即汹涌而至,然当时仅英国为世界唯一之工业国家,故首先侵略我国者,为英国之资本主义,法国随之,亦步亦趋。俄国之资本主义尚未发达,但政治之野心特炽,故我国在同治以前,所受帝国主义之侵略,当以英、法、俄三国为彰著,其余皆微不足道也。然自一八七〇年(同治九年)以后,世界局势,颇有变动。美国于一八六六年南北战争告终,中央政府之权力集中,国势蒸蒸日上;德意志与意大利之统一事业皆于一八七〇年以前完成;法兰西亦于是年成立第三共和,四国皆逐渐工业化,竞向海外掠夺市场。尤以日本自一八六八年改元明治,迁都江户,锐意维新,亦加入帝国主义侵略之集团。帝国主义者之数目既多,其竞争之程度亦愈高。加以达尔文物竞天择适者生存之学说为之鼓励,益视优胜劣败弱肉强食为自然淘汰之公例,于是侵略之行动,毫无忌惮,如疯如狂。吾人面临此种国际形势,殆如四面楚歌,俄之于北,日之于东,英、法之于西南,美、德、意之于海上,层层包围,故至光绪年间所有大政,几无一不与外交有关,亦无时不与帝国主义者抵抗斗争,因而政治、文化、经济,更无一不受其影响,发生剧烈之变动。清末三十余年之历史,诚所谓存亡绝续之交,四国多虞,乱斯极矣。

(二) 云南之马嘉理案

同、光间中国边省之问题,首为俄人之霸占伊犁,继为日人之侵略台湾,此二事前已述之,同时英人亦觊觎云南,欲由缅甸进入西南,以免法人由越南得着先鞭。同治十三年冬,印度遣副将柏郎(Col. H. A. Browne)来华,英翻译官马嘉理(A. R. Margary)持总理衙门护照,赴缅甸迎之。十一月,马嘉理经云南省城,巡抚岑毓英派候补州判周祥等护送抵腾越,后由腾越同知吴启亮、总兵蒋宗汉派兵役护送出境,安抵缅甸新街。马嘉理去后,腾越纷传:洋人将来腾设立洋行,并有洋兵数百人,携带军火,欲借通商为名,袭据腾越。腾越绅民,无不惊慌,共议齐团防堵,以候补参将前署南甸都司李珍国于回乱时团练固守一隅,血战十余年,饶有经验,请主其事。并属联络土司,同御外侮。马嘉理到新街后,与柏郎会合,初拟由拱硐南坎入滇,走永昌一路,迨至拱硐,行李损坏,复折回新街,改由蛮谟前进。光绪元年正月十三日(一八七五年二月十八日),行抵南平河。有路人告知护送英人之缅官,谓户宋河有匪徒拦路。柏郎惑之,拟稍缓,而马嘉理以途皆已经过,径自进发。十五日,住宿蛮允之缅佛寺。次日,意欲往迎柏郎,行至户宋河,即遇匪徒而通凹、腊都等百余人,向索过山礼,马嘉理开枪击毙一人,匪众一齐上前,将马嘉理及其宾从四人一并杀害,劫去行李马匹。柏郎越日亦前进,行至雪列地方,因行囊食物未到,仍回南平。柏郎于十七日在班西山下,为李珍国之团勇所阻,柏郎所带印、缅各兵,开枪轰击,始各溃散。柏郎既不能前,遂回印度,乘轮至上海,报告马嘉理被害情形,谓而通凹、腊都等并非匪徒,实官兵也。于是英使威妥玛向总理衙门交涉,谓杀害马嘉理者,乃出于岑毓英之授意,腾越同知派兵截击,并将马之首级号令示众。先要求送银十五万两,并派员赴滇会审。其余各事,俟本国政府训令再议。清廷令滇督刘岳昭回本任,会毓英办理,并派兵防边。谕称:

> 滇省野人,虽居铁壁关外,其地尚属中国,不得谓非中国管理,设马嘉理非野人所戕,而诿之野人,或实系野人所戕,而谓野人非王法所能及,势必如上年台湾番社之事,彼族即可派兵自办,遂其奸计,大局所关,实非浅鲜。着刘岳昭、岑毓英恪遵前旨,迅将此案确切情形,据实奏闻,并一切持平妥办。

英使以毓英涉嫌指使、敷衍诿过,应将其革职,改派大臣往查。并牵涉觐见税务及各口未结等案,借端要挟。总署力拒之。威妥玛遂于二月二十七日(四月七日)出京。美国副领事毕德格(W. N. Pethick)面告总署大臣称:“英国上下议院绅耆率多巨商,久欲通云南一路,兹闻马嘉理被戕,群情愤怒,即议请印度总督派兵进滇,借端用强夺取。并闻威妥玛出京时,俄国使臣与之密商,将英兵进滇,俄兵亦由伊犁进,使中国首尾不能相顾”等语。总税务司赫德亦言英国现派五千人,由缅甸蓝贡海口至云南交界处所驻扎。总署除知照云南督抚及左宗棠、荣全、景廉豫为防范外,复请派调任四川总督李瀚章赴滇查办,侍郎薛焕副之。威妥玛在沪,即派柏参赞(T. G. Grosvenor)赴湖北晤瀚章,不得要领,乃回津与李鸿章晤谈,其节略如下:

威使详说柏副将等在途始末情形,并满云缅商之信,腾越厅如何派兵阻路,如何迎击柏副将,凶杀马翻译等,其首级如何号令。大都与毕副领事所译新闻纸相同。问:满云商人之信现尚存否?威云:柏副将抄有底稿,此外凭证尚多。旋将总署近日所行公文数件并执照二纸检送阅看,该使词意大为不平。告以在腾越阻路闻是团练,不是官兵。威云:穿号衣的如何不是官兵?业将马翻译杀害,柏副将阻击,尚说是保卫本境,所保卫者何在?且实系腾越镇总兵、腾越厅同知先期调兵,远近皆知,岂能瞒人耳目?遂大放厥词云:我初得马翻译被戕的电信,就知照总署,未便言如何办法。过了七八天,沈中堂(桂芬)到我那里云:马翻译事王爷(指奕䜣)拟于明日出奏。我说非派大员往查不可。沈中堂云:断断不能,我们已经行文令云南抚台查办。直至三个月以后,乃改派钦差。告以云南去京万里,我们又无电信,当日总署自应令滇抚就近查办。嗣又恐其迟误,故尔添派。我看新闻纸及你的照会着重在李四大爷(指李珍国)身上。威云:李四也算不得什么,腾越文武也算不得什么,云南抚台也算不得什么,我只向京中去讲。告以不必着急生气,现已派钦差查办,这一件事大概年底可以办完。威云:我并非着急生气,马翻译被戕之事,亦算不得什么,总是和局要紧。自咸丰十一年到今,中国所办之事,越办越不是。就像一个小孩子活到十五六岁倒变成一岁了。我在此耽搁几天就进京住一个月,与总署商议,看他怎么办法。不但云南一事,内外各处官与官商与民交涉各样规矩情形,俱要认真整顿,改变好法。如没有一个成事的把握,改变的凭据,那时候只好出京。把云南事交与印度总督办理,各口通商事交与水师提督办理。英商税饷,概不准完纳,这真叫做物极必反。告以你这话说错了,马翻译事我们不是不办,等我们赶紧办,自然就明白了。威云:总署向来遇事总云从容商办,究是一件不办。今日骗我,明日敷衍我,以后我断不能受骗了。中国办事那一件是照条约的,如今若没有一个改变的实据,和局就要裂了。令兄(指瀚章,鸿章胞兄也)到云南,也不能定如何办法。告以两国相交全靠条约,条约如何可以改变?除条约外如何可作改变凭据?且中国历年所办之事若皆不照条约,你是钦差大臣,怎么答应的?威云:中国有许多事不照条约,非止一端,非止一日,比如商货完税后,到处百方抽厘,名曰华商捐厘,无非洋商暗损。告以你不要尽听洋商之言,任凭如何收税捐厘,这是中国自主之权。你岂视中国不当作自主之国?威云:丹麦是一个极小国,我国还许他自主,何况中国?但中国自周朝以来,常说内修外攘,试问至今内修若何?外攘能否?今不改变一切,恐终不能自主。非独我一人意见,各国官民皆如此说。威使又言:中国改变一切,要紧尤在用人,非先换总署几个人不可。遂向该使严词辩驳,并晓以国政非尔等所能干预,彼此既经立约,和好多年,难道竟将条约半途而废?且威大人与总署大臣共事已久,均极相好,不应出此无理决裂之语。威云:我在中国三十余年,无时无事不帮中国相商,而今我心已灰透了。物极必反,亦不能怪我。前有照会将绝交,总署复令我转咨本国。昨接国政来文,说我所办之事所说之话均甚妥协。且待总署回信如何,恐一定是绝交样子。

观此节略,可知威妥玛之真意,并不在马嘉理案本身,而在变更通商章程,以获得更多之利益耳。

(三) 总理衙门之交涉

李瀚章、薛焕于元年十月到滇,英使并派参赞格维纳前往观审。(李根源《记马嘉理案》云:"野人不达汉语,应对必赖舌人。瀚章曰:'杀马嘉理汝辈为之乎?'舌人则曰:'官问汝,汝是腊都耶?'野夷颔其首。瀚章又曰:'汝曹杀马嘉理,作何状乎?'舌人曰:'官问汝,汝在山中,伐木斫薪状,可得见乎?'野夷群举手,作持斧下劈状。瀚章曰:'杀马嘉理信乎?谁为汝谋主乎?'舌人曰:'官问汝,汝穷苦,何所啖,啖蛇蝮乎?'野夷摇其首者数。瀚章顾格维纳曰:'案定矣。'英使威妥玛愤不能罪毓英,至下旗出都,调战舰北上。李鸿章追威妥玛于烟台与定约。")光绪二年三月瀚章等将全案颠末及查究情形详悉具奏,仍以马嘉理为野匪所杀,李珍国有计阻洋人入境之事,将总兵蒋宗汉、同知吴启亮革职看管,李珍国及匪犯而通凹等十一名分别监禁。马嘉理之马匹什物共五十六件,点交格参赞收回。威妥玛接到格维纳详函,谓马嘉理被杀,及柏郎被阻,其根由在朝廷大吏均以攘外为心,所以李珍国是奉宪谕,岑毓英是奉旨,今惟有问中国国家如何去攘外之心,如何保其将来?滇省问案,直同儿戏,遂要求将岑毓英及各官各犯提京审讯。李瀚章、薛焕查办不实,亦应一并处分。复以危言耸听,谓中国如不照办,是国家自认其咎,自取大祸。总署以所言甚肆,直截驳后,告以万不能办。累经往返议论,至五月十一日,据称有办法六条:一为明降谕旨,惋惜马嘉理并保护洋人,张贴告示,通行各省。一为听英国派员前往各处,查看所贴告示,中国派员同往。一为中国人有伤害英人案件,准英国派员观审。一滇省边务商务派员会商。一英国派员在云南大理府或他处居住。四川重庆府亦然。一请华洋各商均领税票,在沿海沿江沿湖多开口岸;如奉天大孤山,湖南岳州,湖北宜昌,安徽安庆、芜湖,江西南昌,浙江温州,广东水东、北海等处。未必处处洋商长住,惟宜昌须长住,且急须开办。各项洋货,在本口完纳正税,可以销售,不再重征。入内地请领税单,再完半税。俟以上六条定明后,钦派使臣前往英国,国书内声明滇案不无可惜之意。偿款一节,有马嘉理家属,柏郎遗失行李,印度派兵护送之费,前后多调兵船等费,听本国核定数目。越日,又详言勿将案犯惩办,以示见好。总署分别准驳,于前四条允许,第五条谓大理、重庆非通商地方,不应派驻领事。第六条只准开办宜昌一口,其余不准。洋货仅完正税,则中国即无厘可征,亦难应允。威妥玛忿激异常,谓此事已无可商办。旋又递照会两件,一催请提京审讯,一称不能再延,当立刻起程,前往上海。旋翻译官梅辉立(W. S. F. Mayers)复来总署,多方挑剔,并指偿款听本国定夺一节,无论索偿数千、数万或多至数百万、数千万,中国必当应允,无可商量。总署以威妥玛曾谓可定银二十万,本国所定,有少于此,无多于此。且兵船等费不在内,何以梅辉立忽作此语?梅辉立谓如果不能照办,他条皆作罢论,即怫然而去。五月二十四日(六月十五日)威妥玛致函总署,将从前所议,全作罢论,即日出京,表示决绝。闰五月二十四日(七月十五日)总税务司赫德到上海,询其真意,乃密函天津税务司,向李鸿章建议数点:

一、威妥玛不久赴烟台,如中国派大员往商,必可见他。但该大员须奉有全权便宜行事谕旨,商办事件要大方,不要让一步又站进一步,若不照此办理,亦徒枉费工夫。

二、听威大臣口气,英国实在看此事甚为要紧,恐不肯从权轻易了结。遣派使臣至英国一节,平日各国皆派钦差驻扎他国,照应本国交涉事体,现在云南重案,派使臣可望有益。但该使臣必自知所说之话,俱系确切可靠,才能有济。

三、总税务司再三筹画,拟求李中堂奏明请旨,即派李中堂一人,或同别位大臣到烟台,与威大臣会商,如此或能办结。虽不敢保其必定,但十分盼望李中堂愿照此办理,别位大臣往烟台,不如李中堂亲自一行。若奉旨允准,应请六月十二三日到烟,不宜过迟误事。

四、总税务司所议通商章程,于闰五月十四日呈递总理衙门,有四样办法,内第二办法,威大臣尚谓妥协。至添开口岸,除宜昌、温州、北海外,求添芜湖一口,从前本准芜湖开口,现又不准,大有妨碍。

五、西国情形,现为土耳其事日有变动。英国朝廷愿趁此机会叫别国看明白,该国力量既能在西洋作主,又可在东方用兵,随意办事。若此次不在烟台议妥,不但英国以后必添要多款,难保各国不一律要求。

清廷依其议,于六月初八日(七月二十八日)派李鸿章为全权大臣,前赴烟台与英使会商一切,妥筹办理。时英国兵舰调集大连湾海口,天津官绅纷请鸿章留津,拟邀威妥玛来津会商,不果,鸿章遂于六月二十八日由津起程,次日行抵烟台。

(四) 烟台之条约

鸿章抵烟台,与威妥玛反复争论,至七月二十四日,始议成《烟台条约》三端:第一端,昭雪滇案,威妥玛自拟滇案奏稿底本,与鸿章商定,交总署或鸿章列名具奏,俟奉旨后,通行各省,详列告示张贴,并照会英使,英使于两年内派员至各省查核。被害家属,及因滇案用费,共赔二十万两,朝廷惋惜滇案,特派使臣克日赴英,国书底稿,使臣及随员衔名,先期送英使阅视。第二端,上年所定中外大臣往来相待,及两国办理案件、会审观审各事宜。第三端,上年八月议定,整顿通商事宜,添开湖北之宜昌,安徽之芜湖,浙江之温州,广东之北海,四处口岸,设领事。又四川重庆可由英派员驻寓,查看英商事宜。沿江安徽之大通、安庆,江西之湖口,湖广之武穴、陆溪口、沙市六处,均属内地,得暂停起载货物。另专条英国派员由京师至甘肃、青海入藏,至印度,护照由总署发给,知会地方官妥为照料。其由印度与西藏交界地方派员赴华,由驻藏大臣派员照料,并给发护照。光绪二年七月二十六日(一八七七年九月十三日)中英《烟台条约》画押互换,鸿章复将办结滇案始末上奏云:

查同治十三年六月间,经英国驻京大臣以印度派来官员,由缅入滇,并派翻译官马嘉理前往迎接,商请总理衙门照案发给盖印护照,并咨沿途各省及云南督抚一体知照。旋经英国声明马嘉理已于是年十二月由滇安抵缅甸新街地方,迎接印度派来副将柏郎等,折回滇境。迨光绪元年正月十七日,马翻译行至腾越厅属之蛮允地面,遽遭戕害。十八日柏副将被人持械击阻等因。五月间钦派湖广总督李瀚章前往查办,并派前侍郎薛焕会同办理。一面由英国驻京大臣选派参赞格维纳等往滇观审。二年三月,李瀚章等查明复奏,据称英国翻译官被戕,系因野匪索取过山礼不遂,致被杀害,其同行各员被阻,系由已革南甸都司李珍国主谋,案关中外交涉,未便遽拟罪名,请饬下总理衙门会同刑部议复,奉旨允准。由总理衙门恭录照会英国大臣,并将李瀚章等原折及招供信函件一并抄送知照,查该革员李珍国及各犯等各有供证可凭,自应酌照中国定例,分别科罪。惟据英国大臣开送节略,内称参赞格维纳等所报情形,逐层核对,查李瀚章等原讯供证,指出李珍国等为案内要犯,若按英国例法评议,仍似难称信谳。如将前项人犯治罪,英国未能视为允协,转恐更滋疑虑。此案被戕被阻,皆系英员,因思西国理教所重,倘仅责其既往,莫如保其将来,窃请将现在带案候办之人,毋致惩办等语。臣钦奉谕旨,驰赴烟台,与英国大臣会商,中西律例既殊,办法亦异,似应据情权宜拟结,除署腾越镇总兵蒋宗汉、腾越厅同知吴启亮业经革职,毋庸议外,其已革都司李珍国及匪犯而通凹、腊都等十一名,可否仰恳天恩,特施法外之仁,俯如英国大臣所请,酌予宽免罪名,伏候圣裁。第念翻译官马嘉理系我和好之国所派职员,复经发有护照,遭此戕害,其同行之员并被击阻,未免有伤两国睦谊。朝廷笃念邦交,自必深加惋惜,拟请旨宣示中外,俾释群疑。况中国与各国早经立有条约,彼此均当恪守。上年九月间总理衙门具奏申明条约,将各国人民请照游历保护之条,通行各省,务须细核条约本意,分别办理。应请旨饬下各省督抚懔遵上年九月十一日谕旨,再行严饬所属,仰体国家敦睦友邦之意,嗣后遇各国执有护照之人,往来内地,于条约应得事宜,务必照约相待,妥为保护。若不认真设法,致有侵陵伤害重情,即惟该省官吏是问。并于各府、厅、州、县张贴告示,使之家喻户晓,洞悉中外交际情形,以后衅端,自可不作。如蒙俞允,即由总理衙门拟定告示,咨行各省照办。

此次办理滇案年余之久,英国使臣威妥玛反复要挟,忽请提京,忽请免罪,且牵涉通商,多增口岸,臣虽权宜拟结,实属愤恨填膺。若使此案未出之先,该省督抚详慎开谕地方官绅,何敢如此横肆?迨案出后,即为办获正凶,何至该使得以借口?乃前云南巡抚兼署云贵督臣岑毓英始则漫不经心,延不奏报,迨经寄谕饬查,总理衙门叠函咨询,又未能据实奏办,以致外国疑为指使,议论繁多,几开兵衅。是该抚原有应得之咎，惟既经权宜办结，该使于李珍国及腊都等犯，尚为请免罪名，此时复将该抚请予处分，恐又启该使之疑，应否加恩免议之处，臣未便擅拟。惟查各口通商以来，各省口岸及内地遍设教堂，均有洋人杂处，且时有执持护照外国官员人等游历往来，愚氓无知，岂能尽谙法纪？或缘细故而启忿争，或因传讹而致滋闹。人民案件，本难保其必无，窃惟朝廷丕冒之仁，中外既无歧视，情法自应持平。自来地方命案，办理速则怨忿易消，办理迟则讹言易起，况洋人性多贪急，尤宜杜其借端。臣闻上年日本有戕杀德国领事官之事，该国君臣，立即抚慰德国驻日公使，数日内办获正凶，其案遂结。今年土耳其属地同时戕杀法、德两国领事，亦不过数月之间，已获犯偿款完案。况中国素为万国所尊仰，若我滇案办理迅速，自不致波澜迭起，上烦圣廑。各省地方官吏，于洋务隔膜既多，当此时势艰难，又罕能为国家分忧远虑。倘均如岑毓英之任性贻误，诚恐后患方长。应请旨严饬各直省督抚督饬所属地方官，讲求条约，先事防维。倘遇有外国官民被戕之事，迅即饬属查明严缉真正凶犯，勒限办结。倘有任意迁延虚饰等弊，致开边衅，立予重惩，庶期消患未萌，免蹈前辙。

拟结滇案折稿，按照威妥玛所拟节略，大致叙入，先与阅看，会商妥当。该使索阅后，字字推敲，往复数日而后定，成议之难，实非局外人所得知。此案刑部尚未复奏，该官犯罪名出入，本与内地寻常办法有别。臣初拟将李珍国及而通凹等请旨酌予减等发落，威妥玛执意不肯，必欲改为宽免罪名。询其何故，则以此事实系腾越官绅唆怂李珍国为之，而官绅又系禀承岑毓英意旨，今既不惩办岑毓英与腾越官绅，断不可专办李珍国与野匪。谈及并谓李珍国家属现为缅境新街英领留养，难保非其家属借词狡赖，图为李珍国乞恩，而该使遂深信不疑。惟李珍国从前守腾越城久著劳绩，兹因一时冒昧，遽罹法网，其情亦有可矜。野匪而通凹等，化外愚顽，更无足论。可否恳恩如该使所请概从宽宥，免致饶舌。至滇边通商一节，据该使面称，英国拟暂缓开办，但虑中国将来失信，求于结案谕旨之末，带叙一层，则因办通商而免罪，较为有词。该使奉到后，即译出英文寄呈本国，以为光荣,并乞俯准施行。

诸奏均报可。二年八月谕:“马嘉理一案,现已办结。云南边界通商事宜,俟英国派员到时,即着云贵总督、云南巡抚选派妥干大员,前往该省边界,查看情形,商订章程,随时奏明办理。”此即鸿章所奏结案谕旨之末带叙一层之事也。鸿章疏中虽仍执非岑毓英指使,但其复江督沈葆桢书中则言:“岑中丞去滇后,犯供全翻,与威使访查情节一一吻合。足见彦卿(毓英字)手眼神通,能障蔽家兄(指李瀚章)等之耳目,而几贻国家以大祸,可不惧哉?”时惟郭嵩焘疏劾毓英,意在朝廷自罢其职,借钳英人口也。一时舆论大哗,谓嵩焘媚外。约既定,乃以嵩焘为出使英、法大臣。王闿运日记所传骂筠仙一联,谓负此谤名,即指其事。又谓:“王孝凤弹威妥玛,请斩之以谢天下。快哉迂儒,殊胜筠仙。”称王之迂而以为胜郭,足见当时士大夫之心理。威妥玛要求滇案提京,系援浙江杨乃武案之例。此即世传小白菜事也。小白菜毕氏,有艳名,与举人杨乃武昵,余杭县令刘锡彤之子欲夺之,会其夫葛死,即贿葛母诬攀乃武与毕氏谋害。胁以严刑,屈打成招,浙京官争之,遂由刑部提讯,案始平反。历次承审官皆革职,锡彤发黑龙江,遇赦不赦,毕氏削发为尼。而威妥玛一再以是为言,亦可知杨案实轰动中外,为滇边交涉中极有趣之插曲矣。

七十九　日本并吞琉球

(一) 琉球与中日之关系

《琉球世纪》载开辟之始,海浪泛滥,有男名志仁礼久,女名阿摩弥姑,运土石,植草木,以防海浪。穴居野处,是为首出之君。迨数传而人物繁殖,智识渐开,间出一人,分群类,定民居,称天帝子。天帝子生三男二女,长男称天孙氏,为国君,传二十五世,为权臣利勇所杀。浦天按司名尊敦者,起兵诛利勇,诸按司推戴尊敦为君,即舜天王。舜天王为日父琉母之子,三世已绝。如此几易五六姓,至明洪武五年(一三六二年),派杨载至琉球,谕其来贡。琉球察度王上表称臣,贡献方物。自是每隔年必遣使朝贡以为例。其后琉球山南、山北、中山三王鼎峙相争，明廷以敕令镇定之，分封三王于各岛。既而中山统一全岛，因封之为琉球王，赐姓尚氏，遂正式为中国之藩属。琉人视中国为“父国”，以入贡受封为无上光荣。明万历间，日将军丰臣秀吉用兵朝鲜，派岛津家征征韩费用于琉球，琉王拒之。岛津家遂率兵三千渡琉球，战四十日，擒琉王尚宁，逼立誓文，岁输八千石之粮于萨摩藩，以当纳款。时万历三十七年（一六〇九年）也。然琉球恪遵中国《会典》，间岁一贡，历奉天朝正朔，嗣王继立，累请册封，迄清末而弗替。日本虽号为萨摩藩属，亦称琉球中山王甚恭顺，无异说也。乃自同治十一年（日本明治五年）日皇明治亲政，使琉球王子及三司官到日朝贺，同时下诏改封尚泰为藩王。是为日本并吞琉球之第一步。翌年以琉球与日本府县同列，受内务省管辖，租税缴纳于大藏省。光绪元年（明治八年即西一八七五年）派熊本镇台之兵驻屯琉岛，命琉球奉明治年号，阻止其入贡中国。光绪二年琉王密遣紫巾司官尚德宏来华陈情。三年二月抵福州，经闽浙总督何璟、福建巡抚丁日昌奏闻。旋奉上谕：“何璟、丁日昌奏日本梗阻琉球贡物请旨办理一折，琉球此次贡献方物，为日本所阻，该国王遣陪臣等前赴福州，投递密咨，恳请给照赴部沥陈。琉球世守藩服，岁修职贡，日本何以无故梗阻？是否借端生事，抑或另有别情？着即传知出使日本大臣何如璋等俟到日本后，相机妥筹办理。至琉球使臣及通事人等，着饬令先行折回，毋庸守候。”何如璋抵日后，交涉无结果，如璋以日本国弱而贫，民心不靖，自防不暇，于四年四月间上书总理衙门及李鸿章，主张对阻贡之事起而干涉，日本未必便敢与中国开衅。其致鸿章书云：

阻贡一案，在神户时有球官来谒，察其词意诚有如上谕所谓另有别情者。因饬将阻贡后所有与日本往反文书悉抄一分备览。寓东京后，驻日球使毛凤来等迭次求见，收其各禀，如璋反复查阅，缘琉球于明万历三十年（一六〇二年）役属萨摩藩。近日本废其国内诸藩，遂欲举附庸者而郡县之。因琉球之臣事我朝也，必逼使贰我，而后可以逞其志，此阻贡之举所由来也。琉球寡弱不敌，势如累卵，不能不托庇宇下,以救危亡,故屡次遣员哀吁者以此。然惟称日本阻贡,于废藩改年号诸事皆隐忍不敢陈,是琉球之愚也。

琉球初附东京,其王曾声请率由旧章,中、东两属。彼时副岛种臣为外务卿,经许其请。后乃竟阻贡使,遣官驻琉,欲锁其港。琉人危拒,几至骚乱以劫日人。观日官批其所禀,绝无情理,不过一再曰所请各事难以听从而已。是日人未尝不知理屈。四年以来,未遽灭其国绝其祀者,则以我牵制之故,欲俟我不与争而始下手耳。今向德宏之来,马如衡之去,日人皆知之。迟之又久而我不言,日人或揣我为弃琉球,疑我为怯。日本行废置而郡县之,以后更难议论。此准理度情,此时不得不言者也。

或者乃恐以此开衅,不知日本国小而贫,何暇谋人?该国债逾二亿,因去年萨乱,民心不靖,复议减租,国用益绌。近复下令借民债一千二百万,而应者寥寥,所赖以敷衍者纸币耳。然苟一兴师,则军械枪火皆购之外国,非现金不可。陆军常备额,只三万二千人,海军止四千人,轮舰止十五号,多朽败不可用者。议由英厂购船,以费绌始来一号,名为铁甲,实铁皮耳。近仿德制,寓兵于农,征役练兵,三年为期,盖彼知全国濒海,时势艰危,图自守耳。若倾国劳师,常额不敷,必役番民,废藩旧族,意多怨望,又恐内乱将作。彼执政如岩仓、大久保皆非轻躁喜事之流,此种情形,无可掩饰,其不敢开边衅者必矣。若台湾之役,西乡隆盛实主之,长崎临发,追之不及,乃将错就错,使大久保来议和。大久保归,国人交庆。后西乡复议攻高丽,执政痛抑之,乃弃官称乱,自灭其身,至今士大夫皆深讳是事,不复一言,其情可揣而知也。中土所传日耗,多出夸张,证以台役,益疑其强盛。如璋到此数月,旁观目击,渐悉情伪,前所呈《使东述略》,略陈大概,窃谓其今日固不敢因此开衅也。

若又以日人无情无理,为瘈狗之狂,如无赖之横,果尔,则中、东和好,终不可恃,阻贡不已,必灭琉球,琉球既灭,行及朝鲜。否则以我所难行,日事要求,听之何以为国?拒之,是让一琉球,边衅究不能免。欲寻嫌隙,不患无端。日人苟横,奚必借此?又况琉球迫近台湾,我苟弃之,日人改为郡县,练民兵,球人因我拒绝,甘心从敌,彼皆习劳苦耐风涛之人,他时日本一强,资以船炮,扰我边陲,台、澎之间将来求一夕之安不可得。是为台湾计,今日争之患犹纾,今日弃之患更深也。则虽谓因此生衅,尚不得不争,况揆之时势决未必然乎?如璋熟知中国决非用兵之时,即虑日人亦知我天恩宽大,必不因弹丸之地,张挞伐之威。口舌相从,恐无了局。然无论作何结局,较之今日之隐忍不言,犹为彼善于此。即终无了期,而日人有所顾忌,球人借以苟延,所获亦多。失此不言,日人既灭琉球,练之为兵,驱之为寇,转恐边患无已时,斯又度时审势,反复踌躇,而以为不得不言者也。闽中来函极言恐开边衅,欲罢此事,如璋谨据其所见,函呈总署,然兹事重大,自恐识暗智昏,惶恐不知所措,伏维中堂察核示之!

如璋所谓阻贡不已,必灭琉球,琉球既灭,行及朝鲜,为台湾计,今日争之患犹纾,今日弃之患更深,殊有远见。惜鸿章以琉球黑子弹丸之地,孤悬海外,远于中国,而迩于日本。若用威力相角,争小国区区之贡,务虚名而勤远略,非惟不暇,亦且无谓。故主张"淡漠相遭"。惟言之不听时复言之,日人自知理绌,或不敢遽废藩制改郡县,俾琉人得保其土。其意盖以琉球地处偏隅,尚属可有可无,设得步进步,援例而及朝鲜,岂终能默尔耶?与其后日言之,而毫无补救,似不若及今言之,或稍止侵陵。总理衙门采纳鸿章之意见,奏请以据理诘问为正办。而对于如璋所拟三策:一、先遣兵船,责问琉球,征其入贡,示日本以必争;二、据理与言,明约琉球令其夹攻,示日本以必救;三、反复辩论,徐为开导,若不听命,或约各国使臣与之评理。仅采其下策,且态度亦不积极,于是日人窥我虚实,得寸进尺,遂实行吞并琉球矣。

(二)琉球之被吞与呼救

光绪五年闰三月,日本改琉球为冲绳县,掳国王及世子以去。琉政皆归日本掌握,对中国朝贡等规例,一概废止。撤销福州之琉球馆,贸易事项归厦门日本领事管辖。琉球与中国之关系均由日本外务省处理。琉球上下均切亡国之耻,以向为中国藩封,故亟望中国起为援手。琉王初命驻日法司官毛凤来向中国驻日公使何如璋乞援,因日人监视严,未得即达。复托赴日闽商密函遣紫巾官向德宏北上叩谒李鸿章,面呈禀折,泣清援琉,其禀曰:

具禀琉球国陈情孤臣紫巾官国戚向德宏为泣血呼天立救国难事:窃照本年闰三月有漂风难民来闽,据称敝国业于本月间被日本灭亡。闻信之下,心神迷乱,手足无措,业经沥血具禀闽省各大宪在案,尔时即欲躬赴宪辕,叩恳救难,但恐事益彰露,转速非常之祸。乃着蔡大鼎等先行北上,密陈苦情。当蒙中堂恩准,速为致函总理衙门定夺,并承道宪郑传示训词,宏等感激涕零,焚香碰头。讵于四月十七日倭回闽商,交到敝国王世子密函,内云:业于本月初三日有日本内务大书记官松田道之,率领官员数十名,兵丁数百名,到琉咆哮发怒,备责国主何以修贡天朝等事,又不从日谕,乃敢吁请天朝劝释。如此行径,甚属悖逆,应即废藩为县。现虽合国君臣士庶誓不甘心屈服,而柔弱小邦,素无武备,被其兵威胁制,国主万不得已,退出城外,举国惊骇。松田又限定日期,欲敝国主赴日候令,当有官民人等再三哀请,敝国主染病卧床,乞免赴日。松田不允。敝世子思欲延缓日期,以待天朝拯救,已于闰三月间前抵日京,具禀日国政府,号泣哀恳,暂缓敝国主赴日之期。该政府不允所请,敝世子拟即禀明钦差大臣,而日人查禁甚严,不能通达消息。不得已托闽商带回密函,饬宏迅速北上,沥血呼天,万勿刻缓,如不能收复,惟有绝食而死,不能辱国负君,泪随笔下。宏泣读之余,肝胆几裂,痛不欲生。溯查敝国前明洪武五年隶入版图,至天朝定鼎之初,首先效顺,纳款输诚,叠蒙圣世怀柔,有加无已。恪遵《大清会典》,间岁一贡,罔敢愆期。不意光绪元年日本禁阻进贡,又阻庆贺皇上登极大典,当即具备情由,百般恳请,该日本不肯允准。敝国主特遣宏等捧咨赴闽陈明,荷蒙福建督抚列宪具奏,钦奉上谕,着总理各国事务衙门即传示出使日本大臣相机妥筹办理,钦此,钦遵在案。嗣于钦差大臣抵任之日,敝国驻日法司官等屡次沥禀恳求设法，节蒙钦差大臣与日国外务省剀切理谕，冀可劝释。讵料日人悍然不顾，竟敢大肆凶威，责灭数百年藩臣之祀。主忧臣辱，主辱臣死，宏等有何面目复立天地之间？生不愿为日国属人，死不愿为日国属鬼！虽糜身碎首，亦所不辞。在闽日久，千思万想与其旷日持久，坐待灭亡，曷若薙发改装，早日北上；与其含垢忍辱，在琉偷生，不如呼天上京，善道守死。合国臣民及商人乡农，雪片信至，催宏上道，效楚国申包胥之痛哭，为安南裴伯耆之号求。用敢不避斧钺，来津呼泣，伏维中堂威惠于天下，海岛小邦，久已奉若神明，必能体天子抚绥之德，救敝国倾覆之危。吁请据请密奏，速赐拯援之策，立兴问罪之师，不特上自国王，下及臣民，世世生生，永戴皇恩宪德于无既，即日本欺悖之志，亦不敢复萌，暹罗、朝鲜、越南、台湾、琼州亦可皇图永固矣。再此番北上情节，应先禀明闽省各大宪，再行启程，只恐枉需时日，缓不济急，故敢星夜奔驰，径趋相府，犯法之罪，谅不容辞。宏等在上海闻得日本之党，密防敝国求华请救，遇必拿捉，宏等为此薙发更服，延邀通事等同伴，以作贸易赴京。然谣多言杂，心怯神迷，且风土不悉，饮食艰难，可否恩赐保护怜察，或可有人照料，以全孤臣。临词苦哭，稽颡延颈待命之至，须至禀者。

此禀之凄婉悲烈，并极其致，而其痛日向华之心，尤可概见。然清廷对琉事固极愤慨，卒惮于实力之不足，应付之间，极费周章。琉使之乞救，经鸿章转总理衙门，方针经久不决。向德宏因于六月初五日再谒李鸿章，复上一禀曰：

具禀琉球国陈情孤臣紫巾官国戚向德宏为感泣渎禀求解倒悬事：窃宏于五月十四日冒叩相府，泣恳救难，经蒙宪谕，准为办理。复荷宪恩体卹，怜念孤臣，格外矜全，饬为安插善地，常加存问。美领事又敬传恩谕，下情感激，形于梦寐。惟敝国自光绪元年间惨遭日本阻责，敝国主命宏赍咨赴闽，陈明国难，禀请督抚列宪大人，据情具奏，复饬宏即日进京匍吁。当于光绪三年五月十四日奉到上谕，着何、丁饬令统行回国,毋庸在闽守候,将此由四百里谕令知之,钦此。以致宏不能陈情北上,请旨定夺,又不能早叩相府,预请设法办理,虚延岁月,致日本无所顾畏,大肆凭陵,派官派兵,前来敝国,将敝国主驱出城后,将敝世子拥去。国危君辱,皆宏不能仰副敝国主进京匍叩之命所致。回忆宏赍咨赴闽时,敝国主临行泣谕,何啻倒悬?望解之情,惨迫急切。宏乃稽闽日久,迄无成事,误国误君,已属死有余罪。近承美领事交阅西报,中有敝国主被日迫赴日本,革去王号,给予华族从三品职,着令归国,敝世子留质日京等语。伏思敝国主忍辱至此,无非以敝国素无武备,难与抗拒,故暂屈辱其身,上以延敝国一线之命脉,下以全敝国百姓之生灵,断非甘心容忍,屈从倭令,所以殷殷属望于宏,冀能吁请天朝拯救,知犹是饬宏赍咨赴闽时恸哭望援之心也!倘仍复需时旷日,坐失事机,敝国主卧薪尝胆,宏乃苟活偷安,真为罪上加罪!为此不揣冒昧,再行稽首相府。前月中堂据情密奏之后,大皇帝允否兴师问罪?日人在敝国者如何驱逐?敝世子可否召入内都?详察被难之苦情,泣求恩示端倪。如得兴师问罪,即以敝国为乡导,宏愿充先锋,使日本不敢逞其凶顽。宏于日国地图言语文字,诸颇详悉,甘愿效力军前,以泄不共戴天之愤。或颁兵敝国,堵御日本,如前明洪武七年间命臣吴桢率沿海兵至琉球防守故事,使日本不敢萌其窥伺。敝国官民仰仗天朝兵威,必能协力齐心,尽逐日兵出境,自无不克者。愚瞽之见,是否有当,统恳立赐裁决施行,则敝国上自国主,下及臣民,世世生生,永沐皇恩宪德于无既矣!临词苦哭,惶恐待命之至,须至禀者。

此禀除述及琉王被革,世子留质之情形外,匍吁泣求,惨迫急切,如解倒悬,愿充向导,而鸿章仍无恤邻救患之心、兴灭继绝之志,则知其对外不敢开衅,以日本贫弱小国且如此,何况俄、英、法等国?外交之着着失败,皆此怯懦之心理使然,失此不图,后无能为矣。九月,复有琉球耳目官毛精长、通事官蔡大鼎等三人,薙发易服,潜行到京,至总理衙门递禀陈情,伏地号泣,至为哀痛。其禀曰:

琉球国前进贡正使耳目官毛精长等谨禀:为国灭主执民不聊生,号恳据情奏请天恩迅赐救存以复贡典事:窃敝国自遭日本阻贡,以致胁执国主,种种陵虐,叠经禀明闽省督抚大宪,吁请奏闻各在案,理宜恭候天朝处理,何敢冒渎?缘八月初五初七日等,据敝国官吏向好问、金德辉、杨逢春等来闽报称:先后奉王弟尚弼命,饬为漂风抵闽之状,再行告急。敝国惨遭日本侵灭,竟将国主世子执赴该国,屡次哀请回国,不肯允许,乃谓现与中国互相葛藤,应俟大局已结,饬行复国。本年五月王弟尚弼等业经特饬向廷槐等抵闽求救,举国昕夕,实深盼望。讵意日人于六月十四日率领巡查兵役,突入世子官,先将各门紧守,迫索历朝颁赐诏敕。此乃小邦镇国之宝,虔诚供奉,岂敢轻以示人?当即再三恳说,日人不听,各官与之据理力争,日人大怒,立召巡查数十名,毒打各官,直行胁去,至天朝钦赐御书匾额宝印,亦恐被其夺掠,百方谨护,忧虑滋深。又近日上自法司,下至绅耆士庶外,而虎岛监守官笔帖式暨其头目土役人等,多被日人劫至各处衙署,严行拷审,或有固执忠义自刎而死者。又将诸署所有簿册暨仓库所藏钱粮,一概胁取。且驰赴诸郡,迫以投纳赋税,即行严责,复将所积米谷,擅行劫去。除此之外,首里、久来、那霸各府被其蹂躏者,指不胜屈。又本年六七月间有疫疠流行,该日人在那霸地方假设医局,托言疗疾,强将染疾之人带去,莫知踪迹,或有割胸取肝者。呜呼!日人封豕长蛇,既吞国执主,复囚官害民,苛责掠夺,无所不至,非仰仗圣天子之声灵,迅赐救援,别无筹策等语。长等一闻之下,肝胆崩裂,相共饮泣,业已具禀哀恳闽省大宪,据情陈奏,迅赐救难。伏念敝国累世相承,上膺册封,久备外藩,自国主以迄臣民,罔非天朝赤子。今遭倭人荼毒,竟致主辱国亡,长等误国之罪,万死犹轻。为此薙发改装,附舟北上,长跪哀号,泣血吁请,伏乞诸位大人俯怜二百年来效顺藩属,被倭凌虐,待救孔亟,恩准据情奏请皇上宣扬天威,迅赐救存,以复贡典,则阖国感戴皇恩宪德,实无涯涘之至!谨禀。

恭亲王奕䜣等据情转奏,发给用费,派弁护送至津,复由李鸿章派员护送回闽。秦庭之哭,其效固甚微也。而所谓清流之士大夫,初无一仗义执言者,后虽哓哓争之,惜为时已晚,以是可见中国之无人矣。设何如璋之上策,能早得行,以日本方在维新之始,岂敢抗颜大国?而琉球不亡,朝鲜之祸亦可稍舒,何致不十余年而终以兵戎相见哉?

(三) 美前总统之调停

自光绪四年七月以后,何如璋屡函总署,述及琉球之事,谓日本人渐有骑虎难下之势,欲求无隙可乘,先在留予体面。拟隐告以我国必争之故,即潜留日人以可转之机。此策若不能行,然后明目张胆以正论相诘责。奈何如璋与日本外务省交涉,其外务卿寺岛宗延不答复。十月间如璋遂致照会,有"日本堂堂大国,谅不肯背邻交,欺弱国,为此不信不义无情无理之事"等语。前驻中国日使森有礼谓此语未能谦逊,须另删改,否则将照会寄还总理衙门。如璋告以如贡事照旧,即将照会撤回,亦无不可。而日人惟含糊照复而已。五年,日本派内务大丞松田往琉球,勒令琉人遵写誓言,不许再求中国及各国,并令改用纪元。如璋复见其内务卿伊藤博文,告以正议此案,恐生枝节,伊藤言必无他事。又见外务卿,阻松田往琉之举,亦言既经派出,非伊所能阻止。如璋因建议揣此事势,宜假兵威以示必争,请先撤回使臣,即行告归。总署揣度中国局势,跨海远征,实觉力有不逮,若徒张声势而鲜实际,设或为彼觑破,转难了局,仍主依据情理辩论。倘何如璋以事无可转圜,暂尔回国,亦勿遽露决裂痕迹,以为日后收场地步。鸿章意见相同。适美前总统格兰忒(U. S. Grant)来华游历,并将往日本,奕䜣因面恳其居间调停。格兰忒于光绪五年四月二十三日返津,访鸿章于督署,晤谈节略如次:

二十三日下午四点钟,美前总统格兰忒带同杨副将(J. R. Young)、斐参将、毕副领事(W. N. Pethick)来署,寒暄毕。格云:在京见恭亲王二次,人极谦和,第二次晤谈甚久,并谈及日本、琉球之事。答云:我正想与贵前总统谈此事。格云:恭亲王亦属我过天津向李中堂细商究竟。琉球从何时起与中国相通?答云:自前明洪武年间臣服中国,至今已五百余年。格云:现在废琉球之事从何时起?答云:日本于前数年派员至琉球那霸港驻扎,侦探球事,阻其入贡中国。迨后琉王派官赴日本外务省求仍进贡中国,日本未允,去年琉官复至日本诉其事于法、美等公使,美公使平安(Bingham)答以此事知照本国国会议夺。平安旋即回美。日本主怒琉官多事,今春旋派兵四百名入中山掳其世子、大臣至东京,琉王乞假八十日养疾,未行。日本遂改琉国为冲绳县,设立县官,改琉王官为县署。格云:琉球未贡中国计有几年?答以五年。格云:中国是否意在争贡?答以贡之有无,无足计较,惟琉王向来受封中国,今日本无故废灭之,违背公法,实为各国所无之事。总署大臣向宍户辩论,宍户云:我系修好而来,不能预闻此事。中国何公使向日本外务省办理,外务省云:此系内务,外务省不问。格云:琉球用中国文字否?答以能用中国字读中国书。明初曾以闽人三十六姓赐之。格云:琉王是三十六姓中人否?答以琉王尚姓,不在三十六姓之中。因又告以我有好几层道理要奉告:第一层,琉球向来臣事中国,又与美国立有通商章程,今日本如此办法,固于中国万下不去,即美国亦不好看。譬如欧洲比利时、丹麦等小国,与各国立有约章,无论何国断不能举而废之。第二层,美国与中国通商,必须由太平洋过横滨至上海,今日本如此强横无理,难保不到失和地步。一经失和开兵,则横滨等口美商船只,断难顺行。是日本灭琉球,不但与中国启衅,直将搅乱华、美通商大局。第三层,贵前总统声名洋溢,中西各邦,人人钦仰,此次游历中东,适遇此事,若能从旁妥协调处,免致开衅,不但中国感佩,天下万国闻之,必皆称道高义。否则或疑贵前总统意存观望,未免声名稍减。格云:所言均是正理,我最怕各国失和动兵,如善言调息事,大家皆有益处。答云:我闻日本废灭琉球,大都出自萨摩岛人主意,国主美加多颇为所制。闻东京等处舆论,亦颇有以废琉球为不然者,诚得贵总统至日本力持公论,则美加多倚重总统声名,当可压服萨摩岛人。格云:我甚愿秉公持议,如日本国主为萨人所制,我可为伊涨胆子。又告以顷接中国驻日何公使函云,美国平安大臣已回日本,据称美国国会谓若中国邀请,

> 美国理应帮助。此次贵前总统至日本,所以我切托相助,我一面即函致何公使属其俟贵前总统到时谒商。格云:此事我总须到日本询明平安,详查案卷,再行置论。答云:平安公使傥谓日已灭琉,言之无益,贵前总统即置之不论乎?格云:平安未必出此,且平安系我为总统时选其出使,实一公正极有名之大臣,现为驻日美使,琉事分所当问。设竟不然,我必自向日本美加多及大臣询商。毕德格从旁云:领事德呢(O. N. Denny)同去赴日本相助平安。当又告以中美条约第一款若他国有何不公轻藐之事,一经知照,必须相助从中善为调处等因,今琉球之事,日本实系轻藐不公否?格将洋文详读一过,杨副将从旁提解。格云:实系轻藐不公,美国调处亦与约意相合。又指示中国、日本《修好条规》第一款,两国所属邦土,各以礼相待,不可稍有侵越,俾获安全等因。格又将洋文细读。毕副领事云:可惜立约时未将朝鲜、琉球等属国提明。当告以邦者属国也,土者内地也,即是此意。毕复译洋言以告。格云:琉球自为一国,日本乃欲吞灭以自广,中国所争者土地,不专为朝贡,此甚有理。将来能另立专条才好。答云:贵总统所见极大,拜托拜托。

格兰忒于五月十五日抵东京,日人接待甚殷,以海边行宫为行馆,亲王大臣酬应周旋无虚夕。据杨副将致李鸿章书云:“东洋大臣云:几百年前早认琉球为属国,琉球各小岛本隶日本界内。中国因台湾之役,赔偿兵费,缘台湾土番戕害琉球难民,日本代琉球兴师,故议赔偿,足见中国认琉球为日本所属之凭据。日本现废除琉球王与前废内地各藩一例。派员改易琉球政令,是日本分所应为。琉球前进贡中国,不过虚名,只为贸易得利起见耳。”并云:“日本亦甚愿与中国公议此事,因何钦差不熟悉交涉体例,前行文外务省,措辞不妥,有羞辱日本之意,是以不便回复,置之不理。如中国肯将此文撤销,日本无不愿商议的。此是最要紧话,其事之真伪,我尚未考校明白。……不可因此小事致两边不能商议,自走叉路,致碍正道。”其时英香港总督燕乃赛(Sir John Pope Hennessy)亦在东京,愿为调解。而驻日公使巴夏礼(Harry Parkes)为著名之仇华者,往来挑唆,欲使两国失和,可乘机得利。燕督等皆甚为叹惜痛恨。杨副将因谓:“据愚见中国若不自强,外人必易生心欺侮,在日本人心中,每视中国弱自家强,所为无不遂者。彼既看不起中国,则无事不可做。日本人以为不但琉球可并,即台湾暨各属地动兵侵占,中国亦不过以笔墨口舌支吾而已。此等情形,最为可恶。旁人看出此情,容易挑唆从中多得便宜。中国如愿真心与日本和好,不在条约而在自强,盖条约可不照办,自强则不敢生心矣!……中国大害在弱之一字,我心甚爱敬中国,实盼中国用好法除弊兴利,勉力自强,是天下第一大国,谁能侮之?”格兰忒于六月十四日七月初六日,两次致函鸿章,述其调解经过,亦甚盼两国各设法自强,诸事可得自主,日本气象,似一年兴旺一年,中国人民财产本富,自强亦非难事。其第二函云:

我到日本以后,屡次会晤内阁大臣,将恭亲王与李中堂所托琉球之事,妥商设法,使中、日两国不至失和。看日人论琉球事,与在北京、天津所闻情节微有不符。虽然,日本确无要与中国失和之意。在日人自谓琉球系其应办,并非无理,但若中国肯让日人,日本亦愿退让中国。足见其本心不愿失和。从前两国商办此事,有一件文书,措语太重,使其不能转弯,日人心颇不平。如此文件不肯撤销,以后恐难商议。如肯先行撤回,则日人悦服,情愿特派大员与中国特派大员妥商办法。必要商定万全之策,俾两国永远和睦。譬如两人行路,各让少许,便自过去,无须他人帮助。倘两国实有意见不合之处,可另请一国秉公议办,两国应各遵行,亦不可仅令驻京公使理说。亚洲人数居地球三分之二,惟中、日两国最大,诸事可得自主,所有人民皆灵敏有胆,又能勤苦省俭,倘再参用西法,国势必日强盛,各国自不敢侵侮,即以前所订条约吃亏之处,尚可徐议更改,各国通商获利之处,中国亦不至落后。盖取用西法,广行通商,则民人生理,国家财源,必臻富庶。不但外国有益,本国利益更多矣。日本数年来采用西法,始能自立,无论何国再想强勉胁制立约,彼不甘受。日本既能如此,中国亦有此权力。我甚盼中国亟求自强,我深知通商各大国内有那般奸人,愿中国日弱,他好乘机图得便宜,我实有爱惜此两国百姓之诚心,不得不苦口奉劝,勿中那般奸人觊觎之计。再过两礼拜,我即启程回国。日后若听闻中、日两国为琉球事业经说合,并有永远和好之意,我更十分欢悦。我原不肯干预两国政务,越俎多事,但既出此言,两国果皆信以为实,琉事可望了结,我亦不虚此行,与有荣施也。

要求撤销使书失检之字句,乃系日人利用外交手法,欲作延宕之计。但何如璋遇事便与各国公使会商,巴夏礼因得逞其奸谋,中国使馆之一举一动,日外务省无不知之。且如璋与副使张斯桂不和,尤足偾事。终以无适当人选,未行更调。总署依格兰忒之意,照会日外务省,从前辩论,暂置勿提,请派员来华商议琉事,以为转圜。七月十六日(九月二日)格兰忒自东京归国,调停一幕乃告终焉。

(四) 分岛改约之议

日本以派员来华有俯就中国之嫌,复称琉事系其厘革内政,屑屑问难,非邻好之美,若派员会商,果系销嫌寻好,固所愿也。仍是躲闪之词。五年冬,有日人竹添进一者,假运米助赈,到津得见李鸿章,与鸿章诗文酬答,成文字交。旋上书论琉事,谓“天下无两婚之妇”,以驳中国“琉球两属”之说。复于十月二十日谒鸿章于督署,请屏退左右,相作笔谈,谓琉球本属日本,有誓书为证。其受中国册封,犹罗马教皇加冕之意,朝贡乃以小事大,必有赠献。德国近时垂涎琉球、台湾,倘中、日失和,其祸何如哉?鸿章驳之,谓琉球属日,典籍未载,称为两属者,恐日本面子下不去,俾得转圜仍归于好耳。竹添因自请回国,疏通该国内阁。六年二月十六日复来津谒鸿章,笔谈久之,并上说帖曰:

客冬中堂阁下不弃进一之愚,既荷教诲,又辱有所命焉。进一义不敢遗忘,回国之日,即敬致阁下之意于我政府,且沥微衷,恳以两国和好之道为请。我内阁大臣谓进一曰:琉球归我版图旧矣,今废为县,并之内治,自主之权,固当然也。乃中国反以为言,我不解其为何故。尔后会美国前统领格兰氏游历我国,为我说曰:琉球南部诸岛,与台湾相接,为东洋咽喉,日本占有之,若有侵逼中国之势者,李中堂所争,盖在于此也。我闻斯言,始悟中国违言之所由起矣。抑我与中国唇齿相依,我惟和好之是求,岂有他心?我之废琉球为县,所以正名而固圉耳。今纷论相难,我实不知保全好谊之办法也。但我别有欲言者,中国于西洋各商,使均得入内地贸易,而我商民独不得其例,是疑于厚彼而薄我。夫中国与日本人同其种,书同其文,有旧好之谊,有辅车之势,宜同心戮力,以维持东洋全局。然中国相待之约,反不如待西人之优,我所深慨也。中国大臣果以大局为念,须听我商民入中国内地,懋迁有无,一如西人,则我亦可以琉球之宫古岛、八重山岛,定为中国所辖,以划两国疆域也。二岛与台湾最相接近,而距冲绳本岛九十里程(大约当中国五百里强)。度其幅员,殆琉球全部之半,实为东洋门户之所存。今以属人,于我国为至难之事,而一面我勉强为此至难之事,以表好意;一面两国奉特旨增加条约,中国举其所许西人者,以及于我商民,我国亦举所许西人者,以及之中国商民。而两国征税建法,一任本国自主。嗣后遇与各通商国修改现行缔约内管理商民查办犯案条款,或通商章程,或税则,互相俯就,但均不得较他国有彼免此输彼予此夺之别。果如此,于中国略无所损,而两国相亲爱之情,由此大彰。然后中、日视如一家,永以为好,实两国之庆也。是我公平秉心为大局之谋,中国大臣深达时务,想必相谅矣。吾子素受中堂之知,诚有为两国解纷之志,往报此意可也。

日本欲以贫瘠难自存之二小岛,而易内地通商,一体均沾之最惠国条款,其谋可谓狡矣。鸿章先已得何如璋函告,谓日本外务卿井上馨谈及情愿退让,但未提条件。美使平安则谓格兰忒建议:琉球本分三岛,拟将北岛归日本,中岛还琉球,南岛归中国。但其致鸿章函未言之,知事又一变。竹添与鸿章议不谐,径欲归去,既窥鸿章意有所动,乃入京,传其内阁命于宍户公使,于是总署与日使宍户玑于光绪六年九月,议定琉案专条,加约,与凭单三项草稿,全照日本所提办法订立。并拟于光绪七年正月交割两岛后,二月即开办加约事宜。时南、北洋大臣刘坤一、李鸿章均请以二岛存琉球之祀,应还琉王驻守。右庶子张之洞以伊犁交涉正亟,恐俄恃日本为后路,请速联络日本,允其商务要求。议既定,而右庶子陈宝琛大不谓然,奏言:"臣闻日本使臣近因俄约未定,乘间请结琉球一案,啖我以南岛而不许存中山之祀,复欲改约二条,总署惑于联倭防俄之说,办理已有成议。臣闻之且疑且愕,以为分琉球一误也,因分琉球而改旧约又一误也。分岛之误,近于商於六里之诳;因分岛而改约之误,近于从井救人之愚。中国受其实害而琉球并不能有其虚名,五尺童子犹不肯堕其术中,堂堂大朝,奈何出此?窃谓俄倭沓至,总署当持以镇定,朝廷当示以权衡。俄强国也,倭弱国也,驭俄人宜刚柔并用,而倭则可刚不可柔;处俄事已不能过缓,而倭则宜缓不宜急。日本既与我立约通商,无故擅灭琉球,虏其王,县其地,中国屡与讲论,则创为两属之说,横相抵制。彼即以上腴归我,而中国意在兴灭继绝,尚未可义始而利终,况所割南岛皆不毛之地,置为瓯脱,则归如不归。若用以分封尚氏苗裔,则贫不能存,险无可守,他日必仍为倭奴所吞并。此分割琉球之说断不可从者也。琉球中北诸岛,日本既全据之,若为持平之论,日本应听我择有利于中无损于东之事,加入约内,以相抵偿。而今所改之约大不然,道路传闻,谓止改约两条,一曰利益均沾,一曰旧约与加约有碍,照加约行。其居心叵测,无非欲与欧洲诸国深入内地,蝇聚蚋嘬,以竭中国脂膏。况此外又有管辖商民,酌加税则,俟与他国定议后,再与中国定议等语,则是二条之外,又增二条,且故为简括含混之词,留一了而不了之局,以为他日刁难地步。此酌改条约之说,断不可行也。……况极其流弊,琉球案结则祸延于朝鲜,日本约改,则势蔓于巴西诸国。……自道、咸以来,中国为西人所侮,屡为城下之盟,所定条约,挟制欺陵,大都出于地球公法之外,惟日本、巴西等国定约在无事之时,亦值中国稍明外事,曾国藩主之于前,李鸿章争之于后,始将'均沾'一条驳去。既借此以为嚆矢,未尝不思乘机伺便,由弱国以及强国,潜移默转于无形也。今日本首抉藩篱,巴西诸国必且圜视而起,中国将何以应之?势蔓于巴西诸国而中国之财力更竭矣。"清廷将其奏饬下李鸿章、左宗棠等详议以闻。而琉案遂暂搁置矣。

(五) 李鸿章奏请缓允改约

时北京议论纷纷,莫衷一是,张之洞亦谓商务可允,琉案宜缓。惇亲王奕淙等酌议,宜照总署所奏办理。清廷以鸿章为原办议约之人,深悉日本情事,谕令统筹全局,切实陈奏。鸿章因于光绪六年十月初九日奏曰:

> 从前中国与英、法两国立约,皆先兵戎而后玉帛,被其迫胁,兼受蒙蔽,所定条款,吃亏过巨,往往有出地球公法之外者。厥后美、德诸国及荷兰、比利时诸小国相继来华立约,斯时中国于外务利弊未甚讲求,率以"利益均沾"一条列入约内。一国所得,诸国安坐而享之;一国所求,诸国群起而助之;遂使协以谋我,有固结不解之势。同治十年日本遣使来求立约,曾国藩始建议宜将"均沾"一条删去。及臣与该使臣伊达宗城往复商订,并载明两国商民,不准入内地贩运货物,限制稍严。嗣后该国屡欲翻悔,均经驳斥。自是秘鲁、巴西立约,亦稍异于前。诚以内治与约章相为表里,苟动为外人所牵制,则中国永无自强之日。近闻各国驻华公使,每有事会商,日本独不得与,其尚未联为一气者,未始不因立约之稍异也。至内地通商,西人以置买丝茶为大宗,资本较富,稍顾体面。日本密迩东隅,文字语言略同,其人贫窭,贪利无耻,一开此例,势必纷至沓来,与吾民争利,或更包揽商税,为作奸犯科之事。明代倭寇之兴,即由失业商人,勾结内地奸民,不可不防其渐,此议改旧约,尚宜酌度之情形也。
>
> 琉球原部三十六岛,北部九岛,中部十一岛,南部虽有十六岛,而周回不及三百里。北部中有八岛早被日本占去,仅存一岛。去年日本废灭琉球,经中国叠次理论,又有美前总统格兰忒从中排解,始有割岛分隶之说,臣与总理衙门函商,谓中国若分琉地,不便收管,只可还之琉人,即代为日本计算,舍此无结局之法,此时尚未知南岛之枯瘠也。本年二月间日本人竹添进一来津谒见,称其政府之意,拟以北岛、中岛归日本,南岛归中国,又添出改约一节。臣以其将琉事与约章混作一案,显系有挟而来,严词斥之,不稍假借。曾有笔谈问答节略两件,抄寄总理衙门在案。旋闻日本公使宍户玑屡在总理衙门催

结琉球案,明知中、俄之约未定,意在乘此机会,图占便宜。臣愚以为琉球初废之时,中国以体统攸关,不能不亟与理论。今则俄事方殷,中国之力暂难兼顾,且日人多所要求,允之则大受其损,拒之则多树一敌,惟有用延宕之一法,最为相宜。盖此系彼曲我直之事,彼断不能以中国暂不诘问而转来寻衅。俟俄事既结,再理琉案,则力专而势自张。近接总理衙门函述日本所议,臣因询在津之琉球官向德宏,始知中岛物产较多,南岛贫瘠僻隘,不能自立,而琉王及其世子,日本又不肯释还。遂即函商总理衙门,谓此事可缓则缓,冀免后悔。此议结琉案尚宜酌度之情形也。

臣接奉寄谕,始知已成之局,未便更动。而陈宝琛、张之洞又各有陈奏,正筹思善全之策,适接出使大臣何如璋来书,并抄所寄总理衙门两函,力陈"利益均沾"及内地通商之弊,语多切实。复称询访琉王,谓如宫古、八重山小岛另立三子,不止五家不愿,阖国臣民亦断断不服。南岛地瘠产微,向隶中山,政令由其土人自主。今欲举以畀琉,而琉人反不敢受,我之办法亦穷等语。臣思中国以存琉球宗社为重,本非利其土地,今得南岛以封琉,而琉人不愿,势不能不派员管理,既蹈义始利终之嫌,不免为日人分谤。且以有用之兵饷,守此瓯脱不毛之土,劳费正自无穷,而道里辽远,音问阻绝,实觉孤危可虑。若惜其劳费而弃之不守,适堕日人狡谋,且恐西人踞之,经营垦辟,扼我太平洋咽喉,亦非中国之利。是即使不议改约,而仅分我以南岛,犹恐进退两难,致贻后悔。今彼乃议改前约,傥能竟释琉王,畀以中、南两岛,复为一国,其利害尚足相抵,或可勉强允许。如其不然,则彼享其利,而我受其害,且并失我内地之利,臣窃有所不取也。谨绎总理衙门及王大臣之意,原虑日本与俄要结,不得不揆时度势,联络邦交,洵属老成持重之见。然日本助俄之说,多出于香港日报,及东人恫喝之语,议者不察,遂欲联日以拒俄,或欲暂许以商务,皆于事理未甚切当。查陈宝琛折内所指日本兵单饷绌,债项累累,党人争权,自顾不暇,倭人畏俄如虎,性又贪狡,中国即结以甘言厚赂,一旦中、俄有衅,彼必背盟趋利,均在意计之中。何如璋节次来函,亦屡称日本外强中干，内变将作，让之不能助我，不让亦不能难我，洵属确论。盖日本近日之势，仅能以长崎借俄屯驻兵船，购给煤米，彼盖贪俄之利，畏俄之强，似非中国力所能禁也。岂惟日本一国？即英、德诸邦，及日斯巴尼亚、葡萄牙各国皆将伺俄人有事，调派兵船，名为保护商人，实未尝不思借机渔利。是俄事之能了与否，实关全局。俄事了则日本与各国皆戢其戎心，俄事未了则日本与各国将萌其诡计。与其多让于倭而倭不能助我以拒俄，则我既失之于倭，而又将失之于俄，何如稍让于俄，而我因得借俄以慑倭。夫俄与日本强弱之势，相去百倍。若论理之曲直，则日本之侮我为尤甚矣，而议者之谋若有相反者，此臣之所未喻也。至若江苏之上海，浙江之宁波，福建之福州、厦门，均系各国通商口岸，日本即欲来扰，既无此兵力饷力，亦必不敢开罪于西人。惟台湾孤悬海外，地险产饶，久为外人所窥伺，苟经理得宜，亦足控蔽东南。应请庙谟，加意区划，渐收成效。中国自强之图，无论俄事能否速了，均不容一日稍懈！诚以洋务愈多而难办，外侮迭至而不穷，不可不因时振作。臣前奏明南北洋须合购铁甲船四号，其数断难再减。所有请拨淮商捐项一百万两，仅准户部议拨四十万，不敷尚多，应请旨饬令全数拨济。各省关额拨海防经费，前经奏明，严定处分章程，仍未如额筹解，倘再延玩，尚拟请旨严催。水师电报各学堂，亦已陆续兴办。数年之后，船械齐集，水师练成，声威既壮，纵不必跨海远征，而未始无其具。日本嚣张之气，当为之稍平；即各国轻侮之端，或亦可渐弭。又总理衙门虑及日本于内地运货，蓄意已久，转瞬修约届期，彼必力请均沾之益，或只论修约，不提琉案，恐并南岛而失之。臣愚以为南岛得失，无关利害，两国修约，须彼此互商，断无一国能独行其志者。日本必欲得均沾之益，傥彼亦有大益于中国者以相抵，未尝不可允行；若有施无报，壹意贪求，此又当内外合力坚持勿允者也。臣再三筹度，除管理商民更改税则两条尚未订定，应俟后日酌议外，其琉案条约及加约，曾声由御笔批准，于三个月内互换。窃谓限满之时，准不准之权，仍在朝廷，此时似宜用支展之法，专听俄事消息，以分缓急。俟三月限满，傥俄议未成，而和局可以豫定,彼来催问换约,或与商展期,或再交廷议;若俄事于三个月内即已议结,拟请旨明指其不能批准之由,宣示该使,即如微臣之执奏,言路之谏诤,与彼之不能释放琉王,有乖中国本意,皆可正言可告者。臣料倭人未必遽敢决裂,即欲决裂,亦尚无大患。明诏既责臣以统筹全局,切实指陈,臣不敢因朝廷议准在先,曲为回护,亦不敢务为过高之论,致碍施行。若照以上办法,总理衙门似尚无甚为难之处。

鸿章此奏,可谓明慎周详,识见过人,但亦由何如璋之意见而来。旋奉上谕:"前因总理衙门奏拟办琉案一折,商务一体均沾,为日本约章所无,今欲援照西国约章办理,尚非必不可行。惟此议因琉案而起,中国以存琉为重,若如所议,划分两岛,于中国存琉之意,未臻妥善。着总理衙门王大臣再与日本使臣悉心妥商,琉案妥结,商务自可议行。"日使宍户玑先后照会四件,大致谓此事迟搁不定,无复期于必成,并以中国自弃前议,今后琉球一案,理当永远无复异议。总署据理答复。宍户玑即于十二月二十一日悻悻出京,使职交参赞田边太一暂署。清廷未悉其意何居,尤难保无借端要挟情事,饬沿海各省防务,严行戒备,不动声色,静以待之。左宗棠亦奏称:"复琉之案,不能拟结,日本且自绝于中国,尚何睦谊之可言。睦谊中乖,尚何改约一体均沾之足云乎?窃拟宍户玑此去,在中俄和议未谐之先,兹闻事体顿殊,或要求之意亦缓。应将不能批准之由,明白指示,看其如何察复。请旨密饬防营,预为戒备,静以待之,大约以防俄之法防日,蔑不济矣。至跨海与战,先蹈危机,断不宜轻为尝试,亦无取扬言远伐,以虚声相震撼。俟其窥犯深入,一再予以重创,自可取近威而彰远略。"自此日方既无动作,我亦不再质询,琉案搁置,不了了之。光绪八年,竹添进一为驻津领事,复与鸿章议琉事,亦无结果。而韩乱踵作,中、日交涉日繁,此案历经七年,遂如泥牛入海,悬搁不决。至后六十余年,日本战败,琉球始为美军所占领,而琉人独立之志仍未达也。近日美国有日本剩余主权之说,则亦可谓数典忘祖(指格兰忒事)矣。

八十　中法越南之役

(一) 法人之侵略越南

法国与越南之关系,起自十七世纪末年,即康熙中叶。是时法国东印度公司派代表至越南要求通商。越南不许,法国亦未坚持,因法王路易十四正忙于大陆战争,未暇远略也。至十八世纪中,法属印度总督杜卜莱(Dupleix)曾拟由印度向东发展以达越南,但因在印为英人所败,遂未实行。乾隆四十一年(一七七六年),越南内乱,阮福暎信法教士策,派毕约(Pigneau de Behaine)出使法国求援。毕约于一七八七年在维尔塞与法国订约,法派兵一千六百人助阮氏,阮氏割二岛以为报酬。然法因事未派兵,故此约并未实行。阮氏终以少数洋将之助,统一越南,并受中国册封为安南国王,其国王阮文惠且亲赴北京,为乾隆帝祝寿。十九世纪前叶,阮福晈、福时、福任相继为王,执闭关主义,拒绝法国派遣领事,屡杀传教士及教徒。拿破仑三世在法称帝以后,竭力联络教堂,以图维持其地位,咸丰八年英法联军攻占天津以后,法即与西班牙联军进攻越南。同治元年(一八六二年),法、越订《西贡条约》,越南割边和、嘉定、定祥三省及康道尔群岛与法,许传教信教自由,赔款四百万元,如割地与他国,必先得法国同意。越人不服,暗组义勇军以图收复失地。法又袭取水陆、安江、和仙三省,下交趾完全为法人所占领(安南全境三十省,顺化都城在富春省,富春以北,以广治省为左圻,以南以广南省为右圻。北圻十六省,南圻九省。法据六省后设西贡总督治之。南圻所存惟广和、富平、安顺三省耳),时同治六年也。越虽为我属国,向不干涉其政治,法侵越南,越南未向清廷报告,仍朝贡不辍,以故法、越之争,对中国毫无影响,我亦未注意及之。法得南圻后,湄公河(在我国为澜沧江)江口西贡埠头遂入法人之手,法欲与中国西南诸省通商,同治四年交趾支那总督派特拉格莱(de Lagrée)及法西士安邺(Francis Garnier)组织探险队调查湄公河入滇之路,始知是河不适于航行,因须绕暹罗、缅甸境也。乃转移其目标于红江。其时法商堵布益(Jean Dupuis)因在汉口售军器,得识湖广总督李瀚章。云南巡抚岑毓英及提督马如龙为剿回欲购洋枪炮,转请堵布益往云南。同治八年,堵布益得云南官方之保护,由红江转运军火入云南,竟发现滇、越通航之路,盖红江即富良江,自滇边之蒙自等处,东注于越之北圻,历其东京,下至海阳省,由海防出口。堵布益往来红江,已为越人所不满,后又以贩盐与越人冲突,法总督堵白雷(Duperéé)知红江为进入中国西南之捷径,而红江在越南政府掌握中,又非发展势力于北圻不可。于是自白藤海口绕入北圻之西贡以进东京,建埠通商、设官置戍。又调安邺为堵布益之助,攻陷河内。安南无力抵抗,只有向刘永福乞援。刘永福者,广西天地会党人吴元清之部下也。元清起兵反清,自号延龄国主,既为清军所败,永福遂率众入安南,建"中和团黑旗军"。代平白苗之乱,据保胜,拓地七百余方里,俨然为北圻长城。山西按察使梁辉懿奉越王命召永福入援。时黄旗贼盘踞山西太原一带,保胜不得达河内。永福率队裹粮,蓦越宣光大岭,绕驰河内,法人出战,永福冒死冲锋,斩首数百,杀少佐安邺,即法督所派以助杜布益者也。法人见军事失利,乃拘越南三使臣,以甘言诱安南王与订《和亲条约》(即第二次《西贡条约》,中国称《甲戌条约》),许安南为独立国,外交须受法人监督,而越南亦以红江航行权与法国。时同治十三年也。次年,即光绪元年,法使驻北京代理公使罗淑亚(Rochechouart)致照会于总署恭亲王,通知与越南所订新约,并要求在云南通商,及阻止中国匪徒进越南。法认越南为独立,即否认中国之宗主权,奕䜣不知抗议,仅以越南之继续承认为已足,只向法使声明,越南为我藩属,中国自有保护之责任,防止匪徒侵入,视为当然,至于云南通商之事,一概不许。此声明不啻间接否认《法越新约》,而罗淑亚亦未抗议。盖当时法、德之关系恶劣,法人不敢在远东多事,且内部亦不安,故双方均未作积极之主张,而越南仍进贡中国如故。光绪四年(一八七八年),清廷且派兵入越,助之平乱。是年柏林会议,德相俾斯麦曾告法代表瓦定敦(Waddington)曰:"如法图复失地,则德必摧之;如将从事海外发展,则德必助之。"翌年,共和党执政,皆以俾斯麦之警告为然,与德暂图妥协,而向越南发展。以红江之航行,受阻于黑旗军,越南对清廷之关系,反日趋密切也,遂决于光绪六年添置兵船,积极侵略越南,以便通商云南,与英人作先鞭之争。自是越南问题即一变而为中、法问题,且渐至于战争矣。

(二)越南问题之交涉

吾国首先注意越南问题者,为驻英、法公使曾纪泽。光绪六年(一八八〇年)纪泽方以伊犁交涉,在俄京闻法军部筹款购船,派兵往越南、东京,谋由红江通商云南,已得议会同意。即电法外部言:云南通商,非中国所愿;从前法、越立约,中国不承认,法如仅整顿商务,中国犹可宽容越私立约之失,全法颜面;若另谋进步,则负中国保全友谊之心云云。纪泽又函告总署,派兵舰数艘,移近南服,使敌人有所顾忌;并自据红江以控制;否则以力助越保守该江,不使他国据以逼我。总署于七年十月十五日奏闻,并言已商得李鸿章同意,于招商局轮船运米越南时,添兵船同往游弋,借壮声威。但于纪泽所请宜密谕越王,无论有何要务,切不可乞助于法,致成开门揖盗之灾。此次发兵前去,必由将帅私带一约,胁令画押,嘱越王勿与法轻立新约之议,则恐越将事事求助于中国,亦属势难为继,不肯力任其难。翰林院侍讲学士周德润乃上奏曰:

> 臣闻天子守在四夷,此诚虑远忧深之计。古来敌国外患,伏之甚微,而蓄之甚早。不守四夷而守边境,则已无及矣;不守边境而守腹地,则更无及矣。我朝辐员广辟,龙沙雁海,尽列藩封,以琉球守东南,以高丽守东北,以蒙古守西北,以越南守西南,非所谓河山带砺,与国同休戚者哉?数年以来,琉球丧亡,高丽、蒙古日渐孱弱,三者似尚待宵旰之经营。不图近日法兰西狡焉思逞,欲灭越南以自广,此震邻切肤之灾也,此唇亡齿寒之患也。或以为蛮触相争,不足与较。臣窃谓越南之存亡,中夏之安危系之。……查法夷驶入中华,势必远涉重洋,如窃据越南,则陆路由谅山直达广西镇南关,由洮江直达云南蒙自县,海道由海东府直达广东钦州;朝发夕至,患难猝防,设有不虞,滇、粤震动,楚、淮岂能独安?其可惧者一也。且越南世守藩服,今听其自亡,而不一援手,无论外藩解体,且示弱于法人。恐陵夷日甚,不特琉球不可恢复,即高丽、蒙古亦未必能相维相系也。其可惧

者二也。值此时机危迫,而或存不敢启衅之心,托为徐图自强之计,得毋因循观望,自贻伊戚耶?夫越南无事,则不致启衅;越南有事,则不待启衅。越南存而吾之自强易,越南亡而吾之自强难。失其屏藩,而欲多方以备之,虽有智者亦不知善其后矣。臣窃以为今日之计,莫如以理谕之,以势遏之。何言乎以理谕之也?中、法和约久定,言归于好,即不得侵我外藩,先启相争之衅。虽法人密计诡谋,未必显为号召,而聚兵屯饷,明已萌露端倪。臣拟请密谕总理衙门王大臣及曾纪泽借事探询,相机开导,曲诘其用兵之故,而直揭其袭敌之非;始则援万国公法不灭人国之义以折之,继则遍告诸夷秉公而辩论之,使知曲在彼而直在我,则其辞自穷而其谋或可中止。何言乎以势遏之也?同治间内匪窜扰越南,光绪五年李扬才亦叛出关外,皆赖大军援剿,危而复安。今虽不必骤起兵端,而慎密设防,或可遥作声势。查越南毗连之路有三:一为乾隆孙士毅进捣之路;一为汉伏波舟师之路;一为明沐晟陆师之路。臣拟请密谕滇、粤各督抚简调精锐,密札要隘,阳为边关之守御,阴为侯服之救援,兵固有先声而后实者。法人即欲逞志越南,当虑我军之攻其后,有不废然自返哉?故以理论之其兵不战而屈,以势遏之其言迎刃而解,二者交相为用。所虑者,总理衙门调停中立,不肯力任其难,伏愿皇太后皇上神机独断,再三申谕,切实而责成之;尤虑滇、粤疆吏未必皆济变之才,如张树声奋发有为,或足以办此事;至于刘长佑非不持重,惟暮气衰颓,屡次乞休,苦难振作;庆裕非不谨饬,但素不知兵,智短才疏,难膺艰巨。圣天子为地择人,必有易置咸宜者,非臣下所得而拟议也。

是时两江总督刘坤一、两广总督张树声、云贵总督刘长佑均主张备兵防边,为越南声援。坤一谓:“由广东广西遴派大员,统带劲旅,出关驻扎谅山省等处,以助剿土匪为名,密与该国君臣共筹防法之策。”树声谓:“为越剿匪,法不能议我之增兵;先守越地,法不能蹈我之罅隙。虽力不及远,庶无全占越土,立滋逼处之忧。”长佑则谓:“臣等再四审度,为待其既吞越境为守边之计,不如乘其始动为弭衅之谋。以中国兵力为之御敌东京,兵聚而力省,以视防守滇、粤之边,劳逸悬殊,利害相远。然遽以兵屯御河内,则有启衅自我之虑;待其已变而始出境相援,则有鞭长莫及之忧。苟明示以绥藩之意,则可直用其御敌之谋。用防边之力于关外,而我不受其害,移防边之师于江边,而彼不得议其事。一朝有警,朝发夕至,然后可以救护东京而无失缓之虑也。请以广西兵二万为中路之师,而广东、云南各以万人为犄角,于南、北洋大臣中特简一员,驻广西为之督办,三军并归节制。东西并进,乘势赴机,可无违律失机之虑。"此皆先发制人之计,惜恭亲王及李鸿章始终抱退守之策,不肯积极筹维,诚如周德润所谓调停中立者也。故于曾纪泽之越南办法七条,及疆臣派兵防守之议,皆未采纳。七年十二月纪泽奏云:

> 伏查法人觊觎越南,蓄意已久,缘该国初据西贡、柬埔寨等处之时,满意澜沧江、湄南河可以直通云南。其后见该二水浅涸多处,不能通舟,遂欲占据越南东京,由富良江入口,以通云南添开商埠。该国图越之事,新报则议论纷纷,官场则机钤密密。然而议绅士庶,论及此事,视取越南东京,公谓易如反掌。上年冬间,臣在俄议约,因闻法国有派兵前往越南之议,比即照会法外部,并与法国驻俄公使商犀(Chanzy)晤谈,力言越南受封中朝,久列属邦,该国如有紧要事件,中国不能置若罔闻。本年闰七月,臣由俄换约事毕,回驻巴黎,又于八月初一日照会外部,将总理衙门历年未认法、越所订条约之意,剀切声明,日久乃接外部尚书刚必达(Gambetta)复文,措词虽尚刚硬,然法庭于进取之谋,似已稍作回翔之势。法国商人堵布益昔年往来滇、越,经营贸易,即为法国西贡总督堵白雷图占越南之线索。后因事端败露,西贡总督所派守备嘎邺(《刘永福历史草》作"驸克安邺")为越南人所杀(实为刘永福所阵斩),商人堵布益所赍成本,亦致亏折数百万佛郎。该商归向法庭索取,法庭许以俟定计占取东京之时,给予偿款。本年该商业已函致广东、上海旧日同伙之西人,前来巴黎领取偿款。是法庭定议占取东京之据。厥后该商伙德尔吉等来至巴黎,无款可领,失望而归。有臣处翻译官马格里(Macartney)之友,上

> 海载生洋行(Buchister of Co.)之史密德(Charles Schmielt)亲闻德尔吉言之甚详,是此事暂寝息之据。
>
> 微臣揣度大概情势,法国除在庭数员之外,能深明东方情形者,实无多人。竟有不知越南为中国之属邦者。继见总理衙门屡次声明不认法、越条约,又屡次声明中国保全属国,以固边圉,不能漠视之意,该国或者畏威怀德,有所顾忌,而不敢遽发,亦在意中。惟臣处未接该外部确实复文,仍不敢谓据有把握。总理衙门王大臣原奏所称,争以空言,必须见诸实际,实属至当不易之论。臣当钦遵谕旨,坚持前议,总以不认法、越前订之约为根,以冀形格势禁,消弭衅端,仰慰宸廑。

总署有争以空言必须见诸实际之奏,而纪泽信之,殊不知总署未务实际也。纪泽有或者畏威怀德,有所顾忌,而不敢遽发之言,而总署信之,殊不知纪泽仍不敢谓据有把握也。"外夷处处争先,中国着着落后,筋懈脉弛,实所隐忧"(陈宝琛、张佩纶奏语)。越事之坏,盖在斯矣。

(三) 法军之进攻越都

光绪八年二月,法国以兵舰由西贡驶至海阳,将攻取东京,张树声以闻。谕滇督相机因应。三月,移曾国荃督两广。法人攻东京破之,树声令滇、粤防军以剿办土匪为名,借图进步,并令广东水师出洋,遥为声援。五月,滇督刘长佑遣道员沈寿榕带兵出境,与广西官军连络声势,保护越南。旋召刘长佑入觐,以岑毓英署总督。长佑奏:"法人破东京后,每日增兵,悬万金购刘永福,十万金取保胜。山西有失,则法人西入三江口,不独保胜无障蔽,而滇省自河底江以下皆须步步设防,非滇、粤并力以图,不足以救越国之残局;非水陆并进,不足以阻法人之贪谋。"廷谕长佑密为布置,长佑命藩司唐炯率旧部屯保胜。时越南驸马大学士黄佐炎督师山西,国王阮福时愤极决战,责令佐炎督永福出师,六调不至。法人忌永福,故越王始终思用之,而佐炎从中作梗。永福迭请于佐炎,以为非战不能议和,并谓兵连祸结,则请降罪以谢法人。奈书累上,而说不行。曾往谅山,谒广西提督防军统领黄桂兰，言方分兵赴北宁助守，保胜有所部严防，法人当不得逞，惟兵力不足，丐天朝援助。盖永福所部原只二千人，越南急则用之，缓则置之，永福亦不甚帖然受命。既而黄旗余党叶成林投降，兵数始较众。黄旗者，越南土匪黄崇英所部也。初与法人勾结，据山西太原一带，安邺败死，崇英为广西提督冯子材所灭。越南君臣昏愚萎靡，战守绝无经营，即议和亦毫无条理。政令酷虐，民不聊生，自锢利源，穷蹙已甚。每岁所入，不及百万，法人又从而愚之，餂以甘言，则欣欣窃喜，于中国转多疑忌之心。惟仗刘永福一军，遥峙声援，苟延旦夕。吏部主事唐景崧自请赴越南招抚刘永福，用彼爪牙为吾凭借，而后扩充以图事业之有成。中旨，发云南交岑毓英差遣。毓英奏：似此张扬，风声一播，法人执此以诘，将何辞以对乎？又谓永福本中国叛民，纳之则敌且寻仇，拒之则彼复生变，于边防制敌之策，似无所益。请饬回京。景崧奉命即行，先谒李鸿章于天津，又谒曾国荃于广东，甚韪其议，派总兵黄国安、州判唐镜沅、南海县举人周炳麟改服充商，同行渡海，抵越南都城顺化，与越南官员谈论战守议和情形。旋即绕道北宁，赴保胜，见永福为陈三策：言越为法逼，亡在旦夕，诚因保胜传檄而定诸省，请命中国，假以名号，事成则王，此上策也。次则提全师击河内，驱法人，中国必能助饷，此中策也。如坐守保胜，事败而投中国，恐不受，此下策也。永福曰："微力不足当上策，中策勉为之。"时法海军大佐李威利（Henri Riviere）率兵至河内，欲攻顺化，安南王大恐，急召永福御之。光绪九年四月十三日，永福以三千人逆战于河内纸桥，大败法兵，斩李威利及法兵二百余人。其右营管带杨著恩（智仁）亦斩亡。先是永福戒著恩，"战洋人不可急"。著恩曰："见洋人而能忍者，非人也，虽死，愿任先锋。"此足见虽枭雄之徒，亦激于民族之义愤而勇往直前矣。法人耻其败，议院添拨兵费，不限数目，倾国之力，欲图报复。乃命驻暹罗领事赫尔曼（Harmand）为东京理事官，陆军少将波欧（Bouet）急赴东京，指挥军事。一面派兵由河内攻山西，牵制黑旗军；一面由海防攻顺化，直逼越南首都。其攻山西之军，完全为永福所败，不得进，而顺化方面则节节胜利。七月，越京炮台为法兵轰克。安南王阮福时已薨，无子，堂弟嗣立，未及一月，为辅政阮说所废，改立阮福昇。向法人乞和。乃缔结《保护条约》,以越南为法之保护国,中国不得干涉越事。并逼越王令永福退军山西。云南巡抚唐炯亦屡促永福退兵,永福欲退保胜。黑旗军士皆扼腕痛愤。副将黄守忠言:公可退保胜,请以全军付末将守山西,有功公居之,罪归末将。永福乃不复言退。广西布政使徐延旭奉命出关,会黄桂兰、赵沃筹防,奏言:"越人仓卒议和,有谓因故君未葬,权顾目前者,有谓因废立之嫌,廷臣植党构祸者。叠接越臣黄佐炎等钞寄和约,越诚无以保社稷,中国又何以固藩篱?越臣辄以俟葬故君,即须翻案为词,请无撤兵。刘永福仍驻守山西,法人拟添兵往攻。越主阮福昇嗣位,具禀告哀,并恳准其遣使航海诣阙乞封。越国人心涣散,能否自立,尚未可知。"并将法、越和约及佐炎来禀,录送枢府。盖自是而越南已全归法人统制,不得不向中国乞援矣。

(四)清廷之举棋不定

先是,清廷令滇、粤备兵防边,旨在内固吾圉,外壮声势,非积极援越也。越人亦恐加速其祸,不敢求助中国。法人初见中国防军三面续出,极恇怯,及窥破中国情形,乃无复忌惮。光绪八年九月,法使宝海(Bourée)询总署,驻越官兵,是否奏派?或仍前进或撤回,请迅复。总署答以滇、粤奉旨进扎,会剿土匪,刻下未议前进,亦不能遽撤。宝海旋至津与李鸿章会商,提出拟议越南事宜三条:

一、倘中国将云南、广西兵现在屯扎之地退出,或回本境,或离界外若干里之遥驻扎,宝大臣即行照会总署,将法国毫无侵占土地之意,并将毫无贬削越南国王治权之谋,切实申明。

二、法国切愿设法自海口以达滇境,通一河路,惟使此路有裨商务,自应上达中国境地,以便设立行栈埠头等事。前时有在蒙自设立口岸之说,今悉蒙自荒僻,顽民聚居之处,不若蒙自下游保胜一口较为便易,且河深利于行船。傥令商船溯红江而上,以保胜为止界,则中国应视保胜如在中国境内无异,在彼立关收税,使洋货入关后,亦照中国已开各口洋货运入内地章程办理。中国亦应设法使云南土物运往保胜,畅行无阻。如驱除盗贼,撤去保胜境上已有关卡之类。

三、今为驱逐沿境滋事匪徒,令地面得以治理平静,中、法两国国家在云南、广西界外,与红江中间之地,应划定界限,北归中国巡查保护,南归法国巡查保护。中国与法国互约申明,永保此局,并互相立约,将越南之北圻现有全境,永远保全,以拒日后外来侵犯之事。

总署以为该使欲往合拢处办理,即函鸿章说妥,并令将驻越各军酌退若干里,以示和好。法政府亦同意设法会商,请中国勿疑,并电饬法兵退守河内。光绪九年正月,法执政人幡然变计,将宝海撤任回国,宝海谓为西贡法督所播弄。鸿章以红江春水方生,法兵或将乘机深入,请速函滇、粤,严申儆备。谕令两广、云贵督抚悉心经划,实力整顿,衅端不可自我而开,要必壮我声威,用资镇慑。适鸿章丁忧回籍,着夺情赴广东督办越南事宜。鸿章奏请赴上海暂住,统筹全局。法国特派公使脱利古(一称德理固,Arthur Tricou)与鸿章往复会商,极尽威胁欺诈之能事,而鸿章虚与委蛇,相机观变而已。但以各省海防兵单饷匮,水师又未练成,未可与欧洲强国轻言战争,力劝总署勿惑浮议,激成祸端,致误全局。盖其时所谓清流者,又叫嚣与法人开战矣。张之洞虽已出任山西巡抚,仍具陈成算、发兵、正名、审势、量力、取道、择使、选将、筹饷、议约、相机、刻期、广益、定局、兼筹、持久十六策,谓:今日事势不防不可,欲防不能,非庇属国无以为固圉之计,非扬兵威无以为议约之资,士卒必须闽粤之人,师行必须水陆并进。责两广以援,责云南以守。防援同此一兵,动静同此一饷,即使越之东京不复,而法之锋焰必衰;即使滇之商路终开,而我之守备已固。语云:守则不足,攻则有余。此事有进无退,有益无损。清廷信税务司赫德、金登干(J. D. Campbell)报告,谓在越法兵不致与中国决裂,若河内改为通商口岸,红江准各国船来往,并在云南择地通商,则骤风可散。故以和局可成,迟延不能决策。而法人即乘此缓兵之计,攻陷安南首都,由法钦使夏曼德(J. T. Harmand)与越大臣阮文祥、陈廷肃订和约十三条,承认法国保护越南,割平安一省与法。法于安南各城驻兵,红江由法兵防守,越南军解除武装,关税由法人管理。文祥、廷肃皆阿附法人者也。光绪九年八月,法使德理固又到天津与鸿章谈分界事,鸿章提议河内以南归法保护,河内以北归中国保护。德理固意由滇、粤原有边界约拓开十五里为新界,议终不协。德谓:中国名为保护越南,实在毫不保护,故越南不愿中国保护,而乐受法国保护。鸿章谓:“中国若不保护越南,试问十数年来李扬才、陆之平、黄崇英等扰乱北圻,谁为出兵平定之乎?”德云:“法国攻入顺化都城,中国何不出兵保护?”鸿章云:“法为中华和好之国,不便即议出兵助越。今以河内为界,亦因法兵已据河内,未肯退出,乃是格外通融办法。”德云:“兵在河内,则河内归法国,设法国再添兵前进攻得地方,彼时仍应分归法国,此事便难以唇舌商定,仍当以用兵为主。”观此可知法方惟以兵力造成事实,而中国只拟用唇舌止其侵略,法使谓越约已定,我无所求于中国,故亦不再提及。鸿章以为越约已成,岂中国所能代为改毁?自量兵力、饷力万万不能驱逐法人,亦只有坚守原防,如法兵犯我,不能不与开战矣。然仍以为开战以后,我胜则法必添兵再战,我败尚可退回本境,法必不遽深入,亦尚不至牵动大局。届时再徐议分界画守。此真不明事理之见,无怪时人对鸿章之责备尤严也。

(五) 清军之被迫作战

法既据有越南,视刘永福之黑旗军尚在北圻,与以威胁,乃决意驱除之。光绪九年九月(一八八四年十月)增派兵舰及海陆军数千人到越南,欲乘冬令水退,尽行扫清黑旗军及中国驻兵。德理固以告水师营务处马建忠,而鸿章谓其言不可尽凭,但亦虑有诡计,谨饬令滇、粤防军敌来则战而已。实则滇军唐炯部已拔退,旨令岑毓英出关督师。徐延旭转饬刘永福相机规复河内,并称其矢志效忠,奋勇可嘉,赏银十万两以助兵饷。唐景崧多方激励,亦甚得力,如能将河内攻拔,保全北圻门户,定当破格恩施,以奖劳勋。不可因该国议和,稍形退阻。是清廷之进军,仍以刘永福为主力,而永福兵单饷绌,赖保胜榷税以济。每兵月给铅钱二贯,值银二钱,米一方,重四十五斤。其名义在越为三宣(宣光)副提督,在中国为游击衔,士卒皆跳荡不羁之徒,永福驭之严,亦听其娶妻生子,榷关贸易,俾有所恋而不肯离,用能颠倒枭悍,牢笼无赖。永福长身削立,高颧尖颏,状类獐猿。唐炯奇其貌,一见赏万金。边人皆呼刘二,新闻纸讹称刘义,是年四十七岁。景崧来为辟划,岑毓英责以挑刘召衅,祸谁当之?赖徐延旭奏留军营效用。景崧请其接济黑旗军,唐炯恐敌借口索费,徘徊缩手,仅黄桂兰拨百人交景崧助之,械皆笨枪,弹药不着火。以故景崧劝永福倡举义旗,号召北圻七省,独立讨贼,永福谢不敏。景崧不时婉导之,永福意稍动,始有增募之举,拟募足进攻河内。十一月,法军破兴安省,拘巡抚布政按察至河内枪毙之,进攻山西。永福敛军入城,堞多兵少,罅漏特多。景崧与永福坐堞下,法军攻北门,永福力拒,稍却之。敌悬巨炮西门古刹,更番轰击,细弹雨落。满城妇稚惊哭,黄佐炎由南门入,忧惧无人色。已而城崩楼毁,军无立地,子弹又告竭。永福令黑旗军退守兴化城。滇军统领总兵丁槐来抚溃师。盖滇军尚有二营在兴化也。越王阮福昇暴卒,或云畏法逼自裁,或云奸党进毒,阮说立其子为前王阮福时第三继子。徐延旭奏报山西失守,北宁断无他虞,廷旨责其夸张。李鸿章奏:"越南山西之战,滇军与刘永福所部凭城固守,杀伤相当,卒致退舍,非鏖战之不力,实器械之未精。近年北洋所购新式枪,皆精坚适用,淮练各军,皆改习洋操,而滇、粤、闽、浙防军,器械缺乏,操法尚未讲求,臣已分购德、美新式枪炮,咨商滇、粤、闽、浙各督抚,先令分拨之数,照原价领拨。各省诚能严督练习,庶折冲制胜,稍有把握。"此所谓临阵磨枪,容有济乎?唐景崧在保胜,上枢府书言曰:"滇、桂两军偶通文报,为日甚迟,声势实不易联络。越南半载之内,三易嗣君,臣庶皇皇,类于无主。欲培其根本以靖乱源,莫如遣师直入顺化,扶翼其君,俾政令得所,以定人心而清匪党,则敌焰自必稍戢,军事庶易措手。若不为藩服计,则北圻沿边各省,我不妨直取,以免坐失外人。否则首鼠两端,未有不归于败者也。"清廷不之省,仍持两端。刘永福谒岑毓英于家喻关,毓英极优礼之,编其军为十二营。法军将攻北宁,毓英遣景崧率永福全军赴援。桂军黄桂兰、赵沃方守北宁,左右互相谗慝,徐延旭老病督师,其下多所欺蔽,与赵沃有旧,偏信之。赵沃庸懦畏事,桂兰为所制,山西之围,坐视不救,永福憾之深,景崧力解之,乃赴援。景崧劝桂兰离城择隘而守,桂兰不从。光绪十年二月,法兵攻扶良,总兵陈得贵(唐景崧《请缨日记》作得朝,督带桂军三营在山西)乞援,北宁援师至,扶良已溃,法兵进逼北宁。赵沃将党敏宣先遁,桂兰、沃败奔太原。刘永福亦坐视不救。得贵为前广西提督冯子材旧部,骁勇善战,子材曾劾延旭,延旭怨之,并及得贵。及北宁陷,乃奏戮得贵,敏宣亦正法。敏宣作奸欺肆,以蔽延旭,延旭方寸乱,调度失宜,有旨革职留任。三月命湖南巡抚潘鼎新督办广西关外军务,接统徐延旭军,黄桂兰畏罪仰药死。时枢臣屡被劾,慈禧太后以奕䜣因循贻误,将军机五大臣尽罢黜,代以礼亲王世铎等,军机处办理要政,命会同醇亲王奕𫍽商办,盖隐若首辅,以天子父不令入直也。奕𫍽素与奕䜣不合,奕䜣主持外务二十余年,遇事持重,不轻开衅;奕𫍽则排外心强,稍嫌鲁莽,但以李鸿章握兵柄实权,其意见与奕䜣同,故奕𫍽亦不能任所欲为。其时曾纪泽在法,屡向法廷抗议,并声明:"越南服属中国,已二百余年,册封贡献,克尽以小事大之礼,普天下皆知。同治年间,越南北境一带,盗贼潜滋,我中国特命出师,为之驱除盗贼,所用兵饷,不下数百万,原为保护属国起见,亦普天下所共知。"法政府答以法国之保护越南,并非今日起,自一八七四年已然,现惟重坚旧约而已。纪泽以法人态度倔强,为斡旋和平起见,特别让步,提议东京秩序归中国恢复,法国应撤退东京之兵。至红江通航事件,中国政府必竭力以副法国之望。法政府不认中国对越事有发言权,直接拒绝。外交已无回旋之余地,纪泽电告清廷,力主一战。并致书李鸿章云:

某居西洋五年,经营此事亦逾三载,明窥暗察,以为必须御之以刚者,厥有数端:法人之性,欺软怕硬,虽夸大而喜功,实躁急而畏难,轻于发端,怠于持久。吾华备战愈显,则了事愈易,备战过迟,法人既已获利,则吐出较难,一也。法人之夙志,非徒并越,而特以越为根基耳。粤边之煤矿,滇中之金矿,无不垂涎,此间人之著作,多可为证。然则吾轻让属国,即是自撤藩篱,二也。寿昌江经海防入海,海口有岛名倍达陇,为东方船埠,法人欲建为水师总埠,吾华后患,何可胜言?三也。英人垂涎于西藏,俄人垂涎于高丽,皆视我因应越事以为进止。琉球无甚关系,不争可也,东京乃卧榻之侧,亦不闻问,岂不召各国弱小者之姗笑,强梁者之觊觎乎?四也。我之惧法,不在陆而在水,不在滇、粤一带,而在沿海各口,然英、德、俄、英已订私约,倘华、法开仗,四国虽旁观不助,然而许法人封禁通商海口,亦不许轻扰各埠。如此则法人逞志甚难,知难则易退,我示以不让,正所以速其退也,五也。法之本国,朋党相竞,政出多门,非各党同心,断难成大功于数万里之外,而各党冰炭参商,绝少齐心之日,六也。法人于西洋无一友邦,内顾多忧,则远谋易馁,七也。我若谨慎太过,则人视我之国,不如马达加斯小邦,视我官兵,不如刘永福奔窜之孑遗也。此辱何可暂忍?八也。

纪泽于当时情势,分析极为正确,主张强硬交涉,以速其退,盖备战愈显,了事愈易耳。惜鸿章、奕䜣始终不愿打仗,正坐谨慎太过之故。刘永福以数千逃逋之卒,尚能屡挫法兵,倘清廷早发劲旅,进保越南,抑何至步步为人所逼,不敢言战而终亦不得不战耶?

(六) 中法媾和草约之订立

光绪十年三月,清廷方以越南战端已开,颇有振作更张之意,谕责徐延旭株守谅山,北宁溃退,着革职拿问。唐炯未奉谕旨,率行回省,不顾边事,以致山西失守,一并革职拿问。以潘鼎新、张凯嵩代为广西、云南巡抚。盖唐炯已以布政使升任巡抚矣。命王德榜署广西提督,德榜辞不就,遂以唐仁廉署。先特起彭玉麟督师广东,防粤边。玉麟陈联络暹罗及华侨,夹击西贡之策,清廷以言易行难,未许。粤督张树声自请出关,命带兵轮赴富春,树声以广东无巨舰可出大洋,乃不果行。是清廷虽欲应战,而惟赖滇、桂军以守边而已,何尝有战意乎?滇、桂军皆未经新法训练,兵器又不精,其败宜也。延旭在谅山,谓唐景崧曰:“吾误信黄、赵,致事败至此,悔不早用君。”有把总石中玉谒延旭,痛数北宁将领之误。延旭曰:“汝胡不早言?”中玉曰:“吾数请谒,而左右拒我,何言耶?”中玉寓延旭行馆侧,詈延旭左右弄权蒙蔽,达旦不休,延旭从容呼曰:“石中玉怒何太盛耶?休矣,吾知之矣。”岑毓英本不主战,及出师,乃节节后退,奏称:“粮尽势孤,退守边境。”两省大帅如此,何以言战?鸿章为全国军事枢纽,既不愿提一旅之师,航海南征,又虑先胜后败,覆辙相寻,后患将不可思议。适前津海关税务司德璀琳(Gustav Detring)赍法国海军舰长福禄诺(F. E.

Fournier)之密函至,愿从中讲解。福禄诺曾驻防天津,与鸿章时相过从,谈艺甚洽,且为订水师章程。此次北圻战役,即由福禄诺在彼筹划军事也。福禄诺函内侈谈军情,及治病用药之方。鸿章函告总署,以为将来亦只能办到如此地步。若此时与议,似兵费可免,边界可商,若待彼深入,或更用兵船攻夺沿海地方,恐并此亦办不到。与其兵连祸结,日久不解,待至中国饷源匮绝,兵心民心摇动,或更生他变,似不若随机因应,早图收束之有裨全局矣。奉旨:事属可行,许其讲解,钦此。四月,福禄诺到津,与鸿章会谈多次,往复辨折,于十七日订中法《简明条约》(亦称"李福协定"):

兹际人心摇惑,诸事纷纭,故彼此议立以下简明条款,呈请两国准定,冀可消释中、法将开之衅端。他日两国使臣,仿照约内各节,从容会商详细条款,俾两国永敦友谊,共享利益。

第一款:中国南界毗连北圻,法国约明无论遇何机会并或有他人侵犯情事,均应保全助护。

第二款:中国南界既经法国与以实在凭据,不虞有侵占绕越之事,中国约明将所驻北圻各防营即行调回边界。并于法、越所有已定与未定各条约,均概不置问。

第三款:法国既感中国和商之意,并敬李大臣力顾大局之诚,情愿不向中国索赔偿费。中国亦宜许以毗连越南北圻之边界,所有法、越与内地货物听凭运销,并约明日后遣其使臣议定详细商约税则,务须格外和衷,期于法国商务极为有益。

第四款:法国约明现与越南议改条约之内,决不插入伤碍中国体面字样,并将以前与越南各条约尽行销废。

第五款:此约既经彼此签押,两国即派全权大臣限三月后悉照以上所定各节会议详细条款。

鸿章解释议约经过,谓该国上下处心积虑,本欲讹索兵费六百万镑,即各国新报私议,皆为是言。臣预属德璀琳、马建忠等多方开导,后当面严词厉色力与驳斥,今约载明情愿不向中国索偿,尚属恭顺得体,足以风示各国。法国约明现与越南议改条约,决不插入伤碍中国威望体面字样,并将以前与越南所立各约关涉东京者尽行销废。盖因臣指明法、越甲戌约内不论何国皆无统属,去年新约有大清国不得预及南国之政等语,显与中国属藩体制有碍,必须删改。据福禄诺面称:已电告外部,令现住越南改约之巴德诺(Patenôtre)照议删除。彼虽不明认为我属邦,但无此等违悖语意,越王岂敢借词背畔耶?自信此约得以定艰危于俄顷,使数年来法、越轇轕不定之议得一结束之方,从此保境息民,练兵简器,徐图自强,非初料所能及。朝旨报可,予鸿章全权画押。福禄诺临行,言派队巡察越境,及驱逐刘团(黑旗军越人称刘团)。鸿章疑为游谈不实,未即上闻。其时士论皆主战,弹劾鸿章者达四十七起,指为通夷,致比诸秦桧、贾似道,清廷亦屡切责之,然舍鸿章外,更无练习外事者,洋务一倚鸿章,前后三十余年,鸿章亦益自负。此约明认越南归法保护,尚饰言不伤中国体面,越南不敢借词背畔,当时外交,皆以推宕粉饰,致丧主权,而鸿章固自谓甚当也。清廷续命鸿章为全权大臣便宜行事,锡珍、廖寿恒、陈宝琛、吴大澄会同妥筹法约,以便与法国所派之公使巴德诺(Patenôtre)详议条款。然法国议会以第四款尚有默认中国保留宗主权之意味,不肯批准。旋因谅山撤兵之冲突,而两国之战争,遂终不可避矣。

(七)法军之滋扰闽台

光绪十年五月,广西巡抚潘鼎新电告李鸿章,法兵分路图犯谷松、屯梅二处,桂军恐不可恃。有旨斥责,并谕以断不能退守示弱,如彼族竟来扑犯,惟有与之接仗。闰五月初一日,法军巡视谅山,抵观音桥,强迫中国军队撤退。我军以未奉命令,止令勿入。法将语无状,三日必要谅山,乃互击,各有伤亡。初三日,法军大队来攻,方友升、王德榜、方长华等御之,法兵死伤甚多。退屯牙,离观音桥三十里。法驻北京代办公使谢满禄(de Semallé)照会总署,谓法兵按定应退之期,收取谅山,竟被四千华兵攻打,法国欲保留应得赔补之权。总署复以中国调回防营,未议有应退日期,应俟三月后详细条款议定,彼此均可撤兵。贵国官兵声言巡边,突至粤军原驻之地,窥探营盘,先放枪炮,是以各军抵御。似此情形,贵国应任攻打之责,认赔偿之费也。谢使又照会谓条约以法文为据,因译错关系匪轻。查第二款云:“中国南界,法国为之比邻,给与实在凭据,勿虞有侵占滋扰等事。中国约明将东京戍兵,即时退回华界。并允无论将来现在法、越已立将立之各约,均应遵照。”总署函询李鸿章,鸿章复称:福禄诺临行时,忽以限期退兵之语相要挟,当即正言驳斥。并飞书岑毓英、潘鼎新酌量进止。条约法文与汉文再三校对,并无乖讹,法人借词要索,诚属无理取闹。旋驻法公使李凤苞(曾纪泽已赴伦敦)电告法外长茹费理(Jules Ferry)已令法使巴德诺请中国速照第二款宣布撤兵之旨,并赔偿兵费二万五千万佛郎。鸿章告以中国现已撤兵,赔款显背津约,万难允此无名之费。清廷以巴德诺逗留上海,不肯来津,六月,乃改派两江总督曾国荃为全权大臣,陈宝琛会办,邵友濂、刘麟祥随同办理。谕言:“兵费恤款,万不能允,越南须照旧封贡,刘永福一军如彼提及,须由我措置,分界应于关外空地,作为瓯脱,云南通商,应在保胜,税不得逾值百抽五。现在福州、马尾有警,如已开仗,曾国荃等无庸赴沪。”所谓福州、马尾有警者,盖法海军提督孤拔(Courbe)已率军舰十三艘来闽欲毁船厂也。当时清廷以好谈兵事之清流党张佩纶会办福建海疆事宜,陈宝琛会办南洋事宜,调山西巡抚张之洞总督两广,欲试其才。宝琛与国荃论事不合,国荃恒轻之,宝琛亦力诋国荃。国荃因得李鸿章电谓内意似欲外间任谤,公当相机为之先,无论曲直,求恩赏数十万以恤伤亡将士,似尚无伤国体。故与巴德诺会议时,巴提三款:一、革刘团职,拒不与联;二、索赔二百五十兆(即二万五千万佛郎);三、交银地方期限。口称速了可减五十兆。国荃许以五十万两,请益拒之。巴云:电报法廷直笑柄。清廷以其轻自出口允许,实属不知大体,陈宝琛向来遇事敢言,乃亦随声附和,殊负委任,并传旨申斥。美使愿为调处,谕国荃等候之。六月十三日,巴德诺照会国荃,实有和好商议之心,即于本日行知将一切不洽之处调处妥善。日后我大法国任凭举动无所限阻矣。国荃未敢擅复,遣上海道邵友濂往说,冀稍延宕。十五日,法舰五艘,炮攻基隆炮台,我兵不能守。刘铭传以兵单器缺,电鸿章调派轮船驱逐出境。十六日法兵四百余人,登岸攻基隆营盘,提督曹志忠、章高元带队旁抄,生擒法兵一名,死伤百余,乘势破山顶炮台,得炮四尊。十九日巴德诺照会国荃,谓已夺基隆炮台,福州暂不取,偿款减至八十兆佛郎,分十年交。系总税务司赫德衔总署命赴沪从中说合,不能再少。同时北京法署使谢满禄亦致哀的美敦书于总署,限二日答复,如不允,即下旗离京。清廷以法人肆行狂横,恣意要求,将其无理各节照会各国,势不得不以兵戎相见,着沿海、沿江统兵大臣,极力筹防,严行戒备。七月初三日,法舰派教士递战书于闽督何璟,言本日开战。何秘不以宣。闽绅林寿图知其事,请电知造船厂使前敌备战,何谓前敌应已知之,迁延始发。张佩纶驻船厂,主持防务,译何电未及半,而法舰已开炮轰击我军。时我军仅有扬武、济安、飞云、福星、振威、福胜、建胜七艘,炮船两艘,在港抛锚,与之相拒。先是船政总监工魏瀚闻各国领事商人均已避登该国观战兵船,入见船政大臣何如璋,言今日必有战事。如璋云:"昨得李相(鸿章)电,尚言和议大有进步,所云必系谣传。"魏瀚又告张佩纶,张令其往各国兵船探查,乃甫及中江,而炮声发矣。值潮退,我军船首缀于潮力,尽向上流,敌舰乘势攻我,我船自后受击,无炮抵敌,迨弃锚转战,而船已伤,故不逾时相继沉毁。是役除伏波、艺新两舰驶至林浦自沉以塞晋省航路外,余则人船俱烬。计阵亡将弁兵役七百六十人。张佩纶、何如璋甫闻炮声即遁。佩纶往来彭田、马尾之间,十五日始回船厂。何如璋借押运银两为词,竟行逃避赴省。均着从重发往军台效力赎罪。何璟及巡抚张兆栋革职,轮船营务处游击张成定斩监候,秋后处决。特起左宗棠督办福建军务,调杨昌濬为闽浙总督。清廷不得已,乃下诏宣布法人罪状,表示开战云:

越南为我封贡之国,二百余年,载在典册,中外咸知。法人狡焉思逞,先据南圻各省,旋又进据河内,戮其人民,利其土地,夺其赋税。越南暗懦苟安,私与立约,并未奏闻,挽回无及,越亦有罪也。是以始与包涵,不加诘问。光绪八年冬间,法使宝海在天津,与李鸿章议约三条,当饬总理各国事务衙门会商妥办,法人又撤使翻覆。我存宽大,彼益骄贪,越之山西、北宁等省,为我军驻扎之地,清查越匪,保护藩属,与法国绝不相涉。本年二月间法兵竟来扑犯,当经降旨宣示,正拟派员进取,力为镇抚,忽据该国总兵福禄诺先向中国议和。其时该国因埃及之事,岌岌可危,中国明知其势处逼迫,本可峻词拒绝,而仍示以大度,许其行成。特命李鸿章与议简明条约五款,互相画押,谅山、保胜等军,应照议于定约三月后调回,迭经谕饬各防军扼扎原处,不准轻动开衅,带兵各官,奉令惟谨。乃该国不遵定约,忽于闰五月初一日初二等日,以巡边为名,在谅山地方,直扑防营,先行开炮轰击,我军始与接仗,互有杀伤。法人违背条约,无端开衅,伤我官兵,本应以干戈从事,因念订约通好二十余年,亦不必因此尽弃前盟,仍准总理各国事务衙门与在京法使,往返照会,情喻理晓,至再至三。闰五月二十四日,复明降谕旨,照约撤兵,昭示大信,所以保全和局者,实属仁至义尽。如果法人稍知礼义,自当幡然改图,乃竟始终怙过,饰词抵赖,横索无名兵费,恣意要挟。辄于六月十五日占据台北、基隆山炮台,经刘铭传迎剿获胜。本月初三日,何璟等甫接法领事照会开战,而法兵已自马尾先期攻击,伤坏兵商各船,轰坏船厂。虽经官军焚毁法船二只,击坏鱼雷艇一只,并阵毙法国兵官,尚未大加惩创。该国专行诡计,反复无常,先启兵端,若再曲予含容,何以伸公论而顺人心?用特揭其无理情节,布告天下。

(八) 台、澎、越北之战局

当时战争仅在两方面进行,一为台湾,一为谅山。其攻台湾者,仍为孤拔之海军。于七月间炮毁福建造船厂后,即以数舰游弋东海,封锁长江以南各港口,截断中国南北海运之交通。八月十二日,孤拔以军舰十一艘攻台湾之基隆。十三日,以兵五百(铭传奏报千人,兹据《台湾通史》)由仙洞上岸,提督曹志忠拒之,淮军章高元援战,法军败走,迷失道,困至日中,又杀其百余人。舰队轰击炮台,铭传屹立督战,众请退,不听,故士卒皆奋斗。已而谍报法舰五艘犯沪尾(淡水),铭传以沪尾为基隆后路,离台北三十里,仅恃一线之口,借商船以通声问,军装尽在府城,如沪尾有失,则前军不战而溃,府城必危,因弃基拔队回援。时台兵仅四千人,能战者不足三千,铭传留曹志忠军数百人及团练林朝栋部驻狮球岭。法舰三攻沪尾,皆受创去。法军既据基隆,谋取台北,以陆军二千进,辄为防军所拒,相持匝月。(李鸿章电称:十七日夜,法兵登岸二千余,我五路兜剿,毙法兵五百余,落水死者无算,得枪三千杆,大炮八尊,我兵伤二百。)九月十九日,又攻沪尾,炮台击之,翌日,复潜渡陆军上岸,肉薄进攻。提督孙开华邀击之,土勇三百截其后,法军大败争舟,阵斩五十,俘三十,于是不敢窥台北。孤拔布告封港,禁出入,分驻兵船巡缉,商船多被击,文报不通,密以渔舟往来。铭传叠电鸿章乞援,仅以江阴铭军六百四十人,直隶铭、盛两军拣选八百七十人,雇英船威利号载往台东之卑南登岸。时兵备道刘璈防守台南,法人不敢登岸交兵,光绪十一年正月,乃以兵舰攻澎湖,据之。基隆法军又分路进攻,我军与土勇血战三昼夜,因枪炮不利,伤亡过多,由狮球岭退守六堵。月眉山、深澳、暖暖一带俱失。铭传电鸿章云:敌势甚大,惟拼命死守,保一日是一日。现在洋火药已缺,食盐无来,百姓扰乱,饷路亦阻,台局不堪设想,可为痛哭。鸿章以北洋仅有快碰船二只,南洋亦仅有三只,断不足当铁舰之巨炮,派援恐仍无济,求枢廷另设他法,解此危困。左宗棠先请调南、北洋兵轮各五艘,会于上海,命杨岳斌统之入闽。清廷严责两江总督曾国荃漠视台湾情形万紧,饬即迅派兵轮,于是以吴安康所统之开济、南琛、南瑞、驭远、澄庆前往。北洋派德人式百龄带超勇、扬威两船赴沪,会同援台。旋以朝鲜有事,又调赴朝鲜。仅南洋五舰相机东渡。在浙江洋面突遇法舰九艘,时值大雾迷漫,吴安康以众寡不敌,令各船驶入镇海,澄庆、驭远行缓入石浦,法舰追踪窥镇海,提督欧阳利见扼北岸炮台,会吴安康三船拒之,击沉其一舰,法舰遂遁。驭远、澄庆为法舰所逼,驶入三门湾,法船封围港口,轰击之,二船沉焉。惟孤拔踞澎湖,欲久占为军港,并请北上攻占旅顺口,法政府不许。孤拔愤无后援,且染疫,遂病死。以副提督李士卑斯接统海军,法人气馁,对于台湾之攻击亦缓。此台湾战守之大况也。谅山方面,自法军接收败退,两方各报一词,法责我违约,要求赔偿,我亦责法先开衅,要求撤兵。和议久不就,清廷谕曾国荃即回江宁办防,惟有一意主战。又谕岑毓英令刘永福先行进兵,迅图规复北圻,滇、粤关内各军,陆续进发。潘鼎新以越南瘴重,方暑艰于进攻,请俟秋后出师。诏言刘永福一军久居越南,能耐瘴,令先进。永福意不欲行,令毓英促之,毓英自请赴前敌,永福令部将黄守忠、吴凤典进规宣光。法军攻提督苏元春关外军,元春孤军奋斗,法不得逞。王德榜在龙州久无功,朝旨切责。提督方友升与总兵周寿昌与法军战于郎甲,教民导法军袭人,友升等大败。光绪十年八月,法军攻陆岸县,元春与总兵陈嘉等败之。内阁学士周德润奏官军进取越南,宜以正兵牵制河内之师,别用奇兵由车里趋老挝,直走哀平,以暗袭顺化,募用土人,必能得力。有旨交滇督详察筹议。盖清廷对滇、粤两方军事之指挥,桂军主守,而滇军主攻也。时唐景崧、刘永福、丁槐军攻宣光,力战大捷,优诏奖之。十一月,法军攻丰谷,王德榜军大败,苏元春不往援。既而法军攻谷松,德榜怨苏军不救,亦不往援,苏军败退威埔,谅山戒严。命冯子材帮办广西军务。十二月法军攻谅山,潘鼎新退驻南关,龙州大震。刘永福等攻宣光,月余不能拔,谅山失守,毓英虑其军断后援,令勿拼孤注。景崧不可。法军进至文渊,冯子材与战,互有杀伤。法兵攻镇南关,提督杨玉科、刘恩河战殁,鼎新伤肘坠马,仓皇失措,退驻海村,诏夺职。元春退驻幕府。王德榜自负湘中宿将,与督师不洽,屡催援不至,鼎新劾之落职,所部归苏元春统辖。鼎新意气自用,与诸将不和,而独袒苏军。故苏军虽败,而朝议不及。又私谓终归和局,以节饷为主,不得士心。彭玉麟请调冯子材军防粤,旨令鼎新议,鼎新素不协于子材,乃命子材行。子材以关外防紧,不肯退。玉麟乃令专顾桂防。鼎新被褫,以李秉衡护理广西巡抚,苏元春督办广西军务。子材自以老将,久为督办,元春新进,乃踞己上,恒悒悒。法军毁镇南关,逃兵难民,蔽江而下,广西全省大震。子材至,乃力为安辑,子材久驻粤西,素有威惠,桂、越民怀之,人心始定。乃筑长墙扼守,命总兵王孝祺屯其后,为犄角。法兵扬言某日犯关,子材逆料其必先期至,乃决心先发制敌。鼎新止之,子材力争,乃率王孝祺军夜犯敌垒,杀伤甚多。法起谅山之众,倾巢扑镇南关,子材誓于众曰:“法再入关,吾有何面目见粤人？必死拒之!”士气皆奋。法兵攻长墙急,炮极猛烈,子材使诸将屹立,遇退后者皆刃之。自开壁,率二子相荣、相华短衣草履,帕首持矛,直扑敌军。诸军以子材年七十,奋身陷敌,皆感奋殊死战,王孝祺、陈嘉率部将潘赢、张春发等随其后,王德榜军侧至,夹击之,毙法兵极众。鏖战两日,法军大败,溃遁。子材率兵攻文渊,法军弃城走。诸军三路攻谅山,孝祺、德榜战尤力,连战皆克,遂破郎甲,王孝祺进军贵门关,苏元春进军观音桥,尽复昔年所驻谅山边界。越民立忠义五大团二万余人,皆建冯军旗帜,关外肃清。自海通以来,中国与外人战,惟是役称大捷。毙法兵官数十,其元戎尼格理(de Négrier)受重伤,退驻于滁。败报至巴黎,全国震骇。时光绪十一年二月十三日,即西历一八八五年三月三十日也。不数日,中、法两国秘密进行已达五个月之和议,遂在巴黎签订草约,而两国十年来因越南所引起忽战忽和之争持,终告解决矣。此皆冯子材之功也。子材从向荣、张国梁军于江南,久著战功,国梁殁,子材统其余众,治军四十余年,严明爱士卒,自广西提督辞职,老于家。张树声、张之洞礼起之,率粤军防边,建此殊勋。方分兵袭北宁,而罢战诏下。子材愤请战,不报。乃挈军还,去之日,越人啼泣遮道,子材亦挥涕不能已。入关至龙州,军民拜迎者三十里。光绪二十八年病免,明年卒,年八十六,谥勇毅。王孝祺本淮军,随张树声来粤,潘鼎新调赴龙州。鼎新败走,乃从子材,倡议诸军,以子材为前敌主帅,无论湘军、淮军,并受节制。此亦胜利之一大原因也。

(九) 秘密议和之告成

法国对于越南之侵略,虽由来已久,而其对于中国之作战,则尚不敢掉以轻心。无如清廷始终游移寡断,不战不和,亦和亦战,使法人窥破虚实,步步进逼。此皆李鸿章与奕䜣二人过分持重之咎。盖鸿章深知中国无对外作战之能力,滇、粤军尚未尽采新法,军械尤不精,未必可用;淮军虽早练洋枪,但以朝鲜问题日趋严重,不敢轻调安南。海军方在萌芽,自造之军舰,皆微弱不足道,一旦作战,必遭根本破毁,多年辛苦经营之成果,未免可惜。自始即抱宁弃勿争之政策。奕䜣因英法联军之痛苦经验,谈虎色变,深恐法军北扰津沽,欲求一和而不可得。只要体面无伤,亦主息事宁人。殊不知中国之弱点,固然可虑,而法国之弱点,尤为显然。因埃及问题与英冲突,德为世仇,美持公道,俄方与中国有伊犁之约,亦不愿更蹈危机。而内部则党派纷争,内阁屡易,政策难于贯彻,劳师袭远,非当时之兵力财力所能逮。故对越南事愿与中国妥协,但能得保护权为已足,他非所计也。越北法军之前进,原属试探性质,舰队东来之滋扰,不过威胁作用,始终“不宣而战”,随时皆留和议余地。设非如此,则以福禄诺之地位,何敢与李鸿章私函订约?巴德诺、孤拔皆主积极侵略,请以舰队北扰渤海,而政府不许。凡此均可见法国之无战意矣。曾纪泽熟稔国际及法国情势,主张强硬交涉,以速其退,谓备战愈显,了事愈易,实为至当之论。设李鸿章能悟此意,早作备战姿态,不肯示弱,则法国侵略派之威势,早可屈挠,而解决并非难事。奈鸿章心怀畏怯,法军舰停泊福州月余,已攻基隆,我海军尚不敢采敌对行动,甚至亦未取监视态度,听其攻毁。及下诏宣布法人罪状,犹不肯明白宣战。法国领事林椿(Ristelhueber)在天津,公使巴德诺在上海,照常活动。我国公使李凤苞虽离巴黎驻柏林,与驻德法使库色尔(Alphonse de Courcel)有所接触。曾纪泽在伦敦,英外相葛林维理(Granville)居间,亦与驻英法使瓦定敦(Waddington)有商洽。甚至法人在上海、巴黎欲任调解者尚有多起。如林梅(Victor Gabriel)与上海道,法国户部司官利哥丹与驻英使馆洋员马格里,法人日意格及驻德公使许景澄等。美国国务卿福瑞玲哈森(Frelinhuysen)及驻华美使杨越翰(J. R. Young)尤为热心,曾三次调停,并愿仲裁。此种错综复杂之交涉,虽未能成功,而最后达到目的者,仍系非正式之中国税务司,岂不异哉?此又可见中国方面亦无战意矣。且皇皇言战,遣将而不调兵,征兵而不筹饷,云南一帅(岑毓英),广西一帅(潘鼎新),广东又一帅(彭玉麟),福建直二帅(左宗棠、刘铭传),如杨岳斌至,几乎三帅,将帅皆不和,如何能战?微冯子材久驻广西,誓拼老命,则战局实不堪设想。李鸿章始终不肯与法人断绝往来者,盖由于此。恭王既罢,战端已开,清廷受主战派之影响,醇王执政,素持攘外之策,颇信前敌将领之虚报,不骛实际,以筹划克敌制胜之方(如调整战区,增调劲旅,统一指挥,厘订战略,筹备饷糈,加强交通等),惟大言军事具有把握。如曾纪泽问:“法不索费,津约可否照允?”军机处拟复云:

援台入越,已有胜算,廷议惟重此二者。台虽似危,彼果占据,尽有毙之之策。论理不当和,论势不必和。况津约作废,曾与美使明言,岂能计及转圜?刻下彼既密探,自系悔祸,曾纪泽为彼所恶,即为彼所惮。若法人允曾纪泽办理此事,先由彼照会曾纪泽议和。议论之际,约外不添一事。福酋之荒谬,彼果数其罪而斥之,不妨姑允议和,此外则有战而已。至我已进之兵,断不能先撤;彼来犯之兵,亦不准更战,方可开议。此事须于二十一日(光绪十年九月)以前复到。曾纪泽不必前赴巴黎,迹近俯就。

光绪十年九月二十四日总署又电曾纪泽云:

现豫拟与法议约八条:一、津约仍准商议,惟界务、商务尚须酌改。一、云、粤边外,将来勘定南界,由谅山至保胜一带画一直线,为中、法保护通商界限。一、设关通商事宜,将来派员详细定议。一、法国只可在越南通商,不应有保护之名,如后越南贡献中国,及该国一切政令,法国不得阻止干预。一、法国应派公正大臣与中国驻英曾大臣或文移详议,或同来中国商办。一、中法文字不同,此次立约,中国应以中国文字为主,法国应详慎翻译,不令书押。一、中国入越之兵,暂不扎进;法军退出基隆,泊船待议。至台湾封口之说,应由法国自行撤去。倘以占据基隆为要挟计,和议即难开办。一、两国构兵,中国既费巨款,复添保护法人之费,马江之战,至损华船多只,理应计数索偿。今已弃嫌怨修好,中国亦可免索此项巨款。倘法国有不允之条,应先赔中国以上各费,再明定和战之局。

纪泽以提案内容示英外长,外长乃大愕。英相云:"华方拟案,似战胜国要求战败国之口吻,殊非始料所及。"不允转达,谓为法国所必不能接受者。十月初五日(十一月二十二日),总署又电纪泽,惟重界、贡二事。纪泽乃另拟八条:一、华允越交外邦。二、越约无碍于华者可允。三、越照旧贡华。四、谅山至保胜依线画可分之界。五、华允派员商商务。六、华、法、越停战。七、约画押后若干日在北京交换。先撤封口法船。

八、西历本年元旦前中、法约仍照行。英外相云："不去保护名，则法功不致尽弃，此稿可送。"乃以示瓦定敦，瓦大怒云："有修界事，即无和理。"英人私告纪泽曰："瓦怒未足凭，中国可坚执不遽添让。"英政府之调解，态度与美国不同，美国系主持公道，而英国则偏袒法国，欲以释英、法之嫌。故对纪泽颇肆危言恫喝，而纪泽不为所动。法总理茹费理以当时越北战事顺利，桂军挫败，乘胜西援宣光，故作豪语曰："我等以为波里也将军（在安南指挥军事者），乃唯一对华讲约之人。"各国调停之努力，至十一月间均告绝望矣。两国似惟有诉诸武力耳。何以前此均无战意，而忽一变如斯乎？其实皆系剑拔弩张之姿态而已。两国均暗中自动退让，条件愈提愈简，会总税务司赫德派英人金登干（James Duncan Campbell）至巴黎，要求放还法舰所扣海关汽船事，与茹费理直接商谈，以赫德为中介人，往返折冲，经一月余之商洽，大致已告妥协。由赫德拟草约四条：一、中国许批准一八八四年五月《天津条约》，法国于该约外不作任何要求。二、两国同意各处一律停战，俟两方停战令下，军队接到此令时，法国即开台湾之封锁。三、法国同意派使臣前赴天津、北京详议专约，两国定撤退军队之日期。四、中国命金登干为特任议约专使，以全权与法国代表签订此草约，作为中法间初步之协约。赫德并详细解释中、法谅山冲突后，中国态度演变之经过，表示中国政府极有言和之诚意，以祛茹费理之疑忌。清廷既任赫德任交涉全责，赫德之代表则为金登干。于是茹费理亦派外交部政治司长毕乐（Billot）为代表，正式订立草约。惟赫德因恐受外间舆论之阻挠，要求双方保密，故除法阁与我总署及赫金毕等人外，无一知者。金登干于光绪十一年正月十五日至二月初六日，逐日会晤，就赫德前提四条，研究实行之方法与步骤，大致业已就绪。清廷乃派李鸿章为全权大臣，与法议详细条约，并以刑部尚书锡珍、鸿胪寺卿邓承修会办。二月初九日，法国又于草约外，提一附带说明书，草约仅改别无他求为别无他意。其时法兵已抵镇南关，唐景崧、刘永福攻宣光之军，亦以法援大至而败退牧马，法国军威正盛，犹愿订此和约，则知其了事之心，实较中国为迫切，历年侥幸胜利，急拟保持成果也。中国得免赔款抵押，自当欣然接受，并将停战及撤兵日期商妥，宣光以东之军队，二月二十五日（四月十日）停战，三月初六日（四月二十日）起撤退，十六日撤退完毕。宣光以西之军自三月初六日起停战，十六日开始撤退，四月十七日（五月三十日）撤退完毕。专约一经签字，奉旨允准，法国即将搜查海面兵船全数撤退，中国亦开海口，许法商船出入。一切皆议就，只待签字，而谅山大捷之消息至矣。第二日，茹内阁即被推倒，但仍维持至二十一日为止。茹恐中国态度有变，急欲完成其对华之和议，乃毅然负责，召集已免职之阁员会议，一致通过，将草约立即签订，毋需迟延。二月十九日（四月四日）金登干、毕乐代表中法两国签字。和议乃成。因签约迟延数日，故停战及撤兵亦迟延五日，法新阁成立，总理法来西讷均许之。

（十）中法《天津新约》之订立

谅山大捷以后，岑毓英所率滇兵亦于临洮府获胜。法兵六千犯临洮，复分两队，一北趋珂岭、安平，一南趋缅旺、猛罗。毓英令岑毓宝、李应珍等扼北路，王文山扼南路，而自率军当中路，皆有斩获。法军合趋临洮，滇军拒战，南北路回军夹攻之，阵斩法将五人，法军大溃，夺器械无算。时和议已成，毓英尚未接停战令，犹并力进攻，克广威、成祥，进逼兴化，越人大喜。李鸿章电总署云："谅山已复，若此时平心与和，和款可无大损，否则兵又连矣。"曾纪泽亦云："此时议和，尚觉体面。"二月二十二日清廷乃下停战撤兵之令曰：

> 本日奉旨：法人现来请和，于津约外别无要求，业经允其所请。约定越南宣光以东三月初一日停战，十一日华兵拔队撤回，二十一日齐抵广西边界；宣光以西三月十一日停战，二十一日华兵拔队撤回，四月二十二日齐抵云南边界；台湾定于三月初一日停战，法国即开各处封口。已由李鸿章分电沿海云、桂各督抚如约遵行矣。惟条款未定之前，仍恐彼族奸诈背盟，伺隙猝发，不可不严加防范。着传谕沿海各省将军督抚并云南、广西督抚及各路统兵大臣督饬防军，随时加意探察，严密整备，毋稍疏懈，是为至要。钦此。

前敌将士皆扼腕痛愤,不肯退兵。彭玉麟、张之洞屡电力争,二月二十五日总署复云:奉旨:“撤兵载在津约,现既允照津约两国画押,断难失信。现在桂甫复谅,法即据澎,冯、王若不乘胜即收,不惟全局败坏,且恐孤军深入,战事益无把握。纵再有进步,越地终非我有,而全台隶我版图,援断饷绝,一失难复,彼时和战两难,更将何以为计?且该督(指张之洞)前于我军失利时,奏称只可保境坚守(按之洞于正月初三日电告谅山陷后,西事棼如,法国占越,似不至侵华界。洞惟有严督冯、王,然兵气不易再振。琴帅殊费支持。朝廷若操之过急,再难措手。其窘状可见),此时得胜,何又不图收束耶?着该督遵旨亟电各营,如电信不到之处,即发急递飞达,如期停战撤兵。傥有违误,致生他变,惟该督是问。钦此。”望转致雪帅一体钦遵(雪帅即玉麟也)。光绪十一年四月二十七日(一八八五年六月九日),李鸿章与法使巴特诺在天津签订《中法新约》(一名《会订安南条约》)十款,其要点如下:

一、边界毗连各地,中、法两国自行弭乱,安抚匪党流民,设法解散。法兵永不过北圻,中国亦不派兵赴北圻。

二、中国承认法国与安南所订之一切条约。

三、六个月后勘定北圻界务。

四、法人民欲过界入中国,应由法请华官给照,华人由中国入北圻准此。

五、保胜以上谅山以北应指定通商二处,法商均可居住。中国可设关收税,中、法均得设领事官。

六、货物进出滇、桂边界,照现在税则减轻。

七、中国将来筑造铁路,可雇用法国工程师。

八、约定后法兵即退出基隆、澎湖。

自此安南与中国之藩属关系,完全断绝,乃正式为法之保护国矣。我虽免于法人屡次要求之赔偿费,但所蒙经济损失,估计在一万万两以上,李鸿章致曾纪泽书,言因此战发生之新债务亦达二千万。且为法人开放云南、广西之门户，达其多年要求通商之愿，此西南两省，遂为英、法所包围进攻。而英人之计更狡，是年冬即派兵占缅甸，纪泽与之交涉，未经定案，即卸职回京。翌年，英使遂与总署庆郡王奕劻订缅甸条约五款，大略皆如安南例，承认缅甸由英保护，惟每十年准缅甸向中国进贡一次，以维持中国之体面。彼固有鉴于中、法之纷纠，多由此种虚荣耳。吾国藩属，已被蚕食殆尽，而西人犹空言对中国"敬重"。谓中、法之役，"这战争双方均未得到光荣的胜利"（见《远东国际关系》一书）。殊不知法人早踌躇满志，而吾已无守在四夷之国矣。当时人皆归咎李鸿章，如罗惇曧《中法兵事本末》云："谅山既大捷，法人乃介英人赫德，在天津向鸿章求和，言彼此撤兵，不索兵费。鸿章既始终持和议，天津约成，鸿章曾奏言法人必无翻覆。及法人毁约开战，鸿章负重谤，今法人来求和，鸿章亟欲护前约，乃奏言澎湖既失，台湾必不可保，当借谅山一胜之威，与缔和约，则法人必不再要求。朝廷遽纳其议，立命停战。当时关外饷道大通，士气激昂，法军已大挫，乘胜而逐法军于越南，困台之师，自当速退。而朝臣习于苟安，又偏信鸿章之言，仓卒而成和议，虽关外大捷而仍失越南，灰士心而长敌焰，皆苟且误之也。自谅山一役后，中国不复有此荣誉矣。"又云："余责鸿章尤严，因甲申、甲午两役外交之巨谬，竟以弱中国而迄于亡，则邦人君子所言之痛心者也。"此以仓卒定约责鸿章，盖未知赫德秉总署意，与金登干秘密交涉之经过云。

第十九章　朝鲜问题之交涉

八十一　朝鲜问题之发端

（一）日本侵韩与江华岛事件

中、日交涉始于侵台一役，迄甲午之战为最大关键，其导致两国战争者，则朝鲜问题也。自明末丰臣秀吉以后，日本对朝鲜之关系，由对马岛之藩主执行，本身既无扩张之力，故平静无事者达二百余年。明治维新，日人跃跃欲动，所谓大陆政策者，即袭丰臣遗意，欲西向以侵略中国。观日本维新前辈吉田松阴所著之《幽囚录》中有云："今急修武备，舰略具，炮略足，则宜开发内诸侯乘间夺加摸察、加澳都加，谕琉球朝贡，会同内诸侯，责朝鲜纳质奉贡如古盛时，北割满洲之地，南收台湾、吕宋诸岛，渐示进取之势。然后爱民养士，慎守边圉，则可谓善保国矣。"又其《狱是帖》中言："培养国力，兼弱攻昧，割取朝鲜、满洲，并吞中国，所失于俄、美者，可取偿于朝鲜、满洲。"又佐田信渊所著之《混同政策》，亦云："凡侵略他邦之法，必自弱而易取始。当今世界万国中，我日本最易攻取之地，无有过于中国之满洲者。何则？满洲之地，与我日本之山阴、北陆、奥羽、松前等处，隔一衣带水，遥遥相对，距离不过八百里，其势之易于扰乱可知也。故我帝国何时方能征讨满洲，取得其地，虽未可知，然其地之终必为我有，则无可疑也。夫岂但得满洲已哉？支那全国之衰微亦由斯而始，既取得鞑靼以后，则朝鲜、中国皆次第可图矣。"此皆日人欲侵略朝鲜、满洲以图并吞中国之铁证，而朝鲜盖首当其冲矣。时朝鲜国王李熙年幼，本生父大院君李昰应摄政。昰应素仇视外人，主闭关自守，屡杀传教士。法国派兵往攻,为韩人所败,又拒绝美国之开港要求。同治七年(日本明治元年),日派对马藩主赴朝鲜,告以改制维新,并致修好之意,国书中有“大日本皇帝”及“勅奏”等字样。昰应以除大清国皇帝外,日本何得妄称皇帝?拒绝接受其国书。同治九年,日本复遣使往诘其故,昰应依然拒绝之。于是日本国内发生“征韩论”之潮流,其理由有三:一、日本国小民贫,不向海外发展,即无以图强。二、西洋各国到处侵略,如日本不先下手,恐落人后。三、可为废藩后不得志之人士谋出路,此动机最坚强有力。会岩仓具视、大久保利通、伊藤博文、井上馨等由欧、美归国执政,以日本应先修明内政,徐图发展,其议渐寝。至光绪元年八月(日明治八年),又发生江华岛事件,遂为日人侵韩之口实。时日本军舰云扬号驶入汉江江华岛附近测量海口,朝鲜以日舰无故侵入领水,炮台开炮轰击之。日舰攻毁炮台,并陷永宗城,韩人死伤甚众。日政府乃派黑田清隆为全权大臣、井上馨为副大臣,率兵船六艘,赴朝鲜强迫订约通商。朝鲜以“本国为中国藩属,不敢擅专”辞之。日本以清为大国,未敢轻于开衅,特遣外务省大辅森有礼要求对韩订约,以试探中国之态度,于是日、韩交涉,遂一转而为中、日交涉矣。是年十二月,森有礼至北京,谒总理衙门王大臣,述朝鲜事。恭亲王奕䜣等答称中国不强预朝鲜政事,惟望日、韩和好,不可轻启衅端,所谈无甚要领。而森有礼竟执奕䜣等有“朝鲜虽曰属国,地固不隶中国,以故中国曾无干预内政,其与外国交涉,亦听彼国自主,不可相强”之语,因照会总署,声明朝鲜是一独立之国,凡事起于朝鲜、日本间者,于清国与日本条约上无所关系。奕䜣颇悔失言,乃亟辩隶即属也,现云属国,自不得云不隶中国,修好条约内载所属邦土,朝鲜实中国所属之邦之一,无人不知。兹仍应声明,中、日条约所属邦土不相侵越之意,应彼此同守,不敢断以己意谓于条约上无所关系。森有礼乃照复谓中国对朝鲜如不能自任其责,虽云属国,徒空名耳。将来日本与朝鲜交涉,自与中国无关。总署又照复云:属国有属国之分际,古今所同,朝鲜为中国所属之邦,即中国之自任也。岂得谓属国为空名?岂得谓于条约无所关系?日使再复朝鲜向日本所为之事,贵国能否自任其责之处,未获一确断之言,是朝鲜为一独立之国,谓之属国,亦徒空名。总署最后解释,谓属邦应尽修贡奉正朔之分,而政令钱粮由其自为。纾难解纷,期其安全,中国之于朝鲜自任之事也,不肯强以所难,不忍漠视其急,不独今日中国如此,伊古以来所以待属国者皆如是也。今先开辩难之端,揆之事理,似非所宜。至于中国苟有可为之处,自当早筹酌办,以期彼此相安。日使得此答语,乃乘机兜转,谓原夫朝鲜实具独立之体,内外政令,悉由自主,我国亦以自主对之。现在本国已派领使往韩,自可乐观其成矣。观两方问答之辞,则知中、日所执之观念不同,总署系以中国传统之宗藩观念为根据,而日使乃以国际公法之宗藩观念为依归,故二者不免冲突。我国对于藩属,向不干涉其政治,亦无殖民通商之经济政策,只希望按期纳贡,请求册封而已。此盖由于中国文化之关系,所谓:"远夷不服,则修文德以来之,既来之,则安之。"既不肯以武力压服四邻,惟欲以积德累仁,求万国来朝,点缀升平,天子守在四夷,四夷倾心向化,其作用仅在文化方面,而与政治经济无与也。近代国际之所谓藩属或保护国,对内政或尚可听其自由,而外交必需受宗主国之支配,日使所谓任责者,盖即指此。中国既无此种观念,故总署答语,不免含浑,而日人即执此认朝鲜为自主之邦,一切问题,皆由是起。在今日视之,固极易解决者,若以责之八十年前之人,亦似未尽公允耳。

(二) 李鸿章之意见

森有礼以李鸿章为隐隐主持中国之人物,特于光绪元年十二月二十八日,偕署使郑永宁谒之于保定督署,鸿章以礼款待,席间纵谈,自下午三时至十时始散。鸿章亲书"徒伤和气毫无利益"八字与之。兹录其晤谈节略如下:

> 郑署使传森使语,致仰慕之意。答云:岂敢!森使致谢道途款洽。答云:因得总理衙门信,故遣弁相迓。问:森大人多少年纪?森使云:整三十岁(按是年鸿章五十三岁)。问:森大人到过西洋?森使云:自幼出外国周流,在英国学堂三年,地球走过两周。又在华盛顿当钦差三年,现在外务省官大辅。问:中西学问何如?森使云:西国所学十分有用,中国学问只有三分可取,其余七分仍系旧样,已无

用了。问:日本西学有七分否?森使云:五分尚没有。问:日本衣冠都变了,怎说没有五分?郑署使云:这是外貌,其实本领尚未尽学会。森使云:敝国上下俱好学,只学得现成技艺,没有像西国从自己心中想出法儿的一个人。答云:久久自有。森使云:在美国时识得贵国容闳、曾兰生二人,极有学问。答云:容闳现派驻美国钦差大臣。森使云:极好。又答云:曾兰生现调回天津当委员,明年森大人过天津,可以访他。森使云:在美国见许多中国幼童,均极聪明。答云:这是去外国学习的,闻他们尚肯读书。森使云:这起人长大学成,将来办外国事是极好的。又云:当初游历各国,看地球并不大,未在局中,看各国事极清楚。如贵国与日本同在亚细亚洲,可惜被西国压住了。答云:我们东方诸国,中国最大,日本次之,其余各小国,均须同心和气,挽回局面,方敌得欧罗巴住。森使云:据我看来,和约没甚用处。答云:两国和好,全凭条约,如何说没用?森使云:和约不过为通商事可以照办,至国家举事,只看谁强,不必尽依着条约。答云:此是谬论,恃强违约,万国公法所不许。森使云:万国公法亦可不用。答云:叛约背公法,将为万国所不容。因指棹上酒杯告郑署使云:和是和气,约是约束人的心。如这酒杯围着了这酒,不教泛溢。森使云:这个和气,无孔不入,有缝即去,杯子如何拦得住?答云:森大人年少气盛,发此谬论。郑署使便是我们立约时的人,须要详细告他。森使云:敝国与中国的和约,是中堂定的么?答云:是我与贵国伊达大人商定。伊达大人现在何处?森使云:伊达现在退居林下,朝廷给他俸禄。自来和约,立约之人去了便靠不住。答云:约书奉有谕旨,盖用国宝,两国臣民子子孙孙当世守之。森使云:也有在约内的,也有在约外的,不变通如何办得去?答云:未及十年换约之期,不能议及变通。森使云:高丽与印度同在亚细亚,不算中国属国。答云:高丽奉正朔,如何不是属国?森使云:各国都说高丽不过朝贡受册封,中国不收其钱粮,不管他政事,所以不算属国。答云:高丽属中国几千年,何人不知?和约上所说所属邦土,土字指中国各直省,此是内地为内属,征钱粮管政事;邦字指高丽诸国,此是外藩,为外属,钱粮政事向归本国经理。历来如此,不始自本朝,如何说不算属国? 森使云:日本极要与高丽和好,高丽不肯与日本和好。答云:不是不肯与贵国和好,是他自知国小,所以谨守,不敢应酬。其于各国皆然,不独日本。森使云:日本与高丽是邻国,所以必要通好,高丽如何不肯? 答云:平秀吉扰高丽之后,恐不能无疑虑。郑使云:平秀吉之后,日本与高丽也曾往来,中间忽然断了。前数年与高丽约定接待使臣,因日本改变衣冠,国书字体也变了,他就不受。答云:这个自然。高丽不敢和西国相通,日本既改西制,他自应生疑,恐与日本往来,他国也随进来了。郑署使云:从前不过拒使,近来日本兵船至高丽海边取淡水,他便开炮伤坏我船只。答云:你兵船是去高丽海口量水,查万国公法近岸十里之地,即属本国境地,日本既未与通商,本不应前往测量,高丽开炮有因。森使云:中国、日本与西国可引用万国公法,高丽未立约,不能引用公法。答云:虽是如此,但日本总不应前往测量,是日本错在先,高丽遽然开炮,也不能无小错。日本又上岸毁他的炮台,杀伤他的人,又是日本的错。高丽不出来滋扰,日本只管去扰他做什么? 郑署使云:日本臣民俱怀愤恨,要与高丽打仗。森大人说:从前看高丽能谨守,不与外国相通,尚是可爱之国,今可恨了。答云:既知是可爱,便不要去扰他。日本是大国,要包容小国。郑使云:森大人也是此意,所以压住本国,不要用兵,自请到中国,以为高丽是中国属国,必有上策,令高丽与日本和好。答云:高丽非不欲与日本和好,但恐各国相因而至,中国若代日本说项,将来各国都要中国去说,所以料得高丽未必答应。森使云:西洋各国均无必通高丽之意。答云:这谁保得? 森使云:我可保! 答云:须日本国家保得! 森使云:日本国家亦可保。郑署使云:森大人来到中国有三宗失望的事:一是不能保全要与高丽和好之意;二是总理衙门不明白他要和好的心思;三是恐本国臣民知道中国不管,定要与高丽打仗。答云:总署不是不明白实在要和好的意思,凡事不可一味逞强,若要逞强,人能让过,天不让过,若天不怕地不怕,终不为天地所容! 从前我两国甫经换约,未及半年,日本即用兵台湾,我曾责备柳原,他亦无辞。如今不可又错了。森使云:台湾之事,日本原不能无错,但因误听人言生番系中国化外之地,尚属有因。后来接着总理衙门的信,国家即派大久保前来说明。郑署使云:森大人来意,本望中国设法,俾日本与高丽无事。答云:高丽断不出来寻事,日本不可多事。郑署使云:日本现又遣使往高丽,只要议定三件:一高丽以后接待我使臣;一日本或有避风船只代为照料;一商测量海礁不要计较。如果使臣到彼,再不接纳,该使回国,必不能无事,一定要动兵了。答云:遣使不纳,古亦有之。元时两次遣使至日本,日本不纳,北条时宗并将元使杀了。森使不答。但云:以后恐不免要打仗。答云:高丽与日本同在亚洲,若开起仗来,高丽系中国属国,你既显违条约,中国怎样处置?我们一洲自生疑衅,岂不被欧洲笑话?森使云:欧罗巴正要看我们的笑话!答云:为什么要给他笑?森使云:这也没法,日本百姓要去打仗,恐国止不住。答云:日本是民主之国,抑君主之国?郑署使云:是君主之国。答云:既系君主之国,则君与大臣为政,如何任听百姓违约行事,尚得为君主之国乎?郑署使云:森大人因总署说中国不管高丽内政,所以疑不是属国。答云:条约明言所属邦土,若不指高丽,尚指那国?总署说的不错。森使云:条约虽有所属邦土字样,但语涉含混,未曾载明高丽是属邦。日本臣民皆谓所指中国十八省而言,不谓高丽亦在所属之内。答云:将来条约时所属邦土下可添写十八省及高丽、琉球字样。郑署使云:总要求总理衙门与李中堂设法令高丽接待日本使臣。答云:日本炮船被击,固有不平之气,高丽炮台被毁,兵士被杀,谅亦有不平之气。高丽国虽小,其臣民之气一也。正在气头上,即旁人解说亦无益,我劝日本此事且可缓议。俟一二年彼此气平后,再通好也不迟。森使云:西国人言日本办事性过急,中国办事性过缓,急性遇着缓性,难以商量。答云:事有宜急宜缓,如学机器技艺等事,此宜急者也;如两国相争,急则不相下,缓则气自平,所全者大。森使云:承教!承教!试思日本就得了高丽,有何益处,原是呕气不过!答云:高丽地瘠,取之诚无益。且闻俄罗斯听见日本要打高丽,即拟派兵进扎黑龙江口,不但俄国要进兵,中国也难保不进兵,那时乱闹起来,真无益处。因书“徒伤和气毫无利益”八字,授郑署使,郑署使与森使阅毕,即将原纸携去。森使云:此指与高丽伤和气而言。答云:若真要打仗,非但伤高丽和气,连中国也怕要伤和气。因于纸尾书“忠告”二字,授之曰:我为两国相好,开心见诚奉劝,非有别意。森使、郑署使首肯云:日本打仗,亦可暂时压住,务求中堂转商总署,设一妥法劝说高丽。答云:总署回复你的节略,明是无可设法,但你既托我转说,我必将这话达到,看从缓商量,可有法否?遂辞去。

以上鸿章与森有礼等谈话,可以代表中国旧式外交与日本新式外交之技术不同。对于西洋文化及国际形势之观察更不同。李鸿章所主持之外交着着失败,其原因皆系于此。日本维新,森有礼自言五分尚没有,而鸿章则谓衣冠都变了,怎说没有五分?郑氏云这是外貌,实在本领,尚未尽学会。森有礼复言现成技艺虽学得,而科学思想与理论科学没有,鸿章固未之能喻也。森有礼所谓不必尽依条约及万国公法亦可不用,系针对当时世界潮流之趋势而言,而李鸿章则斥为年少气盛,发此谬论,是犹以处国际与处朋友相类,力主信义,藐视强权,殊不知当时人受达尔文学说之影响,举世皆有强权即公理之信念,个人有道德而国际无道德,日人已先实行之矣。故对朝鲜问题之交涉,乃日人向中国试探之第一步,中国既不敢对朝鲜负责,自与日人以可乘之隙。而鸿章曾函总署云:

日本派使臣带兵船前往问罪,而朝鲜新受攻毁炮台之辱,不肯平和接待,均在意料之中。两相怨怒,则兵端易开。度朝鲜贫弱,其势不足以敌日本。将来该国或援前明故事,求救大邦,我将何以应之?虽执条规责问日本不应侵越属国,而彼以关说在先,中国推诿不管,亦难怪其侵越,又将何以制之?即仍永远两不过问,而使朝鲜失望,日本生心,似已薄待属国邻交,显示天下以不广,更恐朝鲜为日本陵逼或加以侵占,东三省根本重地遂失藩蔽,有唇亡齿寒之忧,后患尤不胜言。窃窥日本来意,既明言欲求和而不轻用武,无论虚实,尚是好机会,正可将计就计。虽明拒未便给照递信,似宜由钧署迅速设法密致朝鲜政府一书，劝其忍耐小忿，以礼接待，或更遣使赴日本报聘，以释疑怨，为息事宁人之计。至该国愿与日本通商往来与否，听其自主，非中国所能干预。如此直言，似亦不为失体。倘朝鲜允从，固可暂弭兵衅，如必不从，而我所以字小国待与国之心，亦俱尽矣。倘异时朝鲜或再乞援，日本或讥膜视我，亦得有词自解。至朝鲜于中土恭顺，实出至诚，若钧署肯屈尊先施，谅无不奉命惟谨者。

鸿章既明知推诿不管，亦难怪其侵越，何以不对森有礼直截了当，担负朝鲜外交之责？既知朝鲜无不奉命惟谨，请总署函劝朝鲜忍忿礼接，又何必推诿不管，更言听其自主耶？在鸿章虽或以藏机不露而自喜，其实则予人以模棱两可之印象，绝非外交家运用虚实之术也。森有礼明知不能打仗，而口口声声一定要动兵，此真"虚者实之"之伎俩。李鸿章明言日本要打高丽，高丽必求救中国，偏说不但俄国要进兵，中国也难保不进兵，此何语乎？在彼或以俄国进兵为恐吓之词，然朝鲜非俄之属国，有何理由进兵？以中国与俄国相提并论，则此语之效力，直等于零矣。倘鸿章能明告森有礼，朝鲜系我属邦，我有保护之责，亦有指挥之权，如和平交际，可以通知朝鲜办理，但一切条约，必需得中国同意。如立意侵略，则与侵略中国等。以此立言则日本之气必阻，而朝鲜之祸亦可暂缓。乃鸿章不能面对现实，仍空谈天心和气，宜日人之得寸进尺也。

（三）《江华条约》之缔结

清廷既将日本要求由礼部转咨朝鲜，劝以息事宁人，韩王遂遵中国之意，派简判中枢府事申櫶及都总府副总管尹滋承为全权，与日本全权黑田清隆、井上馨等，会于江华岛。光绪二年二月缔成《江华条约》十二条，译文如下：

第一款　朝鲜为自主之邦，保有与日本平等之权。须彼此以同等之礼仪相待，以期双方之永远安宁。

第二款　日本政府在十五个月后，得随时派使臣至朝鲜京城，亲接礼曹判书,商议交际事务。

第三款　嗣后两国往复公文,日本有其国文,十年间附以汉文,朝鲜则用真文。

第四款　朝鲜釜山之草梁项设有日本公馆,年来为两国通商之地,从今日起改革从前惯例,以此次新订条款为标准,办理贸易事务。朝鲜开放两口岸,准日本人民往来通商,租借地皮,修盖房屋,并租朝鲜人民之房屋。

第五款　在京畿、忠清、全罗、庆尚、咸镜五道沿海择定便利通商之港口两处,开埠日期自日本历明治九年二月,朝鲜历丙子年正月起算,经过二十个月。

第六款　嗣后日本船只在朝鲜沿海或遇大风,或缺乏薪粮,不能达指定港口时,得在任何港湾停泊避风,购买需要之物,并修理船具。地方官民应体察其困难,诚意救援。又两国船只在大洋中损毁,船员漂流至任何地方,该地人民应即刻救助。

第七款　朝鲜国之沿海岛屿岩礁,从前并未经检查,极为危险,应准日本航海业者自由测量,编制图志。

第八款　日本政府得随时设管理商民之官员于朝鲜指定之口岸。两国发生交涉事件时,即由该官员与该地方长官会商办理。

第九款　两国既经通好,彼此人民得任意贸易,两国官吏不得干涉,倘有欺罔借债不偿情事,应严重取缔,追还债款,但两国政府无代偿之理。

第十款　日本国人民在各口岸侨寓犯罪,而与朝鲜国人民有关时,应归日本官员审断。若朝鲜人民犯罪而与日本人民有关时,须归朝鲜官吏查办。双方务为公平允当之裁判。

第十一款　在六个月内由两国另派委员商订通商章程,以便遵守。

第十二款　此约制成两份,互相交换,以昭凭信。遵行不变,以固两国之和亲。

此约第一款既订明朝鲜为自主国，与日本平等，不啻间接否认中国在朝鲜之宗主权。总理衙门以为既有“其与外国交涉亦听彼自主”之言（李鸿章亦谓：愿与日本通商与否，听其自主，本非中国所能干预），故未加抗议，亦未责备朝鲜。因吾国传统之观念，宗藩关系，只需彼此承认，而无待他国之承认与否也。然以国际公法之观念视之，则朝鲜至少在对日本关系上，已为一独立国，而非中国之藩属矣。日人不言朝鲜为独立国而曰自主国，即系巧取中国所表示不干涉朝鲜内政之名词，其计谋诚极狡展，而中国已丧失藩属于不知不觉中，安南、琉球皆颇类是。惟朝鲜谨事中国，遇事仍向清廷请示，故后来之交涉特繁，事态之演变愈亟，历经十余年而始有甲午之战。《江华条约》订立后，朝鲜国王咨报礼部曰：

小邦之于日本，讲信修睦，行且三百年矣。交聘之仪，贺慰之礼，马岛之接信，莱馆之通商，各遵式例，不失邻谊。同治七年，该国政令新有变迁，投书契以相告知，而称号文字，有违旧式，小邦边吏之司其出纳者，诘其违式，不敢遽受。而前此同治六年有日本人八户顺叔诪张虚罔之说，衊辱邻国，无复人理。幸赖总理衙门悯虑小邦被诬被兵，至有礼部之据奏驰咨，而小邦臣民愤惋至极，疑阻万端，其使之不接，其书之不受，职由于此。江华岛者，国都之门户也，海港之扼口也，为防暴客之窥觇，恒有炮台之堵御。前岁九月，忽有黄旗异船，船不曾碎，人不曾伤，而彼乃起怒轰炮，烧薄永宗镇城，小邦尚不知其日本船也。乃于客岁十二月日本使臣黑田清隆、副使臣井上馨等先通知起程消息，遂来要修旧好。小邦遣判中枢府事申櫶，副总管尹滋承接见于江华府中，一口答辩，历日相持。彼以八户顺政认是新闻谎说，非其国所知；以江华开炮，实因不辨旗号，明非恶意相加，意以旧谊之素厚，居然疑嫌之开释，重寻宿好，条约有具。以其称号之有所嫌碍，故大事小事，只用两国臣僚等通信。以其互市交易，非今始行，故许其港口通商，划有界限，以安主客。以其混淆无别，易致滋事，故不许携带他国客商及奇技淫巧物事。纲领节目，大略如是。而据申櫶等呈称，本月初五日樽俎之享既洽，醉饱缟丝之物互有贻赠，日本国使船并即发还等因。窃念小邦厚蒙圣朝洪恩,非可一二数计也。今兹邻国修好,亦惟总理衙门暨部堂大人切盼其筹画万全,各安疆土。遂至转禀皇旨,纾恤缓急,驰咨兼程,天高地厚,何以为报!遣使伸表谢之忱,而交好日本办理条约等款,略具颠末,仰尘崇鉴,烦乞礼部照详转奏施行。

是年三月朝鲜复咨照礼部,派礼曹参议金绮秀前往日本修好。六月初九日,日本复遣理事官宫本小一来议通商章程。日人以俄国逼近朝鲜北界,深以为忧,密语叮嘱,早为备御之策。咨称凡于事情,不容不上闻天朝,此可见朝鲜对清廷之态度矣。

(四) 李鸿章劝朝鲜与西洋各国通商

光绪五年五月,丁日昌条陈海防事宜,声称:"朝鲜不得已而与日本立约,不如统与泰西各国立约,日本有吞噬朝鲜之心,泰西无灭绝人国之例。将来两国启衅,有约之国,皆得起而议其非,日本不致无所忌惮。若泰西仍求与朝鲜通商,似可密劝,勉从所请。并劝朝鲜派员分往有约各国,聘问不绝。"总理衙门韪其议,因奏云:"日本、朝鲜两国积不相能,自日本用西人之谋,改藩封为郡县,事事崇向西洋,遂来中国订立条规,名为通好,实图窥伺。旋以兵威胁制朝鲜,强令通商,非朝鲜心所愿也。日本恃其诈力,雄视东隅,前岁台湾之役,未受惩创,今年琉球之废,益张气焰。臣等以事势测之,将来必有逞志朝鲜之一日。即西洋各国亦必有群起而谋朝鲜之一日。中国将往助而力有未逮,将坐视而势有不能,臣等为朝鲜计,愈不能不为中国虑。丁日昌所称,自是按时立论办法,近日威妥玛亦以为朝鲜若不与各国交通,必为琉球之续。朝鲜为中国属,政教禁令虽听自为,未便强以所不欲,惟大局所系,亦未可知而不言。可否饬下李鸿章设法转致朝鲜,俾知理贵因时,治期可久,庶该国可免杌棿之虞,而中国亦借资屏蔽之力。"得旨饬行,于是李鸿章于七月初九日致朝鲜原任太师李裕元书曰:

承示日本与贵国交涉各节,倭人性情,桀骜贪狡,为得步进步之计。贵国随时应付,正自不易。鄙人思自古交邻之道,因应得其宜,则仇敌可为外援;因应未得其宜,则外援可为仇敌。倭人之言,虽未必由中,尚冀迎机善导,杜彼争端,永相辑睦。是以曾寓书奉劝,勿先示以猜嫌,致令借为口实也。近察日本行事乖谬,居心叵测,亟宜为之防,有不能不密陈梗概者:日本比年以来,宗尚西法,营造百端,自谓已得富强之术,然因此致库藏空虚国债累累,不得不有事四方,其疆宇相望之处,北则贵国,南则中国之台湾,尤所注意。琉球乃数百年旧国,并未开罪于日本,今春忽发兵船,劫废其王,吞其疆土。其与中国与贵国,难保将来不伺隙以逞。中国兵力饷力,十倍日本,自忖可以制之。惟尝代贵国审度踌躇,似宜及此时密修武备,筹饷练兵,慎固封守,仍当不动声色,善为牢笼。凡交涉事宜,恪守条约,勿予以可乘之端。一旦有事,则彼曲我直,胜负攸分。第思贵国向称右文之邦,财力非甚充裕,即令迅图整顿,非旦夕所能见功。日本广聘西人,教练水陆兵法,其船炮之坚利,虽万不逮西人,恐贵国尚难与相敌。况日本谄事泰西诸国,未尝不思借其势力,侵侮邻邦。往岁西人欲往贵国通商,虽见拒而去,其意终未释然。万一日本阴结英、法、美诸邦诱以开埠之利;抑或北与俄罗斯勾结,导以拓土之谋,则贵国势成孤注,隐忧方大。中国识时务者,佥议以为与其援救于事后,不如代筹于事前。夫论息事宁人之道,果能始终闭关自守,岂不甚善?无如西人恃其慓锐,地球诸国无不往来,实开辟以来未有之奇局,自然之气运,非人力所能禁遏。贵国既不得已而与日本立约通商,各国必将从而生心,日本转若视为奇货。为今之计,似宜用以毒攻毒以敌制敌之策,乘机次第与泰西各国立约,借以牵制日本。彼日本恃其诈力,以鲸吞蚕食为谋,废灭琉球一事,显露端倪,贵国不可无以备之。然日本之所畏者西人也,以朝鲜之力制日本,或虞其不足,以统与西人通商制日本,则绰乎有余。泰西通例,向不得无故夺灭人国,盖各国互峙争雄,而公法行乎其间。去岁土耳其为俄所伐,势且岌岌,迨英、奥诸国出而争论,俄始敛兵而退。向使土国孤立无援,俄人已独得其利

> 矣。又欧洲之比利时、丹马皆极小之国,自与各国立约,遂无敢妄肆侵陵者,此皆强弱相维之明证也。且越国鄙远,古人所难。西洋英、德、法、美诸邦,距贵国数万里,本无他求,其志不过欲通商耳,保护过境船只耳。至俄国所据之库页岛、绥芬河、图们江等处,皆与贵国接壤,形势相逼,若贵国先与英、德、法、美交通,不但牵制日本,并可杜俄人之窥伺,而俄亦必遣使通好矣。诚及时幡然改图,量为变通,不必别开口岸,但就日本通商之处,多萃数国商人,其所分者日本之贸易,于贵国无甚出入。若定其关税,则饷项不无少裨;熟其商情,则军火不难购办。随时派员分往有约之国通聘联情谊,平时既休戚相关,倘遇一国有侵占无礼之事,终可邀集有约各国公议其非,鸣鼓而攻,庶日本不致悍然无忌。贵国亦宜于交接远人之道,逐事讲求,务使刚柔得中,操纵悉协,则所以箝制日本之术,莫善于此;即所以备御俄人之策,亦莫先于此矣。

鸿章函劝与各国订约,朝鲜廷议,尚未甚洽。光绪七年正月,出使日本大臣何如璋始言韩廷渐知变计,商与美国立约,请由中国代为主持。五月,美国水师总兵萧孚尔(R. W. Shufeldt)来津,谓上年带兵船赴朝鲜投递国书,欲与结约通好,朝鲜坚拒不纳,特请鸿章转达。鸿章因劝朝鲜派员与萧孚尔商议。朝鲜国王以国中议论不一,派领选使金允植来津,请鸿章代为主持。鸿章因令周馥、马建忠与萧孚尔及美署使何天爵(Chester Helcombe)晤商约稿,辩论二十余日,始有成议。光绪八年三月,萧孚尔赴朝鲜,马建忠亦偕水师提督丁汝昌偕行东驶,四月,在济物浦与朝鲜所派议约大官申櫶、副官金宏集签约。惟原约拟声明朝鲜为中国属邦,政治仍得自主一条,萧孚尔以有碍平行体统,未允加入,仅由朝鲜给美国总统照会声明,朝鲜为中国属邦,内政外交,向来自主,其分内一切应行各节,均与美国毫无干涉。既而朝鲜与英、德立约,亦仿此照会。鸿章自谓声明载在盟府,日后各国设相侵陵,或朝鲜有背衅之处,中国尽可执义责言,不至竟成法、越覆辙。然而日寇早已入室,所谓以夷制夷之策,尚未能发生效果,而壬午之事变作矣。

八十二　壬午事变

（一）变兵犯阙与乱事原委

中日之战，一以韩乱为导火线，而壬午事变为韩乱之初作，亦中日战争之远因也。中国于此役以敏捷之手腕，戡平韩乱，与日本未成正面冲突。然自此中日两国各驻军于朝鲜，成露刃对立之局。袁世凯即随军赴朝鲜，对韩取积极政策，屯兵监政，为所欲为。日人利用此种情势，以独立自主之说，煽构韩国君臣，韩人受其蛊惑，虽未敢箕踞向汉，而亦不无狡展之心，事大、亲日两派互哄，因有光绪十年甲申之变，卒以演成甲午之战。说者咸谓此役为中国之胜利，殊不知祸福倚伏，《马关条约》亦种因于此焉。故壬午事变关系近代中国之命运者极大，不可不详述之。先是，日韩《江华条约》缔结后，亲日之新党逐渐得势。光绪七年新党中坚分子十余人自日本游学归国，气益盛。李昰应既主政十年，思想守旧，恶与外人交通，与日本尤积不相能。贪恋权位，无意反政，举国不韪。国王年长，王妃闵氏亦累世勋旧，其父兄欲辅国王，收回大权。于是朝臣之同志者，举昰应频年恶迹，交章弹劾，遂致失政家居。无何王妃父兄皆死于火，国人均谓昰应所为，顾以其处不死之地，国王亦姑为隐忍，仍以王妃从兄辅政，新党依附之，于是新、旧党俨然成壁垒矣。光绪七年，昰应次子载先欲谋篡弑，瘐死狱中，用是积怨益深。光绪八年六月初九日，妃族闵谦镐管财政，欠军饷数月，粮米又不满斛。旧党乘机煽动，酿成兵变。军士与胥吏诘斗，谦镐下令捕主谋五人，欲置之法。变兵拥至大院君邸，以诉于昰应。昰应表示同情，以言激之。遂犯入宫阙，并袭闵族邸宅，杀谦镐及国相宰臣等多人，王妃闵氏负伤而逃。昰应之兄最应亦被害。变兵又焚日本公使馆，日使花房义质率馆员逃至仁川，搭英国炮舰归国。大院君复出执政，自称国太公，排除闵族。此大院君与闵妃争权之结果也。中国驻日公使黎庶昌得报，急电天津，时李鸿章丁母忧，张树声署直隶总督，与幕僚商应付之策，欲函总理衙门请旨派兵往援。薛福成谓如此往复函商，需时多日，若日兵先到朝鲜，掳其王而踞其都，如琉球故事，事机得失，间不容发。

请发超勇、扬威、威远三舰,即日自烟台东驶,一面函商总署,续发陆军前往,庶于事有济。树声以为然,遂遣道员马建忠、水师提督丁汝昌督带三舰,于二十五日东驶,二十七日抵仁川,日舰金刚一艘已先到。二十八日,召朝鲜校理官鱼允中来舰作笔谈,允中述乱事原委曰:

> 国王由支派入承正统,其私父曰大院君,性贪财色,国王入承之时,揽国权专恣,夺人货,嗜杀人,又与日本无端拒绝,几构兵衅。其时国王仅拥虚位,趋附大院君者实繁有徒。及国王年长,总揽朝纲,一二臣亦协赞之,夺其权,革一切弊政,与日本寻旧好,欲联各国,以维系国脉。彼大院君撼于失权,隐养无赖,期寻祸乱者久矣。或密藏火药于王宫而放火者数次,又以爆发药焚杀荩臣。国王以事涉伦常,不欲处之于法,只剪其党与,诱之威之者屡矣。于昨年秋果啸聚党与,刻日举事,而其诱惑众心者,曰斥邪也,绝外交也。无知小民群附之。昨年逆谋之举,欲分三号:一号直击王宫也;一号杀一切异趣之朝臣也;一号杀日人也。今日之事,昨年之余智。大院君若在,则人谁敢举论外交?闻今者乱党先杀国王素信任之大臣,继入王宫,国王及妃嫔皆奔避。而彼大院君乃劫杀王妃,逼返太王妃,国王则虽不见废,然幽闭不能与外朝相接。朝臣涉外交者,搜杀无遗。人民皆奔避山谷,国中一变。今日若不亟亟调处,日人必大发报复,生民涂炭,宗社将覆,彼大院君又必广招炮兵,决计扼守,而国内生灵不保,政何以存、乱何以熄乎?

韩乱之原委既明,次日,即由丁汝昌乘威远回津,报告树声,请示方略。建忠函禀经过,谓昰应借清君侧为名,翦除国王羽翼,徐以窥伺藩位,设中国稍从观望,不为急图勘定,则其害将有不可言者。因谓亟调陆军六营,乘迅雷之势,直取王京,掩执逆首,则该乱党等布置未定,防御未周,摧枯拉朽,当可逆计。如六营不可卒调,则请先派枪炮队各一营,即速前来,先占海岸。庶随后各营来集,乃可有路进取。时日使花房义质已率日舰载水陆兵一千数百人至朝鲜,并以五百人入驻韩京,与朝鲜大员议焚使馆

问题,要求七款,相持不决。七月初七日,而吴长庆率淮军六营驰抵南阳矣。福成又上书树声,筹定韩之策,其书曰:

昨读大疏,圆畅修洁,布置井井,而见机之明决,筹办之迅速,亦为中外意料所不及。私衷企佩,匪可言喻。退而就事理之曲折,反复思之。此举以顺讨逆,以强制弱,必可迅速成功,所虑者,日本兵船先到耳。日本外务卿井上馨素饶谋略,秩望较崇,有便宜行事之权。今年朝鲜与西洋各国立约,中国不使与闻,彼已深怀忌恨。万一此次乘朝鲜内乱,逞其狡谋,以与中国为难,甚属可虞,不能不豫为之防也。然犹可冀幸者,日本海道弯环纡曲,井上馨由东京起程,非十余日不达朝鲜,不若中国兵船由烟台东驶之捷也。傥倭船与华轮后先偕到,或虽先到数日,而稍有观望,未及肆毒,犹可措手。中国宜于此时飚驰电发,为朝鲜速定内变。内变定而日本无能为矣。今闻扬威、超勇、威远三船已同时启椗,似宜速告吴军门不必俟南洋兵船之会集,可先率一二营东渡,直指朝鲜都城。其余泰安、湄云、登瀛洲、澄庆等船及招商局船之运陆军者,陆续进发。一则迅赴事机,取迅雷不及掩耳之势,一则使日本、朝鲜见我军络绎不绝,莫测其多寡之数,此兵法所谓实者虚之,虚者实之也。夫朝鲜之乱,已逾半月矣,近日消息,尚无所闻。若彼但幽其王,夺其柄,未敢显拒王师,王师既到,宜为书声明专讨乱党违命启衅之罪,徼召李昰应赴兵船问状。彼如挺身前来,或归罪他人,或饰词巧辩,宜一概勿理,不动声色,暂予羁留。先以威远一船载之来华,致之京师,听候朝命。其大队官兵暂住朝鲜,为之捕诛乱党。不数日而大事可立定,此策之善者也。若李昰应伏匿不出,亦不显然抗拒,宜以代御外侮为名,引兵疾入王京,择地驻营,然后为之捕治乱党,严究主使。仍遣人开导昰应,谕以出则贷其重戾,不出则罪及亲族。彼慑于兵威,不敢不出,出则选精卒卫送兵船,运送中国。若彼畏罪出奔,而乱党不时出没,官军一到,彼势自衰,可即擒诛余党,檄数昰应罪状,布告远近,俾所在郡县执之以献,敢有藏匿者罪之。抑或竟挟王出走,国都无主,宜以大军代守王京,分兵邀截要路,稍以精卒驱其后,驰檄解散其胁从,亦许昰应束身归罪,待以不死,敢有伤损及王者罪不赦。若此则彼势孤党散,亦必自败,无足深虑也。抑或彼竟肆然罔忌,矫朝鲜王之命,驱煽徒党,授兵登陴,力与我抗,朝鲜之民久已不睹兵革,闻雄师压境,火器精利,莫不气馁心怯,揆彼舆情,必莫肯为之用也。是宜严兵城外,作欲攻之势,仍檄阖城官民,亦示以为彼除害,不忍玉石俱焚之意,责以擒献罪人,即一切勿有所问。不出三日,内变必作。盖顺逆之理,强弱之势,固如此也。若夫罪人既得,或未及致之中国,而乱党有劫夺之虑,不能不便宜从事,则临以天朝之威,重以康穆太妃之命,赐之死可也。虽国王不能为请也。或罪人既在兵船,而倭人有邀截之意,则虑之不可不周,定计宜密,措注宜速,鼓轮疾驶,径入大沽可也,虽其党未必及谋也。然福成所鳃鳃过虑者:则恐日本兵船先到,而井上馨以狡毒之计行之也。盖日本之睥睨朝鲜非一日矣,若井上馨遽以兵船入其国都,或剪除乱党而并废其王,或与李昰应相合而行废立之事,或执昰应送东京,借以市德于朝鲜,此三者皆非中国之利也。夫使其剪除乱党而并废王也,日本必立其素所亲厚者为王,留兵久驻,号称保护,渐收权利,为蚕食鲸吞之计。然彼大势未定,而中国兵船倏至,亦非其意计所及。中国宜乘此时据理力争,必使前王复辟而后已。彼见众心不附,舆论不与,而中国兵力又较盛也,必有所怯而徐示转圜。倘中国持之稍缓,则事机一失,后悔难追矣。如其与乱党合而行废立之事也,则其意将厚其毒而取之,中国宜专以讨乱为辞,直逼朝鲜。若日本出而排解,告以中国属藩之事,不愿他国与闻。朝鲜官民见势壮气盛,必有应之于内者。如其执送昰应于东京也,日本必张大其辞,夸示各国,以谓朝鲜朝贡中国二百余年,未获纤毫之助,此次削平内难,必待日本为之出兵,显以形中国之短,隐以责朝鲜之报,非多索口岸,即更立新约,此中国所病也。然犹幸我军随后即到,可以有辞,宜致谢日本曰:朝鲜系中国属邦,贵国笃念交谊,代平其乱,感谢弗谖,然贵国劳苦可念,搜除乱党之事,当由中国任之。如此则稍杜倭人之口矣。凡此数端,皆随其机而应之,庶稍化后着为先着,万一倭军虽到,或以兵力未厚,徘徊观衅,或专理论使馆被毁之事,必尚相持未决,中国宜遣使温语抚慰倭人,许以乱平之后,诸事可代为清理。乃出其不意,引军疾入王京,既踞上游,则百务可代朝鲜主持矣。日本馆人被杀,必索抵偿,自不妨以捕斩乱党为抵偿人命之用,所谓一举两得者也。大抵数千里外,军情敌势,瞬息万变,原非可豫为揣测,然相机利导之方,大旨固不离其宗。倘于函致吴军门时授以机宜,或有裨益。

福成计划周详,韩乱之定,多循其策。张树声之指示,与吴长庆、马建忠、丁汝昌之筹议,皆大体相同也。

(二) 定乱之经过

光绪八年七月七日,长庆率军驰抵南阳(在仁川西百二十里)与马建忠、丁汝昌密定机宜:一方由建忠赴日舰告以同心讨乱之意,诱之延宕,时花房义质与朝鲜议不协,已于七月初十日挈众悻悻出韩京,退止仁川,示将决裂之势。朝鲜因中国大兵入境,竟有所恃,故拒之甚坚也。一方则由长庆率军渡汉江,至距王京七里之屯子山壁焉。建忠以昰应寓书敦促,请往代筹,于初十日抵汉城。昰应迎于南别宫,深相结纳。建忠亦谬与周旋,谓中国兵来,专为牵制日人,别无他意。昰应乃亦释然不疑。七月十三日,长庆入王京,往拜李昰应,减从而往,以示坦率。昰应偕其子若孙,迓于门外,谈笑甚欢。濒行,昰应以长庆等先施,谓即呼驺报谒,长庆遂回营布置。午后四时,昰应率数十骑至,建忠因诱与笔谈,自申至酉,累纸二十四幅。环视侍者,无一韩人,知已为帐下所收,建忠遂疾书以示曰:"君知朝鲜国王为皇帝所封乎?"曰:"知之。"曰:"王为皇帝所封,则一切政令应自王出。君六月九日之变,擅窃大柄,诛杀异己,引用私人,使皇帝册封之王,退而守府,欺王实轻皇帝也,罪当勿赦。徒以于王有父子之亲,姑从宽假,请速登舆,至马山浦,乘兵轮赴天津,听朝廷处置。"昰应惧而西顾,长庆、汝昌皆起出帐,建忠掖昰应出,令登舆。于时军士两行,剑戟森列,长夫畀舆以俟。昰应以非己舆,不肯入,建忠纳而进之,健卒百人,蜂拥而去。汝昌策马以从,沿途不准停息,军士冒雨忍饥,约百七十里,于次午抵马山浦。将昰应送至登瀛洲兵舰安置,疾解天津。昰应长子载冕,新以训练大将握兵柄,恐乱党一闻查拿,或更奉以为乱。乃于十五日将载冕诱拘南别宫,派水兵数十人守之。是夜,长庆率兵往攻枉寻、利泰二里,剿除乱党,共获一百七十余人,其余皆逃窜。二里皆聚族而居,世世为兵,慢官厉民,久成积习。六月初九日之变,即昰应阴结二里军士所为也。戮其首领及罪状较著者十人,其情有可原概予释放,以示胁从罔治,潜消反侧之心,韩乱乃定。二十日,昰应解至天津,以航海劳乏,精神委顿,令养息数日。二十三日,李鸿章奉谕驰回天津,究问作乱情由,坚不吐实。复饬津海关周馥、候选道袁保龄等会问,亦多恍惚之词。鸿章以昰应无蒙业垂统之尊,有几危社稷之罪,积威震主,党羽繁多,业与国王、王妃及在朝诸臣等久成嫌衅,倘再释回本国,奸党构煽,怨毒相寻,重植乱萌,必为后患。届时频频天讨,宽典转不可屡邀。况兹贫弱小邦,变故亦岂堪再遇?是昰应不归,犹可保其众,安其国,全其父子;昰应一归,则父子终伤,必至害于家,凶于国而后已。奏请将昰应安置于近京保定省城,永远不准复回本国,优给廪饩,讥其出入,严其防闲。仍准该国王岁时派员省问,以慰其私。清廷准议,遂幽昰应于保定旧清河道署。其后朝鲜国王屡以衰迈瘫疾,万里孤寄,请释还,均未允。是年昰应已六十有三矣。长庆之军,暂留朝鲜,借资弹压。国王因请长庆挑选壮丁千名,为之教练,以备变御侮。长庆派营务处袁世凯、总兵王得功训练一营,提督朱先民、总兵何增珠训练一营。又挑选朝鲜幼童来津,入北洋机器局学制械。复为代购机器,于朝鲜境内设局制械。所谓整军经武,全在对日,甲申以后始罢。袁世凯之预闻韩事,实以此为嚆矢。袁世凯者,河南项城人,字慰廷,袁甲三之侄孙也。初甲三治军淮上,吴长庆父廷香起团练,复庐江,为太平军所困,求救甲三。甲三以询子侄。子保恒以地当强敌,兵不能分,主不救;侄笃臣以绅士力薄,孤城垂危,主救。迁延时日,而庐江陷,廷香殉难。长庆遂与保恒绝,而与笃臣订兄弟之好。世凯为笃臣嗣子,以事积忤族里,众欲苦之,故挈其家旧部数十人往投长庆。以长庆督办海防,驻登州,用人必多。实则防务无可展布,长庆乃留世凯在营读书,属幕宾张謇为之改文。时光绪七年四月也。长庆援韩,謇为决机划策,草檄治书,日苦不给,力赞世凯干才,请留世凯执行前敌营务处事。謇对韩事主积极,著有《朝鲜善后六策》。又上书李鸿章,请援汉玄菟乐浪郡例,废为郡县。或援周例,置监国。或置重兵,守其海口,而改革内政。或令自改,或为练新军,与东三省联为一气。对日本则主三道出师,规复琉球。鸿章置而不议,謇自是甚憾鸿章。世凯以后对韩事之态度,即受张謇之影响也。世凯精明刚躁,少年气盛(时年二十四岁),遇事干涉,不遗余力,稍闻风声,即主废立,因博韩人上下之反感,日人之簧鼓,亦得乘机构煽,甲午之衅,由来久矣。

(三)日韩《济物浦条约》

日使花房义质之退仁川也,初不料华军之突入王京,又以兵少势孤,对中国之行动未敢搀越。马建忠遂请韩王函达日使,表示愿修旧好之意,派李裕元为全权大臣、金宏集为副官,与日使会于仁川之济物浦。马建忠因朝日为多年有约之国,其交涉之案,未便由中国显与主持,但将其可许不可许各条,豫为指示。七月十七日签订条约及续约二条,是为《济物浦条约》。内列惩凶、赔款等项,日方原提之割地、开矿及陆路通商各要求未列入,实惮于中国之兵威也。惟第五条规定驻兵警卫使馆,中国又自此驻兵于韩,露刃对立之局乃成,而中日之战,殆不可免矣。兹录日韩《济物浦条约》如次:

(办理条约)日本历七月二十三日,朝鲜历六月九日之变,朝鲜凶徒侵袭日本公使馆,职事人员致多罹难,朝鲜国所聘日本陆军教师,亦被惨害。日本国为重和好,妥当议办,即约朝鲜国实行下开六款,及别订续约二款,以表惩前善后之意。于是两国全权大臣记名盖印,以昭信凭。

第一,自今期二十日,朝鲜国捕获凶徒,严究渠魁,从重惩办事。日本国派员眼同究治,若期内未能捕获,应由日本国办理。

第二,日本官胥遭害者,由朝鲜国优礼瘗葬,以厚其终事。

第三,朝鲜国拨支五万元给与日本官胥遭害者遗族并负伤者,以加体恤事。

第四,因凶徒暴举,日本国所受损害及护卫公使水陆兵费内五十万元,由朝鲜填补事。每年支十万元,待五个年清完。

第五,日本公使馆置兵员若干警备事。设置修缮兵营,朝鲜国任之。若朝鲜国兵民守律一年之后,日本公使视做不要警备,不妨撤兵。

第六,朝鲜国特派大员修国书以谢日本国事。

大日本国明治十五年八月三十日,大朝鲜国开国四百九十一年七月十七日,日本国办理公使花房义质,朝鲜国全权大臣李裕元、全权副官金宏集。

(续约二款)第一,元山、釜山、仁川各港间行里程,今后扩为四方各五十里(朝鲜里法)。期二年后更为各百里事。自今期一年后,以杨花镇,为开市场事。

第二,任听日本公使领事及其随员眷从游历朝鲜内地各处事。指定游历地方,由礼曹给照地方官,勘照护送。右两国全权大臣各据谕旨立约盖印,更请批准,二个月内于日本东京交换。

朝鲜国王以外患内忧,事机危迫,特命李裕元迅速了事,冀消邻衅,遂有不能不甘让之势。幸中国水陆各军,声势较盛,日本隐有所惮,未遽将割地等事,强朝鲜以必从。诸事勘定,不过数日,李熙乃于七月二十日咨复北洋大臣谢为定乱曰:

为咨复事:光绪八年七月初五日承准贵衙门咨,现准出使日本大臣黎庶昌电信内开,六月初九日朝鲜乱党突围日本使馆滋事,王宫亦同日被击,请派兵船前往镇压等因。当经本署大臣函商总理衙门,复准派委候选道马建忠、统领北洋水师提督丁汝昌酌带兵船,驶朝鲜查探。该乱党胆敢聚众围打使馆,并击王宫,实属好乱犯上,亟应由朝鲜严拿为首滋事各犯,究明惩办,如敢拒捕顽抗,肆其猖獗,即行飞速驰报本署大臣,当奏明调拨大兵,乘轮东渡,讨除众丑,以绥藩服。除饬马道员建忠、丁提督汝昌驶赴朝鲜,查明办理,随时驰报并咨行外,相应咨会贵国王烦请查照等因。窃惟当职愚昧,自失怀绥之宜,以致军卒之乱,变生仓卒,危迫呼吸。幸赖天兵东驶,用宣皇威,乱逆屏息,邦域获靖。此实我大皇帝至仁盛德,与天同大,深轸小邦单弱之势,特垂天朝宇覆之渥,扶倾济危,俾保职守。亦惟我贵署大臣仰体圣慈,曲卹藩服,先事长虑,用费纡筹。小邦君民,北望攒颂,感结衷肠。现今钦派诸大人驻军王城,究明惩办,如或小邦不逞之徒,怙恶不悛,再肆猖獗,谨当飞咨驰奏,以徼终始之恩。今方专价奉表恭谢,烦乞贵衙门照验施行。须至咨者。

(四) 清流之议论与当道之主张

中国派兵朝鲜,表面上系代韩国平乱,实际则为防日。事变平定后,中国留兵驻防,训练韩军,势力已大增。张謇因建派员监国或改为行省之议。在京之清流党更觉中国既能为所欲为,不如乘此兵威,以慑服日本,俾免后患。如给事中邓承修于八月初二日奏曰:

窃见近者高丽骨肉相猜,外戚秉政,乱机久伏,逆党乘之,逐君酖后,横及日臣。朝廷命将出师,二旬之间,罪人斯得。既彰保小之仁,益敦睦邻之谊。圣武布昭,遐迩悦服。惟闻日廷议论汹汹,群疑满腹,推原其隐,殆以中山之案未结,恐我扬兵域外,为声罪致讨之师耳。故自拓商分岛之请未遂,日使怏怏而去,朝廷未有责言。近闻忽派海军中将榎本武阳为驻华公使,其人颇习兵事,素为日廷所倚重,一旦出使,殆将阳作调停,阴觇虚实。和战之局,转圜之机,实决于此。夫以中国土地之广,人民之众,物产之富,贤才之秀,甲于地球,微论日本蕞尔之区不足与抗,即英、法、德、俄诸邦,亦且逡巡退让,自谓弗如。朝廷重发难端,习为偷惰,重以西国甲兵之犀利,器械之精良,制造之工巧,贸易、会计之便捷,欧人方挟其长技以凌我,而苟安持禄之辈遂以为西盛而中衰,环顾而不敢言战。即以日本而论,自李唐步趋中法,惟恐不及,千余年于兹矣。旦舍其旧而新是谋,法秦政之坑焚,效武灵之胡服,几有雄长亚洲之意。然其始未敢大猖獗也。

台湾之役,姑为尝试,而我曾不闻一矢加遗,掷金钱数十万,以求一日之无事,此其所以肆无所复忌也。而泰西各国因得以窥吾虚实,于是威妥玛有烟台之行,巴兰德有天津之议。俄约纷更,日人乘隙夷琉球为郡县,而宍户玑遂下旗回国,恣情要挟,损威毁重,其所由来者渐矣。臣统观今日之时局:日本视中、西之强弱以为向背,各西国又视中、东之强弱以为转移,一发千钧,关系甚重。臣愚以为中西交际不妨虚与逶迤,示以宽大;而东瀛有事,则宜以全力争之,不宜有纤毫迁就,启列邦以轻量中国之心。且日本非果富且强也,扶桑片土,不过内地两行省耳。东西二京,大阪一府,横、神、长三口,为其通国菁英之所萃,而民间储积,扫地无存。十余年来购军械,易服色,罄其所有金钱,尽成国债。平时贸易,专恃纸币之流通,有警则皆无所用。总核内府现银,不满五百万两,前借英、德、美三国债项,原约以十年为度,今既届期,尚拟再求展限。窘迫如此,何以为国?水师不满八千,船舰半皆朽败,陆军内分六镇,统计水陆不盈四万,而又举非精锐。然彼之敢于悍然不顾者,非不知中国之大也,非不知中国之富且强也,所恃者中国之畏事耳,中国之重发难端耳。今以高丽之故,朝廷忽遣重军,分道并进,所谓疾电不及掩耳,彼既骇然愕然,失其所恃,不旋踵而遣使,情见势绌,概可知矣。臣愚以为朝廷宜乘此声威,将高人致乱之由,诸将平定之功,速宣示中外,特派知兵大臣,驻扎烟台,相机调度。不必明与言战,但厚集南北洋战舰,示将东渡,分拨出洋梭巡,以保护商人为名,更番出入,借以熟探沙浅,饱阅风涛,流览形势,为扼吭附背之谋。其驻扎高丽之吴长庆水陆各军,乞饬暂缓撤回,以为犄角。布置既定,然后责以擅灭琉球,肆行要挟之罪。臣料日人必有所惮而不敢发。不惟琉球易于转圜,即泰西各国知吾军势既张,不讳言战,如法人之蚕食越南,私要盟约,非口舌所能争者,又不劳而定。臣一介迂儒,未谙边务,惟事关大局,谨博采众言,参以臆见,冒昧渎陈,是否有当,伏乞圣鉴。

既而翰林院侍读张佩纶复倡议东征。谓:"日本专意侮慢上国,蚕食藩封者，恃海为险，谓我必不能战也。琉球之地，久踞不归，朝鲜祸在萧墙，殃及宾馆，中国为之捕治乱党，已足谢日本矣。彼狃于琉球故智，谓朝鲜初非我属，劫而盟之，索兵费五十万，使与台湾之数相准，以耻中国。我以义始，彼以利终，贪婪无厌，师竞已甚。是即琉球、朝鲜非我属，而日本逼处，以争此土，犹将起而图之，然则今日之事，因二国为名，以乘东人之敝，岂待再计决哉？且臣亦未敢谓遽伐日本也，以为南、北洋大臣当简练水师，广造战船，以厚其势。台湾为日本要冲，山东为天津门户，两省疆吏，宜治精兵，蓄斗舰，以与南北洋犄角，并请简任知兵之臣，以辅其谋。责问琉球之案，以为归曲之地；驳正朝鲜之约，以为激怒之端。分军巡海以疑之，闭关绝市以困之，召使归国以穷之，日本猜惧，则必增防，增防则必耗帑。我水师大集南北各省，三分其军，与朝鲜之锐，更番迭出，观衅而助。于我未病，倭不能兴矣。及其虚竭，大举乘之，可一战定也。"佩纶于日本之必危朝鲜，与中国之当规日本，早已言之；后又陈朝鲜善后六事：一、理商政，二、预兵权，三、救倭约，四、购师船，五、防奉天，六、争永兴。清廷皆谕交李鸿章通盘筹划。鸿章历述南北洋兵船二十二号，分驻数省，有马力仅一百匹未可充战船者，仅北洋之超勇、扬威，南洋之超武、扬武、澄庆等较为得力。朝鲜之乱，已调超勇、扬威、威远三船东渡，复调澄庆、威靖、登瀛洲与泰支等陆续前往，一时尚难撤回。无夙练之水师，无经事之将领，船小力孤，情见势绌，不能服远，转恐损威。中国地大物博，但能合力以图之，持久以困之，不患不操胜算。若竟欲于此时扬兵域外，彼或铤而走险，以全力结纳西人，多借洋债，广购船炮，与我争一旦之命，犹非策之上者，固不如修其实而隐其声之为愈也。欲图自强之实事，当以添备战舰为要，不以移驻烟台为亟。中国战舰足用，统驭得人，则日本自服，琉案亦易结矣。又奏："今论理则我直彼曲，论势则我大彼小，中国若果精修武备，力图自强，彼西洋各国方有所惮而不敢发，而况在日本？所虑者，彼若豫知我有东征之计，君臣上下，戮力齐心，联络西人，讲求军政。成败利钝，尚难逆睹。夫未有谋人之具，而先露谋人之形者，兵家所忌。若必跨海数千里，与角胜负，制其死命，臣未敢谓确有把握。第东征之事不必有，东征之志不可无，中国添练水师，实不容一日稍缓。窃谓此事规模较巨,必令枢臣部臣疆臣同心合谋,经营数年,方有成效。从前剿办粤、捻各匪,有封疆之责者,以一省之力剿一省之贼,朝廷责成既专,一切兵权饷权与用人之权,举以畀之,故能事半功倍。今则时势渐平,文法渐密,议论渐繁,用人必循资格,需饷必请筹拨,事事须枢臣部臣隐为维持。况风气初开,必聚天下之贤才,则不可无鼓舞之具;局势过涣,必联各省之心志,则不可无画一之规。傥蒙圣明毅然决裁,则中外诸臣乃有所受成,似非微臣一人所敢定议也。"鸿章所论,皆系当时实情,非如书生谈兵,闭门造车者也。当台事初定之时,总理衙门即有筹议海防之奏,谓:"人人有自强之心,亦人人有自强之言,而迄今仍无自强之实。从前情事,几于日久相忘。臣等承办各国事务,于练兵、裕饷、习机器、制轮船等议,屡经奏陈筹办,而歧于意见致多阻格者有之,绌于经费未能扩充者有之,初基已立而无以继承持久者有之。同心少,异意多,局中之委曲,局外未能周知;切要之经营,移时视为恒泛。日本之患既见,备御已苦无策,西洋观变而动,弭救更何所凭?及今亟事绸缪,已属补苴之计;至此仍虚准备,更无求艾之期。惟有上下一心,内外一心,局中局外一心,自始至终,坚苦贞定,且历之永久一心。人人皆洞悉底蕴,力事讲求,为实在可以自立之计,为实在备御外患之计,庶几自强有实,而外侮潜消。昔人云:能守而后能战,能战而后能和,此人所共知,而今日大局之万不可缓者也。"李鸿章筹议后复奏曰:

查各国条约已定,断难更改,江海各口,门户洞开,已为我与敌人公共之地。无事则同居异心,猜嫌既属难免;有警则我虞尔诈,措置更不易周。值此时局,似觉防无可防矣。惟交涉之事日繁,彼族持强要挟,在在皆可生衅。自有洋务以来,迭次办结之案,无非委曲将就。臣于台事初起时,即谓明是和局,而必阴为战备,庶和可速成而经久。洋人论势不论理,彼以兵势相压,我第欲以笔舌胜之,此必不得之数也。夫临阵筹防,措手已多不及,若先时备豫,倭兵亦不敢来,乌得谓防务可一日缓哉?兹总理衙门陈请六条(练兵、简器、造船、筹饷、用人、持久),目前当务之急,与日后久远之图,业经综括无遗,洵为救时要策。所未易猝办者,人才之难得,经费之难筹,畛域之难化,故习之难除。循是不改,虽日事设防,犹画饼也。然则今日所急,惟在力破成见,以求实际而已。何以言之?历代备边,多在西北,其强弱之势,客主之形,皆适相埒,且犹有中外界限。今则东南海疆万余里,各国通商传教,来往自如,麇集京师及各省腹地,阳托和好之名,阴怀吞噬之计,一国生事,诸国构煽,实为数千年未有之变局。轮船电报之速,瞬息千里,军器机械之精,工力百倍。炮弹所到,无坚不摧,水陆关隘,不足限制,又为数千年来未有之强敌。外患之乘,变幻如此,而我犹欲以成法制之,譬如医者疗疾,不问何症,概投之以古方,诚未见其效也。庚申以后,夷势骎骎内向,薄海冠带之伦,莫不发奋慷慨,争言驱逐。局外之訾议,既不悉局中之艰难,及询以自强何术?御侮何能?则茫然靡所依据。自古用兵,未有不知己知彼而能决胜者,若彼之所长,己之所短,尚未探讨明白,但欲逞意气于孤注之掷,岂非视国事如儿戏耶?臣虽愚暗,从事军中十余年,向不敢畏缩自甘,贻忧君父。惟洋务涉历颇久,闻见稍广,于彼己长短相形之处,知之较深。而环顾当世,饷力、人才,实有未逮;又多拘于成法,牵于众议,虽欲振旧而末由。《易》曰:"穷则变,变则通。"盖不变通战守皆不足恃,而和亦不久也。

同治以来,筹议海防,目的即在对日;然人才难得,经费难筹,畛域难化,故习难除,虽日事设防,犹画饼也。局外之訾议,既不悉局中之艰难,但欲逞意气于孤注之掷,岂非视国事如儿戏耶?光绪年间所有对外交涉,大半皆处此情势,鸿章盖早已见及矣。惟筹议海防,必合枢臣、部臣、疆臣同心合谋,经营数年,方有成效。即总署所谓上下一心,内外一心,局中局外一心,自始至终,坚苦贞定,且历之永久一心,庶几自强有实,而外侮潜消。惜此点全未能作到,在北京则枢臣、部臣、言官各一心;在疆吏则直隶、江南、闽、粤又各一心,局势过涣,议论庞杂,鸿章虽有统筹之名,并无画一之实,肘见踵决,始终无成效可言。甲午之败,早种其因,与其审慎持重而终不免,似尚不如趁敌未强而孤注一掷,即或未必幸胜,究亦不致惨败也。故左宗棠对外能战能和之主张,实胜鸿章一筹。鸿章不能战,而惟求和之政策,结局则不免马关乞和之一幕,孤忠耿耿,血溅绝域,而国事亦不堪问矣。

(五) 中韩之商务章程

朝鲜之为中国属邦,本无疑义,然自日韩《江华条约》缔结以后,因明载“朝鲜为自主之邦,保有与日本平等之权”,日本方面遂资为口实,不承认朝鲜为中国之属邦。中国当时因蔽于“自主”二字,未予抗议,殊为失算。其后朝鲜更与各国立约,亦沿袭日例,视为自主之国。中国始悟其非计,因授意韩廷,使向缔约各国发一辩明之照会,保持中韩之宗属关系。其公文曰:“朝鲜素为中国属邦,而内政外交向来均由国王自主。今朝鲜与某国彼此立约,俱属平行相待,朝鲜国主明允将条约各款必按自主公例认真照办。至大朝鲜国为中国属邦,其分内一切应行各节,均与某国毫无干涉。”照会之末,记入朝鲜开国年份即光绪某年以示奉中国之正朔。壬午乱后,李鸿章与朝鲜奏正使赵宁夏、奏副使金宏集、问议官鱼允中议定中韩商务章程如下:

> 朝鲜久列藩封,典礼所关,一切均有定制,毋庸更议。惟现在各国既由水陆通商,自宜急开海禁,令两国商民一体互相贸易,共沾利益,其边界互市之例,亦因时量为变通。惟此次所定水陆贸易章程,系中国优待属邦之意,不在各与国一体均沾之例,兹定各条如下:
>
> 第一条　嗣后由北洋大臣札派商务委员,前往驻扎朝鲜已开口岸,专为照料本国商民。该员与朝鲜官员往来均属平行,优待如礼,如遇有重大事件,未便与朝鲜官员擅自定议,则请北洋大臣咨照朝鲜国王,转札其政府筹办。朝鲜国王亦遣派大员驻扎天津,并分派他员至中国已开口岸,充当商务委员,与道府县等地方官往来,亦以平等相待。如遇有疑难事件,听其由驻津大员详请南北洋大臣定夺。两国商务委员应用经费,均归自备,不得私索供亿。若此等官员执意任性,办事不合,则由北洋大臣与朝鲜国王彼此知会,立即撤回。
>
> 第二条　中国商民在朝鲜口岸,如行控告,应归中国商务委员审

断，此外财产罪犯等案，如朝鲜人民为原告，中国人民为被告，则应由中国商务委员追拿审断。如中国人民为原告，朝鲜人民为被告，则应由朝鲜官员将被告罪犯交出，会同中国商务委员按律审断。至朝鲜商民在中国已开口岸所有一切财产罪犯等案，无论被告原告为何国人民，悉由中国地方官按律审断，并知照朝鲜委员备案。如所断案件，朝鲜人民未服，许由该国商务委员禀请大宪复讯，以昭平允。

第三条　两国商船听其驶入彼此通商口岸交易，所有卸载货物，与一切海关纳税则例，悉照两国已定章程办理，倘在彼此海滨遭风搁浅，可随处收泊，购买食物，修理船只。一切经费均归船主自备，地方官妥为照料。若两国商船于遭风触损需修外，潜往未开口岸贸易者，查拿船货入官。惟朝鲜平安、黄海道与山东、奉天等省滨海地方，听两国渔船往来捕鱼，并就岸购买食物甜水，不得私以货物贸易，违者船货入官。

第四条　两国商民前往彼此已开口岸贸易，如安分守法，准其租地赁房建屋，所有土产与非干例禁之货，均许交易。除进出货物应纳货税船钞，悉照彼此海关通行章程完纳外，其有欲将土货由此口运往彼口者，于已纳出口税外，仍于进口时验单完纳出口税之半。朝鲜商民除在北京例准交易，与中国商民准入朝鲜扬花津、汉城开设行栈外，不准将各色货物运入内地，坐肆售卖。如两国商民欲入内地采办土货，应禀请彼此商务委员与地方官会衔给予执照，填明采办处所，车马船只，听该商自雇，仍照纳沿途应完厘税。

第五条　向来两国边界如义州、会宁、庆源等处，例有互市，统由官员主持，每多窒碍，兹定于鸭绿江对岸栅门与义州二处，又图们江对岸珲春与会宁二处，听边民随时往来交易，两国第于彼此开市之处，设立关卡，稽察匪类，征收税课，其所征税课，无论出入口货，除红参外，概行值百抽五。从前馆宇饩禀刍粮迎送等费，悉予罢除。至边民钱财罪犯等案，仍由彼此地方官按照定律办理。

第六条　两国商民无论在何处口岸与边界地方，均不准将洋药、土药与制成军器贩运售卖，违者查出分别严加处治。至红参一项，例准朝鲜商民带入中国地界,应纳税则,按价值百抽十五。其有中国商民将红参私运出朝鲜地界,未经政府特允者,查出将货入官。

第七条 两国驿道向由栅门陆路往来,所有供亿,极为烦费,现在海禁已开,自应就便听由海道来往。惟朝鲜现无兵商轮船,可由朝鲜国王商请北洋大臣暂派商局轮船,每月定期往返一次,由朝鲜政府协贴船费若干。此外中国兵船往朝鲜沿海滨游弋,并驶泊各处港口,以资捍卫,地方官所有供应一切豁除。至购办粮物经费,均由兵船自备,该兵船自管驾官以下,与朝鲜地方官俱属平行,优礼相待,水手上岸,由兵船官员严加约束,不得稍有骚扰滋事。

第八条 此次所定贸易章程,姑从简约,两国官民,均须就已载者一体恪遵,以后有须增损之处,应随时由北洋大臣与朝鲜国王咨商妥善,请旨定夺施行。

此章程于光绪八年八月二十日议定,九月十二日奉旨依议。观其文字与精神,均表示中韩之宗属关系,文证显然。驻韩商务委员,首由陈树棠担任,嗣于光绪十一年九月因病辞职,鸿章因以此职畀袁世凯。迨甲午东学党作乱,中国派兵入韩,日本竟谓以"保护属邦"之名驻屯牙山之中国军队,蹂躏日韩条约"朝鲜为自主国"之明文;并谓中韩商务章程,亦妨害其条约上之权利。强迫韩廷驱逐华军,废弃中韩商务章程,中日之战遂启。日本之有心挑衅,在历史上固不容为之磨灭也。

八十三 甲申之变

(一) 中日在韩之钩斗

中国向不干涉藩属政治,惟自光绪八年派兵勘定韩乱,执大院君以归,对朝鲜外交渐取干涉政策,以日本隐图朝鲜,不能不预为之防也。日韩《济物浦条约》后,韩廷派朴泳孝等赴日谢罪,日人百端教唆,谓朝鲜应自主图强,脱离中国羁绊,朴为之歆动。复观察日本社会之进步,以为强韩之策,莫若以日本为模范,回国以奏国王。国王李熙愚暗,不知日本野心之大，第以中国之干涉为苦，亦为所动。因聘日人牛场卓造、井上角五郎二人为顾问。泳孝因纠合曾留学日本之金玉均、洪英植、徐光范、徐载弼等组织新党，号称开化党，从事排华运动，日本实阴助之。日政府更退还《济物浦条约》未付之赔款四十万元，以充韩廷改革内政之经费，并撤减驻军，以示惠于韩廷。币重言甘，韩人竟为所愚，幸妃族闵氏方依中国握政柄，新党未得大逞也。光绪十年甲申（日本明治十七年），越南事起，中法构衅，清廷无暇顾及韩事，复将驻韩之吴长庆军撤回三营，仅留三营由提督吴兆有、总兵张光前，及前敌营务处袁世凯分统之。世凯见朝鲜君臣，日渐携贰，虑将有变，于九月间密禀李鸿章曰：

> 朝鲜君臣为日人播弄，执迷不悟，每浸润于王，王亦深被其惑，欲离中国更思他图。探其本源，由法人有事，料中国兵力难分，不惟不能加兵朝鲜，更不能启衅俄人。乘此时机引强邻自卫，即可称雄自主，并驾齐驱，不受制中国，并不俯首他人。此等意见，举国之有权势者，半皆如是，独金允植、尹泰骏、闵泳翊意见稍歧，大拂王意，王浸疏远。似此情形，窃虑三数年后，形迹必彰。朝鲜屏藩中国，实为门户关键，他族逼处，殊堪隐忧。该国王执拗任性，日事嬉游，见异思迁，朝令夕改。近时受人愚弄，似已深信不疑。如不设法杜其鹜外之心，异日之患，实非浅鲜。卑职谬膺重任，日思维系，不避艰险，竭力图维。初犹譬喻可悟，自中法兵端既开，人心渐歧，举止渐异，虽百计诱导，似格格难入。日夕焦灼，寝兴俱废。大局所关，不敢壅于宪听。近闻福州、台湾，同时告警，东洋讹传最多，韩人不久必又有新闻鬼蜮之谋，益难设想。外署虽与日人不睦，而王之左右，咸用其谋，不知伊于胡底也。竹添进一郎带兵换防，八九日内必到。薛斐尔已在东洋，闻将偕至，嗣有所闻，再当密禀。

鸿章得禀，深以为忧，以为法事早了，尚可潜销隐患，否则事实变迁所极，真有不堪设想者，环顾大局，实增惴虑。盖鸿章之视朝鲜，重于越南，以朝鲜在我国防上之地位，较为重要，故于伊犁、越南交涉，皆主消极，而认日本之为患更有甚于法、俄也。时开化党人洪英植等欲借日使竹添进一郎所率瓜代之兵,及朴泳孝、韩圭稷、闵应植请日人教练之前后二营,暗袭中国防营。复选精壮十二人,游日专学技勇,名曰士官生徒。英植以为卫士,拟请袁世凯等夜饮,使士官生徒伏于庭中。分别遣日军、韩军攻击防营,欲一举歼我驻军。参赞岛村久未以中国三营皆久经战场,赴宴时侍从必多,若事起坐中,万一不敌,反受其害,此议遂寝。越日又谋夜半袭取三营,遣人侦察,见防守森严,亦不果。盖祸变酝酿已久,金玉均、洪英植等以背中国,附强国,自尊为帝,以饵国王。王素无主意,即引为信臣,置其党羽,袭营谋杀之事,王亦稍有与闻,而未能决计,诸臣与世凯等往来者亦多不附。故玉均等与竹添谋,欲借日兵以挟之。竹添本一浪人,欺韩王愚妄,即欲逞其狡启之谋,于是甲申之难作矣。

(二)邮局诡谋与韩宫逼战

时洪英植总理邮政,值邮局落成,致书中国驻韩商务委员陈树棠及各国公使,订于十月十七日戌刻,与朝鲜诸贵官会宴于邮局,以表庆祝。是日下午,屯于汉城泥岘之日兵,以车载枪弹数箱,曳大炮数尊,至日本使馆。届时树棠及英、德、美使等多赴宴,惟日使竹添称病不至。酒初行,金玉均等时起耳语,盖作谋乱之布置者也。戌正,火起外垣,朝鲜禁卫大将军闵泳翊离席出视,甫及门,士官生徒徐载昌等五人前斫之,负创反奔,仆于堂上。乱党入,杀泳翊卫士数人。泳翊为德人穆麟德(P. G. Von Möllendorff)救护宅中,已昏迷不省。亥正,日兵排闼入景裕宫,露刃植立,阻绝行人。俄而金玉均、朴泳孝、徐光范直入寝殿,诳启韩王曰:“清兵纵火为乱,百姓惨遭荼毒,将及宫门矣。速迁驾别宫,召日本公使入卫。”王仓卒未遽允。忽闻炮声,乃士官生徒所施之暗号也。玉均等促王曰:“事急矣,不可缓!”泳孝执王手,勒书“日使入卫”四字。竹添入见,佯为慰藉,与英植等拘韩王与王太妃、王妃、世子、嫔五人于景裕宫别室,镝其外户,士官生徒监视之,内侍不得近身,杜绝饮食,日兵守宫门,禁止出入。十八日晨,矫诏召辅国闵台镐、赵宁夏,总管海防闵永穆,后营使尹泰骏入侍,至则尽杀之,盖皆心服中国者。左营使李祖渊从其谋,而部下不附;前营使韩圭稷亦其党,而不肯作乱,与中官柳在贤父子谋通知驻防营,皆被杀,人心大震。逼迁韩王于李载元宅,开化党自除官职,组织新内阁,洪英植为右参政,金玉均为户曹参判,朴泳孝为前后营使,徐光范为左右营使,兼办通商交涉事件,徐载弼为前营正领官。官职既定,乃议废立,洪英植欲幽王于江华岛,竹添则欲幽诸东京,征王庶子年九龄者,冀主幼便专政。议未决,而勤王之师大起,韩军民数万,皆欲入宫尽杀日人。乃共胁王潜避于旧宫御观物轩。日人与乱党派兵围守,益加严密。十九日晨,韩臣户曹参判南廷哲、右议政沈舜泽等诣清营痛哭求援。谓:“敝邦邦运不幸,祸变迭兴,母后惊逝,国良尽歼。宗社存亡未可知,寡君全否未可知,人情汹汹,不自聊生,国脉之不绝者,仅一线耳。大小上下,无不攒手祝天,唯大邦拯救之恩是望而已。”袁世凯、吴兆有、张光前等见事已危急,若日兵劫王东去,别立新主,则在此保护弹压,既失一国,又失一君,咎孰大焉?乃致书日使竹添,告以外间情形,将率兵入卫,兼以援护日兵。待六小时无回音,乃率军同韩军左右营入宫。甫及阙,日兵及乱党即于普通门开枪,弹如雨至。清军前后翻入,奋力向前,开枪交战。朴泳孝督韩军前后营助日,混战逾时,日军不支,泳孝遁去,其兵皆反正。清军追至后苑,日兵预设地雷、大炮俱发,清军死六人,伤十四人。犹奋勇酣战,逼围日军于山上。时至天黑,恐伤国王(时避兵后苑演庆堂),乃收队回营,是夜日军亦潜回使馆。世凯乃暗悬赏格,查韩王所在。夜半有人送信言韩王在北门内玉流泉后关帝庙。吴兆有、张光前率队相继前往,请王至左营暂息。洪英植侍侧,尼之行,王屡起复坐。日人伪装匿王侧,为韩军察出,立毙之。英植色变,欲召日兵。光前恐有变,遂与兆有亲舁肩舆至阶前,引王就舆。英植力阻,牵挽王裾,不令行,韩军曳之出,砍为肉泥,并斩朴泳教(泳孝之兄)及士官生徒七人。韩王至吴兆有营,世凯入见王,王执手泣曰:“吾不意今复见君,虽然,君亦危矣。”因述英植将于是日逼之更衣赴仁川,乘日本兵轮至东洋,王难焉。英植与泳孝胁迫备至,王与妃皆泣求不可,仍使人觅土人服,亲与更换,甫着身,外间枪声突发。英植知清军已入,逼王出宫,居关庙,欲设伏待世凯等入,袭杀之。适清军先觉,节节巡哨,计不得行。王妃等乘间逃去,朝鲜左营哨长柳东根带兵护卫,居于东乡。日使竹添知势孤,乃于二十日午后自焚使馆,率兵及金玉均等出自西门,走仁川之济物浦。沿途百姓,莫不握石持刀,争相追击,日兵及韩人多被创。城中日官商遗弃之妻孥甚众,清军哨长尹本贵护送至仁川,交日使验收,以示中国宽大之意。事后检验尸骸,庆军阵亡者十人,朝鲜大臣被害者十余人,阵亡兵士十一人,闵泳翊重伤,百姓罹祸而毙者九十一人,日兵死三十三人,大尉矶林真三亦死乱军中,开化党伏诛者九人。惟金玉均、朴泳孝、徐光范、徐载弼等及生徒二人,皆于事败时逃去,登日本商船千岁丸。韩民仇日甚厉,见辄格斗,互有杀伤。二十三日,清军护送韩王还宫,由袁世凯率一营移驻宫内,严加防备。韩军三营,除江华一营未动,左右营专负巡守之责,前后营则日人所训练,皆星散逃避。世凯虑兵力单薄,请鸿章速派援军。因日人寻衅之报纷传,风声鹤唳,一夕数惊。又恐朝鲜有异谋,莫如趁此民心尚知感服中国,即特派大员设立监国,统率重兵,内治外交,均为代理。先入重兵,继使排解,庶可无事。其二十八日禀云:“总之,示以必战,则和局可成;示以必和,则战事必开。”此诚有识之见。鸿章以为日人播弄主持,未必遽有开衅之意,未便多调陆队,惟华人往来朝鲜口岸,不能不派营扎守,免致水陆梗阻。特调现驻金州之庆军正营参将方正祥酌带步兵一营乘船前往马山浦登岸驻守。并饬丁汝昌率超勇、扬威两快船行驶马山浦,水陆相依,为缓急进兵之路,以备不虞。又奏派会办北洋事宜之吴大澂及随同庆裕办理海防之续昌(两淮盐运使),同赴朝鲜,会商查办。吴续因大沽北塘封冻甚坚,奉天相距过远,乃雇上海旗昌洋行商轮,由山海关设法上船,带健勇四百余人,以资捍卫。

(三)中国查办与日韩《汉城条约》

日使竹添退走之后,始复吴兆有等一函,谓吴等致伊之函,未及拆封,清兵即已闯入宫门乱发小枪,不得已而还枪保卫。此为日方之狡辩,脱卸责任,以为后来交涉地步。吴等得函,复书驳之,云:“敝军之驻防于此,保护朝鲜,乃国王之所请也。若坐视不理,咎将谁执?故于十九日投函贵公使同为保护,待至日夕,未奉回书,而居民环绕王宫,其势汹汹,不能解散。弟等见事势已急,结队前行,以候来命。不意甫入宫门,枪弹如雨,地雷火炮,一时并发,我军死伤四十余人。弟以为邪臣作乱,敢拒天兵,故亦施放小枪,自为捍御,初不知先发枪炮者,即贵公使为之也。且云赠书未及拆封,我兵闯入。夫兵家之情,瞬息万变,贵公使朝奉我书,日夕不览,以此为词,弟所不解。”时韩王电李鸿章“乞速派重兵,拯敝邑社稷”。鸿章以日方既未与中国明白寻衅,不宜张皇出兵,致启争端。清廷亦密谕:目前办法,总以定乱为主,切勿与日人生衅。因日本驻北京公使榎本武阳谓:或乱党煽惑使我两国官不和,打架尚是小事等语。我驻日公使黎庶昌、徐承祖亦电告总署,日外务省表示满望和平,速了此事,已派井上馨为全权代表赴韩,亦望中国所派之大员,有便宜决断之权,从善商办。总署以中国重大事,悉由宸断,专擅有罪,自崇厚获咎,久废全权名目,盖恐全权定议,上或不准,反不若得旨允行,决无更改。此次中国先派吴大澂奉有商办迅速了结之旨,权位不轻,勿以西例增我所难。可照此复外务省。大澂、续昌以十一月十六日抵汉城,日本外务卿井上馨亦于是日带兵商船三,兵二千余(先告黎使谓:闻吴、续带兵四百,井上亦如数带往),驶抵仁川港,翌日入汉城。二十一日觐见韩王,韩派左议政金宏集为全权大臣,商办立约,井上要约三端:一遣使赴日谢过;二索被害商民恤款十一万元;三赔使馆修筑费二万元。词气之间,颇形倨傲,意存挟制,以曲作直。朝鲜国小而弱,诸臣无应变之才,兵力财力,均不足与日本相抗,不能不委曲周旋,遂定议。大澂因于二十三日函约金宏集等同至议政府与井上馨辩论,略示干预之意,欲先查明责任,不可草草立约。井上以大澂所奉谕旨,无全权字样,坚不与商议。惟言贵国兵营之事,尚有葛藤等语。大澂亦未便力争,置之不理。二十四日,日韩《汉城条约》签字,其译文如下:

此次京城之变,所关非小,大日本国皇帝深轸宸念,兹特派全权大使伯爵井上馨至大朝鲜国便宜办理交涉事宜。大朝鲜国大君主均切敦好,乃委金宏集以全权议处之任。命以惩前毖后之意,两国大臣和衷商办,作成下列约款,以昭友谊,并防将来发生事端。兹据全权文凭,签名盖印如下:

第一款 朝鲜国修国书致日本国,表明谢意。

第二款　抚恤日本国遭难人民之遗族及负伤者，暨赔偿货物受损害掠夺之商民，所需款项由朝鲜拨支十一万元。

第三款　捕拿杀害矶林大尉之凶徒，从重正典刑。

第四款　日本使馆须移至新地建筑，应由朝鲜国交出地基房屋，须足容使馆暨领事馆之用。朝鲜国拨支款项二万元，以充工费。

第五款　择地公使馆所属土地，为日本护卫兵队之营舍，照壬午续约第五款施行。

明治十八年一月九日，朝鲜开国四百九十三年十一月二十四日。

约成之后，井上即行归国，然此特乱事之善后，而中日间之交涉，尚未解决也。朝鲜开化党主犯金玉均，既变装逃往日本，住东京庆应义塾福泽谕吉家，中国密嘱韩王，向日政府交涉引渡，日以金为政治犯，又无互交罪犯之约，拒之。此后金玉均周游欧西各国，为朝鲜独立党之中坚。迨甲午春，被诱至中国，为洪钟宇刺毙于上海。日廷知竹添之非，本欲不议，因中法正有越南战争，海陆军横议主战，乘机徼利，最后仍似有顾虑，不敢妄动。特派伊藤博文为全权大使，便宜行事，西乡从道为副使，来华谈判朝鲜问题。光绪十一年正月驻日公使徐承祖函李鸿章曰：

日本自井上馨由朝回国后，日官因中、日兵格斗一事，纷纷争论，文多主和，武多主战。然该国执政者深知竹添不妥，并伊国现在情形，实难与我国开衅。惟物议沸腾，总以我国有可乘之机，不可错失。故于西二月一号文武托词赴乡游玩，在乡会议，至十号始行议定，决意主和。如何议论，甚为机密，难以探闻。只闻内中有驳主战者云：虽中国有可乘之机，倘我国兴戎，中国与法言和而与我战，彼时又如何办法？主战者语塞。惟主和者云：既欲中国永久和好，必须将未尽各事议妥，方能稳固，故派伊藤博文前来。此人向来深知中日大局系东方强弱所关，日廷知其心地，故授以是任。又恐难服武弁之心，复使西乡从道同来。此人系日本陆军中将，口虽云有机亦不可失，而心中仍以和为主。此日廷派使慎重之实在情形也。十三日答拜伊藤，伊恳承祖将伊平素力主中日须和主意,及此次奉命仍未失其初心,函达台端,先须释疑,听其刍荛之献,俾中日如同一家,使西人不敢轻视,方遂其素愿。又云:即如去年韩京彼此兵争一事虽小,然彼此仍行留兵,同驻朝鲜,将来必致多事,倘两国因此兴戎,殊为不值。且恐俄人收渔人之利。此次急急欲议者,盖防此着耳。又云:伊前数年在英、俄两国,均曾与劼翁(曾纪泽)深谈数次,彼此破除己见,痛论东西各国情形,即球案亦复提及,彼此意见,甚为洽服。伊云:伊并无中日成见,只欲中日连为一气,庶东方得以强盛为望。承祖抵此两月,平时询访各人议论,皆云此人向愿与我和好。惟昨阅日本官报云:日皇于四月内赴福冈县阅广岛、熊本两镇兵操之谕。承祖揣其隐意,因派使与我议论,未知成否,若现在无故调兵,又恐我知,故托此谕,以便调集两镇之兵。如和则系阅操,否则即时便可发兵。并探闻海陆两军及各处制造军火厂,甚为忙乱。日人性情诡谲,举动轻躁,我国亦不可不先事预防。

(四) 李鸿章与伊藤博文之《天津协约》

伊藤博文于正月十三日发东京,二十八日晚抵天津。三十日李鸿章与伊藤会饮,请其留津会商。伊藤则以本人系头等大使,代君而行,赍有国书,须赴京亲递,乃能办事。鸿章曰:“我已奉旨派为全权与汝会商,因有防务,不能赴京,只得权宜在津商办。”伊藤则以国书未递之前,尚未证明使职,碍难奉商。遂晋京递国书,附有全权凭据。二月十七日,伊藤自京回津,十八日,与榎本公使会李鸿章于津署,吴大澂、续昌同见。是为第一次之谈判。鸿章等于二十日答拜伊藤,遂作第二次之谈判。二十二日,伊藤复访鸿章,谈判始有轮廓,互议撤兵。榎本云:“日本派头等公使来,何等郑重,不能专为此一事,如仅允此,伊藤拟于二十五日会议后即启程回国。”鸿章怫然曰:“朝鲜事中国并未办错,其错处全在竹添,若因此决裂,我惟有预备打仗耳。”榎本原欲逼中国尽允其惩办营官、赔偿恤款之要求(上海《字林西报》言:“日欲索八十万”),以鸿章此语,态度骤变,奢望顿戢,即和颜转场而辞去。二十五日,第四次谈判,反复商量,专议撤兵,词色愈温。然鸿章对伊藤言:"我有一大议论,预为言明。我知贵国现无侵占朝鲜之意,嗣后若日本有此事,中国必派兵争战;若中国有侵占朝鲜之事,日本亦可派兵争战;若他国有侵占朝鲜之事,中日两国皆当派兵救护。缘朝鲜关系我两国紧要藩篱,不得不加顾虑。目前无事,姑议撤兵可耳。"伊藤曰:"中堂之言,光明正大,极有远见,与我意见相同,当谨识勿忘。"此鸿章自失其宗主国之立场,而以保护朝鲜之责任,同加诸日本,伊藤宁不欢欣鼓舞,盛赞其光明正大哉?鸿章对日外交重大之错误,即此一语,已贻祸于无穷,而甲午之战,不可免矣。三月初一日,鸿章、伊藤作最后一次之谈判,因奉旨:"撤兵可允,永不派兵不可允,万不得已,添叙两国遇有朝鲜重大事变,各可派兵,互相知照。"遂与定议《天津协约》三条:

一、议定中国撤驻扎朝鲜之兵,日本国撤在朝鲜护卫使馆之兵弁,自画押盖印之日起,以四个月为期,限内各行尽数撤回,以免两国有滋事之虞。中国兵由马山浦撤去,日本兵由仁川港撤去。

一、两国均允劝朝鲜国王教练士兵,足以自护治安,又由朝鲜选雇他外国武弁一人,或数人参以教演之事,嗣后中日两国均勿派员在朝鲜教练。

一、将来朝鲜国若有变乱重大事件,中日两国或一国要派兵,应先互行文知照。及其事定,仍即撤回,不再留防。

伊藤坚请惩处营官,或请第三国公断,鸿章以为营兵误会,乃口角小事,何必如此举动,为西国人所笑?如谓不该与日官争斗,可行文申饬。伊藤要求将此意及查办营兵有无滋扰日本商妇之事,先给照会叙入。遂就此完案。三月初四日协约签定,李鸿章奏报经过曰:

日使伊藤博文来津,于二月十八日诣臣行馆会议,当邀同吴大澂、续昌与之接晤,该使臣要求三事:一撤回华军,二议处统将,三偿恤难民。廿、廿二、廿五等日会晤,复以此三事呶呶不休。经臣迭次据理力争,往复驳诘,所有连日问答节略,均钞送总理衙门转奏在案。臣惟三事之中,惟撤兵一层尚可酌量允许。我军隔海远役,将士苦累异常,本非久计。朝鲜通商以后,各国官商毕集王城,口舌滋多,又与日军逼处,带兵官刚柔操纵,恐难一一合宜,最易生事。本拟俟朝乱略定,奏请撤回。而日兵驻扎汉城,名为护卫使馆,实则鼾睡卧榻,蟠踞把守,用心殊为叵测。今乘其来请,正可趁此机会,令彼撤兵,以杜其并吞之计。但日本认朝鲜为自主之国,不欲中国干预,其所注意不在暂时之撤防,而在永远之辍戍。若彼此永不派兵驻朝,无多时因可相安,万一日人嗾朝叛华,或朝人内乱或俄邻有侵夺土地之事,中国即不复能过问,此又不可不熟思审处者也。伊藤于二十七日自拟五条,给臣阅看,第一条声明嗣后两国均不得在朝鲜国内派兵设营,乃该使臣着重之笔,余尚无甚关系。臣于其第二条内添注若他国与朝鲜或有战争,或朝鲜有叛乱情事,不在前条之例。伊使于叛乱一语,坚持不允,遂各不怿而散。旋奉三月初一日电旨,添叙两国遇有朝鲜重大事变,各可派兵互相知照等语,尚属可行,圣谟深远,杜渐防微,正与臣等愚虑吻合。臣复恪遵旨意,与伊藤再四磋磨,始将前议五条改为三条;第一条议定两国撤兵日期,第二条中日均勿派员在朝教练,第三条朝鲜若有重大事件,两国或一国要派兵,应先互行文知照,句斟字酌,点易数回,乃始定议。夫朝廷眷念东藩,虑日人潜师袭朝,疾雷不及掩耳,故不惜糜饷劳师,越疆远戍。今既有先互知照之约,若将来日本用兵,我得随时为备。即西国侵夺朝鲜土地,我亦可会商派兵,互相援助。此皆无碍于中国字小之体,而有益于朝鲜大局者也。至议处统将、偿恤难民二节,一非情理,一无证据,本可置之不理,惟当时日兵被我军击败,伤亡颇多,国旗既辱,军威亦损,闻日本萨长诸党,深以此为耻,群情汹汹,齐动公愤,欲图报复。伊藤谓此二节不定办法,既无以复君命,更无以息众忿,亦系实情。然我军保护藩属,名正言顺,诚如圣谕该提督等所办并无不合,断不能曲徇其请;且明诏煌煌,亦万无议处之理。因念驻朝庆军,系臣部曲,姑由臣行文戒饬,以明出自己意,与国家不相干涉。譬如子弟与人争斗,其父兄出为调停,固是常情。至伊所呈各口供,谓有华兵杀掠日民情事,吴大澂等在朝鲜时毫无见闻,臣亦未闻他人言及,难保非彼族藉词图赖。但既经该国取有口供,正可就此追查,如查明实有某营某兵上街滋事,确有见证,定照军法严办,以示无私,绝无赔偿可议也。以上两节,即由臣照会伊藤俾得转场完案,伊藤亦翕服无异词。旋奉初三日电旨:“所定三条着即照办,余依议钦此。”遂于初四日申刻彼此齐集公所,将订立专条逐细校对,公同画押盖印,各执一本为据,并另给照会交伊藤收执。该使臣即于初五日起程回国。谨将约本封送军机处进呈御览,恭候批准。其照会底稿,已钞致总理衙门查照转奏矣。窃惟去冬十月朝鲜之变,竹添阴助乱党,而朝王亦难免开门揖盗之讥。日兵先发难端,而华军亦有乖投鼠忌器之义。日本最贪小利,同治十三年台湾生番之役,优给恤银,略示宽大,此次乘中法交讧之会,借朝鲜兵争之事,寻衅而来,冀收渔人之利,其愿望未尝不奢。驻日使臣徐承祖函称:该国王调集广岛、熊本两镇之兵,预备战事,伊藤来华,随带水陆将弁多人,沿途侦察虚实。朝鲜君臣闻日使北来,举国震恐。臣等方虑事机决裂,重贻君父之忧。兹幸法夷效顺,日人亦就范围,臣等禀承庙谟,反复辩折,幸免陨越。以后彼此照约撤兵,永息争端,俾朝鲜整军经武,徐为自固之谋,并无伤中日两国和好之谊,庶于全局有裨。所有遵旨会议订立专条画押竣事各缘由,谨会同都察院左副都御史臣吴大澂、两淮盐运使续昌,恭折由驿驰奏。

(五) 李伊对中日两国之预言

《天津协约》签定后,鸿章致书总理衙门,谓:“画押之后,伊藤、榎本、西乡及随员咸集,谈宴甚欢。该使久历欧美各洲,极力摹仿,实有治国之才。专注意于通商、睦邻、富民、强兵诸端,不欲轻言战事,并吞小邦。大约十年内外,日本富强,必有可观。此中土之远患,而非目前之近忧,尚祈当轴诸公及早留意是幸。伊藤亦阴以竹添为非,谓回国后即另派妥员往充朝鲜驻使,是已寓撤差之意,可毋庸再为力争。榎本始颇梗议,嗣见法议就款,鄙论坚持,又从中调停速结,无复桀骜故态。将来回京晋谒时,务望温语附循,俾嗣后益感奋效命。”又致朝鲜国王书曰:“伊藤、西乡等初到此间,声势甚大,愿望亦奢。经鸿章反复开导,据理驳诘,彼亦渐渐心折,力言该国并无觊觎贵国之心,但两军逼处,易启争端,以为彼此撤回防军,而后中日和好可固,东方大局可保。所言尚属近情。……当亦殿下所祷祀以求之者也。昨与伊藤订立专约,彼此定于四个月内撤兵,日军不待届期,便当回国,庆军俟日兵先撤,亦即一律内渡。伊使临行,鸿章开诚布公,告以贵国为中朝屏蔽,亦东方枢纽,断不可自毁藩篱。该使颇憬然大悟,以后朝日当无甚为难之处。惟强邻环伺,在在堪虞,所望殿下勿以振旅班师,希冀无事之福,当以整军经武,亟为自固之谋。朝鲜练军五营,向由中日分派教练,今两军尽撤,教习人等,自应随同回国,免启争端。我政府眷于东藩之至意,为殿下筹善后二策:一练枪队数千人为宿卫,可代延请西国教习;一或由贵国遴派弁兵,赴天津军营学习。二者洵属当务之急。惟闻贵国已托人在美延订教习,美国人向无占据土地兵权之意,性气和平,雇价亦廉,最为相宜。……贵国三年之中,两遭大变,殿下惩前毖后,思所以致乱之由,与所以靖难之功,则痛戒私党,慎交与国,此心必有不自已者,愿殿下发愤图之!”鸿章对于伊藤之批评,谓有治国之才,可谓英雄识英雄。又谓十年内外,日本富强,必有可观,亦果不出所料。然其谓伊藤憬然大悟,无凯覦朝鲜之心,殊不知伊藤以先求己国之富强,而后再图远略,此则昧于国际大势与日人之狡谋矣。云榎本武人,无复桀骜故态,加以温语附循,即可感奋效命。对外使估计如此,岂非梦臆之谭?是亦习于儒家道德政治与道德外交之传统,何能在波谲云诡之国际舞台应付列强?吾人综观李、伊问答节略,仅赖鸿章“我惟有预备打仗”一语,为解决此事关键。而鸿章固不悟“示以必战,则和局可成”之理也。示以必和,则惟有屈辱耳。伊藤之对于中国观察如何,据中国驻东京使馆所雇之密探日人朝比奈报告云:

十一月二十八日朝比奈来云:我国既大更官制,此事系黑田(萨司马人)由中国回日,即在我皇前奏请更变官制水陆营制数条,兹谨奉闻。

一、京中各部冗员太多,宜裁去十分之四,月可省五十万元,以此款为扩充海军之用。我皇及各大臣均允之。

一、本国宜多建铁路,全国血脉贯通,转运神速,陆军可裁一半,计每年可省四百万元,即以此款为添筑铁路之用。我国四面皆海,海军极宜加多,陆军实可裁减,遇有兵事,随时调集后备之兵,皆可以战。缘我国自改男丁十八岁即须入营当兵三年之例,于步伐阵式均已习练,非若中国所募,皆乌合之众也。此二条我皇及各大臣均允照行。

一、所设内阁总理大臣,如派我(黑田自谓),其各部大臣须我熟识其才品者方好派充,此条深为长门人所忌。

一、榎本武扬前自俄国由中国新疆并统历中国沿海各省回国,曾著有《攻取中国以何处为难何处为易?》,其山川险要,土俗人情,无不详载,足见留心时事。若派此人为海军大臣,必可胜任。此条我皇及大臣深以为然。惟海军兵弁萨洲人十居其九,必须本洲人为其大臣,方能服众。故派西乡从道为海军大臣,改派榎本为递信大臣,俟资历稍深,海军大臣伊总有份。

一、中国自战法以后,于海陆各军,力求整顿,若至三年后,我国势必不敌,宜在此三年中速取朝鲜,与中国一战,则我地自辟,我国自强。彼时与中国地土相接,再请交谊,再看机会。此条我皇不以为然,遂派各大臣会议。于改官前四日在黑田家聚议。伊藤、井上(俱长门人)力驳此条。伊藤云:"我国现当无事之时,每年出入国库尚短一千万元左右,若遽与中国、朝鲜交战,款更不敷,此时万难冒昧。至云三年后中国必强,此事直可不必虑。中国以诗文取文,以弓矢取武,所取非所用,稍为变更,则言官肆口参之。虽此时外面于水陆各军,俱似整顿,以我看来,皆是空言。现当法事甫定之后,似乎奋发有为,一二年后,则又因循苟安。诚如西洋人所说中国又睡觉矣。倘此时我与之战,是催其速强也。诸君不看中国自俄之役始设电线,自法之役始设海军,若平静一二年,言官必以更变为言,谋国又不敢举行矣。即中国执权大臣,腹中经济,只有前数千年之书,据为治国要典。

此时只宜与之和好,我国速节冗费,多建铁路,赶添海军。今年我国钞票已与银钱一样通行,三五年后,我国官商皆可充裕,彼时看中国情形再行办理。至黑田云'我非开辟新地,实难自强',亦系确论。惟现时则不可妄动。"井上云:"中国之不足惧,人人皆知,无烦多论。至黑田欲即取朝鲜,与中国动兵,此时我国饷糈实来不及,且使我与中、高构兵,俄人势必乘机占取朝鲜。彼时朝未取得,饷已用去,俄反增地,非特中国之忧,我日本与俄更近,东方无宁日矣。黑田此议,万不可行。"于是彼此大忤,继以訾骂而散。次日伊藤将各情面奏,且言现萨洲之人,呼朋引类,多居要地,若不渐削其权,将来必难制服。请自此次改革之后,凡各部官员,均以分别科目,考试录用。如此则有才者皆可登于朝,而援引之风,不禁自息。我皇深以伊藤之言为是,遂命伊藤为内阁总理大臣,权位在各大臣之上。黑田遂托病不出,我皇亦未派伊事云。

朝比奈又云:此时我国事势颇危,恐萨洲人不服,暗中谋杀伊藤,如昔大久保之事,则必有事于朝鲜与中国矣。望将以上各事,便中告知贵政府为要。贵国一强,各国自无妄念,中日之交可永。谚云:"官场如戏场。"我日本尤甚。此我所以力辞官位。前蒙贵公使给我薪费,视今日各部之被裁撤者,清高自在多矣。

此密报极为重要,不仅见伊藤对中国之批评,一针见血,洞彻底蕴,即日本维新之所以成功,与伊藤治国之方略,亦可窥知。惜满清当局,仍如西人所讥为睡狮,愦愦而不自觉耳。果也,十年后之日本,战败中国,并吞朝鲜,割我台湾,终达黑田辟地之志。而中国则受一次打击,即奋发一次,如鸦片战后之海防,英法联军后之自强,中法战役后之兴海军,甲午战争后之变法运动。其始未尝不轰轰烈烈,然五分钟热度一过,则"睡觉"也如故。人方节衣缩食、裁员减政以图建设,我则移海防经费以事园林游宴,胜败之数,何待蓍龟?当伊藤与李鸿章再见于马关,东亚两雄,相形见绌,中、日盛衰,于此决定。小别十年,景象全非,可胜慨哉!可胜慨哉!

八十四 英俄对朝鲜之觊觎

(一) 各国互保朝鲜之议

当时之朝鲜,已成中日两国之接触点,中国惟恐日本侵略朝鲜,破坏东北屏障,日本亦以中国积极筹韩,有所不甘。津约既定,日本与中国享有同等之出兵权,在日人固可踌躇满志;而中国既以狮子搏兔之力,为朝鲜牢守大门,监政勘乱,复遭韩人反感,其势亦非撤兵不可。兵既撤,则莫如委朝鲜于各国互保之例,何必拖泥带水,以留中日共保之遗祸?其时德人尚处局外,驻韩德署使某因建议于鸿章曰:

> 按泰西有二三小国,为泰西各大国互相立约保护,永久相安无事,其于小国受益实多。倘他日两大国或出于交战,而小国只以千余人屯驻边界,自守吾圉,敌兵过境,示之以禁地,不得越疆而驰。设有入境,则小国之政府,可行文照会其元戎,收其器械,羁其军士。洎乎两国罢干戈而修玉帛,于时发放还国。国人既弗虑有惊扰,国君亦得安然无事。此大国互相保护之利也。……以今朝鲜情形而言,清国劳师糜饷,岁费不赀,驻防于此,推原其故,盖恐藩篱不守,强邻排闼而入,茫无把握,理或然欤?然朝鲜为清国后庭,亦即与俄、日之边界毗连,势不相容,必至争攘。虽千万驻防朝鲜何所益?愚以为照泰西成法,而清、日、俄互相立约,永保朝鲜。设或异日他国攻伐,不得借道于朝鲜,而朝鲜自派数千兵沿境巡逻防查。国中仍与和约诸国通商。兹于朝鲜永获厚益,而于清国可免他国借道,不亦善夫?日使井上前在朝鲜,亦以此法为妙,想日本亦颇情愿。今日特派大使前赴清国,或早与商此法,果行其言,岂不更妙?愚见朝鲜此时亟宜袖手旁观,若清、日两国开战,而于朝鲜无事,如清、法之开战朝鲜无事一样。今有人言朝鲜目下请清国添兵来,果有其事,便是办错。试想清国既允添兵,日本亦易添兵,两国纷纷重兵压境,将一定带累朝鲜国。朝鲜既不欲日、清以国中为战地,涂炭生民,应请清国不添兵,暂亦不撤

兵，照常安屯。向在王城三营，马山一营，是国王早请来保护，今可以仍照常保护，他国方无话说。若添兵或调马山一营来城，他国便有话可说了。朝鲜与清原非一国，从前立约，与英、德、美、日各国均朝鲜朝廷自主之。清国与他国开战，他国不能来攻朝鲜，而夺土地。清国向并不请朝鲜帮助，所以此次清、日如有战事，朝鲜自亦不用添兵，帮助清国，其实可以袖手旁观。如今所在朝鲜清兵，保护国王，防御内乱，已足用矣，于日本国不用防也，且不应防。不用防者何？日本并不想来朝鲜占地一步，去年已重修和好，只想通商之益处。不应防者何？清国不应在朝鲜国而防日本，不然日本可到朝鲜来攻清兵。朝鲜自备兵防各国，实是应行之事，他国不能谈论。按万国公法两国开战，他国不帮此亦不帮彼。彼此两国自不能难为他国及其民人。现在朝鲜所可危者，此间王城知道清、日实已开战，惟恐驻扎清、日之兵偶然相见以干戈，而国中民人趁势动手。国人趁势动手，自为朝鲜更有大祸。所以最要防者，不使国人动手。急应开导他们，纵清、日兵有攻打事，于尔等不相干涉，切勿附会招殃。而政府亦可与清、日商量，两国尚未说和，暂将兵营离远。或清兵去马山，或日兵去仁川，免致兵戎相见，蹂躏京城之虑。倘中国立即撤兵，朝鲜不应请留，朝鲜此时无别可防，防在内讧，然亦可用国中军士保护国家。若清兵仍欲在王城照旧保护，亦听其便，不过请其应照旧有规画，不用改新花样耳。此论既脱稿，而日使适来，遂将其意以探问之，日使应声曰：然。我不欲朝鲜土地一步也，我亦不意属诸人以边防故，而欲清国撤兵。今我派使前赴北京，看来可望和议有成，即或两情决裂，弃玉帛而修戈矛，我兵势必以天津而交锋，断不就王城为战地。那时驻京两国军士，自必营屯相距，遥遥静听消息，无得妄动。或清营而移马山，或日兵而退驻仁川，乌有率尔寻衅于和约之朝鲜国中者乎？我日本必不先出乎此也。于是更持禁地之法，言于日使。日使曰：此法亦颇善，朝鲜可以无事，三国不致交争，想我日本亦所愿也。且大使井上馨在朝鲜，日间曾谈及，以为此法甚好，杞人但愿先行其言而后从之者也。此接前日所呈，日本欲清兵撤退推原其故之稿书。

在朝鲜方面之各国驻使,英使袒日,亦有混水摸鱼之意。德、美较持正,但亦不明中国与朝鲜之宗属关系。惟上述互保之议,在当时之情势中,确为一比较可走之路。如十一年四月二十三日,驻日公使徐承祖与日本外务大臣井上馨谈话记,郑永宁译述日驻韩代理公使密报云:"当中日议约之时,穆麟德(Möllendorff)恐中东决裂,煽动朝鲜派员往俄属之海参崴,求俄官保护。俄官予以复书,允其保护。并言约内第三条,有中东两国可派兵往朝之语。夫中东既有派兵往朝之权,则我俄境亦与朝鲜毗连,自应亦有此权。容俟行文中东两国商酌等语。"可见许日以共同保护朝鲜,则俄人亦有辞可藉矣。中国既不能独享宗主之权,又何必不令各国协约互保,以免中日相争乎?倘鸿章能采此建议,毅然开放朝鲜,与英、日、俄、美、德订互保之约,使朝鲜亦如瑞士、比利时等,则朝鲜之祸可纾,而中国亦不致受害矣。

(二) 英国侵占巨文岛

巨文岛者,为朝鲜南海中之一小岛,孤峙海中,当济州海峡之要路,为对马岛之门户,大小三岛,相抱成一曲湾,湾内水深可容巨舰。中国称为济州岛,英人称为哈米敦(Hamilton)岛。光绪十一年(一八八五年)英、俄为争阿富汗边境构衅,俄军舰集于海参崴,英人恐其南侵,于是年二月间派舰将巨文岛占领。筑炮台,布水雷,设兵营,修码头,欲使成为军港。英国此举,目的在遮断俄国远东舰队之要路,而置己国海军根据于此岛。英舰既占此岛,其驻北京公使馆参赞乃照会朝鲜通商事务大臣,声明暂行居守,以防不测。朝鲜得书,复照英使馆及驻韩英领事,请以友谊为重,幡然改图,亟速退出。英领事壁利南亦密告李鸿章,鸿章电清廷,谓"英暂据此备俄,与朝鲜、中国皆无损"。其忽视可知。三月,驻英公使曾纪泽照会英外交大臣格兰威尔称:"巨文岛乃朝鲜属地,而朝鲜为大清国之属邦,若外人占领巨文岛,则中国政府不能默视。然据照会意旨,贵国系一时占领,如议定决不损害敝邦之权益,则敝国亦无抗拒之意。"翌日,遂议定英国将该岛岁入金额,每年缴纳朝鲜政府,其贡献于中国之部分,应缴纳中国政府,不得损害朝鲜人民之权利。此议定为俄国驻华公使所闻,即向总理衙门言:“若中国政府承认英国占领巨文岛,则俄国认为有占领其他岛屿或朝鲜王国之必要。”中国始知此事之不简单,中、英协商,因而顿挫。三月,曾纪泽复照会英外部,告以俄、日皆有援例要求之虞,“中国政府为避免此等纠纷起见,不能签字于贵国提议之协定,因是希望贵国政府勿以占领巨文岛为必要。”英得照会,不报。李鸿章致书朝鲜国王,断不可轻易允许,开罪俄、日。同时派丁汝昌带兵轮赴巨文岛察看情形。朝鲜亦密函各国使领,征询对英占领巨文岛之意见。德总领事表示不直英方之所为,美代理公使谓英方所为,未曾有忘对韩友谊之意,惟恐俄国不谅,请函海参崴俄军司令声明韩国未曾允许。日本代理公使近藤真锄则认为关系国权,似属重大,宜将所告英国请其速退之意,告各与国,俾各国释疑,而公论有所归。丁汝昌抵韩,韩廷派参判严世永、协办穆德麟附轮同往查看。严、穆晤英国船主麦乞伊责以无故占岛之不当。麦云:“一切均我海军司令之命,可往长崎与彼商之。”汝昌复偕严、穆驶达长崎,晤英司令,不得要领。严、穆致函英司令,谓既属友谊,而据友国之地,是出于何命?并因有何故?请即示复。英司令答称:奉本国政府之命,所部兵船据守巨文岛,揣摩本政府意,或系暂时借用。昨日晤谈,已电知本国,俟复再告。中、韩双方虽向英国交涉,而英辄延宕,谈判中止数月。俄国一再催促,请中国索还该岛。光绪十二年春曾纪泽告英政府曰:“俄使屡向中国政府要求,促英兵由巨文岛撤退。并谓英国若继续占领,则俄国不得不在朝鲜占领一地。贵政府意见如何?”时阿富汗问题业已缓和,英国乃答称:“此岛之占领,并不伤害中国及其属国之权利利益。英亦无占领该岛之意。惟此岛若归他国,则必招中、英两国之不利,以是中国若保证不使任何国占领该岛,则英国可安心撤兵。”是英国之真意,在使中国保证将来俄国不侵占该岛,则可交还。八月二十八日,俄使拉德仁(N. Ladygensky)为图们江划界事到津谒李鸿章,鸿章询以巨文岛事,拉云:“本国政府饬向中堂担保,俄国并无欲取巨文岛或朝鲜他处地方之意。”李请其将此番议论写一节略。俄使云:“只能当面应承,不便再具文。”鸿章以英人必要公牍为凭,与俄使商议再三,始决定由李、拉互具照会,由两国共保不占取朝鲜之地。俄使送来照会底稿,有“中、俄两国议明朝鲜一切情形,以

后无有更变,均照历来及现在办法”之语,清廷以为仍寓保护之意,于将来措置属国事宜,恐多牵制。九月十七日懿旨云:

> 本日据军机大臣呈递醇亲王信函内称“中、俄因韩立约,原恐俄怀他意,若因此被俄牵制,不如不约为愈。盖俄不侵韩,乃其本分应尔,安能与我为上国者相提并论?设牵就立约,无论郡县监国,本不欲办,亦办不到,恐如此次责问之款,亦做不到矣。得巨文一时之虚名,失全韩日后之通局,履霜冰至,谅公议亦同此情。法之于越,英之于缅,日之于琉,皆自彼发难,中国多事之秋,兴灭继绝,力有未逮,尚不足为耻;若俄约则无中生有,自我发端,而乃堕其术中,自贻伊戚,岂不贻后人訾笑乎?无已或酌添数语,大致谓‘韩为华属,保全周至,苟非干名犯义,断不别有措置。俄与韩通商修睦,亦断无侵扰之心’云云,似名分疆界尚觉清楚”等语,所论切中窍要,着李鸿章详审酌度,照此定议,免滋后患。

俄人欲仿效日本之办法,在无形中获得共同保护朝鲜之权,醇亲王能窥破此点,足见中国因屡次上当,外交思想已进步多矣。鸿章照懿旨与俄使商改,俄不之允。会俄廷来电声明决不侵占朝鲜领土,遂据此定议,照会订约,均作罢论。总理衙门遂据此照会英使华尔身,令兵船退出巨文岛。十一月二十九日,华尔身面晤庆亲王奕劻,谓已接本国电信,允即退还。并致中国及朝鲜照会各一件。英兵旋即撤退,盖占领已近二载矣。此次交涉,中国可谓成功,因英、俄两国在事实上已证明朝鲜为中国之属国,然两国对于朝鲜之角逐,自此开其端绪矣。

(三) 俄韩要结之一幕

先是张佩纶奏陈朝鲜善后六事,第六为争永兴。佩纶言:“觊朝鲜者非独日本也,即俄人亦窃睨之。防倭不防俄,非十全之策矣。朝鲜之永兴湾,洋人谓之乃校来甫(Port Lazaref),海程去摩阔崴英里百数十米而近,俄兵在海参崴以摩阔崴海口严寒早冰,不及永兴之天气温和,口门宽广,尝思蚕食其地,此地失则咸镜诸道之藩篱尽失。而俄有驻船之坞,必将大集战舰,久屯北海,非唯朝鲜之忧,将为辽沈之患矣。应饬李鸿章会同吴大澂密计妥筹,力争要害。”李鸿章复议曰:“查朝鲜东北之永兴湾,形势险固,可作船坞,西人尝艳称之。上年中俄议约,俄人调集兵舰驻海参崴,英、法各国皆疑俄欲攻夺永兴,而驻津俄国领事今升署公使韦贝(Charles Waeber)每向臣密言俄廷绝无此意。本年(光绪八年)英、美、德与朝鲜议约,俄使先向总理衙门探询朝鲜与俄定界通商,经朝鲜辨阻,迄今尚未再议,似其本志非即欲进据永兴者。永兴近接元山通商口岸,将来各国贸易互通,俄人亦难独图占夺。至该处距吴大澂驻兵之宁古塔、三姓、珲春等处千余里而遥,中隔俄境,水陆易宜,山川间阻,兵力饷力,断难兼营。”及巨文岛事起,英国要求将巨文岛及永兴湾开为各国通商口岸。是英人仍虑俄,故二处相提并论。俄使拉德仁因向鸿章声明,实无窥占永兴之意。岂俄真能对朝鲜漠然而不动食指乎?非也。盖俄对朝鲜有鲸吞之野心,故于永兴姑置之,以示小让耳。中日既订《天津协约》,俄人即欲同获派兵往朝之权,日本大恐,井上馨乃约驻日公使徐承祖谈话,谓:“朝王年轻,不明事理,所赖者左右辅助得人。今当道如尹雄烈等,皆非公忠体国之人。再加穆麟德内结内官,外通俄国,恐于朝鲜社稷不利,即我中、东两国,亦与有害焉。此事诚为可虑。中国向于属国之用人行政,不大与问,我早知之。惟此时事势不同,宜稍为变通为是。缘朝鲜弄坏,于我两国均有所损。鄙意以后高廷用人及大政,均属其请命中朝,方准黜陟更改。李相(指鸿章)功高望重,朝王及高人素所佩服,请李相函告朝王,罢尹雄烈等六奸之职,选用正人。如李相心知彼国某人可靠,即荐朝王任用,不许其擅自更动。至穆麟德宜嘱朝王,饬其速离高。以后高廷雇用美国人,亦须由李相面命函荐。如此则朝王不敢妄为,而权奸亦不敢施其鬼计矣。朝鲜社稷及东方大局之安危,皆在贵国肯听愚言变通之一着矣。”何以井上馨忽怂勇中国干涉韩政,一变其指摘中国之故态?盖穆麟德为韩廷建议,求俄保护,金镛元赴海参崴与俄密约。俄派参赞官士贝邪(Alexis de Speyer)来朝鲜,要求韩廷聘用俄国教官,训练军队。而英人亦侵占巨文岛,英、俄两国角逐朝鲜,日本恐朝鲜落英、俄手,反不如在中国人手中,尚有可取之机也。联俄之议,发自外臣穆麟德,而内廷实赞成之。朝王暗弱,惑于群小之言,时以三千里河山臣服于华为耻,甲申误于引日拒华之议;自金允植去后,韩王信任金嘉镇、郑秉夏等,始有引俄拒华之议。穆麟德勾结闵泳涣、洪在羲等极力拉笼,暗中为之主持者,则闵妃也。自甲申乱后,闵妃骄横尤甚,尽用私人,如闵应植、闵丙奭、闵泳涣、闵肯植等均不学少年,妄自尊大,分掌国政。大臣无权,百官隐恨,闵妃刚愎自用,舞国王于妇人之手,宫阉杂役,出入无禁。事无大小,王妃自决自行,惟宵小辈得以参预。幸有一闵泳翊心仍向华,从中力谏,不听,则泄其谋于中国总理商务交涉事宜之袁世凯,世凯皆密报鸿章。先是,鸿章以李昰应老病七旬,若有不讳,徒贻后悔,乃奏请释放回国,勿令干政,作局外闲人,但其声势自在,或闵妃有所顾忌而不致纵恣。国王父子天性,或暗得掖助,而稍端趋向,亦未可知。昰应至津,密告周馥,意以王妃干政,闵党植权,己方退避之不遑,焉敢挺身任事?必请如元朝故事,钦派大臣前往监国,办理行省,方可使王与妃不敢任意横行。鸿章以监国关系重大,改省太觉奇崛,事势恐有难行。特派前管庆军营务处之袁世凯护送昰应回国,优加崇衔,接替陈树棠差使,驻朝办事,可为耳目臂指之助。时光绪十一年七月也。昰应既归,闵妃深怀疑恨,欲借俄力以拒中国,可自尊为大皇帝,不受人节制矣。世凯以昰应推尊中国,笼络人才,剖白事机,顷刻应变,诚为东方第一人才,乞鸿章假以事权。而诸闵猜忌丛生,不能相容,捏造谣言,期欲坑害。会俄使韦贝以商务事来朝鲜,穆麟德为之居间,闵党请俄保护朝鲜。世凯欲为釜底抽薪之计。乃设法离间穆于诸闵,并作《摘奸录》,以金玉均为比,以安南为戒,冀耸其听。韩王心有所动,见世凯似有悔意。鸿章请韩王开去穆麟德典圜局差,另荐美人墨理贤(Henry F. Merrill)总办税务。光绪十二年六月,闵泳翊密告袁世凯,谓:韩廷信诸小人愚弄,时派人赴俄使韦贝处求相助保护,为巨文岛,亦求俄派船助韩防英。俄因而愚之,欲要文凭密约。泳翊苦谏不从,乃阳顺引俄之议,而阴密通华,即借华力尽除群小,庶可持久。七月,世凯电鸿章,请先派水师,稍载陆兵,奉旨迅渡,废此昏君,另立李氏之贤者。次以数千兵继渡,俄见华兵先入韩、易新君,或可息事。既而,泳翊密送韩廷致俄文稿。其辞曰:

密启者:敝邦偏在一隅,虽独立自主,而终未免受辖他国。我大君主深为耻闷,今欲力加振兴,悉改前制,永不受他国辖制,惟不免有所忧忌。敝邦与贵国睦谊尤笃,有唇齿之势,与他自别。深望贵大臣禀告贵政府协力默允,竭力保护,永远勿违。我大君主与天下各国一律平行,或他国有所未叶,望贵国派兵舰相助,期以妥当,深所景仰贵国也。肃此仰布,统希雅鉴,敬颂勋安。大朝鲜开国四百九十五年丙戌七月八日奉敕内务总理大臣沈舜泽,致大俄国钦命大臣韦阁下。

据年月上有韩国宝,沈上有图章。

鸿章得报,致书醇亲王奕譞,筹议朝鲜私叛应付之策,旋奉懿旨:“此时情事未定,先以整军备战为主。李鸿章务将调兵事宜,赶紧豫筹,为朝发夕至之计。先事宜审慎,不可大意,临事宜决断,不可游移。一面酌调兵船,赴朝鲜海面,不时操巡,以联声势。并电催陈允颐询问之事,有无把握?刘瑞芬诘问若何情形?一有确复,即电闻请旨办理,钦此。”陈允颐前管朝鲜电报,鸿章令其以查看电线为名,驰往与世凯及李昰应筹商诛除乱党;刘瑞芬为中国驻俄公使,鸿章电告转商俄政府,勿受朝鲜请保护之文也。世凯招朝鲜诸臣及营将等,厉辞诘责,诸臣驰告王。王大恐,派领相沈舜泽,右相金宏集,及内外署诸臣相继至世凯处,言:王及政府皆不知,必小人假造等语。世凯云:既不知,当索还此文;如假造,当查办小人。诸臣俱有难色。世凯详言利害,并云:圣朝东顾,义尽仁至,何负于朝鲜?有此一举,显系背华,如天朝震怒,将兴大师问罪,未知韩何以应?诸臣甚悚,夜深又驰入告。昰应亦入宫执王手大哭,并泣奏太妃,王及太妃均哭。惟闵妃坦然自若,谓索回文凭,即可无事,华虽百万兵,何惕之有?韩王不得已,诿罪于金嘉镇、赵存斗、金鹤羽、金养默等,将其治罪。并幽害送文凭之蔡贤植以灭口,派员索俄文凭。俄使云:“无此事,如必问,将调兵打仗。”韩臣谓如终不还,必须再送文申叙非国王政府所知,前文可作废纸。盖欲抵赖以俟俄兵,俄兵至,再抗华。世凯屡电鸿章请兵,谓王及妃托俄已深,勾引串谋,华难胜防。此时臣民交哄,举国鼎沸,如有五百兵,必可废王擒群小,解津候讯。际此非常,瞬息千变,日夜焦急,乞速派大员率兵查办,或可挽回。鸿章以刘瑞芬回电,面询俄外部倭良嘎里(A. Vlangaly),据称韦贝无信,亦无此事。知俄调兵事未可深信。八月,邀俄署使拉德仁(N. Ladygensky)商巨文岛事,拉云:“本国外部有电信,令我对中堂说,朝鲜谣言,全无其事。纵使日后果有此事,亦必作为不算。”李云:“如今放心了,旁人再造谣言,我们可以不听。”如此一幕虚惊,竟因俄使一言而烟消云散矣。

八十五　袁世凯与朝鲜

(一) 李鸿章之朝鲜政策

李鸿章对朝鲜之政策,始终为消极的,而袁世凯在朝鲜则十分积极,主力废立置监,或改为行省。是定策与执行之间,已有若干距离。甲申以前,与中国相争者仅一日本,甲申以后,与中国交涉者,又有英、俄。在朝鲜内部,前此有开化党之亲日,事大党之亲华,及中日天津协约撤兵,俄人乘虚而入,而韩臣又有联俄拒华之议。英、日皆认朝鲜在中国手中,将来仍有方法夺取,如落俄人之手,则损害甚大,故尽力怂恿中国干涉韩政。俄人又虑中国改变朝鲜制度,特以不侵占朝鲜土地之声明为饵,欲与中国立约,暗寓共同保护之意。此种错综复杂之局面,使身当其冲之李鸿章,深感操纵两难。光绪十二年八月十二日鸿章函醇亲王奕譞曰:

> 朝鲜之事,最难处置。闵泳翊乃王妃之侄,见诸小人欺朦国王,密送国宝印函于俄使,求俄保护,因与袁世凯素熟,乃密报袁转达。迨发觉后,该君臣又互相掩饰,俄廷亦未明认,只可暂就了结。然谓韩廷从此潜消异志,恐国本先拔,难保不生他变。各国驻韩者,趋向不一,日来颇怪袁世凯多事。盖皆有嫉忌韩为我属之意。若我遽加兵易主,责言更多,掣肘立见。刚柔操纵,势在两难,非至万不得已时,未便声罪致讨。袁守精明刚躁,鸿章每切谕以镇静勿扰。但因壬午、甲申两次定乱,该守身在行间,颇有德于韩民,情形亦较熟悉,权宜用之。惟其洋务素少历练,年资稍轻。诚如钧谕,宜预储通品,为

他日替人。第系难作文之题，通品亦不易得。李昰应年近七十，又畏各国环伺，恐其无能为役。嗣后再有事变，应遵示径致总署转陈。

此函已见当时朝鲜问题之难处，与袁世凯之为人。鸿章对袁虽不满意，但通品既不易得，而一篇难作文之题，只得由世凯随意交卷矣。十八日鸿章复致奕譞书曰：

朝鲜监国之举，局外每持是论，钧意未肯率为附和，深识远虑，敬佩曷任。查元朝曾屡派员往监国政，卒酿祸变而止。其时尚无各国通商之事，今则牵掣甚多。俄固不愿，犹可以口舌争。日初与立约，即认朝鲜为自主独立之国，明系不让他人干预。盖日、韩中隔小海，交通最近。元初三道出师征倭，一大军由韩取道渡对马岛而入，倭几受创。兹明知我属而认为自主，一防我掠地侵逼，一利韩贫弱为他日并吞地步，意极狠恶。若遽派员监国，无论韩君臣观望反侧，操纵轻重之间，难得妥洽，日人必先决裂，阴嗾各国连合阻挠，恐有进退维谷之时。且不拥虚名真有镇压实效者，环顾内外，实难其选。所谓言易行难者，此类是已。去秋李昰应回时，力请监国大员，今闵泳翊私发送印函，抵烟台后亦有书来，请派兵保护，防俄定朝鲜，治国好法。其言似为大局起见，然各有私心。昰应欲借我力去王妃，泳翊欲借我力去小人，又与昰应世仇，恐夺政柄，而不顾我之挑衅日、俄也。目下时局艰难，须先自治而后治人。韩虽可虑，有俄在旁，日断不遽生心。我当壹意联络俄人，使不侵占韩地，则日亦必缩手。似只有练兵储饷，见症治症，未便轻举妄动，以致一发难收。

鸿章不赞成监国之议，深恐遭国际干涉，日、俄忌阻，朝鲜反侧。所虑未尝不是，特袁世凯之作法，虽无监国之名，颇有操纵之实，故朝鲜之问题，愈演而愈复杂。其联俄制日之策，或可收效于一时，而终贻祸于无穷，李鸿章一生外交之失败，皆坐是错误政策耳。盖俄人甘言诱骗，鸿章似非不知，惟彼此乐于无事，直类饮鸩止渴矣。观其以后致洪钧书云：

> 朝鲜蕞尔国,为东方全局所关,英、俄两雄,尤若视为轻重。英惧俄占据朝鲜海口,经略太平洋,故力劝我收回朝鲜,非助中而仇韩,实忌俄也。俄惧英之说行,则中英之交益密,将合而拒俄,是黑海之盟,复见于东方也。故屡请我立约,两不侵占,非防中而助韩,实忌英也。两雄相忌之际,中国正可择便而行。今用英之说,则力有未能,而俄先不能无事;用俄之说,则彼此乐于无事,且声明永不侵占,而英亦或可勉从。前年索还巨文岛时,曾与俄署使拉德仁会议中俄互送照会,彼此约定,永远不占朝鲜土地,旋因彼于照会内,不肯明言是我属邦,中旨未允。今之所言,自是重申前说。今日事势与前更殊,韩日趋于危亡,岌岌不可终日,尽人皆知,逼处大国惟有一俄,彼求订立专条,永不侵占,自属有益无损。

鸿章坚持联俄之策,不惜订立专条,如此焉能防制日本?反驱英人助日以侵韩,中国独当大敌,遂有甲午之战。倘早用德使各国互保之议,放弃宗主国之虚荣,则中国或不至于贪虚名而受实祸也。

(二) 通使与借款之问题

世凯以壬午随庆军莅韩,颇受张謇提携,及奉命训练韩军,始与朝鲜发生密切之关系。凡朝臣之亲华者,无不与世凯相结托。甲申之变,因电报不通,无法请示,世凯毅然与吴兆有、张光前带兵进宫,击退日人,勘定新党之乱,始崭然大露头角。其年龄尚不满三十,鸿章颇器重之,又以李昰应、闵泳翊之言,委以“总理朝鲜通商交涉事宜”,名义颇似总领事,而实际则鸿章之驻韩代表也。其时朝鲜之外交、财政、电报、海关,皆由中国代办,我国之宗主威权,逐渐提高。韩廷受日、美人之煽惑,时欲自主。时美籍顾问德尼(Owen N. Denny)原为鸿章所荐,以代穆麟德者,屡劝韩王派公使分往各国,乃能全自主体面。光绪十三年七月,遂派朴定阳为全权大臣,赴美驻扎;赵臣熙为全权大臣,出使英、德、俄、意、法五国。世凯电告鸿章,鸿章以闻,奉旨:“朝鲜派使西国,必须先行请示,俟允准后再往,方合属邦体制。钦此。”韩廷电询闵泳翊,泳翊在沪,复电云:“清素畏洋,我派使结洋,清必畏我。北洋电必虚吓,计断无虑,乞决大计,婉拒清,清无奈何,臣以死保。"韩王受此煽惑,使定阳先行,世凯屡阻之,韩答已知照各国,未便另改,拟饬待报聘事竣调回,以参赞代理。与中朝大臣惟事恭谨云云。李鸿章因电袁转达国王,声明三端:一、韩使初至各国,应先赴中国使馆具报,请由中国钦差挈同赴外部,以后即不拘定。二、遇有朝会公宴酬酢交际,韩使应随中国钦差之后。三、交涉大事关系紧要者,韩使应先密商中国钦差核示。此皆属邦分内应行之体制,与各国无干,各国不能过问。是年十二月,朴定阳到美,既未先赴中国使馆具报,我驻使张荫桓与外部约定日期,韩使亦托病未来。荫桓电鸿章向韩廷诘问,韩王派近臣郑秉夏向世凯面称:中韩一家,天下共知,韩感恩戴德,永矢依附。凡难事无不辄蒙优容,此次派使西国,议准三端,殊失韩国体,且恐各国拒其国书,不以敌体相待,则遗羞匪浅。故朴使因国体至违定章,请婉恳删其第一端。世凯严词诘责,韩廷无以自解,拟俟调回再行议处。事经年余,定阳始由美回国,世凯促韩廷惩办。德尼力言于王,如听华罪朴,韩即非自主国,各国必不接交国使。必须即授朴显职,以示各国。华必无可如何。此皆袁某(指世凯)一人作祟,尤无足虑。韩王因欲以定阳为外署督办。世凯切实诘辩,词色甚厉,韩王屡派大臣往说,恳含糊了结,世凯坚持罪朴,以杜后效。又隔年余,始罢朴职,且照复世凯云:"敝邦仰荷大朝厚恩,无微不至,必有以妥为变通,全交际而息谣啄。该使何得竟自擅违?并谓有病不进谒张大臣妥商办理,其在事体岂容若是?已启由殿下施以罢职之典。惟本政府约束无素,至生歧议,殊切悚愧。"此事始告解决。世凯对韩之控制,毫不放松。朝鲜财政困难,韩王及大臣均密借外债,数达百三十万元,而无法偿还。复议借法债二百万,以清理中、日、德、美各国债务。世凯阻之,鸿章令总税务司赫德筹议,赫德谓朝鲜为中国属国,如借他国款,其出借之国,日后权威必大,不如由中国借给二百万元,可由朝鲜通商之三口海关扣抵。盖海关税司,皆赫德所派也。韩王因听信小人之言,恐贷款于华则受制,有损自立国体,犹豫不决。日本乃荐李仙得(Legendre)充内署协办,欲攫总税务司,不受华关节制。李仙得即曾导日人侵台湾,为厦门美领事所捕之美国流氓也。李议借美债二百万元,以海关作抵。总署通告各国驻使,阻其借贷。李仙得又赴日谋借款,日人索息二分半,又欲开平壤为商埠。世凯向韩内外署督办闵泳骏、闵种默表示鸿章意:倘有正宗要需,不妨商请中国设法,切不可再向他国贷款,致贻后悔。韩王仍游移,会德商世昌洋行索债,截留韩漕折抵,韩君臣颇愤,不得已始商世凯借华商银十万两以偿之,又续借十万两清理日、美要债。息仅六厘。韩廷感悦,世凯乘机联络开导,王妃均渐感悟,表示诚心事华矣。时光绪十八年十二月也。

(三)袁世凯与德尼之争

先是鸿章令韩廷解雇德人穆麟德,招至津,予以安插,另荐美人德尼以代之。德尼至韩,与税务司美人墨理贤(Merrill)阴相嫉忌,屡谮韩王,不应由中国代派税司。韩驻津委员成歧运递说帖于李鸿章,痛诋赫德揽权,欲遥制朝鲜税务。鸿章严词申斥,掷还其节略。盖德尼欲兼理税务,视为优差也。德尼攫海关不成,乃更与袁世凯争权,煽惑韩王自立。因著《朝鲜论》(*China and Corea*)一书,力诋袁氏。鸿章致世凯书云:

> 韩事日就败坏,不易挽回,执事在彼三年,苦心调剂,随宜补救,非止一端。局外或不深知,鄙人岂不洞察?所以迭奉箴规者,特虑锋神太隽,亦吕侯戒元逊十思之义也。近读来示,深稳有识度,进而益邃,至为快忭。德尼论朝鲜事一篇,荒谬绝伦,尤集矢于执事,其诬罔之词,原不足辩;而于执事持大体,得众心处,自不能掩,各国亦多不直其邪说也。

鸿章对德尼与世凯之争,观察极清楚,知德尼之诬罔,皆有为而发,而世凯颇能持大体,得众心,不似得尼之忘恩负义也。但世凯因受各方攻击,颇为灰心,屡函鸿章求调,鸿章劝慰之云:

> 目前情势,操纵两难。横览人才,亦无以易执事,非漫为勉留也。韩王之锢蔽,似已无可挽回,目前除却“持大端不苛小”六字别无办

法。所望平心静气，愈加讲求交涉之宜，维持一分即补救一分，将来局面，或有变迁，或有十分稳当可代之人，自当时时留心，终不使执事久居危疑之地也。尝论执事现在所处地位，终军之使越南也，而其事寄则班超之护西域也。终童之失在轻锐，定远在西三十年，将行告任尚，亦惟以严急清察为戒，而归于简易持大纲。任笑其平平，终以偾事。可知定远三十年中，深沉含宏盖不少矣。其语深远可味，今亦愿执事为定远之平平，无为任君之察察而已。

观此则可知鸿章对朝鲜之基本政策，仅在维持宗主之体面，而不欲积极干涉其政治。但因英、日忌俄之心，怂勇中国，与世凯以积极操纵之机会。鸿章亦不得不支持之。及宗主之权威既张，而英、日又从事破坏，以煽惑朝鲜君臣作排华之事。德尼既不能发生作用，日本特荐李仙得以代之。仙得素以仇华著名，将谋攫夺税关。韩税务司史纳机（J. F. Schoenicke）以告袁世凯。世凯云："尔奉华派，韩如欲撤换，应先咨请华调回，如擅自派代，尔应不遵，断不可遽自交代。韩国利权，如在汝手损失，赫德将憾汝，恐华关无复立足地。韩人反复无常，喜新厌旧，汝须慎防。"赫德亦电史：无论他人来索关务，概不交付，各口亦不许韩派一人，遇事务与袁世凯妥商，听其指示。李仙得知索关必不成，谋始寝。乃议将巨文岛租与美国屯煤，特请美兵船派五十人入宫护卫。日本亦潜派四五十人，由汉江入王城，谣疑纷起。盖韩人又有借美兵以图保护之议矣。韩王派闵周镐梭往美馆，不得要领。总署电驻美使臣，照会其外部，申斥驻韩美使及水师官，迅即撤回，勿得久留生事。未几，美兵即撤，其事顿息。时韩王太妃殂，闵妃恐王与昰应合，以居丧为借口，不使问政。事无大小，由妃独决。王受制已久，不能自振，可悯可虑。然李仙得所谋皆无成，会日本新驻使大石至，又尽力煽惑韩廷连合各国，扶韩自主，永不受华凌侮。盖自甲申以后，英、俄、美、法均对韩有试探性之侵略，而华为支撑，卒获无事。日本初惧外人插足，故对中国之干涉，不加牵制。及见各国皆退避，惟中国之势力大张，则又蠢蠢欲动，与中国之针锋相对矣。

第二十章　中日甲午之战(上)

八十六　战前之形势

(一) 中韩两国之政局

光绪初年,恭亲王居军机首班,兼管总理衙门,对于新事业之建设,尚能与李鸿章内外相呼应,购船造械、架设电线、整顿海军等洋务,尽力推行。一般清议之势力,犹为当政者所忌惮,所谓清流者,均以放言高论博声誉,谋升迁,奕䜣与李鸿藻辈皆优容之,浸假以事权,俾获自试其才,张之洞、吴大澂、张佩纶、邓承修等皆由是起。外交赖郭嵩焘、曾纪泽诸人折冲,国势颇有进步。及东宫被鸩,恭王罢黜,慈禧揽权恣肆,任用阉宦,以醇王奕譞、庆王奕劻分管军机总署,而孙毓汶等复依违其间,与李莲英相结托,朝局遂日益腐败。光绪十三年,载湉虽亲政,一切仍由太后裁决。十五年,慈禧立其侄女那拉氏为后,太后始归政。御史屠仁守言:归政伊迩,时事孔殷,密折封奏,请仍书皇太后圣鉴,披览后施行。懿旨斥其乖谬,罢御史,下部议。然此仅表面文章,实际上慈禧对光绪帝之控制甚严,政事仍多干预,以故宫中、府中,俨分帝、后两党。李鸿章经办新政,权倾内外,忌者自多。而其登用人才,薰莸杂进,重才而不重德,一般视为藏垢纳污之所。枢臣中如翁同龢、李鸿藻等反对鸿章尤烈。同龢为户部尚书,对制器筹饷多事牵掣,海军成立后,即未添一舰,鸿章之不得畅展抱负,亦环境使然。故当时之大局,帝、后两党暗斗于内,翁、李两党倾轧于外,平时已岌岌不可终日,况以临顽强之敌乎?奕譞虽政府领袖,但以其子为帝,顾忌甚多,李昰应之被囚,慈禧即有意示以警惕,故奕譞更惘然莫知所措,何敢以抗言行?光绪十六年,奕譞病亟,鸿章荐医往视,奕譞弗与诊脉,诏医曰:"君归致言少荃(鸿章字),予病弗起矣。太后顾念予,日倩御医诊视数次,药饵医单,悉内廷颁出,予无延医权,而病日深。"旋泫然问曰:"有壮盛男子(时载湉正二十岁),多所娶而不育者何故?"医惊问王为谁,奕譞枕畔竖擘指曰:"今上。"于是知载湉将永无嗣续矣。此可见慈禧固以帝王为其弄权之工具,对于帝与王之私生活,亦严加管理,遑言政治?不久,奕譞郁郁卒。庆亲王奕劻、礼亲王世铎,皆贪庸寡识,更无能为。而慈禧惟务逸乐,耗天下之膏脂以经营颐和园。明珠彻夜,声伎大陈,别启琼林之羡余,更营玉府之珍异。载湉之母,慈禧之妹也,亦不使相见。故《颐和园长词》谓:"嗣皇上寿称臣子,本朝家法严无比。问膳曾无赐座时,同怀罕讲家人礼。……月地云阶蔽上方,宫中习静夜焚香。但祝平时边塞静,千秋万世未渠央。五十年间天下母,后来无继前无偶。"皆纪实也。光绪二十年,适当慈禧六旬大寿,拟举行隆重庆典,诞辰本在十月,自十八年十二月即开始筹备。十九年举行恩科乡试,二十年举行恩科会试。所有大小臣工,均晋秩加俸,颁空前之赏。甲午以前之中国政局如此。而朝鲜方面则亦颇类是。国王受制于闵妃,牝鸡司晨,事大、事俄两党交哄,国事日非。袁世凯电李鸿章云:"昨闻韩廷拟托美商赊买兵船,并托德商购玩物,而各营兵饷未发已四阅月,兵心极怨。当即向近臣剀切劝说。据答船物罢议,兵饷即放。再韩宫日夜宴乐,招优伶数百人,而民灾兵饥不知恤,殊可虑!拟仍随时切劝。"前以禁粮案,许日赔偿六万元(光绪十五年,朝鲜咸镜道发布防谷令。日本以是年韩实丰稔,不应禁阻,使日本遭受损失,要求赔偿十四万元。历时四年,经三任公使交涉,皆无结果。十九年日派大鸟圭介为驻韩公使,仍不得要领,即下旗回国。韩廷大恐。日人颇疑此事之僵持,皆袁世凯从中策划。日相伊藤博文电李鸿章饬袁讽劝,韩允赔六万元。日索另缓给三万元),限十九年七月初交,韩仅有万元,又商请袁世凯向中国贷银三万五千两。其财政之窘状可知,而宫廷宴乐不顾也。当时中国购船无钱,筑路无钱,而大内所用,除每年额定之百余万两外(由户部拨交内务府者,原只三十万两,同治七年又加三十万两。然每年内务府向户部多支二三十万两。光绪十九年,户部奏参内务府不知撙节,均得处分。已而忽由内降旨,以后再添五十万两,粤海关每年供用三十万,杀虎口、张家口、淮安关所收税课,亦归内用。户部又岁奉太后十八万,皇帝二十万,名曰交进银),为祝寿所作之跸路“点景”及颐和园“彩棚”,即不下千万。慈禧驻园,每日耗费一万二千金。此与闵妃之所行,盖亦仿佛,惟大巫、小巫不同耳。朝鲜之民谣有云:

金樽美酒千人血,玉盘佳肴万姓膏。烛泪落时民泪落,歌声高处怨声高。

此种政治腐败人民积怨之情形,中韩殆属一致。在日本方面,明治亲政已二十七年,维新事业,已有相当基础。整军经武,时欲一试身手。虽伊藤当国,国会中风浪起伏,然此乃宪政常轨应有之现象;而中国竟认为日本自顾不暇,无力对外,轻于料敌,昧于自知,枝节应付,战守茫然,如是宁有幸胜之理乎?

(二) 朝鲜新党魁之被刺

自甲申之乱,新党首领金玉均、朴泳孝逃亡日本,日人助之,阴谋构乱。李昰应归国,闵妃始疑中国必助昰应专权行政,又疑金玉均连结日本,内应昰应。世凯力辩其诬,并劝昰应百事忍耐,誓言杜门不闻外事。拟以钱六百竿购宅于三角山下,乡居避祸。闵妃虑其伏处结党,不利于己,勒使售主不准交宅。光绪十一年九月,朴泳孝上书国王辩其无罪,痛诋中国。金玉均致书江华留守李载元,约连结为内应,将雇日本悍民二百人,先至江华,夜袭汉城,将中国党除尽,自主为大皇帝。载元以闻,韩王请世凯议之。世凯云:“日本政府万不能使之出日,失和于中、韩两国。朴、金先前受恩深重,尚犹迫胁君上,诛戮大臣,今其父母妻子等已明正典刑,将复仇之不暇,岂有好心?然其力亦万不能有所作为。”闵族复传言是月十五日玉均等率日人东来。世凯力言无其事,亦断无此理。万一有之,仁川尚有兵舰驻防,北洋铁甲船亦将巡洋而来,可恃而无恐也。十一月金玉均又函李载元、韩士文,言买枪千杆，委日人办，拟先带千人犯江华，续兵三万劫韩王入江华，得意进，失意守，求英保护等语。韩人张甲福谓玉均由日人田中引见后藤相与同谋。世凯遣人质问日使馆书记栗野高平。栗野来见世凯，世凯云："韩欲拿回金逆，将派使赴日索要，但日送回，有碍公法，仍置于日，有伤交谊，不如中国出而解和。由日逐出境，中国收之，则两无伤。"栗野云："日本可密骗金至海口，以华船载去，可暗送，不可明送。"世凯嘱其回日设法图之。因电鸿章转告驻日公使徐承祖。承祖函告总署云："袁世凯拟骗令金逆上华船一层，言之似易，恐行之实难。缘金逆人非痴呆，其畏我捉拿，更甚于畏朝鲜，如日廷驱其出境，伊必乘英、美、法三国公司轮船而去，何能骗令乘坐华船？且日本各港，并无华船在此。日本素来狡亢，又岂肯授权于我？栗野所云，恐系骗人。历观袁守（指世凯）来电，知该守人固明干，惟办事似尚欠持重。电报多有失实之处，致令外务部有所借口，与外人交接言语间，关系实巨，若以后办事仍不假思索，恐徒贻国家之忧，无益于事。请便中与李相通函，转饬其加慎为要。"栗野回日，果不肯办。承祖与日外相井上馨交涉送往香港，由中国转托港督拘拿，亦未能行。而金玉均等即暂往欧洲游历矣。玉均历数年复回日，仍播散讹言，勾结乱党，韩廷患之，密遣刺客洪钟宇赴日，诡与相交，诱之至上海杀于租界。时光绪二十年二月也。洪为租界巡捕获囚，由中国派船载送金尸及洪钟宇、徐相乔、赵汉根等至朝鲜。韩欲戮尸传示。日使大鸟圭介谓金玉均罪虽大，诛之已足，如再戮尸，天下各国将谓太甚。朝外署固执韩例以驳之，大鸟甚不悦。日人闻之大哗，乃为玉均发丧，赴者甚众。此时日人恨朝鲜兼恨中国，倡言将向朝鲜问罪。同时朴泳孝在日本，亦为韩人李逸稷谋刺不成。逸稷称奉王旨，泳孝窃其旨，控李于法庭。李供牵韩使馆职员权东寿。日廷传权对质，韩使俞箕焕不交。日派捕赴使馆搜获。俞愤电韩，韩王以违公法，甚羞怒，拟即撤使，电未发，而俞已不候王示即由日启行回韩矣。日本又有动兵之议，袁世凯谓详审在韩日人情形及近日韩、日往来各节，并日国势，应不至遽有兵端。调兵来韩说或不确。李鸿章亦谓日以调兵张声势耶？盖鸿章颇信"伊藤尚明大局，不致嗾韩匪起事，与吾交好，非虚伪"。不信日人有必战之决心。实则当时东学党之乱已起，乃日人鼓动之，早已造成口实，剑拔弩张，而吾国尚愦愦不之觉耳。

(三) 北洋海陆军之实力

北洋正式创设海军,光绪二十年适达六稔。清廷简派北洋大臣李鸿章帮办定安,大举校阅。四月初三日,鸿章自节署出发,首冠凉帽,缀以头品顶戴,三眼花翎,身穿黄马褂,乘紫缰舆,至紫竹林招商局。随员海军营务处贾起胜,津海关道刘含芳,旅顺口水陆营务处龚照玙,山东海防营务处李正荣,天津军械所张士珩,大沽船坞顾元爵,天津水陆营务处罗丰禄、潘志俊、张翼,招商局沈能虎、黄建管,前津海关道刘汝翼,江宁机器局周家驹,江宁督销局吴学廉,齐集伺候。旋共登海晏轮鼓轮下驶,各营站队于岸旁,炮声震耳。船至白塘口,潮退不能行。午膳后,鸿章过快马轮船,赴小站看盛军步队十一营、马队五营、枪炮队四哨操演。海晏当潮涨时,行至西沽候差。初五日午初,鸿章乘慈航浅水轮船回海晏,鼓轮至大沽,丰顺轮船亦至,先往旅顺口候差。申初,鸿章登岸,看亲军炮队协标水雷练军等营操,日暮回船。初六日,船泊大沽口外,海军提督丁汝昌乘舢板来请示,兵舰各管带亦至,次第传见。计北洋定远、镇远两铁甲船,济远、致远、靖远、经远、来远、平远、超勇、扬威八快船,康济、威远、敏捷等练船,镇中、镇边两蚊船。南洋南琛、南瑞、镜清、保民、开济、寰泰六兵船,广东广甲、广乙、广丙三兵船。午刻鼓轮,各兵舰左右随行。鸿章巍坐船头远眺,随船海军员弁,以旗帜为手号,晚间以灯火为号。各舰均站桅班掌军乐,炮声隆隆。初七日,卯刻,至老铁山一带,有鱼雷快艇六艘,往来山下,行驶甚捷。辰刻抵旅顺口,各统领官员乘操江、超海等练船晋谒,惟接见宋庆。钦差定安先于初五日由陆路抵旅顺,驻节行台,天津税务司德璀琳(Detring)官艇亦至。海晏甫抵码头,定安已到,聚谈片刻,鸿章即登岸答拜。午刻回船。初八日卯刻,鸿章登岸,同定安与随员看亲庆六营,毅军八营操,未刻回船,旋步观船坞及军械机器等厂,申刻快马轮船至。初九日辰刻,鸿章乘轻舆往摸珠礁、黄金山等处看炮台营打靶,申刻回舟小憩,步观各营势。初十日卯刻,鸿章乘小舢板出海口,各随员纷乘舢板随行,先演放水雷,次至馒头山看炮台营打靶,旋观水师学堂。申刻乘丰顺轮船回舟。是日到英兵船两艘、日本兵船一艘。定安率随员翼长玉含章、营务总办连占五、行营总办果振邦等三十余员及海军帮总办傅云龙、候补道洪恩广等登丰顺轮。十一日晨，海晏、丰顺同时开行，南北洋兵舰十九艘列成阵势，驱驶演操。海晏、丰顺徜徉其间。鸿章巍坐船面，详细阅视。凡演一阵，各舰放炮三次，演至犄角攻敌阵，炮声不绝，午初演毕。未初抵金州之大连湾，鸿章、定安同时登岸，小驻行台。既而英、日、法兵轮五艘均至，盖以参观为名，来探我虚实也。十三日辰刻，鸿章、定安率随员往虎尾山看炮台打靶，至水雷营演放水雷三个。申正，鸿章赴英兵舰拜会水师官，旋返海晏。定安亦回丰顺。晚间各兵舰电灯齐明，铁甲船探照灯悬于桅顶，其光旋转，四面可射三十里许。时鱼雷六艇演偷营法，黑暗中驶入重地，各兵舰疾开枪炮拒敌，山巅炮台亦燃电探照。是晚俄兵舰亦来。十四日清晨，俄水师官七员、法水师官六员、日本水师官一员，各乘舢板来海晏请见，款待茶点，约谈半时许。午后看各兵舰打炮靶，自船头至尾，每舰出十余炮，惟广东一舰出二十余炮，鱼贯而驶，酉正演毕。各轮即赴山东之威海卫。十五日卯刻，泊北岸刘公岛，文官武将乘宝筏、飞霆两小轮，至船晋见。午后鸿章、定安乘快马轮船至俄舰答拜。十六日卯刻赴威海，阅绥巩军八营操。十七日晨鸿章与定安乘肩舆诣校场看水师兵弁操枪炮打靶，旋赴黄岛炮台看地阱巨炮打靶，往观水雷、水师诸学堂。申刻就海军公所宴英、法、俄、日各水师官，戌正回船。十八日卯刻鸿章乘快马轮至石岛一带炮台看打靶及水雷演放，午正回船，即鼓轮，丰顺及定远等六兵舰随赴胶州。以遇风故，海晏先到，泊青岛。丰顺等舰相继至。辰初，鸿章等登岸看广武、嵩武等四营操及炮台打靶。午初鸿章乘小船至丰顺晤定安，坐谈片刻回舟，同鼓轮赴烟台。二十日，抵烟台之通仲岗，鸿章、定安换乘快马轮登岸，至岿岱一带观炮台及嵩武军四营操演毕，乘肩舆莅烟台之广仁堂午膳。英、法、俄、日兵舰相继至。申初鸿章乘快马、轮船至英、法兵轮拜水师官，定安回丰顺，即鼓轮往营口，遵陆回辕。鸿章回海晏，即同兵舰六艘鼓轮往山海关。二十一日晨抵关。泊长城之澄海楼旧址。鸿章登岸，偕随员观地雷三出，即乘肩舆至正定练军各营看操。旋赴验铁路大桥工程。即乘火车至津沽，申正回辕。二十五日鸿章奏报阅兵情形，盛称："操演船阵，整齐变化，雁行鱼贯，操纵自如。""鱼雷六艇演袭营阵法，攻守多方，备极奇奥。""兵舰演放鱼雷，均能命中破的。""合操水师全军，万炮并发,起止如一。英、法、俄、日各国兵船来观,称为节制精严。”“陆路各防营均能一律精练,枪队打靶,多中至九成六七分以上。”“船坞炮台,工程并极精坚,布置更臻完密。”惟谓:“西洋各国,以舟师纵横海上,船式日异月新,日本蕞尔小邦,犹能节省经费,岁添巨舰,中国自十四年北洋海军开办以后,迄今未添一船,仅能就现有大小二十余艘,勤加训练,窃虑后难为继。臣忝膺海寄,久领北洋,任重责专,时深悚惧,惟有随时与总理海军衙门筹商,固不敢以规模粗具,偶涉疏虞,尤不敢以饷力未充,稍存诿谢。仍当督饬水陆各将领勤其战备,奋勉工操,以期仰副慎重海防之至意。”此为北洋水陆军实力之大检阅,夫谁知时未数月,竟全毁灭,多年经营,败于一旦,转眼即成凭吊之史迹乎?兹将各兵舰之概况列表如下:

队别	船名	吨数	马力	速力	炮数	船员	进水年份
主战舰队	定远铁甲	七三三五	六〇〇〇	一四.五	二二	三三〇	光绪八年
	镇远同	七三五五	六〇〇〇	一四.五	二二	三三〇	同前
	经远同	二九〇〇	三〇〇〇	一五.五	一四	二〇二	光绪十三年
	来远同	二九〇〇	五〇〇〇	一五.五	一四	二〇二	同前
防守舰队	致远巡洋	二三〇〇	五五〇〇	一八.〇	二三	二〇二	同前
	靖远同	二三〇〇	五五〇〇	一八.〇	二三	二〇二	同前
	济远同	二三〇〇	五五〇〇	一八.〇	二三	二〇二	光绪九年
	平远同	二二〇〇	一五〇〇	一四.五	一一		
	超勇同	一三五〇	二四〇〇	一五.〇	一八	一三〇	光绪七年
	扬威同	一三五〇	二四〇〇	一五.五	一八	一三〇	同前
	镇东炮船	四四〇	三五〇	八.〇	五	五五	光绪五年
	镇西同	四四〇	三五〇	八.〇	五	五五	同前
	镇南同	四四〇	四四〇	八.〇	五	五五	同前
	镇北同	四四〇	四四〇	八.〇	五	五五	同前
	镇中同	四四〇	七五〇	八.〇	五	五五	光绪七年
	镇边同	四四〇	八四〇	八.〇	五	五五	光绪七年
练习舰	康济同	一三〇〇	七五〇	九.五	一一	一二四	光绪七年
	威远同	一三〇〇	八四〇	一二.〇	一一	一二四	同前
补助舰	泰安同	一二五八	六〇〇	一〇.〇	五	一八〇	光绪二年
	镇海同	九五〇	四八〇	九.〇	五	一〇〇	同治十年
	操江同	九五〇	四〇〇	九.〇	五	九一	同治五年
	湄江同	五七八	四〇〇	九.〇	四	七〇	同治八年

其余水雷艇六号,吨数皆一〇八,速力左队一号二四、二号三号一九、右队三号皆一八。陆军则小站盛军卫汝贵所部十八营,大连铭军刘盛休所部十二营,旅顺毅军宋庆所部十营,黄仕林、张光前所部亲庆军六营,张文宣所部护军两营,戴宗骞所部绥巩军八营。芦台、北塘、山海关一带,叶志超所部芦防淮勇四营,正定练军各营。营口聂士成所部仁字虎勇五营。共六十余营,其中有人数不足者,合计不过三万人左右而已。

八十七　战争之原因

(一) 东学党之乱

甲午之战,远因近因,固有种种,而其爆发则由于朝鲜东学党之乱。东学党者,乃弊政下之一种乱民结合,带有宗教性质,实行排外运动,殆与我国造成庚子巨变之义和团相类似也。其源起于崔福成,杂取中国儒家及佛老之说,转相衍授,而附以迷信。东学云者,以朝鲜居中国之东,故揭为国学以资号召。当同治四年,大院君执政,禁天主教,捕治教党,东学党人乔某亦被杀。至光绪十九年党人诣王宫讼乔冤,乞昭雪,榜帖遍传,声势颇盛。时朝鲜赋重刑苛,民不聊生,党人乘之,乱事遂起。袁世凯电李鸿章云:

> 东学邪教联名诉请韩王尽逐洋人,迭有揭帖榜文,沿西人门多端诟詈,称将逐杀,在汉洋人均大恐。日人多携刀昼行,尤骚扰。凯迭劝韩廷严缉惩办,终畏怯不敢。顷英员禧在明(Hiller)来称:各国洋员均商调兵船防范。已告以华有弹压责,应静候。请凯速调数船,以防意外,而释各国疑惧云。查西人现待华弹压,自属好事。乞即电饬水师迅遣两船来仁,以尽弹压责。惟韩素多谣,必无能为,拟仍切劝速缉。

鸿章即电调靖远、来远两快船驶赴仁川,相机巡防弹压。既而又添派济远铁舰,密令总兵张文宣带精锐陆军百二十名随伏船内,以备不虞,未便宜扬调队,致日有词。此为东学党初起扰乱之情况,不久即平。光绪二十年三月,东学党魁崔时亨,自号"纬大夫",起事于全罗道之古阜,纠众五六万人,首蒙白布,手执黄旗,杀地方官三,转运使赵弼泳闻警逃遁,乱民直入仓库,掠米数千石,收集军械,气焰大炽。揭橥四项宗旨,以为号召:一、弗杀人,弗伤物;二、忠孝双全,济世安民;三、逐灭夷倭,澄清圣道;四、驱兵入京,尽灭权贵,大振纲纪,立名定分,以从圣训。并颁布檄文曰:

> 圣明在上,生死涂炭。民弊之本,在吏逋;吏逋之本,由于贪官;贪官所犯,由于执权之贪婪。呜呼!乱极则治,晦变则明,理之常也。今吾侪为民为国,岂有吏民之别哉?究其本则吏亦民也。各公文簿之吏逋民弊之条件,其具报来,将有区别之方法,其急速来报,勿稍稽迟。吾侪今日之举止,在上保宗社,下安黎民,赌死为誓,其勿因是而惊动。兹举将来应厘正者如下:(一)转运营之吏弊,(二)均田官之弊,(三)各市井之分钱收税,(四)他国潜商之峻价,(五)食盐市税,(六)对于各项物件之取都贾利,(七)白地征税等。其弊病不可尽述。凡吾士农工贾四业之民,得同心协力,上辅国家,下安濒死之民生,岂不幸甚耶?

据此可见当时朝鲜弊政之深,因之东学党振臂一呼,应者云集。日本惟恐朝鲜不乱,遂派浪人内田良平等组织"天佑侠团"以助之,渐次蔓延。韩廷派洪启薰为招讨使,统兵八百,借中国驻仁川之平远兵舰,及朝鲜之苍龙、汉阳两船,载往格浦海口以剿之。袁世凯并派武弁带丁役随往照料。韩兵练溃败,又添调江华枪炮队四百余往剿,亦败,械被夺。庆尚道亦陷,韩各军均破胆。欲派京及平壤兵二千人分往堵剿,王以兵少不能加派,且不可恃,议求华遣兵代剿。日本驻韩代使杉村及驻京领事荒山,亦尽力怂恿中国代韩勘乱。日译员郑永邦告世凯云"匪久扰大损商务,诸多可虑,愈久愈难办,贵政府何不速代韩勘?我政府必无他意"等语。时鸿章方阅兵回津,得世凯报,谓韩归华保护,其内乱不能自了,求华代勘,自为上国体面,未便固却。日如多事,似不过借保护使馆为名,调兵百余名来汉。然匪距汉尚远,日兵来反骚动,韩及他国必不愿日先自扰。即以为日本可无事,而拟派叶志超带精兵前往,不知已中日人引诱之计,绝未考虑后果也。

（二）中日两国之派兵

韩兵既非东学党之敌,乱事猖獗日甚。朝鲜因于四月三十日递乞兵书于袁世凯曰:

> 敝邦全罗道所辖之泰仁、古阜等县民习凶悍,性情险谲,素称难治。近月来附串东学教匪,聚众万余人,攻陷县邑十数处,今又北窜,陷全州省治。前经遣练军前往剿抚,该匪竟敢拼命拒战,致练军败挫,失去炮械多件。似此凶顽久扰,殊为可虑。况现距汉城仅四百数十里,如任其再为北窜,恐畿辅骚动,所损匪细。而敝邦新练各军,现仅可护卫都会,且未经战阵,殊难用以殄除凶寇。傥滋蔓日久,其所以贻忧于中朝者尤多。查壬午、甲申敝邦两次内乱,咸赖中朝兵士,代为勘定,兹拟援案请烦贵总理迅即电恳北洋大臣,酌遣数队,速来代剿,并可使敝邦各兵将随习军务,为将来悍卫之计。一俟悍匪挫殄,即请撤回,自不敢续请留防,致天兵久留于外也。并请贵总理妥速筹助,以济急迫,至切盼待。

鸿章于五月一日即饬丁汝昌派济远、扬威二舰赴仁川、汉城护商,并调直隶提督叶志超率太原镇总兵聂士成选淮练劲旅一千五百名,配齐军装,分坐招商轮船先后进发。一面电驻日本公使汪凤藻,根据天津协约,知照日外务省。凤藻于五月初三日照会日外务大臣陆奥宗光云:"光绪十一年中、日两国订立条约,载明将来朝鲜若有变乱重大事件,中国派兵应先行文知照,及其事定,即行撤回,不再留防等因。今准朝鲜国王来文内开……见其情词切迫,且派兵援助,为我朝保护属邦之旧例,以是奏闻后,钦奉上谕派直隶提督叶,选带劲旅,驰赴朝鲜全罗、忠清道一带地方,见机防堵攻讨,克期扑灭,务安属邦,使各国人民在朝鲜地方贸易者,皆各安其生业,平定后即行撤兵,并不留防。”初四日,日本照复汪使云:“查贵国照会中有保护属邦之语,但帝国政府从未承认朝鲜为中国之属邦,理合声明照复。”同日,日本驻北京代理公使小村寿太郎亦照会总理衙门,谓:“朝鲜现有重大变乱事件,帝国政府拟派兵若干,前往朝鲜,应依明治十八年两国所订条约,行文知照。”以时间之急促推之,可知日本早有出兵寻衅,与中国一战之决定,其预料中国必有此举,故特于朝鲜宗属问题占一地步,以为此后发作之借口。初六日,总理衙门复照驳之曰:“查我国应朝鲜之求,派援兵勘定内乱,乃从来保护属邦之旧例。内乱平定之后,即行撤兵。目下仁川、釜山各港情形,虽属平靖,然该两地为通商口岸,故暂留军舰,以资保护。若贵国派兵,系专为保护公使馆、领事馆及商民,自无派多数军队之必要。贵国派兵,既非出于朝鲜请求,望勿进入朝鲜内地,以免惹起惊疑。又倘与我国兵士相遇,以言语不通之故,或竟发生事故,不无可虑。相应照会,即乞电达贵国政府,并见复为荷。”初九日,小村照会总署谓:“本国政府未尝认朝鲜为贵国之属邦。此次派兵朝鲜,系根据日韩《济物浦条约》之权利,除依《天津条约》知照外,我政府唯行其所好而已。故关于其军队之多少,及进退动止,毫无受中国政府掣肘之理。至谓两国相遇,或有意外之事,我国军队皆依纪律节制而行,决无冲突之虞,此我政府所信而不疑者也。希望贵国政府亦训令其军队勿生事端。”北京、东京两方面之交涉尚未进行时,日本已于五月二日令大鸟圭介乘八重山军舰自横须贺出发归任,随带陆军四百余名,于初六日抵仁川,初七日赴汉城。初九日,日商轮又载兵一千五百名至仁川,初十日亦往汉城。十三日又到三千余名,由陆军少将大岛义昌统率。其泊于各海口之军舰,有松岛、吉野、大和、武藏、高雄、千代田、筑紫、八重山共八艘,及赤城、海乌二炮船。其居心已显而易见,而朝鲜海关尚以日轮所载军火,值洋三万元,须纳税三十元,阻不许起岸。日人哂之以鼻,纷纷捆载而登。中外震动,袁世凯嘱韩廷阻止,各国驻使亦诘问,大鸟答以:“朝鲜不能自行除匪,请中国代戡,当然无力保护日人,故率兵自卫。”实则外相陆奥宗光已密令大鸟:“若时局急促,无请本国训令之余暇时,该公使得施认为适当临机处分。”此不啻已将肇衅之祸首属之大鸟矣。其时中国军队列阵牙山，声势甚盛，韩军因有所恃，勇气倍增，东学党之势大挫。既闻大军下陆，均已逃散，全州亦克复，孑孑余孽，指日可平。韩廷以日兵突发，包藏祸心，入据心腹，臣民危在呼吸，人情大骚，不堪设想。恳世凯转电鸿章酌量援救。意在日兵必须清兵撤回，始肯同撤，希中国能速撤兵也。鸿章因于五月初十日电叶志超，即速调所部回牙山，整饬归装，订期内渡，以便派商轮往接。一面函世凯催日本同时撤兵。世凯与大鸟商谈，大鸟谓：“我年逾六旬，讵愿生事？待事定即全撤，必不久留。我二人即约定，我除八百外尽阻之，你亦电止华加兵。”同时日本首相伊藤亦告汪凤藻，允乱定后彼此撤兵。言外有留兵代议善后意。凤藻因电告鸿章：“察日颇以我急撤兵为怯，狡谋愈逞，其布置若备大敌，似宜厚集兵力，隐伐其谋。俟余孽尽平，再与商撤，可望就范。”而鸿章不悟此旨，既不肯加兵，亦不令即撤，惟日询世凯：“日兵究何时必撤？是否全撤？须取大鸟信函为凭。”不知大鸟虽因欧、美人士咸不直日本之所为，恐惹起列强之反感，屡电政府请不必再多派兵。然日政府已决心挑衅到底，不顾外交上之纷议，仍照预定计划，继续派兵七千余，列阵汉城、仁川，控制其要隘，取先发制人之优势矣。

（三）日本提议改革韩政

日方既注全力于军事上取得优势，而外交上则苦无立足之地。盖日本之出兵，日根据《济物浦条约》，保护使馆侨民，然东学党已风流云散，汉城、仁川均无扰乱之危险，中国根据《天津条约》，要求同时撤兵，实为事理之当然，日本殊无词以解。欧、美各国咸认日本平地起风波，乘机侵略朝鲜，口诘腹诽，均不之理。日政府鉴于外交情形之不利，乃思弄狡狯手段，以转移形势。陆奥宗光以为非以一种外交手法，不能解决此僵局，屡以此意商诸伊藤博文，伊藤深以为然。在内阁会议时，伊藤亲书提案一纸，谓朝鲜内乱，中日两国军队应共同努力，速行镇压。乱事平定后，为改革朝鲜内政起见，由中日两国派出常设委员若干名，调查该国之财政，淘汰中央政府及地方官吏，且设置必要之警备兵，以保持国内之安静，并整顿该国财政,募集公债,以启发国家公益事项。伊藤盖欲以共管朝鲜之题目,以难中国。阁僚均加赞成,陆奥复于案外加入两项,即:“不问与中国政府之商议成否,非观结果如何,决不撤回目下在朝鲜之日本军队。又若中国政府不赞同日本提案时,日本政府须以独力担任,使朝鲜政府行前述之改革。”经阁议决定,奏明日皇,裁可决行,日本之外交遂由被动一变而为主动,其计谋诚诡谲难测。陆奥乃于五月十三日约晤汪凤藻,将阁议共同改革韩政之事告之,请电中国政府,以求同意。凤藻闻日方之提议,诧为意外,因谓当讲求朝鲜善后方策之前,中日两国军队应同由朝鲜撤退,徐定后议。陆奥则谓:“观察朝鲜现在之情势,确信祸乱潜伏,本源甚深,非根本改革其秕政,不能求久远之安宁。故目下施区区姑息之术,弥缝一时,我政府以领土接近之故,不能一日安堵。帝国政府非至确然安堵时,不论如何,不能撤原驻扎朝鲜之军队。若中国察我真意之所在,果能赞同此提案,则虽可为帝国政府安堵之一大帮助,然该提案与中日两国从朝鲜撤回其军队之事,可作为另一问题,再行商议。”此谈判由晚八时继续至翌朝一时后,陆奥复恐凤藻忽视其提案,更以公文照会汪使。同时驻北京代理公使小村寿太郎、驻津领事荒村已次,分别知照总理衙门及李鸿章。鸿章以日廷意当狡肆,韩政虽暗弱,岂日所能更改?尝试可恨。但我若添兵厚集,适启其狡逞之谋,因疑必战,殊非伐谋上计。仍令世凯与大鸟商照约撤兵。世凯电云:“迭力阻鸟毋令新兵来汉,伊已允。然前言俱食,后言何可信?况日廷意在胁韩,鸟不能自主,难与舌争。似应先调南北水师迅来严备,续备陆兵,一面电汪商办,并酌请驻华各国使调处,或不至遽裂。”交涉既属骗局,犹言不至遽裂,此李鸿章始终不为战事准备,而因循贻误,依赖外使调处之心理弱点。日本早窥及此,袁世凯曾电谓:“日知今年慈圣庆典,华必忍让。倘见我将大举,或易结束,否则非有所得不能去也。”慈禧太后更虑庆典为兹事所扰,一味主和;鸿章以军力未充,亦极力敷衍。日既有备无患,殊非虚声所能恫吓,故李、袁一偏之见,皆昧于敌情事理者也。总理衙门令汪凤藻于五月十八日致日外务省照会,谓朝鲜之变乱,现已平定,两国会同镇压之议,可作罢论;朝鲜善后,宜使自行厘革,中国尚不干预,日本更无干预其内政之权！乱平即行撤兵，条约具在，今无再议必要。日政府照复曰："帝国政府为谋朝鲜之安宁静谧计，实有施行种种计划之必要，今若迟疑无所施设，旷日持久，则该国变乱必至愈益滋蔓，以是若非协定将来足以保持安宁并政治得宜之办法，则决难撤兵。本大臣如斯披沥胸襟，倾吐诚衷，假令贵国所见相异，帝国政府亦断不能撤去现驻朝鲜之军队。"此照会充分表明日本之决心，措词强硬，日人视为对中国之第一次绝交书。陆奥宗光所著《蹇蹇录》论及此节云："以此次之事件论之，毕竟朝鲜内政之改革云者，不过为调停中日两国间难局所筹出之一政策。事局一变，竟不能不以我国之独力担当此事。故余自始对于朝鲜内政之改革，并不特别注意，且怀疑如朝鲜之国家，果能行满足之改革否耶？今已为外交上之一种话题，我国政府总不能不试行。故我国朝野之议论，对于事情原因如何，已不问矣。总之，有此协同一致，对于内外颇为便利。余假此好题目，非欲调和已破裂之中日两国关系，乃欲因此以促其破裂之机，一变阴天，使降暴雨，或得快晴耳。"夫子自道，日本政府之野心，昭然若揭。惟人方变阴为雨，我欲变阴为晴，殆属梦臆，故不免着着落后，而着着失败矣。

（四）大鸟逼迫韩廷改政

日本既假改革朝鲜内政，以决心挑衅，中国似尚未充分认识，惟促韩速靖余匪，以去日方之借口。韩则求我速撤，冀日亦撤，坚称无匪可剿。大鸟煽动韩人，谓清国既闻乱民平定，犹屹然不撤其兵，则不啻使其事更大，其意实不可测也。日本初认朝鲜为自主之国，故若有认为藩属或乘机设乱欲郡县之者，则拒之斥之，以全朝鲜之自主独立，盖我日本所宜任之也。韩为所惑，拔金嘉镑为内参议，金为附日之尤黠者，意渐携贰。五月二十三日，大鸟圭介面谒韩王，奏请改革内政，奏曰：

恭惟大君主陛下，圣德自跻，兆民沐化，邦治弥隆，寰宇献颂，无任钦仰之至。窃匪南扰，蠢尔梗化，敢抗有司，跳梁一时。王师爰发，挞伐大张，复虞灭此朝食之不易，竟有借邻援之举。我政府有闻于此,以为事体较重,乃奉大皇帝谕旨,令使臣带领兵员,回任阙下,借卫使馆商民。并念贵国休戚所系,如有所求,兼可一臂相助,以尽敦邻友谊。使臣衔命抵京,适闻全城克复,余乱窥逃,于是班师善后,渐将就绪,此莫非威德所被,实为内外所共庆颂也。顾我日本与贵国共处东洋一方,疆域逼近,洵不啻辅车唇齿,况讲信修睦,使币往来,今昔不渝,征之史册,历然可稽。方今观列国众邦之势,政治、教民、立德、理财、劝农、奖商,无非富强自致,逞长专能,而欲雄视宇内耳。然则泥守成法,不思通变达权,广开眼界,不力争势自主,何能相持介立乎列邦环视之间耶?是以又命使臣以会同贵朝廷大臣讲明此道,相劝贵政府务举富强实政,则休戚相关之谊,于是乎可以始终,辅车相依之局,于是乎可以保持矣。伏望陛下圣鉴降旨,饬令办理交涉大臣,或专委大臣,会同使臣,俾尽其说,庶几无负我政府笃思邻谊至意,则大局幸甚。使臣圭介不胜仰望屏息之至,爰祈陛下洪福无疆!谨奏。明治二十七年六月二十六日。

日本早知中国必不纳其共同改革之议,决心直迫韩廷,以启衅端。陆奥于五月二十五日以机密训令致大鸟,使向韩提改革内政纲领。大鸟于六月二日正式提出,其纲领曰:

第一纲领:淘汰都城及外省冗员,其必不可少之官,宜择有才德者任之,不论门第。

第一条目:各官之职守,应详载敕书,其综理内治外交之大权,悉掌之于政府,承政府之下者,则有六部,仍如旧日六曹之制。王宫中使令之官,与政府显相区别,政府有所举措,断不许内官干预。

第二条目:国政商务,于今之时势,有绝大关系,宜简任通达世务之人,妥慎经理。

第三条目:凡政府需任使之员,虽多必留,其无职之闲曹,虽少必去,或量为裁并。

第四条目:八道中分县太多,宜裁减以节经费,惟此事必宜慎重,无使县官有鞭长莫及之虑。

第五条目:一官必有一官之职守,而滥邀禄赐者悉罢之。

第六条目:凡因世家子弟而得官者,荫袭得官者,今已无用,皆去之,官人必以其才。

第七条目:行贿得官,百弊皆由此起,宜尽黜之。

第八条目:官之俸禄,宜明定其职务,使足敷支应,以杜分外贪婪之渐。

第九条目:各官不许受分毫贿赂,违者治罪。

第十条目:不论都外官吏,概不许私自经商。

第二纲领:国库岁入之款,宜加意整顿,俾户曹量入为出,不致左支右绌。

第十一条目:全国度支出入之款,今宜逐一核明,俾可妥易新章,垂为定制。

第十二条目:凡关涉国帑收支之款,宜严核其当否。

第十三条目:理财为今时当务之急。

第十四条目:农田所产,以何者为最,各道有何土宜,有何蕴藏,一一查明,定为征税则例。

第十五条目:应科捐税,宜遵定律,而别筹可以增益之法。

第十六条目:昔日糜费之款,今悉裁节,其有不得不加增者,设法弥补,以足其额。

第十七条目:国中官路,宜平宜阔,别由汉阳都城开筑铁路,以达通商口岸。展接电线,俾各城各署各营无不相通。

第十八条目:通商口岸各关,宜由朝鲜自行掌理,不与外人相干涉。

第三纲领:律法宜酌为整理,弗留遗憾。

第十九条目:旧律之不合于今者,或删之,或改之。而增入新律。

第二十条目:断狱之法,务宜公平明允。

第四纲领:军律宜加整顿,兵额宜筹增补,俾足以靖内乱,而保民安。

第二十一条目:武员宜折节读书,不徒恃血气之勇,以成经文纬武之才。

第二十二条目:水陆官军,宜就今之所有,而更立队伍,视国库中能岁筹兵饷若干,以定弁兵之额。

第二十三条目:缉捕之役,万不可少,都城及道外各要地,不可不设立巡捕房,所募巡捕,亦宜按期操练。

第五纲领:学校章程切宜妥定。

第二十四条目:士子应读之书,今宜分别去留,各道宜立幼学塾以教学童。

第二十五条目:幼学既立,次立中学,其书院之专教成材者,今姑暂缓。俟至及期,再行增立。

第二十六条目:异日既立学院,择其优者,使赴他国肄业。

韩廷得此改革方案,甚感棘手,允之不可,又无严拒之力,乃为釜底抽薪之计,借以缓和日方之要挟,乃下诏罪己,悔积年之秕政,痛内乱之续起,原因全在国王自身之不德,与有司之失职。其诏文末谓:“凡政府之得失,有司各上言勿隐。可言而不言,罪在有司;言而不听,即朕之过。”复由重臣中选任申正熙、金宗汉、曹宣承为改革委员,与日本公使协议改革事项。所以敷衍日本者,可谓至矣。其时日兵万余人分守汉城四路各要害,置炮埋雷,韩人纷纷逃避,都城几空。叶志超驻牙山,虽又增兵至二千五百人,但众寡仍悬殊,且陆路为日所扼。因电鸿章陈二策:上策速派大军由北来,与牙山兵相呼应,免致进兵无路;中策速派商轮将牙山驻兵撤回,秋后再图大举。谓若守此不动,徒见韩人受困于日,绝望于我,军士露处受病,殊为可虑。鸿章以上策似须缓办,中策又虑示弱。令叶、袁设法移平壤。世凯则闻日人有将彼押解出境之说,徒困辱,无办法,请赴津面禀详情,以唐绍仪暂代。盖鸿章正与俄、英驻使接洽,请其出面制止,满以为:“两国之交涉,全凭理论之曲直,非恃强所可了事。”各国调处,“必有收场”。此种“军事消极,外交积极”之办法,未免坐失机宜,何能制入室露刃之强盗乎?

八十八　俄英态度与中国舆论

(一) 俄国之干涉

当朝鲜东学党之起,欧、美各国对之,并不特别注意。及见日本出兵,乃相与惊愕,俄、英、美等国相继起而干涉调停,其中尤以俄国之态度为坚决,李鸿章信之,遂全失战意,贻误大局。却不料俄国不干涉于战争初开之时,而干涉于马关订约以后,还辽一幕,何补于中国?乃更肇瓜分之祸耳。日兵初赴朝鲜,俄东京驻使彼得罗渥即质问日外相陆奥宗光曰:"近顷屡闻日本派出军队,不知敌果在何方?"虽似戏言,实暗探日政府之真意。五月间俄驻北京公使喀西尼(A. P. Cassini)奉命归国,道经天津,与鸿章晤。鸿章言日本派兵太多,似有别意,俄切近紧邻,岂能漠视?希切劝日与我同时撤兵,以免后患。喀电告本国,即留津候信。二十二日喀派巴参赞(Pavlov)告鸿章,俄皇已谕驻日俄使转致日廷,勒令与中国商同撤兵,俟撤后再会议善后办法,如日不遵办,恐须用压服之法。清廷闻之甚喜,转示赫德,英使欧格讷(Nicholas R. O'Conor)闻之,恐俄人插足,频来调停,而总署辄漫应之,不甚浃洽,英人遂退处于中立地位。五月二十二日,俄驻日使彼得罗渥得政府训示,即往晤陆奥,谓:"中国政府关于中日事件,求俄国调停,俄国政府希望中日两国之争议,早为了结。若中国撤退其派出朝鲜之军队,则日本政府亦同意撤退其军队否?"陆奥答曰:"大体虽无异议,然现今两国对峙,彼此互抱猜疑之念,欲涣然冰释,殊属为难。如斯事情,不特中日两国为然,欧洲列国间亦往往有之。中国向用阴险手段,干涉朝鲜内政,以表里反复之术,欺瞒日韩两国之事件甚多,故今日我政府不能轻易信赖中国之言行,亦非全无根据之猜疑。若中国政府承诺由中日两国共同负责改革朝鲜内政,或若中国不欲与日本协同,则日本政府以独力实行时,该政府直接间接皆不得妨害。中国政府倘能于此二者中保证任何一点而撤退其军队,日本政府亦可撤退其军队。"同时陆奥向俄使保证两事:一、日政府除希望确立朝鲜之独立及和平外,决无他意;二、将来中国政府虽如有举动,日本政府不作攻击的挑战。若不幸此后中日两国间不得不交战时,日本当在防守的地位云云。五月二十七日,俄使复晤陆奥,面交一公文,略曰:“朝鲜政府已通告内乱勘定之意于各国使臣,关于中日两国同时撤兵事件,求该使等之援助。因之俄国政府劝告日本政府容纳朝鲜之请求。若日本政府拒绝与中国政府同时撤退其军队,则日本政府应自负重大责任,特此忠告。”陆奥接此公文,颇为惊愕,经与伊藤商议及阁议讨论,均认无应俄国忠告而撤兵之必要。遂于二十九日致送一复牒于俄政府,声言:“帝国政府派出军队于朝鲜,实属对现时形势不得已之举,决无侵略疆土之意。若至该国内乱完全消灭,将来无何等危惧时,当然将军队撤退。此时不妨明言,对俄国政府之友谊劝告,深表谢意,同时希望俄国政府本两国间现存之友谊,对此保证,充分信赖。”以外交之笔法,婉拒俄国之忠告。俄国认为对朝鲜无侵略之意,表示满足。惟切望中日速开协议,早结和平之局。俄以邻国之故,不能傍观朝鲜之事变。六月十九日俄使复致日政府一照会,略云:

> 日本今对朝鲜所要求之让与,果系何种?且不论其让与如何,苟违犯朝鲜国以独立政府与列强所缔结之条约时,俄国政府决不能认为有效。为避将来不必要之纠纷计,兹由友谊上再告日本政府,促其注意!

此文对于不能傍观之言,加以注释,仍注重在朝鲜独立自主,其实皆自欺欺人之外交辞令,何能发生丝毫效果?日本既窥知俄无干涉决心,尽以冠冕之词,以为搪塞,而俄即归于沉默矣。清廷乃信俄使压服之言,时传海参崴亦将发兵之谣,鸿章并信喀西尼有实心。然而在总署之张荫桓则谓:“喀言太夸,俄护不决,恐有实心无实力。”至六月七日,喀遣巴参赞告鸿章曰:“俄廷电复:日韩事明系日无理,俄只能以友谊力劝日撤兵,再与华商善后,但未便用兵力强勒日人。至朝鲜内政应革与否,俄亦不愿预闻。”至是希望俄国干涉之美梦始破,而朝鲜已为日本所控制矣。

（二）英国之调停

李鸿章请英使欧格讷劝阻日本进兵，盖早于俄使喀西尼在天津之谈判。欧电告英外部。外部令驻日英代使巴柴特向日政府提议，谓中国对日本从前提议之案，有附某种条件再行商议之意，日本政府对此允诺否？陆奥宗光答称：中国政府之提议，果出于诚意与否，虽不无可疑，然日本政府决非欲扰乱和平者。倘中国承诺为朝鲜内政之改革，由中日两国派出共同委员，且根据此主义，由中国先提议时，日政府不拒绝再开商议。巴柴特即将此意电告欧格讷。欧即一面怂恿中国总理衙门，一面与驻北京日本临时代理公使小村协议，居中斡旋。总理衙门遂与小村约定于六月初七日会商。至期小村往议，庆亲王奕劻只谓必日本先自朝鲜撤兵，然后再商韩事，无结果而散。小村离总署后，往晤英使，谓总署违约。英使甚为诧异，六月初十日欧格讷往询究竟，与奕劻问答节略如次：

> 欧云：我上次来所谈朝鲜的事，贵衙门并未定有办法，失此机会，未免可惜。答以本衙门之意，总要日本先撤兵，后商量，并非未有办法。欧云：本国替贵国催日本撤兵，即是商议之头一端，从此自可接下去商量别的。答以初七日小村来问我们什么意思，却未提及日本拟的详细节目。欧云：本国政府派我调停其事，只为两国交情，并无别意，务请放心。恐有失和，与贵国无益。答以我们深知此意，如有失和，自然两国皆无益。欧云：现在贵衙门尚未定有办法，莫非仍候俄国调停的信么？答以并无此事。欧云：有中、日、俄三国会议之说，俄国与议一节，恐怕不行，这是别人的议论。答以俄国与朝鲜比邻，日本不撤兵，故欲合议。欧云：本国政府催日本撤兵，日本不以为然，本国政府大约另有办法。问以如何办法？欧云：由本国政府照会欧洲各国协力催其撤兵。昨本国来电，问日本驻朝鲜兵数，据我看来，日本兵已及万余，立时令撤，原不易做到，或令日本先撤续派之兵，所剩者与华兵现驻之数相同，此中或撤或留，两国同办。然后再商议别的事，方为公平。答以此法却好，但须先将汉城之兵撤尽，以免朝鲜惊扰。欧云：此系我揣度本国之意，日本允否未可知。告以中

国办理此事,总要办得到的办法,才能商议,因中国虽无议院,说话之人亦多。欧云:日本现在已与朝鲜商改内政,中国此时若不出头,则抚驭朝鲜权柄恐日灭了。答以中国原可勒令朝鲜酌改内政,但不能逼勒。刻下日本以重兵压汉城,勒令朝鲜改革内政,中国何能与之同议?还是方才所说,先令日本将续派之兵撤去,剩留之兵,与中国兵数相埒,然后开议,最为公平。欧云:此系我窥政府之意,办到与否,未定。惟此事不宜多请别国说合,并不宜多处商量。答以前日小村曾愿中日两国对商,不愿他人干预,只须小村在本署商量,亦无多处。昨与小村订明候彼回信再说,请问日本和商之说,究竟是真是假?欧云:日本现出多兵,恐所求不遂,不能和商了。此事须早定主意,若再迟延,实在无益。答以我们与小村商量撤兵,原说是撤兵后还有商议,并不是撤兵后便不商量,小村何以不给我们回信?总而言之,此刻以撤兵为第一要端,必须明定日期,使各国周知,余事仍能定议。欧云:我欲电知本国四端:一、改朝鲜国政允否?答以此事只能劝他,不能逼勒。一、派大员赴朝鲜商办允否?答以此系各事商定后的话,此刻不必先提,将来自有办事之人去。一、两国共保朝鲜,不许他国占其土地允否?答以中国之保护朝鲜无须再说合,日本允不令人占其土地,中国岂有不允之理?欧云:我系询明贵衙门的意思,好电本国,并可会同欧洲各国,以催日本撤兵。如贵衙以我所说为然,我即可发电。答以撤兵后可以商量。此一句话可以说定,此外一概不能预定。因将来议论时,可允则允,万不能允者自不能答应。欧云:派大臣赴朝鲜商量,系紧要之事。答以各电历次调停之说,小村奉有商议之权,由小村在本署商量,或如光绪十一年样子,日本派大员来华,我们请旨在天津与李中堂商量皆可。中国断不能派大员至朝鲜商议此事。欧云:尚有一款,日本商民在朝鲜与中国商民一律看待,贵衙门允否?答以日本与朝鲜立约,声明平等之国,岂能与中国一律?此条无须商量,朝鲜自有向来办法。尔既为好,此可不说。欧云:如此说贵衙门即系不愿商量,我算白费话了。答以我们并非不愿商量,但须视事之可否。欧云:贵衙门若不答应这一条,我想小村必无回信。

答以小村若无回复，我们即电日本外部问去，总须候其回信，我方能定议。又略谈数语遂去。

在此一幕谈话中，可以看出总理衙门诸人之不谙外交，致使好意调停之英使失望而难堪，滋为日人之借口。小村因将此事经过电告日政府。陆奥宗光认为中国放弃英使之议，使英国调停归于失败，可使日本外交行动渐得自由，引为可喜之事。遂决乘此机会，促成破裂之局。经与阁僚商议后，即电令小村向中国提出第二次绝交书。小村于六月十二日致送照会于总理衙门，是即日人所称之最后通牒也。

为照会事：明治二十七年七月九日在贵衙门晤谈时，贵大臣所述关于朝鲜事件之意见，已即日电告我国外务大臣。顷接我政府电开：朝鲜屡有变乱，实内政紊乱之故。我政府以为中日两国对于该国之关系，均甚紧要，今莫若使该国厘革内政，以绝紊乱于未萌。曾以此意告中国政府，讵料中国政府拒绝此议，唯望以撤兵一事，是实我政府所深为惊讶者。其后英国驻华公使顾虑友谊，为使中日两国妥协，尽力调停。然中国政府依然主张撤兵，毫无倾听我政府意见之意。由是观之，非中国政府有意滋事而何？今后倘生不测之变，我政府不负其责等语。相应照会贵大臣，请烦查照，须至照会者。明治二十七年七月十四日，日本临时代理公使小村寿太郎。

陆奥宗光复训令驻韩公使大鸟圭介云："英国之调停已失败，现在有施断然处置之必要。"此后欧格讷虽仍努力于调停运动，并派通译官至津，与李鸿章接洽，使劝北京政府信赖英国。英政府且以日本之无理要求，限中国于五日内，完全承认日本之提议，并不得增派军队，复提出一觉书，谓其与曾言明之谈判基础相矛盾，且轶出范围以外，若固执如斯而致开衅，则日本政府不能不任其责。日本则诿其过于中国，谓当初中国政府若容纳英使之仲裁，事态当不至如此重大。挑起英人反感，英政府除要求日本不攻击上海外，即不再积极调停矣。惟欧格讷仍活动甚力，建议中日两国分开在韩军队,徐图和平协议。且运动德、法、意三国公使合力调停。日本对此尚未答复,而中日之战已开始矣。盖清廷喜俄使压服之说,期待俄国干涉,对英使调停,甚为冷淡;殊不知俄使之压服为空言,而英人之调停乃实心,日本对俄并无畏忌,对英国则颇欲全其体面。中国坐失良机,正日本所最欢迎者也。其余美国虽亦劝告无效,德且助日,法无表示,至是,中国在军事上外交上同处于劣势,焉得而不失败哉?

(三) 廷议之分歧与舆论之责难

清廷与李鸿章既均注重各国之调停,在军事上自不免着着落后。光绪帝及其师傅翁同龢极力主战,是以五月二十二日上谕有"日本以兵胁议,唆使朝鲜自主,据现在情形看去,口舌争辩,已属无济于事。前李鸿章不欲多派兵队,原虑衅自我开,难于收束。现倭已多兵赴汉,势甚急迫。设胁议已成,权归于彼,再图挽救,更落后着。此时事机吃紧,应如何及时措置,李鸿章身膺重任,着即妥筹办法"等语。并言:"俄使喀西尼留津商办有无助我收场之策,抑另觊觎别谋?李鸿章当沉几审察,勿致堕其术中,是为至要!"翁同龢日记是日亦云:"朝旨屡饬李相(鸿章)添兵,仅以三千勇屯仁川、牙山一带,迟徊不进,嘻!败矣!"二十七日记云:"樵野(张荫桓)信云:韩事无把握,盖合肥(李鸿章)处处后退也。"六月初四日云:"廷寄一件,北洋谓海军难调,必别募二三十营,令部筹二三百万饷,方可战。旨令海军户部会筹。"(次日议各任一半)十二日云:"叶志超电请添兵,合肥仍持恐开衅之议。"十三日云:"奉派会议朝鲜事……着派翁同龢、李鸿藻与军机大臣总理各国事务大臣会同详议,妥筹具奏,钦此。"十四日云:"军机来请,乃至值房,庆邸及译署诸君皆集,看电报,看奏折,主战者五折,议无所决。余与高阳(李鸿藻)皆主添兵,调东三省及旅顺兵速赴朝鲜。余又谓清厘朝鲜内政不为失体。此二端皆入复奏。是日军机见起,上(指光绪帝)意一力主战,并请懿旨(指慈禧)亦主战,不准借洋债。传知翁同龢、李鸿藻上次办理失当(指中法越南战役,五军机被罢黜事),此番须整顿云。又欲议处北洋(指李鸿章),又欲明发布告天下,此二事未行。闻昨日枢廷亦颇受谯诃。"可见光绪帝有责备鸿章之意,十四日总署致鸿章电云:“奉旨:现在日韩情事已将决裂,如势不可挽,朝廷一意主战。李鸿章身膺重寄,熟谙兵事,断不可意存畏葸,着懔遵前旨,将布置进兵一切事宜,迅筹复奏,若顾虑不前,徒事延宕,驯致贻误事机,定惟该大臣是问。”又翁十五日记云:“上至上书房,臣入奏昨日事,大致添兵,仍准讲解。上曰:撤兵可讲,不撤不讲。又曰:皇太后谕不准有示弱语,遂退。偕庆邸至北河沿,高阳、受之亦来,军机来请,阅志锐折片各一,北洋电:派卫汝贵带六千人进平壤,马玉昆带二千人进义州,左宝贵八营由北路,叶志超移扎平壤。吉林电:闻俄船八只集图们江口,将于二十日与日交战。”二十一日云:“北洋电传大鸟下令,种种狂悖,首以韩非属邦为言,又称所出数条不能改,中国若添兵,即以杀倭人论云云。北洋又谓俄有十船可调仁川,我海军可会办云云。前电上盛怒,后一电上不谓然,不得倚仗俄人也。拟电旨达北洋达此意。又令袁世凯来京备询问韩事。”二十五日云:“初拟见枢廷,今日必当宣战及布告各国,见庆邸,所闻不尔。又见北洋数电,以为稍缓,比归,得樵野信,始知倭在牙山潜击我船,有英商船载我兵船一只击沉,济远尚自顾,广乙则败矣。”翁同龢为亲信大臣,当时反对鸿章主和,俨然一派领袖.光绪帝亦大半受其影响,惟会议复奏,仍主备战协商,谓:“先以护商为名,不明言与倭失和,稍留余地,以观动静。现在倭兵在韩,益肆猖獗,而英使在京仍进和商之说,我既预备战事,如倭人果有悔祸之心,情愿就商,但使无碍大局,仍可予以转圜,此亦不战而戢人之术也。盖国家不得已而用兵,必须谋出万全,况与洋人决战,尤多牵制。刻下各国皆愿调停,而英人尤为着力,惟英最忌俄,恐中倭开衅,俄将从事取利也。我若遽行拒绝,恐英将暗助倭人,资以船械,倭焰益张。且兵端一开,久暂难定,中国沿海地势辽阔,乘隙肆扰,防不胜防,又当经费支绌之时,筹款殊难为继,此皆不可不虑者也。然果事至无可收束,则亦利钝有所不计。”如此立言,何尝与鸿章有显著不同之意见耶?但舆论方面则主战之空气,浓厚一时,对于政府依赖调停之失策,颇多指陈。如六月初十日翰林院侍读学士文廷式奏云:

此次倭人无故忽用重兵,名为保商,实图朝鲜,亦人人所共知也。

事涉数月,而中国之办法,尚无定见;北洋之调兵,亦趑趄不前。近闻倭人于朝鲜南五道,已改官制,设炮台,征商税,又以四条挟我,必不可行,而议者尚怀观望,是使中国坐失事机,而以朝鲜畀倭也,数年之后,天下事尚可问乎?中国练海军已近十年,糜费至千余万,责以一战,亦复何辞?然臣不能不谅创始之难也。顾臣所不可解者,倭人之练海军,亦不过十年,何此次出兵,北洋即不敢与之较?应请切责丁汝昌、叶志超等务当实力抵御,以待兵集。如有怯懦退避情节,必用军法从事,使其畏国法甚于畏倭人,或可收尺寸之效。两次办理海防,备多力分,款归无着,不如令各省合筹三四百万金,速购铁甲船一二号,快船七八号,配足军械,挑选水师,会同南洋各船,巡梭海道,北则游弋于对马、长门之滨,南则窥察于长崎、横滨之口,则倭人亦将多方设备,外足以分其谋韩之力,内足以生其下怨之心,南洋水师,由此经始,此一举而数善备也。法越之役,倭人阴以兵助法,故法人德之;英人喜倭之改制,引为已类;俄人之欲得朝鲜,尤甚于倭。今内揆国势,外察敌情,万一果开兵衅,中国仅与倭争雄,则各国必袖手旁观。若中国意之所在,存朝鲜以拒俄,则英德诸国见我之老谋深算,虑无不竭力以维持东方大局者。倭人知中国能见其大,兼隐受拒俄之益,亦必降心回虑,与中国别筹协力之谋。此天下大势所存,将来为战为和,为迎为拒,皆当本此以相衡,此时英人之言,意或在此。闻北洋颇倚信俄人,应请特谕总署,勿为所惑。总署之设,原以办理洋务,而非以遥制兵机。前者法越之役,各省事事奉命于总署,遂隐窃掌兵之权。法人方言和,而兵已攻基隆矣;俄人未尝失和,而兵已袭帕米尔,倭之在朝鲜,未必不师其故智,以和议欺总署,而伺便一击。中国前敌诸军,常处于后,而让敌以先,万无胜理。应请饬下北洋,速调万人,以趋王京,务使力足以敌倭人。李鸿章立功之始,借资洋人,故终以洋人为可恃,而于中国治法本源,军谋旧法,皆不甚留意,故一有变端,傍徨而罔知所措,必然之理也。淮军宿将劲兵,十去六七,今所用皆新进未经战阵之人,虽无倭、韩之衅,他日正烦宸虑。至朝鲜之事,有争无让,事在不疑,尤望始终坚持,不为浮议所惑。

六月十五日礼部侍郎志锐所奏尤为剀切,其论总署与李鸿章之失机,语多中肯,实当时最有识见之人也。其言曰:

日本假更张朝鲜为名,调集重兵,分屯要害,汉城、仁川一带,日人俨然据为己有,筑台运械,布置周密。势将幽置国君,迫胁官民,一切财赋政教,无不唯命是听。试思政事既易,人民土地有不同归日人者乎?往在朝鲜之于中国,尚有属国之名,今恐并其名而失之矣。朝鲜东西南三面濒海,处处与日本相接,日人声势联络,瞬息可通,朝鲜既为所据,夷情叵测,屡败盟约。若以铁舰横行洋面,我则津、沪不通;若以陆师内指边关,我则奉、吉俱震;藩篱尽撤,盗贼纵横,附背扼吭,将成巨患,此朝鲜得失为我朝大局所关,不得视为乡邻之斗者也。北洋大臣李鸿章主持此事,一味因循玩误,辄借口于衅端不自我开,希图敷衍了事。今日人之据朝鲜,以四条挟我,俨然有开衅之心,我若急治军旅,力敌势均,犹冀彼有所惮,不敢猝发,是示以必战之势,转可为弭衅之端;不然我退而彼进,只求无衅不可得也。又闻该大臣等事既急切,专恃外国公使从中调处,借作说和之客,以图退兵之计。事起之初,则赖俄使;俄使不成,复望英使;英使不成,又将谁易?无论俄踞海参崴及库页各岛,英踞巨文岛,窥伺东海,与日人交情素昵;即令偏袒向我,既无可恃之势,又无可假之权,全凭口舌折冲,虽俄、英各使逞辩诪张,果能化弱为强,强日人以就我范围乎?此又事理之不易也。综计中日交涉以来,于台湾则酬以费;于琉球则任其灭;朝鲜壬午之乱,我又代为调停;甲申之役,我又许以保护。我愈退则彼愈进,我益让则彼益骄,养痈贻患,以至今日。夷焰鸱张,贪婪无已,一误再误,则我中国从此无安枕之日,可不虑哉?以势所必争之日本,与绝不可失之朝鲜,彼则着着占先,我则面面受制。为今之计,应请速饬李鸿章厚集兵力,分驻高境,克期进发,迅赴事机。……敌情本有虚实,边患更有重轻,壮我之气,而后可以讲和;充我之力,乃亦无妨言战。届时即意见参差,或者英、俄各使出作调人,庶其竭力转圜,始觉挟持有具也。东渡各营最谬妄者,直隶提臣叶志超、海军提臣丁汝昌,派赴朝鲜,在日人之先,而铁舰不扼仁川,陆军不入汉城,仅驻仁川附近之牙山岛犄角险要之地,拱手而让之外人。外间舆论,至有“败叶残丁”之诮,不孚众望,可想而知。该统将等首鼠不前,意存观望,纵敌玩寇,夫复何疑?其谓朝鲜地势,悬隔海外,欺圣明不及觉察耶?抑苟且偷生以徼幸于无事耶?此皆玩误之尤,应请严旨饬其速扼要地,再敢瞻循畏缩,立予重惩。总之,军国大计,利害所关甚重,要藩岂容轻弃,而狡夷非可缓图;衅端不可妄开,而兵力实宜镇慑。势无可缓,计不必疑。

志锐所言,乃系当时实情,非虚矫攘夷之空论。向使鸿章早有御敌决心,征调劲旅,预占形势,虽未必胜,当不至挫败若斯之迅速而狼狈也。日本已派万人,控扼汉城、仁川,而鸿章尚不肯添兵,仅以“败叶残丁”驻守牙山,徒有其名,毫无作用,任听日人胁迫朝鲜改政,势将幽置国君,志锐盖已先见及之矣。谓之因循玩误,受制失机,孰曰不宜。至于曾国钧所陈七条,大灭日本,准良、钟德祥等折片,封港宣战,语虽豪纵,皆矫虚之气耳。光绪帝虽主战,而慈禧却欲速了事,以便大开庆典,广纳贡献。以故鸿章之消极政策,实军机大臣孙毓汶、徐用仪等承太后意旨而暗中支持之,帝虽不慊鸿章,固亦无如之何也。总之,清廷意见:帝与太后,枢垣与译署,内臣与外臣,全不一致,主战者既乏方略,主和者亦无政策,徒使负责折冲之李鸿章,乞灵外人,妄想转圜,宁有济乎?

八十九　战争之开端

(一) 日本胁迫大院君主政

在各国奔走调停之时,日政府早已决心挑衅,其注意点全在懦弱之朝鲜政府。驻韩日使大鸟圭介既获临机处置之全权,促成中日关系之破裂,遂成彼唯一之任务。内政改革之条陈,大鸟迭次逼迫韩廷实行。五月二十五日,又照会韩外署,谓中国所谓“保护属邦”,有违日韩《江华条约》之精神,质问朝鲜是否为独立自主之国。朝鲜得此照会,甚感为难,盖不承认则有背日韩条约之明文,承认之又无以对中国,几经踌躇,始由袁世凯授意,为一措辞圆滑之答复,谓两国交际事件,均按自主平等之权办理,中国所称径庭与否,应与本国无涉。同时复致世凯一文曰:

> 朝鲜为中国属邦,已经三百年之久,原承保护。现日本借护使馆为名,忽发近万名之兵,据守都城,朝鲜全局,如在其掌握。彼以公文诘问为中国属邦与否,限日答复。甫逾限期,彼督促甚急,声称决裂,威逼多端。所以敝邦将朝日条约所载之句语以答之,而初不回复保护属邦与否,以防彼借口违约,滋生事端。请烦查照,转达中朝。

此种答复,岂足塞故意生事者之口,大鸟复转而拨弄袁世凯,因聂士成驻军牙山,布告中有保护属邦字样。世凯答以数百年例案备载,章籍可考,固非初出新裁。惟贵公使如何观之,断非本总理所与闻。大鸟又言例案章籍,不可推究,于今非我应与闻。成心斗气,斤斤顶嘴。及英国调停失败,日外相电告促成中日破裂之时机已至,遂令大鸟于十八日向朝鲜提出哀的美敦书,迫朝鲜驱逐中国军队出境,限三日答复。是日夜半,又致照会,令韩廷宣布废弃中韩间一切条约章程。时袁世凯已请准回国,由唐绍仪代办,华馆人员亦纷纷逃避。韩廷得日通牒,手足无措,仅答以:"中国援兵本可撤退,因《天津条约》未便即撤,将来转烦唐代理请中国政府核办。"大鸟得复,又致最后通牒,而掀然之大波以起。六月二十一日大鸟与日军旅长大岛义昌调驻龙山之日兵,入城举事。先使冈本柳之助阴说大院君李昰应,与日本妥协,复利用开化党金嘉镇、安驷寿辈为之呼应。大鸟率军直抵王阙,沿途发炮,对韩兵轰击,掳韩王李熙,令大院君主持国事。矫王命流闵咏骏、闵炯植、闵应植于远方恶岛,其余闵族皆闻风而遁。凡韩臣之不惬于日者皆逐之。二十三日矫诏谓:"朝鲜从此为自主之国,不再朝贡。"又请日兵驱逐驻牙山之中国军队。中国使馆国旗,亦被日兵扯下。韩王遣闵尚镐变服赴津,谒鸿章乞援。中日战争由此启幕,鸿章虽不欲战,而亦不得不应战矣。战争爆发后,日人利用大院君为傀儡,集新党各党派人物,设立军国机务处,待朝鲜如保护国,订立所谓"暂定合同条款”,一切筑路及开口通商之权,尽攫夺之。七月二十六日,又缔结所谓“日韩同盟条约”。予取予求,任所欲为。陆奥宗光《蹇蹇录》中,解释其订盟之意义曰:

> 惟为表彰朝鲜之独立,何以有缔结日韩攻守同盟之必要?盖朝鲜政府以独立国在平时战时,立于列强之间,不知其位置。故牙山开战以来,事实上虽为我国之同盟,然尚密乞驻汉城欧美强国代表者之周旋,使中日两国军队由其国内撤退,及其他不合调之举动尚多。将来万般之障碍,恐由此酿出。故以一国际条约之效力,一面表彰彼等为独立邦国,有公然与任何国家结攻守同盟条约之权利,一面系留彼等于我手中,使不敢他顾,实一举两得之策也。

陆奥之自言如此,欲一手掩天下耳目,谁其信之?然强权在握,朝鲜已无任何自由,在事实上等于亡国矣。日本所标“改革内政”云者,实未尝做一事,故当时日本国内之舆论,亦对此表示不满,咸责政府措置失当。日政府乃将责任推之大鸟一身,而将其撤任,另以内政大臣井上馨调任驻韩公使。清末人诗云:“矗矗风云生亚陆,日人欢笑韩人哭。韩人已矣何足悲?伤心怕为韩人续!”此真可为空言保护属邦者之一大教训也。

(二) 丰岛之初战

先是袁世凯离韩归国,抵津谒鸿章,报告韩事之紧迫情形,鸿章始知战争不可幸免,叶志超军孤悬牙山,非厚派援军不足以应变。又迭奉廷谕,着速筹战备,乃派总兵卫汝贵统盛军十三营六千余人进平壤,提督马玉昆统毅军二千人进义州,分起由海道至大东沟登岸。其中军二千余,雇英国商轮三只分运牙山。六月二十一、二日,爱仁、飞鲸两艘先运千余人抵牙山登陆。日本间谍在津贿通电报生,泄露师期。二十三日,日舰多艘,集牙山口外,备拦阻。会我兵舰济远、广乙为迎护高升号运兵船,驶近牙山口外之广岛,日舰吉野、浪速、秋津洲等横海袭来,首先开炮,华舰应之,中日战争遂自此揭幕。广乙被重创,歪侧逃而坐礁。济远亦中多炮,惟机器未损，继遭日炮毁其舵，遂逃。日舰吉野尾追甚急，吉野为新式巡洋舰，每小时能行二十三海里，势将及。济远管带方伯谦昵日舰近时，即藏身于铁甲最厚处，仅大副、二副在天桥上照料，至此乃树白旗，吉野追如故。时有水手王国成者，甚怒，而力素弱，问："何人助我运子？"另一水手李仕茂挺身愿助，乃将十五生地尾炮连发四出，三出命中，日舰乃退。济远惟知速遁以幸脱，亦未转舵追逐，逃至旅顺，而以捷闻。九时许，高升号续至，辅助舰操江随行。高升为英商怡和商轮，悬挂英旗，亦遭日舰炮击，宛转而沉。船内载兵九百五十人，全遭灭顶。当高升之至也，日舰浪速扬信号命令停船，且将舰首指其船腹，并放空炮二次，高升不得已，停轮以待。当由敌舰派遣士官前往临检，果见有多数军队，即命随敌舰航行，不得稍有犹豫。而船长则谓："当出发之时，并未接有开战之宣言，兹可返回大沽，碍难听贵舰之命令。"日士官回敌舰后，浪速再揭扬信号，命将船体舍弃，并悬一红旗于桅顶，表示危险。高升号未及答信，敌舰即发射右舷前部鱼雷及炮，第一发溜弹，命中高升之汽炉，白烟迸射，转瞬沉没。船中我军有以小枪向敌发射行最后之抵抗者，已而争先投海。英船主大副及我海军总查德人汉纳根（C. Von Hanneken）均跃海而后遇救。与高升同行之操江，以速力迟缓，武装亦极薄弱，逃既不可，战又不能，卒为敌舰秋津洲掳之以去。二十四日，法国利安门兵舰行至该处，从高升桅顶及漂流舢板中，救出兵勇四十二人，及高升轮工三人。汉纳根送信仁川，德国伊力达斯兵船驶来救回二百十二人，又于烟台商之英国播布斯兵船，再往该岛，载回弁勇八十七名。殉难者达七百余人，此为甲午第一战，我海军之脆弱，将领之无能，已行暴露。朝臣纷纷奏参，外人传为笑柄。清廷命鸿章察看丁汝昌有无畏葸纵寇情事，不得片词粉饰。鸿章电丁云："汝当振刷精神，训励将士，放胆出力，如林泰曾前在仁川畏日遁走，方伯谦牙山之役，敌炮开时，躲入舱内，仅大、二副在天桥上站立，请令开炮，尚迟不发。此间中西人传为笑谈，流言布满都下，汝一味颟顸袒庇，不加觉察，不肯纠参，祸将不测，吾为汝危之！"斯役之不武，可以见矣。高升击沉之耗既传，英国舆论大哗，英驻日公使当即提出抗议。日内阁总理伊藤博文惊愕失色，状极周章。立招海军大臣西乡从道议处浪速舰长东乡平八郎，西乡推以俟该舰报告到后,再行讨论。伊藤迭催,西乡延不办理。伊藤作色曰:“以一舰长之事,迁延不办,万一失去时机,陷国家于危险地位,究竟谁任其责?”西乡则曰:“此责任全由余任之,公请安心。”伊藤乃拂袖而去。此可知日本军人自始即不肯受命政府矣。日本政府旋据报告发表声明,谓高升不服从命令,故尔击沉,并无违反国际公法情事。并自认赔偿谢罪,而该事遂如是了之。其实当时中日双方均未宣告战争,日舰突袭,已属卑劣,更何有临检及命令他国船只之权力?蛮横无理,惟恃暴力,英人见其着着占优胜之势,亦不欲得罪强者,有何国际公法可言哉?

(三) 成欢之战

丰岛之衅既开,李鸿章电告总理衙门,应布告各国,使知衅非自我开。驻日公使汪凤藻应撤回,日本公使领事,宜讽令自去,停止日本通商。总理衙门遂于二十八日照会各国公使,声明日人首先开衅,再难曲为迁就,不得不另筹决意办法。其时牙山驻军,孤悬海外,实力不及日方五分之一,胜负之数,不待战而已明矣。牙山者朝鲜之县邑,值汉城西南一百五十里,仁川之左掖,沔江之口,群岛罗列,与我山东之成山角隔海相望。叶志超驻牙山,聂士成率三营驻东北五十里之成欢驿,以是为汉城南来大道,南通公州,取为犄角之势。丰岛之战既开,高升失事,知援绝,而日兵大队已逼振武,去成欢四十里。士成请援于志超,又派二营往,志超亦至。士成言于志超曰:“顷海道已梗,援军断,难飞渡,牙山绝地不可守。公州背山面江,天生形势,宜速往据之。幸而胜,公为后援,不胜,犹可绕道出。此间战事当竭力防御,相机进止也。”二十六日,日兵已迫素沙场,去成欢才十余里。于是叶志超自率一营往公州,而士成率五营驻成欢。成欢在平泽县东北,左右皆山,中通纵横两驿道,北走振威,南迤东达天安、公州,西迤南达牙山,东达稷山,前横大河,河之南北岸皆泽国,池沼与水田相错,惟中通一线大道,跨河为桥,曰安城渡,为北来隘道。华军诸垒,分驻成欢东面山顶,西面山冈,仅立一垒,炮队分驻西南最高山顶,以遏日兵来路。是日武备学生于光炘等数人冒雨夜出探敌情,日兵已分道来犯。归促士成速备战,并纠健卒,伏桥畔村落。夜半日前锋至,光炘狙击之,颇有杀伤。日兵骇退,过桥多挤溺。已而觇我军无继,其后队且至,复猛进,光炘等扼桥守一时许,接应终不至,皆战死焉。日兵遂大进。二十七日黎明,日兵已踞成欢西北面山坡,士成自督队与相持,而左侧之东北面山坡,突为日军所袭踞,以炮直击我东面诸垒。炮队还击,莫能中的,势不支遂败。盖是夜日兵自素沙场分两道来犯,一从大道缀我师,一则绕出东路以袭我侧面,我军以全力自大道遏日军,而不虞东道之敌自侧面来犯也。士成既败,东南趋公州,志超已弃公州,乃合军北走。仍恐与日军遇,绕王京之东,循清州、镇州、忠州、槐山、兴塘、沙汉江,经堤川、原州、横川、狼川、金化、平康、伊川、遂安、祥原度、大同江至平壤,与卫汝贵等军合。时值夏秋之交,溽暑甚,途行匝月始达。志超于七月二十一日,士成于二十八日先后至,残军饥疫,死者相属。士成请回津募兵,乃解职去。而志超方以成欢之战,倭兵死亡甚众,沿途遇倭兵拦截,皆经击退,歼毙不下五千余人,铺张电告。鸿章据以入奏,且论功行赏,奏保员弁数百人获嘉奖,并赏军士银二万两。未几复拜总统诸军之命。牙山之战原与丰岛之战相衔接,因日人预将电线截断,致消息阻隔,真相莫明。鸿章致丁汝昌电中,有"接济不通,水陆断绝,徒为闷急"之语,军情电讯如此,何能作战?而志超捏造捷报,朝野均为喜慰,意谓失之丰岛而收之成欢也。如翁同龢日记云:"北洋电:雇英船探仁川,知二十五六牙军又捷,杀敌二千余,进扎汉城八十里,可喜也。"清廷迭谕奖赏,并谓:"倭兵二万余人,突来围袭,我军奋勇对敌,鏖战六时之久,倭兵死者千七百余人,我军伤亡三百余人。该提督以众寡悬殊,设计退敌,遂率兵东渡汉江,暂驻平壤。以少击众,全师而出,冒暑苦战,深堪嘉尚。"讳败为胜,弃地邀赏,不知志超从未与敌人接仗,而一走数百里,诚滑稽之悲剧也。七月初一日,遂下宣战之谕曰:

朝鲜为我大清藩属,二百余年,岁修职贡,为中外所知。近十数年该国时多内乱,朝廷字小为怀,叠次派兵前往勘定。并派员驻扎该国都城,随时保护。本年四月间,朝鲜又有土匪变乱,该国王请兵援剿,情词迫切,当即谕令李鸿章拨兵赴援,甫抵牙山,匪徒星散。乃倭人无故派兵,突入汉城,嗣又增兵万余,迫令朝鲜更改国政,种种要挟,难以理喻。我朝抚绥藩服,其国内政事,向令自理。日本与朝鲜立约,系属与国,更无以重兵欺压强令革政之理。各国公论,皆以日本师出无名,不合情理,劝令撤兵,和平商办。乃竟悍然不顾,迄无成说,反更陆续添兵。朝鲜百姓及中国商民,日加惊扰,是以添兵前往保护。讵行至中途,突有倭船多只,乘我不备,在牙山口外海面,开炮轰击,伤我运船。变诈情形,殊非意料所及。该国不遵条约,不守公法,任意鸱张,专行诡计,衅开自彼,公论昭然。用特布告天下,俾晓然于朝廷办理此事,实已仁至义尽。而倭人渝盟肇衅,无理已极,势难再予姑容。着李鸿章严饬派出各军,迅速进剿,厚集雄师陆续进发,以拯韩民于涂炭。并着沿江沿海各将军督抚及统兵大臣,整饬戎行,遇有倭人轮船驶入之口,即行迎头痛击,悉数歼除,毋得稍有退缩,致干罪戾。将此通谕知之。钦此。

同日,日本亦下宣战之诏。内有:“欲以维持东洋之平和,于是劝朝鲜以厘革其秕政,内坚治安之基,外全独立国之权义。清国始终暗中百计妨碍,即欲以武力达其欲望。更派大兵于韩土,要击我船于韩海,狂妄已极。其计谋所在,实可谓自始即牺牲平和以遂其非望。事既至此,朕虽始终与平和相终始,亦不得不公然宣战,赖汝有众之忠实勇武,而期速克平和于永远,以全帝国之光荣。”此可见和平一辞,早为侵略者用作战争之借口矣。明是日本欲以武力达其欲望,却言我先要击,美丽的谎言,古今如出一辙也。

九十　两军之主力战

(一) 平壤之攻守战

清廷既已宣战,似应特简重臣,详订战略,调集重兵,速筹军实,作全盘之打算,期一致之努力,方可争胜疆埸,克敌致果。乃一切诿诸李鸿章,而兵饷又掣其肘。平壤援军,调集者仅卫汝贵盛军十三营,马玉昆毅军四营,左宝贵奉军六营,丰升阿奉天盛军六营,加以叶志超芦防六营,共三十五营,合计不过一万四千人(如足额应为一万七千五百人)。以志超为总统,志超方败还,不乘日兵元山枝队尚未东渡之时,急趋王京,分道争利;又不择险分屯,互为策应,以绝觊觎;而以二十九营聚于平壤,置酒高会,漫无布置。日督韩民于城内外筑垒,环炮而守焉。华军初至平壤,韩民闻王师至,欢呼夹道,争献酒浆以劳军。而军士残暴,夺财物,役丁壮,淫妇女,纪律荡然,尤以卫汝贵军为甚,韩民大失望,多逃避。李鸿章电责之曰:

> 顷奉寄谕:卫汝贵恇怯无能,性情卑鄙,平日克扣军饷,不得军心,沿途骚扰,必至败事,着查明严参等因。现闻盛军在平壤,兵勇不服,惊闹数次,连夕自乱,互相践踏。左、马、丰三统将忠勇协力,上下一心,独汝所部,狼狈至此!远近传说,骇人听闻。汝临行时,吾再三申诫,乃不自检束,敌氛逼近,若酿成大乱,汝身家性命,必不能保!吾颜面声名何在?电到后切勿自回护,密商叶总统,应如何设法安抚军心,顾全大局,或将该军暂令孙显宝帮统,以孚众望,而期努力效命,立候电复。

叶志超、卫汝贵皆鸿章淮军之干部,其军纪败坏至此,怯懦又如斯,以临强敌,安得不败?鸿章虽知其必至败事,无如津、沽驻军,已无可抽调。乃令副将卞得祥、卞长胜,总兵吴育仁、贾起胜、吴宏洛、姜桂题、程允和、赵怀义、卫汝成,各添募数营,必照西法操练三个月乃能用。至腹地各省,兵勇仅防本境,又少精械,似无可调之劲旅。是则鸿章所赖以作战者,仅毅军与奉军耳,左、丰、马三部合计十六营,不过七千人,何以当敌军二万之众?七月初八日,有日本探兵一小队至大同江,来窥我军,我军围而歼之,乃分哨渡大同江。是月中旬,又有日本探兵过凤山,侦我兵在黄州,即退去。志超遂以屡获大捷闻,亦旋弃黄州,还守平壤。八月初三日,卫部盛军夜出放哨,与毅军遇,互疑为敌,遂相轰击,历一时许,死伤颇众,由是坚壁不出者多日。及闻日兵已自黄州北进,乃大严诸军,作婴城计。平壤为朝鲜旧京,城垣壮阔,南北绵亘十余里,凡六门,东南门直逼大同江,玄武门跨山为城,附城一山,曰牡丹台,为全城命脉所在。城之东南达王京,西南至大同江口,地要而险,最据形胜。及日兵既逼,诸将分画守界:北面由左宝贵、丰升阿守之;西面叶志超所部守之;南面及迤西南卫汝贵守之;城东及大同江东岸,马玉昆守之。复以左部分统聂桂林策应东南两面,盖以东南当敌冲,尤为我兵力所注重也。是时,志超驻城中调度,宝贵驻北山顶守玄武门,诸将皆各以守界方位驻城外。十三日,日兵已抵大同江东岸,我军敛入垒,发枪还击。十四日,日兵大队至。十五日,皆互放枪炮,日兵亦时前时却。十六日,东路日兵,分四股猛进,先互放枪炮,惜我炮准而疏,日兵得竞前薄我垒。马玉昆自督队截击,而日兵冒死前进,夺我前两垒,复趋后三垒。玉昆肉搏血战,抵死相撑拒,汝贵渡江援之,枪弹雨发,隔江炮台亦发大炮轰击,死伤山积,仍不退。鏖战及四时许,日兵弹尽始退。玉昆将追之,忽闻玄武门失守,志超有速撤之令,乃退。盖日兵之攻平壤也,多取远势,分四大枝以包平壤:一枝由王京西北出,抵平壤东南,此即由大道分四股来扑之兵,马玉昆御之于大同江东岸者也。为日少将大岛义昌之第九旅团。一枝由王京西北出至黄州,遂渡大同江,分道以袭平壤西南,此枝号称大军,为第三师团司令官中将野津道贯之兵。一枝由王京东北出,至江东县渡大同江以袭平壤北面,由少将立见尚文所率之“朔宁枝队”任之。一枝由日新运来之第十八联队,大佐佐藤练太郎率之自元山登岸,西行趋顺安,以截平壤西北大道,欲堵我归路者也。四枝日军皆克期十六日会平壤。而我大军在平壤者方墨守城垣,附郭而屯,惟知大道日兵之来,而莫虞狡敌之分道以议其后也。方十二日警报迭至,马玉昆既逾江备敌,左宝贵亦遣军侦探,行八十里,至大同江上游,日兵自朔宁来者,将渡江,宝贵所部三营,列阵以拒,枪炮互击。志超以前路急,羽箭趋三营回。日兵遂渡江向平壤。十四日,坚伏不动,候西北路兵至,始进踞城北山顶数垒,宝贵自出争之,不能胜,乃入城,以炮仰攻。日兵仍坚伏,其夕志超虑后路将绝,欲突围北归,宝贵不从,派亲兵守之,虑其逸。自扼玄武门备决战。十六日,日兵分两道来扑,宝贵指挥我军力御之,日兵死伤甚多,仍猛进破我外重之东一垒。未几日兵舁大炮至相近山巅,向我迫击,中西垒皆不守。日兵乃萃于牡丹台,我以全力持之。而日炮兵专注轰击,步队乘势蚁附以登,牡丹台遂陷。宝贵知事已瓦解,志必死,乃服黄马褂顶带登城督战,遂连中炮伤堕地,犹奋呼,下城始殒。此为甲午之役壮烈殉国之第一人。部将多死,我军夺气。敌兵潜奔城下,以绳梯猱升,遂逾城入,斫我守军,开门以纳日军。志超乃于城上遍插白旗,乞缓兵,城中扰攘甚。是时马玉昆方与日兵血战大同江东,拼命击退敌军,获大捷。其西路日兵于十六日晨至城外西南隅,与盛军相持至午刻,不得逞,亦退去。而志超撤兵速退令至,于是玉昆、汝贵皆敛兵入城。日军来议降,拒之。是夜志超率众北走,日兵要于山隘,枪炮排击,我溃兵回旋不得出,以避弹故,围聚愈密,死亡愈众。其受伤之卒,纵横偃卧,哀号之声,惨不忍闻,加以人马腾藉,相蹂死者至二千余人。平壤军储甚厚,凡有大小炮四十尊,快炮及毛瑟枪万余杆,将弁私财及军士饷糈不资。及弃走,一切委之。是役也,李鸿章二十余年所练之兵,素用洋操,以劲旅自夸者,略尽矣。日本惮淮军威名,萃全力以攻之,兵员在二万以上(鸿章奏言三四万人)。既胜,其将领犹言非始料所及也。叶志超饰败为胜,欺君邀赏,望敌即逃,何能以为统帅?八月初七日鸿章致叶电云:"顷奉寄谕:叶志超在牙山,兵少敌众,词气甚壮,今归大军后,一切进止,似有窒碍为难。聂士成打仗勇往,今忽拟回直募勇,难保不另有别情。叶志超与盛毅诸将,平日分属等夷,令膺总统,同人中或各存意见,不服调度,则措置必难自如。军情紧迫之时,深虑因此偾事。现敌氛已逼,所有分布进剿机宜,着妥筹具奏,不得以兵未全致,束手待敌来攻!聂士成募勇,可遣员弁代办,何必自行?着仍留营剿贼。如已启程,亦电令速回,无庸来直,钦此。鱼电将各一心,未识能否驾驭,鸿深为悬虑!望速传集诸统领,开诚布公,恭阅严旨,悉心派拨。聂士成行抵何处?中外皆推为能战,应添几营,望与妥商就近招募,速回大营,尚有芦台本队可领也。"可见诸统将名位相埒,志超不能服众,士成勇往能战,而又在定州途中,距平壤已一百七十里。清廷及鸿章均知之,奈何仍以之当前敌乎?

(二) 大东沟之海战

在平壤战役方告结束之时,而海军全队亦于大东沟遭日舰之攻击,大败而还。此两役为甲午战争中之主力战,过此以后诸役,则望风披靡,益复不堪矣。先是,丰岛战后,济远逃旅顺,旋归威海,提督丁汝昌率全军防堵口门,为固守之计。而日舰纵横辽海,京内外交章弹劾,清廷谕责汝昌巡弋洋面。六月杪,汝昌督大队巡洋,以未遇倭船闻。七月初九日,复报巡海至鸭绿江口,翌日,日舰来威海袭炮台,炮台发炮伤其一舰。自是每值海军出口巡弋,日舰辄窥威海。一般均责汝昌畏葸无能,巧滑避敌,清廷谕令鸿章另选胜任之员。鸿章复奏海军情形,作中日海军之比较,以为缺乏快船,不敢轻于一掷,但令游弋渤海内外,作猛虎在山之势。并以海军将才难得,各将领者尚无出汝昌之右者。其奏曰:

查北洋海军可用者,只镇远、定远铁甲船二艘,为倭船所不及,然质重行缓,吃水过深,不能入海汊内港。次则济远、经远、来远三船,有水线甲穹甲,而行驶不速。致远、靖远二船,前定造时,号称一点钟十八海里,近因行用日久,仅十五六海里。此外各船,愈旧愈缓。海上交战,能否趋避,应以船行之迟速为准。速率快者,胜则易于追逐,败亦便于引避,若迟速悬殊,则利钝立判。西洋各大国讲求船政,以铁甲为主,必以极快船只为辅,胥是道也。详考各国海军册籍内载,日本新旧快船,推为可用者,共二十一艘,中有九艘自光绪十五年后分年购造,快者每点钟行二十三海里,次亦二十海里上下。我船订购在先,当时西人船机之学,尚未精造至此,仅每点钟行十五至十八海里,已为极速,今则至二十余海里矣。近年部议停购船械,自光绪十四年后,我军未增一船。丁汝昌及各将领屡求添购新式快船,臣仰体时艰款绌,未敢奏咨渎请,臣当躬任其咎。倭人心计谲深,乘我力难添购之际,逐年增置,臣前于预筹战备折内奏称"海上交锋,恐非胜算",即因快船不敌而言。仅与驰逐大洋,胜负实未可知。万一挫失,即赶紧设法添购,亦不济急。惟不必定与拼击,但令游弋渤海内外,作猛虎在山之势,倭尚畏我铁舰,不敢轻与争锋。不特北洋门户恃以无虞,且威海、仁川一水相望,令彼时有防我海军东渡袭其陆兵后路之虑,则倭船不敢全离仁川,来犯中国各口。彼之防护仁川各海口,与我防护北洋各口,情事相同。观于前次我海军大队游巡大同江口,彼即乘虚来窥威海、旅顺,迨我海军回防,则倭船即日引去,敌情大概可知。伏读叠次谕旨,令海军严防旅顺、威海,勿令阑入一步;又令在威海、大连湾、烟台、旅顺各处梭巡扼守,不得远离等因,圣明指示,洞烛机宜,至今恪遵办理。北洋门户,庶无窜扰之虞。盖今日海军力量,以之攻人则不足,以之自守尚有余,用兵之道,贵于知己知彼,舍短用长,此臣所为兢兢焉以保船制敌为要,不敢轻于一掷,以求谅于局外者也。至论海军功罪,应以各口能否防护有无疏失为断,似不应以不量力而轻进,转相苛责。丁汝昌从前剿办粤、捻,曾经大敌,叠著战功,留直后即令统带水师,屡至西洋,借资阅历。及创办海军,特蒙简授提督,情形熟悉,目前海军将才,尚无出其右者。各将领中如总兵刘步蟾、林泰曾等阶资较崇,惟系学生出身,西法尚能讲求,平日操练,是其所长,而未经战阵,难遽胜统率全军之任。且全队并出,功罪相同,若提督以罪去官而总兵以无功超擢,亦无以服众心。若另调他省水师人员,于海军机轮理法,全未娴习,情形又生,更虑偾事贻误,臣所不敢出也。自来用兵,谤书盈箧,而卒能收功者比比皆是。伏恳圣明体察行间情事,主持定断,臣不胜迫切悚惧之至。

八月初九日,汝昌率海军出巡,十三日抵旅顺。清廷以平壤事急,特派总兵刘盛休率所部铭军十二营济师,自鸭绿江口登岸,鸿章令海军翼之进。铭军凡载招商轮船五艘,海军全队,计镇远、定远两铁甲,致远、靖远、经远、来远、济远、平远、超勇、扬威八兵轮,益以广甲、广丙两辅助舰,又蚊炮船镇南、镇中两艘,鱼雷艇四艘,翼护以行。十六日发大连湾,十七日抵大东沟,彻夜渡兵登岸。十八日辰刻,汝昌促卸兵,令全军备午刻起碇回旅顺。巳刻,突报日舰出现,船中将士或奔赴甲板上,观望地平线上如柱之薄烟。丁汝昌偕右翼总兵刘步蟾在定远舰之飞桥上,与汉纳根及英员泰乐尔(W. F. Tyler)共商应敌之策,决定排人字阵式,分段纵列,以定远、镇远居先,充战斗之主力。时南望不仅可见烟氛,且可见烟氛所从发出之战舰一串,时已至矣,乃起锚,船应机声而搏跃,发出指挥舰队排布之信旗。而信旗所示,为诸舰相并横列,以主舰居中,并非适所议决之阵势。泰乐尔见阵势已错,欲请更改,恐益涣散而不可收拾,两害相权,以保持现状为轻。乃自瞭望台跃下,谓刘步蟾曰:“总兵已发错误之信号,请观众舰,然若更改,纷乱益甚。”然即直线之排列,亦未完全,盖两翼弱舰,觉其位置之危,逗留于后,舰队因成半月之形,定远、镇远二主舰自然居于前方。两方舰队相距约一万码,观日舰之进行,似欲横攻中国舰队最弱之右翼。此时,我舰所需要之号令,为全队向右移四度,或可使主力舰最先与敌舰接触。刘步蟾实胆怯,虽知此需要而不为,丁汝昌及汉纳根不习海事,均见不及此。泰乐尔献此策,立被采用。汉纳根至船后,指挥旗尉,信旗上出,众舰应之,于是定远之旗下降,示将移动也。时泰乐尔立于瞭望台之入口,候舵机之转,久不见其动。乃顾刘步蟾曰:“总兵,改道之旗已下,君若不向左转舵,舰队将愈纷乱。”步蟾乃令曰:“舵左转!”然后低声曰:“慢,慢!”结果舰止不动。泰乐尔大恚,加以诅诘。自瞭望塔跳下,奔赴丁汝昌所,此时飞桥上只汝昌一人,言语不通,意不得达。此桥年久失修,难当重震,当此之时,刘步蟾突令发炮,轰然一声,桥为震断,汝昌与泰乐尔同自空中坠落,均受重伤。(据丁汝昌电称:“昌上望台督战,为日船排炮将定远望台打坏,昌左脚夹于铁木之中,身不能动,随被炮火将衣焚烧,虽为水手将衣撕去,而右边头面以及颈项皆被烧伤。”)黄海之战,以是开始。时我舰十艘分五队:镇远、定远为第一队,致远、靖远为第二队,经远、来远为第三队,济远、广甲为第四队,超勇、扬威为第五队。日舰十二艘,则吉野、高千穗、秋津洲、浪速四快船,松岛、千代田、严岛、桥立、比睿、扶桑、西京丸、赤城八兵船也。我国舰队吨数较优于日,日舰队吨数仅得我之七成,然日舰小于我,而速率大于我,大炮少于我,而快炮亦多于我。我最速之船,不过十八海里,余则十四五六里不等。日快船四艘吉野速率最大,每四刻行二十三海里。余三船俱行十九海里上下,惟比睿、西京丸、赤城最钝弱,余舰速率皆在十七半至十九海里。其司令官海军中将伊东祐亨以松岛为旗舰,自乘以督攻。先作一字阵来扑,快船居前,兵船继之。及驶近镇远、定远,忽改为太极阵,转道飞驶左行,绕攻我军右翼,瞬息已过,裹华阵于其中。与镇远、定远相去恒六里许,盖畏重甲而避大炮,且我炮之力不能及,而日舰之弹可至也。欺我阵末数舰炮小甲薄,相逼较近,旋致远、经远、济远皆被挖出圈外,致远迭受重创,适与吉野相值,其管带粤人邓世昌谓大副陈金揆曰:"倭舰专恃吉野,苟沉是船,则我军足以夺其气而集事也。"遂鼓快车疾驶,以突吉野,欲撞与俱沉。吉野即驶避,致远中其鱼雷,机器炉锅迸裂,船遂左倾。须臾沉没。世昌、金揆同时落水,舟中二百五十人皆溺死。世昌遇救出水,以阖船并命,义不独生,仍复奋掷自沉死。盖甲午全役死事者,以世昌为最烈云。其同时被圈出之经远舰,甫离群,火势陟发,管带林永升发炮以攻敌,激水以救火,依然井井有条。遥见一日舰,似已受伤,即鼓轮追之,乃被放水雷相拒,闪避不及,遽被轰裂,死难者亦二百七十人。(李鸿章奏报谓:敌忽以鱼雷快船直攻定远,尚未驶到,致远开足机轮,驶出定远之前,即将来船攻沉。倭船以鱼雷轰击,致远亦沉没。经远先随致远驶出,管带林永升奋勇督战,突中敌弹,脑裂阵亡。经远以管带既亡,船又失火,亦同退驶。倭以四船聚围,先以鱼雷,继以丛弹,拒战良久,遂被击沉。)济远管带方伯谦见致远沉没,首先图逃,时扬威先已搁浅,不能转动,济远撞之,裂一大穴,遂以沉没。扬威遭此横逆,死者百五十余人。伯谦惊骇欲绝,飞遁入旅顺口。廿四日,奉旨方伯谦临阵畏缩,着即行正法(《海军大事记》谓军中冤之。盖书出海军手,颇多回护也)。广甲管带吴敬荣,随济远而逃,只防后追,不顾前路,遂于三山岛触礁,拖救不起。超勇中弹起火,旋即焚没。来远、靖远苦战多时,来远中弹过多,延烧房舱,靖远水线为弹所伤,进水甚多,均暂驶离队,扑救修补。平远、广丙及福龙雷艇,先停口外,下午二时亦来参战,尾追装兵倭船,为敌所断,未及归队。此时仅余定远、镇远两舰,与日舰五艘相搏。丁汝昌时虽受伤,仍危坐定远甲板上督战,汉纳根旋亦伤股,洋弁尼格路斯(T. Nicholls)、余锡尔(A. Purvis)皆阵亡。鏖战一时许,定远击其松岛几沉之,定远亦重伤,炮械俱尽。时已日夕,暮色苍茫,日舰惧我靖远诸舰均折回归队,合鱼雷乘之也,解而南去,我军亦西归,翌日抵旅顺。尚有战舰七艘,咸入坞修理。至九月十八日始竣工,二十日,出口回威海卫。计此战我军将士死者邓世昌为最烈,官弁亡八十七员,水手死一千余人,伤四百余。我损失军舰五艘,日损失三艘。血战逾六小时之久,实各国海战向来罕有之事。自此海军将士皆胆怯不敢出战,日舰益纵横海上无所顾忌矣。

(三) 李鸿章之获谴

当平壤、黄海败耗传播之时,责言繁兴,群劾李鸿章贻误戎机。盖鸿章经营海陆军二十余年,原以防制日本,一般以为敌西洋或不足,敌日本则有余也。不料一战而败,淮军既属强弩之末,海军亦如负伤之虎。鸿章之任用非人,着着落后,自不能辞其咎。光绪二十年八月十八日上谕:"李鸿章总统师干,统筹全局,乃未见迅赴戎机,以致日久无功,殊负委任。着拔去三眼花翎,褫去黄马褂,以示薄惩。"翁同龢日记云:"辰初,上(指光绪帝)至书房,发看昨日三电,戌刻一电,则平壤告不能守,云敌在高山架炮俯击,人马糜烂也。旋至枢曹,会看事件,高阳(李鸿藻)抗论,谓合肥(鸿章)有心贻误,南皮(张之洞)与争,众不谓然。余(同龢)左右其间曰:'高阳正论,合肥事事落后,不得谓非贻误。'乃定议两层:一严议,一拔三眼花翎,褫黄马褂。恭候择定。"据此则鸿章之获谴,李鸿藻、翁同龢实力主之也。鸿章于八月二十日,陈奏水陆军情,于应付战守之情形,筹饷备械之掣肘,多所陈诉,所谓:"以北洋一隅之力,搏倭人全国之师。"固系当时实情,鸿章亦自有不得已之苦衷也。其奏曰:

> 窃倭人起倾国之兵,进困平壤,危急万分。前据叶志超来电,均转电总署代奏。现接义州来电,定州以北电线亦断。叶志超十五日以后并无续电。风闻平壤业已不守,其派护铭军赴大东沟之海军各舰,于十八日在大鹿岛洋面,与倭船恶战三时之久,互有沉毁,亦经转电奏闻。并据各国探报,倭人将以大股图犯北京,又云谋袭沈阳。现值水陆两军新有挫失,凶焰日张,臣督率无方,罪戾丛积,谤议咎责,实无可辞。至此事本末及统筹全局情形,有不敢不披沥直陈于圣主之前者。方倭事初起,中外论者皆轻视东洋小国,以为不足深忧,而臣久历患难,略知时务,夙夜焦思,实虑兵连祸结,一发难收。盖稔知倭之蓄谋与中国为难,已非一日,审度彼此利钝,尤不敢掉以轻心。

凡行军制胜,海战惟恃船炮,陆战惟恃枪炮,稍有优绌,则利钝悬殊。倭人于近十年来,一意治兵,专师西法,倾其国帑,购制船械,愈出愈精。中国限于财力,拘于部议,未能撒手举办,遂觉稍形见绌。海军快炮太少,仅足守口,实难纵令海战,臣前奏业已陈明。至陆路交锋,倭人专用新式快枪快炮,精而且多,较中国数年前所购旧式者,尤能灵捷及远。此次平壤各军,倭以数倍之众,布满前后,分道猛扑,遂至不支,固由众寡之不敌,亦由器械之相悬,并非战阵之不力也。臣屡电奏前敌兵势过单,但北洋沿海各要口,关系至重,正议添兵,更无余力。除盛军系津、沽游击之师,全队调往外,复经抽调北塘、芦台、山海关、旅顺各防队,已觉处处空虚。昨又拨调大连湾铭军四千人,移缓就急,实万不得已之举。至招募新营,必须数月精练;征调外省,多属零星凑集,又难克期到防。且有兵尤须有械,旧储枪械,本属无多,开战后设法购运,来华尚需时日,此皆非仓卒所能集事者也。臣忝司军旅三十余年,从前剿办发、捻,薄奏微效,然皆内地贼匪,与外洋情势迥殊。数月以来,朝作夜思,寝食俱废,迄无起色,焦愤莫名。仰荷圣慈,不加重谴,仅予薄责,策励将来,感激涕零,罔知所报。际此时艰方亟,断不敢自请罢斥,致蹈规避之嫌,惟衰病之躯,智力短浅,精神困惫,以北洋一隅之力,搏倭人全国之师,自知不逮,若不熟思审处,据实陈明,及至贻误事机,百死讵足塞责?伏愿圣明在上,主持大计,不存轻敌之心,责令诸臣,多筹巨饷,多练精兵,内外同心,南北合势,全力专注,持之以久,而不责旦夕之功,庶不堕彼速战求成之诡计。故就目前事务而论,惟有严防渤海,以固京畿之藩篱,力保沈阳,以顾东省之根本;然后厚集兵力,再图大举,以为规复朝鲜之地。奉天地广兵单,与臣处相距过远,且为将军及练兵大臣驻扎处所,一切调度,未便遥制,应请特简重臣督办,以便调遣,而专责成。……至臣前奏所请拨发饷项,一切募军购械,及水陆转运各事,支发浩繁,年内外亟须接济,届时或请拨部款,或酌借洋债,再行奏明请旨遵行。

鸿章此奏,对历年经营海防之困难,以及敌我军事之优劣,均能剀切言之。尤以内外不能同心,南北不能合势,为最大弱点。故新式之炮船,未曾添购;外省之兵力,难期征调。船大而行迟,炮大而不远,日本海军之成在我之后,而船快炮快,不待交锋,利钝已见。直隶防军,尽调前线,后方已觉空虚,新募之兵,非经数月训练不能用。以直隶一省之力,充其量士卒不过三万,日本举全国之师,动员何止十万?此在兵员数目上亦不能敌也。惟所谓"中国限于财力,拘于部议,未能撒手举办"一层,殆有事实之证明,海军经费,移建颐和园,前已言之。翁同龢为户部尚书,奏请天下海军,十年内毋增炮舰。刘铭传在台湾闻之顿足叹曰:"人方基我,我乃自抉其藩,亡无日矣!"遂乞病归。光绪十七年四月,海军校阅后,户部议以南北洋购买外洋枪炮船只机器暂停两年,即将所省价银解部充饷。经鸿章及丁汝昌等力陈不可。仍以饷力极绌,遵旨照议暂停。光绪二十年二月,丁汝昌请以镇、定、经、济、来、威六船,共应添换克虏伯新式快炮大小二十一尊,请予购置。此所费几何?而海军衙门以目下巨款难筹,拟分年办理,先换镇、定两船快炮十二尊。四月,鸿章大阅海军之时,有参观之英员谓:中国海军现状尚不足以敌日本,必再添购两快船,方可以制胜。因介绍英厂造成之二舰售中国。同龢以款绌加以阻烧,鸿章之请未得达,此两船旋为日本购去,其中之一,即甲午海战中击沉我舰多艘之吉野也。七月初一日对日宣战,初二日翁同龢日记云:"北洋(指鸿章)请购快船,请款,议海军拨一百万,户部一百万,合购四艘,海军乃生息之款,一时未能遽提者也。"海军款不能提,户部款又见绌,何从置办?是年因慈禧六十庆典,修饰颐和园,仅点景所用,即不下千万,其时户部及南书房人员纷请停工。长麟云:"工匠人多,失业滋事。"同龢拟奏云:"停工指以后寻常工程,其业经兴办之工,毋庸停止。"可见虽与日本正作民族兴亡之斗争,而购船炮、筹军饷,皆可以无钱推托,但于颐和园工程则照旧进行,此尚成何事体乎?八月二十六日始有停办点景、经坛、戏台等事之懿旨,谓两国人民,惨遭锋镝,圣心恻然。其实皆敷衍舆论之虚言,因九月十四日李文田等尚有请停点景之折也。懿旨又言停办,而谓工程已立架油饬者不再添。则仍是已修不停之意。九月二十九日同龢以部库空虚上陈,慈禧许发内帑二百万,同龢即忙掩饰云:"请暂缓,俟需用时再请。"如此逢迎,是何心肝？此固主战派之领袖人物也。鸿章复奏，语重心长，不得谓之牢骚。以二百万之购船经费，尚靳而不与，待马关议和，除割地丧权外，复赔款二万万两，殆百倍于此。倘同龢于事后扪心自问，必觉无以对鸿章之难乎为巧妇矣。

（四）购船之阻挠与海军之败因

鸿章订购快船之议，为之阻挠者，不仅翁同龢等，即一般御史言官，亦相与排抵，如八月一日监察御史安维峻奏云：

> 窃闻北洋大臣李鸿章近因中倭战事，有添购快船之请，业由户部及海军衙门拨银二百万两，交出使英、法、意、比大臣龚照瑗订购阿摩士等船。臣不知李鸿章此举其意何居也？夫创办海军之始，醇贤亲王与军机大臣及总理各国事务等臣会议，中国海军拟设四大枝或三大枝，每枝用铁甲二艘，快船四五艘，今北洋有定远、镇远二铁舰，经远、来远、济远、致远、靖远、平远、超勇、扬威八快船，又有镇中、镇边等六蚊船，鱼雷艇十余号，其统论中国全局，海军诚宜逐渐扩充，如仅练威海、大沽、旅顺、大连湾一枝而已，船数实不为少。所患者该将不得人，有船与无船等耳。提督丁汝昌本系陆将，于海军之奥妙，全然不知，总兵林泰曾、刘步蟾皆船政学生，风涛沙浅，粗能通晓，两人分带二铁舰，安富尊荣，拥以自卫，其昏庸畏葸，更甚于丁汝昌。故北洋虽有铁快各船，远不能攻倭奴之三岛，近亦不敢游弋仁川、牙山诸口也。南洋船少，人所共知，然本年李鸿章巡阅海军，南洋广乙等三船，操练精纯，炮无虚发，出北洋海军之上。此外牙山开仗，广乙血战，坏日本快船，西人亦极称叹，彼国至登之日报。惜所带炮弹太少，又孤军无援，遂致全船覆没。定远、镇远制做甚精，在西洋亦为上等铁舰。济远船身笨重，机器太多，容量甚少。牙山之役，管驾方伯谦藏匿舱内，不敢交锋。倭人知其易与，奋力穷追，倭船与济远相距只数丈，事机危迫。有水手山东人，突开尾炮，击中倭船要害，连开三炮，而倭船伤重不能行驶，济远得以逃归。是役微山东水手，则济远必为倭虏，

而方伯谦亦将为操江管驾王荣发之续矣。夫广乙造自闽厂,船身虽小,竟敢猛战,济远船炮俱笨,以一水手之力,竟能击伤倭船。可见船无论大小利钝,能战与否,仍视乎驾船之弁兵。设使山东水手而管驾济远,必不止击坏倭船一二艘。勇猛精练如广乙管驾,而济以定、镇诸舰,岂不可以夺对马、据釜山哉?故北洋海军如果能战,则现在非无可战之船,船数亦不见少;仅海军将弁皆如丁汝昌辈之恇怯,则即广购战船,赍寇兵而资盗粮,其害甚于无舰者。操江已事,可为寒心。夫李鸿章之欲添船,意在与日本交接耳。然如丁汝昌、林泰曾、刘步蟾等,李鸿章明知其畏缩,尚且以无人更换,一味纵容,试问阿摩士等船,如果来华,更派何人管驾?此次海上角逐,李鸿章不归咎于海军将弁之不得力,而亟亟焉惟添购快船是请,臣诚不解其何心也!且查西洋各国凡向船厂订购铁快各船,必先商定船图,令其如法制造;造成之后将机器炮位安置妥帖,下水行驶。必船行速率,入水之深浅,炮位之准头,与原图一一符合,再将全船拆卸,验其各项机器,至无丝毫弊病,然后将船价交清。盖一船之价,多则百余万,少亦数十万,不能不慎之又慎也。外国造船,限期迟者二十一个月,至速须九个月。日本近在英厂定造铁舰,英使欧格讷告总理衙门,谓须一二年造成,此其明证。西洋购船,均须定造,船厂无制造现成者,倘一有之,必非上等船。或配制不如式,别国所退,或系旧船改造。如日本之龙骧、筑紫二舰,本英之旧船,某舰则美之旧船,皆但取价廉,不能适用。今中国既费二百数十万金,不向外洋定造,而仅买现成之三船,非朝廷为龚照瑗所欺,则龚照瑗即受洋人之愚耳。中国出使大臣向以购买船炮为利薮,前使臣李凤苞定造济远等舰,与洋员金楷理朋比为奸,侵蚀至百万上下。济远原价三十万,报销六十万。前参赞舒文等致总理衙门章程信函,曾经进呈御览,可复按也。龚照瑗之船学,不及李凤苞,而操守未必胜于李凤苞。为今之计,如能不添购快船,腾出巨款二百万充饷,自是上策。设李鸿章坚持添船之议,惟有请旨饬下龚照瑗,不准订购现成兵船,或令电商许景澄于各国师船图表中详细考求,酌定船式炮位,依法制造。傥造成之后,器具一切与原图不符,或浮开价值，即将该大臣从重治罪。如此严旨申儆，庶龚照瑗知所畏忌，师船不致无用，而帑项亦不虚糜矣。臣所以欲令龚照瑗商电许景澄者，盖当济远诸舰回华时，许景澄曾与安徽知府王咏霓悉心讲求，译成师船图表，其船学必非龚照瑗所能及也。

安维峻之言，虽不免因噎废食，然鸿章用人不当，亦为新政受阻、海军失败之最大原因。盖当时均以办洋务、办工程为肥缺，海军衙门历年开支，不下数千万，大半皆充私囊。李莲英为慈禧宠宦，卖官鬻爵，贿赂公行，甚至皇帝问安，大臣觐见，各官贡献，皆索宫门费。于是上行下效，凡政府机关无不以苞苴为捷径，北洋重要将领且相率奔走李莲英之门，称门生。其刻扣军饷，侵吞公帑，自为必然。以故军事上之设备，窳劣不堪。据英人濮兰德云：汉纳根早请鸿章多购克虏伯大炮及炮弹，李氏许之，为幕僚张佩纶反对而罢。佩纶以好纠弹大臣著一时，会办福建军务，法军攻船厂，不战而逃。遣戍边疆，释还后，鸿章延入幕，并以女妻之，使管军需。佩纶谓开花弹多储无用，实则因无法索贿也。当黄海战时，定、镇两舰之巨炮，仅有三颗开花弹，何能应敌？英人泰乐尔知炮弹少，嘱炮手必命中而后发，因此在六小时之苦战中，所发皆小口径之炮也。又据严复云：“中国所制鱼雷，有用铁沙以代替火药者。”罗惇曧《中日兵事本末》云：“海军大半闽人，汝昌淮人陆将，孤寄其上，大为闽党所制，威令不行。左右翼总兵以下，争挈眷陆居，军士去船以嬉。每北洋封冻，海军岁例巡南洋，率淫睹于香港、上海，盖海军废弛久矣。”海军虽为鸿章所尽力以经营之新事业，其内容腐败可知。丁汝昌本骑兵将领，未习海军，为人忠厚有气节，自以海事不如刘步蟾，实际上战事由刘指挥。刘虽福建船政学生，赴英深造，毕业海军学校，成绩甚优。亦颇识莎士比亚之戏剧，饶有儒将风度。但未经大敌，心实怯懦，其临时变更阵法，又不肯移船向敌，即欲图自全，阵线一乱，小船惊惧，于是敌舰得攻我弱点，成其优势。另一总兵林泰曾领镇远舰先往仁川，即畏日逃走。黄海战后，在旅顺修毕驶入威海卫。十一月以巡洋返棹，岛嘴有撑出礁石，擦伤船底，裂口三丈余，泰曾畏罪，服毒自尽。此海军三大将领之情形也。汉纳根要求以提督衔任海军副提督,未允,英人讥其非水师出身,遂不到船任职。鸿章乃派拖船公司金龙船管驾马格禄帮办海军提督,然外人尤以为不伦。初北洋军舰六艘入日本长崎修理时,威容甚盛,水兵因与日警冲突,中国要求禁日警带刀,日本从之,引为大耻。时东乡平八郎观我舰,独以为不足畏。彼据为评断者,因见中国某舰上,有水兵以所洗衣服晾于大炮上,谓为不知战争之庄严云。海军之军实将领既如彼,而士兵军容又如此,早种失败之因,是则安维峻所论,又未可以意气用事讥之矣。文廷式《闻尘偶记》曰:"德使升科语人云:'中国此时又急急置船购械,此吾德国所愿。然中国有船而无驾驶之人,有炮而无教习之人,不知费息借之金钱,办此无益之废铁,果何谓也?'箴贬切至,足以悚愧。"又曰:"电报既设,而兵事则利人而害己(此指天津电报生为日本所贿卖,故中国情形,日人均先知之);海军既创,而将士则背国而降敌。设一厂则贪官蠹吏窟穴其中,行一政则奸官猾商败坏于后。积数千年之弊,非真见本源者,未易言荡涤也。合数十国之长,非真知大体者,非易言挹注也。补苴苟且尚不足支旦夕,又况从而剥裂毁坏之哉?"由此观之,则清廷果能让鸿章撒手举办,在当时之政治社会环境中,亦未必能收自强之效果耳。

第二十一章　中日甲午之战(下)

九十一　辽东、山东之战争

(一) 旅顺之陷落

黄海之战,我海军丧失过当,不复能军。日本观我海军之隳,乃于广岛集其陆军第二军,以陆军大将大山岩为司令官,取海道以窥大连、旅顺。其第一军则以陆军大将山县有朋为司令官由义州直犯辽东也。旅顺者,北洋之重镇,与山东之威海卫相望,为畿辅门户。自光绪六年经营军港,建炮台,凡十余年,置重兵守焉。其后路南关岭左侧之大海湾,曰大连湾,亦于光绪十四年建炮台,以固旅顺,兼防金州。四川提督宋庆统毅军九营一哨,及亲庆军六营专防旅顺;提督刘盛休统铭军十二营驻守大连;皆辖于北洋大臣。然恐仓卒不及禀节度,乃设北洋前敌营务处,兼船坞工程总办,以护诸将,官阶虽止道员,而隐帅旅顺,实重任也。时由龚照玙充之。照玙贪鄙庸劣,颇失人望,旅防危机,盖伏于是矣。光绪二十年六月,宋庆部分统马玉崑从陆路援朝鲜。八九月,铭军与毅军先后调赴九连城,守鸭绿江。李鸿章遂令提督姜桂题募四营、程允和募三营新兵守旅顺。又令提督卫汝成募六营,及所部马队营,总兵徐邦道募三营,并所部马队一营、炮队一营,渡海协守;而铭军分统赵怀业募六营以守大连湾。是旅、大守军原有张光前、董士林之亲庆军各四营,益以新增之二十五营,惟皆新募耳。日军自广岛北渡,历大同江,以兵舰十四艘护之,于八月二十六日,袭据我花园港。西距金州约二百八十里,港口居民见日军至,骇奔。日兵饵四人登岸,购乡民衣服,使日人能华语者服之以入内地,探我军虚实。港无码头,以浮桥起运炮马登岸,阅十二日始毕,我海陆军无过问者。及抵皮子窝,旅顺始告警。徐邦道谓:金州失则旅顺不可守,请速分兵往逆之。诸将各不相统,莫之应,邦道自率所部行。怀业部将请往备战,怀业不许,曰:“吾奉命守台,不闻赴后路备敌也。”邦道至,固请兵,乃分两哨随之。邦道令金州练兵扼东道,自建炮垒于夹道两山顶,傍海歧路,以怀业部守之。十月初七日,日军以马队潜断我电线,我探马至刘家墩,遇其前锋,失利。初八日,日兵至东边山隘,见我兵势盛,少却。初九日,以大队越岭来犯,先攻怀业部,两哨仅二百人,兵单不能支。日兵遂乘势猛扑炮垒,蚁附以登。我兵大溃,军士丧亡者众。邦道告急于怀业,怀业方督所部运辎重渡海作逃计,弗之应也。日兵薄金州,我以大炮轰击御敌。有日卒负炸药一箱,冒死置北门燃之,城门裂,守兵骇散,敌军遂入。我军死伤枕藉,残兵走旅顺。初十日,日兵分三路攻大连湾,守兵多已逃亡,赵怀业奔旅顺。十一日,日海军至大连,将施攻击,见炮台已立黑衣日兵,无复中国旌旗矣。大连湾炮台五座皆后建,式样最新,炮亦最利。有海岸行营两种炮一百二十余尊,大小炮弹二百四十六万数千发,而自沪运至之快炮,尚未启封。枪六百数十杆、子弹三千三百八十一万数千颗,及马匹行帐,军储甚厚,怀业皆委之以去,其罪诚不容诛矣。日兵既据大连,因有海军码头,军资运输便利,辽东之祸愈烈。日兵驻大连十日,始向旅顺。我旅顺守将,不以全力守南关岭,反经营后山,支行帐以宿。敌人转得蹈瑕隙以求逞,二十一日,即踞南关岭,抵土城子。龚照玙逃渡烟台,赴天津,为鸿章所斥,复旋旅顺。船坞工匠抢库银,军民大扰。诸将纷以粮台、饷银移烟台,舣鱼舟海曲作逃计。姜桂题被推为主将,庸才无能为,各统领互观望,莫敢前击敌。徐邦道愤甚,以部众新创,寡弱不足用,固请于桂题,欲增兵争后路,不许。邦道率其残卒行,而怂恿卫汝成并进。二十二日,邦道北拒日兵,遇其前锋于土城子南,奋勇截击,日兵大窘。复运炮山顶,施要邀击,敌军以是大挫,斩其兵官一,乘胜追奔过双台沟,是为旅顺第一转机。乃日兵炮队继至,邦道兵亦饥疲甚,非回旅顺不能得一饱,遂弃险要退归,而旅顺事乃不可为矣。时龚照玙先日已乘鱼雷艇逃烟台,于是黄仕林、赵怀业、卫汝成亦潜逃内渡,其部下公掠官银号,船坞工程局大小员司各挟库储雇民船内渡，仓皇扰攘，旅顺已不能守。二十四日，日兵大进，邦道仍往拒之，敌炮队自两路出截，邦道不得前，部卒死者百余人，乃退。二十五日，日舰横排于旅顺海岸，包我东西炮台之外，以眩我将士耳目，牵我兵力，俾陆路得尽力来攻。日兵先攻椅子山炮台，我以炮还击，相持一小时。其步队冒死抢登，炮台遂陷。其余各炮台皆不战而溃。陆路守界兵亦纷逃不可遏，奔溃相属。败退队伍共约万众，敌重重设防，遍布雷炮，尽被击散。又值海潮骤涨，北风凛冽，得脱者百不及一。徐邦道、张光前、姜桂题、程允和(之伟)四统领，皆杂乱军中零星闯出。日兵遂入旅顺，大举虐杀华人，虽妇孺不免。全市仅余三十六人，英国《泰晤士报》云：

> 日本攻取旅顺时，戕戮百姓四日，非理杀伐，甚为惨伤。又有华兵数群被其执缚，先用洋枪击死，然后用刀肢解。日本士卒行径残暴若此，督兵之员，不能临时禁止，恐为终身之玷云。此时得免杀戮之华人，全市中仅三十六人耳。然此三十六人为供埋葬其同胞之死尸而被救残留者，其帽上有“此人不可杀戮”之标记而保护之也。

美国报纸，尤痛诋日军暴行，谓：“日本国为蒙文明皮肤具野蛮筋骨之怪兽，今脱掉文明之假面具，显露野蛮之本体矣。”旅顺之防，我经营十六载，糜金数千万，乃不能一日守，门户洞开，竟以资敌。自是畿辅震撼，陪都惊扰，清廷乃亟亟谋和，更无战意矣。

(二) 辽东之失败

方我军屯平壤时，清廷虑诸将孤悬无继，命四川提督宋庆以毅军五营自旅顺，提督刘盛休以铭军十二营自大连湾，将军依克唐阿以镇边等军十二营自黑龙江，皆赴九连城，为平壤后援。师未集而平壤已败，诸将奔安州。安州去平壤百八十里，城垣高大，足资守御。聂士成方在安州，请固守以遏日兵。叶志超不听，北奔五百余里，渡鸭绿江，入边止焉。朝旨夺志超职，逮问卫汝贵，其军由聂士成、吕本先、孙显寅等管带。以宋庆接统诸军。汝贵治淮军久，以贪谄至提督，援朝时，年六十矣。其妻贻书曰：

“君起家戎行,致位统帅,家既饶于资,宜自颐养。且春秋高,宜善自为计,勿当前敌。”汝贵守妇诫,益避敌军。日人获其书,辄引以戒国人。是年十二月刑部议汝贵罪,在京立决,宋庆忠勇能战,然无调度,非大将才,诸将行辈相若,骤禀节度,多不悦,故诸军七十余营(尚有丰升阿、聂桂林、奉天盛军、练军十二营,及左宝贵旧部),仍散漫无纪。又坐守江北一月以待敌,日军全据朝鲜,军威既厚,乃渡江来攻,逮九连城不守,长驱之势成矣。宋庆驻中路九连城,以聂士成守虎山,九连城要隘也。日军集于义州,作欲渡状,中路严备之。而日军乃潜袭上下游,其枝队出东路渡安平河,依克唐阿弃防走东北奔宽甸。其义州军乘夜造浮桥达北岸,铭军竟不觉,侵晓,日军于南岸列炮队护其军渡桥者数千人,铭军溃,诸军从之。惟聂士成尚保虎山,日军环攻之,士成力不支,退而西,宋庆遣援军来,而虎山已失,退渡叆河,挤而死者相藉也。宋庆弃九连城,北趋凤凰城。日兵分队东下,丰升阿、聂桂林弃安东奔岫岩州。于是东起安平河口至安东,沿鸭绿江境,皆为敌据。宋庆以凤凰城不可守,退据大高岭(即摩天岭),以守辽阳,日军遂占凤凰城,时十月初二日也。时旅顺事急,诏宋庆回援,宋庆乃率所部及铭军而西,大高岭之防,专属于聂士成。日军趋宽甸,依克唐阿遁,诸军望风溃,日兵分三路扑岫岩州,丰升阿等弃城奔析木城。是时日第二军已陷金州、大连湾,进逼旅顺,据东边之第一军,分兵出辽阳之西,与第二军会,以断大高岭后路,宋庆回援之师屯盖平,屡捣金州不得进。而丰升阿、聂桂林驻析木城,日军驻牵马河以缀宋庆兵,分兵扑析木城,丰升阿等奔海城,日军并逼之,复遁去。于是辽西大警,营口、牛庄戒严。辽东之祸,竟不可弭矣。然东路聂士成之军,直凤凰城西北,依克唐阿之军,直凤凰城东北。日军分两路进兵,东路败于赛马集,斩其队长柳原楠次。吕本元、孙显寅守连山关,日军至,本元等遁,西路遂逼大高岭。士成扼隘路,以巨炮当其冲,张旗帜于丛林间,鸣鼓角为疑兵,时出截杀,而露宿以守。日兵不得逞,乃退连山关。日军司令官立见尚文以大队援东路,与依军相持于草河口。士成攻连山关克之,复进夺分水岭。草河口之敌兵,恐士成议其后,遂撤回凤凰城。于是我东路依军,西路聂军,乃得联络声势以自壮。议各派军捣凤凰城,立见尚文亲率大队北行,以御我南下之师。大战于金家河，互有杀伤。我师逾一面山，前锋逼叆河而进。日兵夜袭，冒死前进，伤亡甚众。翌日，复大战一面山，马队统领永山死焉。辽阳西路急，诏依克唐阿援辽阳，固陪都门户。会宋庆与吉林将军长顺与海城之敌相持，东边日兵多西调，以是凤凰城敌作守局，伏不动。聂士成以战事起，只闻敌来，未闻我往，敌得前进无忌。乃请自率精锐千人，直出敌后，往来游击，截其馕道，多方扰之，令彼首尾不得兼顾，然后以大军蹙之，倭可克也。诸帅尼之，不果行。士成自率马步兵千余人，过通远堡，逼雪里店而阵，以图牵制日军。凤凰城日兵眮其隙，以大队来争关。士成夜回军以待之，大败日兵。次日，士成策日兵必来扑，设伏土门岭。光绪二十一年元旦，日军果以马步五百余人来袭，我军突起奋击，日兵遂返奔。自是益坚伏凤凰城不出矣。先是，宋庆屯海城之缸瓦寨，未能乘势急攻，以除心腹之患，及日兵大集，先攻缸瓦寨破之，宋庆退屯田庄台。而旅顺之日军，迟回四十日，始分兵北犯，攻盖平。章高元所率之嵩武军八营守盖平河，鏖战甚猛，敌不得逞。张光前守凤凰山，见敌即溃。以致高元军腹背受敌，败退营口。日军自踞盖平，遂与海城声援相接，兵势乃益厉。长顺与依克唐阿合宋庆所部徐邦道及李光久之老湘营回攻海城，皆不能克。日兵踞守者，不过六千人，已历七旬有五日矣。及光绪二十一年正月，我海军歼于威海，其胜兵复北渡，由旅顺进，增军于盖平海城。三十日，宋庆争太平山，盖平、营口间之冲要也。马玉崑、徐邦道皆力战挫敌，敌抵死不退，以枪刃冲锋。我军饥疲无后继，乃败退。敌焰益张，遂思狡逞。初清廷以淮军屡败，欲倚湘中故将，如藩司魏光焘、臬司陈湜、道员李光久等，皆令募军北援。湖南巡抚吴大澂复自请率亲军赴前敌。诏以两江总督刘坤一为钦差大臣，督办东征军事，驻山海关。大澂及宋庆副之。因聂士成能战，命入关卫畿辅，以陈湜湘军二十营代守大高岭。大澂率光焘等军出山海关抵田庄台，与宋庆所部毅军已扩充至三十余营。益以依克唐阿、长顺之奉吉兵共百余营，约六万人，分布海城附近。政府日盼捷音，乃海城卒不可拔，而牛庄、营口、田庄台，不旬日且相继失陷矣，海城日军先攻依、长两军，逼之东走；盖平之敌，遂南向牛庄、营口。魏光焘、李光久守牛庄，日兵分三道来攻，光久部下以告，请速出队。光久吸鸦片烟未已,复待毕早餐,而敌已入市。光焘部营官余寿武坚扼市口,战死,弁勇殉者三百余人。光焘逃而免,光久冲围出走。兵士巷战,至夜半犹未息,伤亡几二千人,被虏者七八百人,枪炮、子弹、马匹、衣粮,委弃甚多。大澂闻之,弃田庄台而走。宋庆亦弃营口回田庄台,扼辽河而守。敌军尽以所获炮列辽河南岸,猛攻,守岸兵不支,日兵踏冰渡河,宋军溃而西。于是辽河以东,尽为日有。辽阳斗绝,声援梗阻,海陆交乘,畿疆震动,清廷既无可用之兵,乃不得不屈膝求和矣。

(三) 威海卫之熸师

当日军扰我辽东之时,复渡海荼毒我山东。山东为京师左辅,东北斜伸入海,与辽东半岛相值,状如巨蟹之双螯。光绪十一年兴建北洋海军,实以辽东金州之旅顺,与山东福山县之烟台,为辽海关键。烟、旅隔海相望,中罗群岛,亘若户限。烟台为通商口岸,其西南一百八十里威海卫,最据形胜,乃设军府。海军提督南驻威海,北驻旅顺,两处皆有提督署。威海在烟台、成山间,湾形若箕,口外横刘公岛,有如箕舌。湾之南北嘴,均设炮台三,以巩绥军统领戴宗骞、分统刘超佩各率四营守之。刘公岛亦有炮台,东西横列,总兵张文宣统护军四营驻焉。南北帮后路,亦各有炮台两座,刘公岛与威海间,复有日岛炮台。拱卫綦严,乃我海军重地。甲午军兴,日舰迭窥威海,均未得逞。及大东沟之役,丧兵轮五艘,余舰入旅顺海坞修治。九月初四日,日舰五艘复来窥,北山嘴炮台击毁其头船望楼,乃逃去。是月杪,丁汝昌率余舰归威海,而口外时有敌舰窥伺,惟避我炮台,率距三十里外游弋。十月以后,海氛愈迫,日舰在成山、威海间,循环来探,瞰我炮垒。及旅顺失守,我海军局于威海,日舰益恣肆。十一月,清廷以海军久无功,命逮汝昌,鸿章请以戴罪立功。旨令经手事件完竣,即行起解。日人以未能得志于山东也,知威海之防尚严,非兵船所能闯入,乃袭其前犯大连、旅顺故智,取远势,登陆抄我炮台后路。盖山东巡抚李秉衡不纳群吏之言,募兵以塞登、莱诸海口,而炮台后路无游兵援应,日人已侦知之也。十二月初四日,成山头右侧龙须岛来敌舰一,登岸者八人,中有华人四,在近村购食物,与村民狎,尽得威海、成山兵防状以去。是时日人既得志于金、旅、海、盖诸地，必欲蹂躏威海，尽堕北洋门户。十二月十五日，其第二军司令官大山岩所部之第二师团第六师团即自广岛渡海，集于大连湾，合其犯辽数枝队，几二万人，以兵轮二十五艘卫之，将赴山东。意在成山登岸，而先北击登州，以缀我师，使我不及南顾。二十三日晚，敌舰吉野、浪速、秋津洲突攻登州，甚急，居民骇窜。翌晚复来，城上发炮击之，敌舰始退。二十五日，其兵舰运船，载陆军大至，由龙须岛强渡以登，我防军不支，奔荣成县。日兵千人踵至，遂据荣成。日军分两路向威海进，一至桥头，一距枫岭，枫岭东南距桥头约四十里，东北距南帮炮台十里而近，为炮台后路孔道。秉衡令孙万龄率嵩武军御之，夺回桥头。与戴宗骞约夹攻枫岭，届期宗骞军不至，万龄怒甚，亦弃桥头退。于是藩篱尽撤，日兵得以全力攻我南帮矣。日军舰袭成山者，凡二十五艘，声势甚壮，实则任远之船，不及十艘，余多木质小船，猥以充数。时我海军尚有镇远、定远两铁甲，靖远、来远、济远三兵轮，平远、广丙两小铁甲，凡七艘皆任战，并威远、康济两练船，镇中诸蚊炮艇六艘，凡十五艘，雷艇十二艘，决命借一，尚堪一战，乃震于日舰声势，竟坚匿，不敢出战，坐以待毙。汝昌虽为统帅，而扼于闽人不用命，固无如之何也。光绪二十一年正月初五日，日兵渐逼南帮炮台，阑入长墙，冒死前进，刘超佩驱弁勇与敌搏击，超佩受伤，以小轮渡奔北帮，诸炮台相继失守。我军阵亡二千余人，营哨官几全歼，敌死亦众。仅余数百人，借海军用过山击法之遮护，由沙滩冲出。守北帮之兵，见南帮巩军死亡甚惨，遂同时逃溃，戴宗骞以令箭截之，不能止。仅武备水师诸堂学生二百余人尚未去。汝昌恨宗骞之亡，亲追捕之，送往刘公岛，宗骞畏罪自杀。挥学生及炮勇等去，并毁北帮炮台及子药库，俾弗资敌。汝昌先恐南帮不守，遣弁卸各炮之钢底、钢圈以归，宗骞争之，复还为配置。及南帮陷，敌果资之以击我海军，故北帮尽毁之也。日兵平行至北帮，威海陆地，悉为敌踞，海军道绝。而澳之东西口门外，亘敌舰数重，于是我舰队被封锁于刘公岛矣。日兵既据南帮炮台，即以我炮攻澳内诸舰。我舰驶往西口以避之，由是东口不能守，敌得以鱼雷艇驶入口内狙击我舰。初九日，日舰及炮台踞敌合攻我舰队，我舰及刘公岛炮台拒之，相持竟日，击伤日舰两艘、沉雷艇五艘，我定远舰亦中雷伤甚，旋凿沉之。十二日,敌雷艇复来袭击,来远、威远皆沉,其管带方登岸冶游未归也。十三日,管带王登瀛率鱼雷艇十二艘,从西口驶逃,日舰追之,尽掳以去。自威海陷敌,刘公岛居民惶惧,军官不欲战者复交煽其间,兵勇水手和之,哗噪过市,鸣枪示威,声言向提督乞生路,岛中大扰。诸洋员请姑许乞降,以安众心。汝昌曰:“我知事必出此,然必我先死,断不能坐睹此事也。”乃先出示抚众,略谓:援军将至,必固守以待援。众亦稍安,帮办英人马格禄,与兵轮管带数人,已密有成议,将以众劫汝昌。十五日,靖远复被击沉,右翼总兵刘步蟾仰药自杀。十六日,弁勇拥护军统领张文宣至镇远舰,合水手围汝昌,营务处道员牛炳昶并各舰管带踵至,相对泣。汝昌乃召洋员议事,以德人瑞乃尔能华语,令出抚众,晓譬良久,众喧噪不可解。瑞乃尔入舱密告汝昌曰:“兵心已变,势不可为,不若沉船毁台,徒手降敌,较为得计。”汝昌沉思久之,乃令诸将候令,同时沉船,诸将不应。盖诸将惧敌甚,恐沉船徒降取怒日人也。十七日,敌军水陆复以炮急攻,岛中愈惶急,时我舰尚存镇远、济远、广丙、平远及镇中等六艇,凡十艘,而弹药将罄。是日得烟台密信,李秉衡已走莱州,援兵绝。汝昌召诸将议,鼓力撞敌船,突围出,或幸数艘得抵烟台,愈于尽覆于敌也。诸将不应,散去。旋勇丁水手露刃慑汝昌,汝昌稍慰之,遂即仰药死,文宣亦自杀。十八日牛炳昶召诸将并洋员议降。瑞乃尔请如汝昌前令,沉船毁台,乃议降事。诸将及马格禄皆不许。于是英员浩威作降书,仍托诸汝昌语,闽管带译为华文。由广丙管带程璧光乘镇边艇,悬白旗诣降。所有残余舰队十一艘(康济练船计入),并刘公岛各炮台军资器械,遂全纳于敌。而北洋惨淡经营之海军,至此乃扫地尽矣。

九十二　战事进行中之清廷

(一) 恭亲王之起用

奕䜣执政二十余年,在大体上可称小康之局,对外交涉事件,亦尚能不失国体。自法越之事起,慈禧因欲揽权自恣,遂罢黜之,而代以醇王、庆王。醇王于光绪十六年卒,庆王奕劻贪庸无能,主持繁赜之外交,如何能济？礼王世铎更碌碌无所表现。但二人于条陈奏折，或上或不上，或改易字句而后奏，则蒙蔽之术颇工。甲午战起，长麟首请起用恭王，折留中。安维峻劾及枢臣，以为孙（毓汶）、徐（用仪）尚办事，余则般乐忘返。志锐又劾孙、徐把持，余联沅劾译署电报迟不以闻，且多改易。可见军机总署均当政要冲，尽为庸臣所专擅，舆论久致不满矣。于是起用奕䜣之呼声以起。光绪二十年八月，礼部左侍郎李文田等联衔请饬恭亲王销假，折发军机处。枢臣即合词奏曰：

> 臣等伏思：恭亲王勋望夙隆，曾膺巨任，前经获咎，恩准养病。际此军务日急，大局可忧，恭亲王懿亲重臣，岂得置身事外？李文田等所奏，不为无见。谨合吁恳天恩，可否恭请懿旨，将恭亲王量予应用之处，伏候圣裁。

八月二十八日，翁同龢、李鸿藻同入，皇太后、皇上同坐。二人合词请派恭亲王差使，上执意不回，虽不甚怒，而词气决绝，凡数十言，皆如水沃石。此同龢所记，虽托载湉之言，实皆慈禧之意。盖旧恨未消，在大局紧张中仍不愿借助其力耳。乃不数日，至九月初一，上谕奉懿旨：本日召见奕䜣，见王病体虽痊愈，精神尚未见衰，着管理总理各国事务衙门，并添派总理海军事务，会同办理军务。又加恩免其常行入直。说者谓皆光绪帝力请之结果，而暗中怂恿者，则珍妃也。奕䜣复职后，英使欧格讷颇感兴奋，先赴津见李鸿章，劝与日本言和，以免战事扩大。鸿章密函奕䜣云："英使欧格讷于十二日（九月）到津，是夕过晤，略称：该国外部以中日战事，未便持久，两有伤损，屡相机解劝。已电驻日英使，探询倭政府，尚未接复。先以私意询鸿章如何办法。告以事已至此，只有一意主战。欧谓：恐无把握，不如早日议和。当如何和法？告以汝既系居间好意，据鸿一人私见，惟先劝两国停战，再议朝鲜善后事宜。欧谓：此又如从前先令撤兵再议朝鲜办法，事必无成。今要讲和，非允赔兵费不可。鸿谓：与其赔兵费，不如留此费以用兵，断难依允。欧谓：两国战久，不但两国伤人伤财，亦于各国商务有碍，且看各国主意若何，但可从旁劝说，未便用力强压。

语罢遂去。”欧格讷回京,即往谒奕䜣,议由各国保护朝鲜,中国赔日本以兵费,此在当时固不失为一温和之办法,奈李鸿章一意以为俄国可出面强硬干涉,对英使善意调停,不加注意;奕䜣虽较明事理,颇以为然,而又格于翁同龢等主战派之意见,即慈禧亦不敢公然主持也。据翁同龢日记云:

> 九月十六日,诣枢曹,始知昨日英使欧格讷到署议各国保护事,限即日定议,飞促恭邸到署,议至亥正,散。日本索兵费,至是发露矣。邸既入此言,孙(毓汶)、徐(用仪)汹汹,以为不如此不能保陪都,护山陵。余与李公(鸿藻)谓:“英使不应如此要挟,何不称上意不允以折之?俟俄使到,再商。”午初,恭邸见起,五刻,余与李公同起,二刻五分,军机起,三刻,余等见皇太后,指陈:“英使可恶!且所索究竟多少?如不可从,终归于战。宜催各路援兵速进,悬爵赏以励九连城前敌,催海军修好六船,严扼渤海。”此二条允行。论款事,语极长,然天意已定,似不能回矣!退。再至枢曹,小坐,即散。归而愤慨,求死不得,噫!

据此可见慈禧已决意主和,奕䜣亦倾向和议,朝臣中惟孙毓汶、徐用仪力赞之;而光绪帝及翁同龢、李鸿藻则一意主战。当时之空气,天下滔滔,亦莫非主战。李鸿章有战败之咎,自有所顾忌,奕䜣有识而胆不足,桀骜如慈禧,尚不敢撄清议之锋,孙毓汶等更无论矣。此时之清廷,可谓为翁、李之天下,恭王虽复出,已不能如咸丰末、同治初之左右政局矣。及旅、大、奉天告急,“太后焦劳,色甚不怿”,同龢亦知“辽沈又危矣”,“见恭邸,痛哭流涕,请持危局,卒无所发明”(皆同龢日记语)。皇太后召见恭王、庆王、军机大臣及翁同龢、李鸿藻问“计将安出?”“孙毓汶首陈各国调处事。余(翁自称)对此事不可,成亦不欲与,盖将无以为国也。庆邸力陈恭亲王宜令督办军事,允之。”是日即闻旅顺警电,旦夕不保。十月初五日,旨派恭亲王督办军务,各路统兵大员均归节制,如有不遵号令者,即以军法从事。庆亲王帮办军务,翁同龢、李鸿藻、荣禄、长麟会商办理。旋以翁、李补军机大臣。此盖情势紧急时,不得不借恭王之威望以振作士气,冀能挽回颓势;然胜负之局已定,是亦徒具空名。实则李鸿章与恭王多年配合,意见相同,一切和战之责,固仍由鸿章负之,而恭王之复起,不啻为其增加助力而已。

(二)对于李鸿章之责难

在败局已见、和议酝酿之时,京中群言繁兴,谤书纷纭,举谓鸿章昏庸误国,甚至谓鸿章媚日卖国。九月初七日,翰林院三十五人联名参奏云:

> 窃闻倭人国势兵力,不能与西洋各国同年而语;国债重而民力困,则根本未坚也;有快船而无巨舰,则武备不足也;兵出于猝募,非训练之师也;权纷于党论,非画一之政也。兵事之兴,凡曾经战阵之士,通达夷情之人,莫不以为螳臂当车,应时立碎,虽西人亦凿凿言之。而事竟有大谬不然者,韩城失矣,未几复败于牙山;仁川弃矣,未几复溃于平壤。汉江之沉舰不归,鹿岛之战船复毁。威、旅为海门锁钥,今则游弋不禁矣;义州为奉天屏蔽,今则藩篱尽撤矣。用一卫汝贵,而百战之淮军化为败卒;用一丁汝昌,而大枝之铁甲尽属漏舟。朝鲜不可复,方且急图们、鸭绿之防;仁川不可窥,方且忧大沽、北塘之警。谁总师干?谁司进止?以大御小,以强敌弱,溃败决裂,一至于此!此不能不太息痛恨于昏庸骄蹇、丧心误国之李鸿章也。李鸿章受命东援,而阴勒诸将,密为钳制,既故不为先事之防,复屡掣其临时之肘,统计其小浦之战、牙山之战、平壤之战、鹿岛之战,均我军端坐拱手以待倭人之围攻。其实决不能以此望和,而事机一失,徒以损国威而张敌势。倭人惟事事先发,故能制我军之死命;我惟事事后发,故始终为倭人所制。迁延坐误,全局瓦解。此天下太息痛恨者一也。兵行千里,转运为先,内地尚设粮台,何况出师疆外?至与外洋各国相角,尤以枪炮为急需。李鸿章更历兵事三十余年,岂其虑不及此?而牙山之军缺军火、缺粮饷于前;平壤之军缺军火、缺粮饷于后;长夫不备,车驮无资,兵自负粮,枪无余弹;以致饥军掠食,结怨韩民,战士死绥,徒手相搏。以二十年朝廷所注意、海内所仰望之重军,徒

以无粮无械,束手就毙,皆李鸿章信任私人,不肯设粮台之故。此天下所太息痛恨者二也。倭人甘心韩地,蓄意有年,今岁春初,萌芽已露,北洋于外事消息最灵,岂竟一无闻见?及乎事之将起,袁世凯深悉倭情,屡腾密报,若使韩、倭形势早达朝廷,则先事图维,必不至如后来之仓卒。无如李鸿章始则模糊影响,讳莫如深;继则扬厉铺张,肆其恫喝。直至事机决裂,而倭人阴谋之本末,疆臣知之,朝廷仍不尽知。闻朝旨召询袁世凯,而李鸿章辗转禁锢,不使至京。代呈各路电奏,时时删改,以就该督意旨。务使真实详情,不得上闻,庙算指挥,无凭遥度,奸欺蒙蔽,罪不胜诛。此天下所太息深恨者三也。比年以来,天下之利权,李鸿章绾之,天下之兵权,李鸿章主之;朝廷倚李鸿章为长城,李鸿章广蓄私人,以欺罔朝廷。某某则为耳目,某某则为腹心,丁汝昌、卫汝贵为爪牙,龚照玙、刘含芳为羽翼。此数人者皆天下所姗笑指目,而李鸿章以之分布于海关、粮台、电报、军械,各关系军国重要之区。窟穴深固,牢不可破。平时病民蠹国,事皆隳坏于冥冥之中。暨乎有事之秋,诪张为幻,不惟助李鸿章以欺罔朝廷,抑且卖李鸿章以邀利而有所不恤。而李鸿章方且卵翼之,濡沫之,为之仇诋言官,变乱黑白。甚至奉命撤退之丁汝昌,而抗不遵旨,坐使数千里藩封,断送于三五小人之手。此天下所太息痛恨者四也。尤有甚者,倭米船则放之,倭运开平煤则听之,倭谍被获,或明纵或私放。外有海光寺傍居民王姓,经天津县获究,而李鸿章之子前出使大臣某,为之说情。倭奸石川氏及军械所刘姓被获,供词牵涉李鸿章及军械所局员,而某观察述李鸿章之意,勒令天津县李振鹏改供,为李振鹏驳斥而止。台湾拿获倭船,又为之请旨释放。军械所历年所储枪炮,多被监守盗卖。及东事已起,犹检出不合用之前膛枪子,卖与日本,得银十四万两,局员朋分,而李鸿章为之补给领字。外间并有传闻,李鸿章有银数百万,寄存日本茶山煤矿公司,伊子又在日本各岛开设洋行三所。以致李鸿章利令智昏,为倭牵鼻,闻败则喜,闻胜则忧,虽道路之言,而万口流传,岂得无因而至?此天下所太息痛恨者五也。……李鸿章一日不去北洋,则三军之气一日不能振作,溃败

> 之局一日不能挽回,何也?……种种颠倒功罪,务使敢战之士,人人气沮,如此,而三军之众有不解体者乎?倭主出居广岛,亲自督师,八月初间,即闻有限二十日取平壤之说,而平壤果于十六日失守。今又闻以四礼拜取奉天矣,又闻限九月内破津、沽。至敌兵号称九万,大举入寇朝鲜不已,进而盛京、津、沽不已,则京师重地,所必窥伺,我战守之备,一无足恃,而专委一昏庸骄骞、丧心误国之李鸿章,如此而谓陵寝之必无动,京师之必无警,谁能保之?……天下士民公论,谓李鸿章如不以严谴去津,则天下之精兵猛将,必不能得其死力,以挽回既溃之大局。故李鸿章一人之去留,实于宗社安危,民生休戚,大有关系。伏维皇上乾断,立赐施行。

同日张謇亦奏李鸿章非特败战,并且败和。张謇者,即随吴长庆初赴朝鲜之幕宾也。袁世凯之帮办营务处,乃謇所提携,其对韩事积极干预,亦为张謇之政策。甲午春,謇适以一甲一名进士及第,大魁天下,声誉骤起,因入翁同龢门为得意弟子。同龢对韩主张,亦多受其影响。故世传光绪帝之主战,由于翁同龢,而同龢之主战,出于张謇,非无故也。謇之奏曰:

> 直隶总督李鸿章自任北洋大臣以来,凡遇外洋侵侮中国之事,无一不坚持和议,天下之人,以是集其诟病,以为李鸿章主和误国,而窃综其前后心迹观之,则二十年来坏和局者,李鸿章一人而已。台湾之事,越南之事,其既往者,姑置不论。请就今日日人构衅朝鲜之事,为我皇上陈之……方光绪八年春间,李鸿章令丁汝昌、马建忠前往朝鲜,与英、美各国立约,许朝鲜为自主之国。……朝鲜与东三省唇齿相依,奉中朝正朔……于理于势,可半主而不得自主也。听其自主,既失之矣。……推李鸿章之意,不过年老耽逸,朝鲜如一脔,委诸各国之喙,冀其龂龂相持,而我得袖手偷安于旦夕,而于朝鲜关于中国之利害,不暇计也。我有自腐之机,敌乃有可乘之隙。……盟血未干,日乘韩乱,故广东水师提督吴长庆以六营东援,乱定后,再三以朝

> 鲜政敝民穷,兵单地要,函请李鸿章及早为之修政,练兵,兴利,备患,李鸿章怪其多事,痛斥其非。……若非吴长庆尚有三营移防,驻守金州,搘柱其间,则今日之事,早见于十年以前。而李鸿章又于十一年将驻韩三营全数撤回,并罢吴长庆所定教练韩兵之事。……坚日必得朝鲜之志,长日轻量中国之心,谓非李鸿章谁执其咎?……自来中外论兵,战和相济,西洋各国,惟无一不存必战之心,故无一人敢败已和之局。李鸿章兼任军务三十余年,岂不知之?……本年五月间,日衅已见,使李鸿章得袁世凯数十密电之后,援十一年第三条约,诘以派兵何不先行知照?则口谋可伐,不至于战。……即得汪凤藻电复之后,其时日兵尚不甚多,布置尚不甚密,使派叶志超、聂士成率一二十营,如吴长庆之径入汉京,挟王归我,易客为主,徐待理论,亦尚不碍于和。……朝鲜弊政,本应中国早为酌改,日既以是为词,我何妨令袁世凯与议,折日惠韩之计,收我抚字属国之权,……李鸿章始终执其决弃朝鲜之意,……而贻日人以华斥不愿势难中已之言,卒酿兵端,一败涂地。……试问以四朝之元老,筹三省之海防,统胜兵精卒五十营……用财数千万之多。一旦有事……曾无一端立于可战之地,以善可和之局,稍有人理,能无痛心!……李鸿章之非特败战,并且败和。

此折见《张季直先生传记》,中间略去甚多,然大恉已备。謇本其在韩借箸之经验,所论颇为深透,较诸翰林院徒凭道路之言者,中肯多矣。盖鸿章明知中日必因韩事而冲突,则与其决裂于甲午,何如决裂于甲申,此一失也。不存必战之心,须败已和之局,和战皆非,因循坐误,此二失也。军事既落后着,改政何妨先议,英人二次调停,皆谢绝之,此三失也。俄人出兵,纯属谎言,屡作谣传,自我陶醉,此四失也。既知战无把握,何不力主和议,如法越之役,不亦可免割地赔款之辱乎?此五失也。张謇所论殆恨鸿章之不能早纳其议,以致非特败战,并且败和耳。据同龢日记称:“张季直来,危言耸论,声泪交下。”又云:“复张季直书,此时清议,大约责我不能博采群言,一扫时局,然非我所能及也。”可知败战败和之人,又不仅一李鸿章,即对方之翁同龢,亦有不能辞之咎焉。

(三)和议之探询

韩事初起之时,李鸿章误信俄使喀希尼压服之言,始终抱联俄政策,清廷亦存此武装调停之幻想,以联俄为得计,以致铸成中国外交之大错。当战事进行中,鸿章与俄使之关系,迄未间断。七月十三日,曾致总理衙门一函云:

> 顷俄使遣巴参赞持其国家训条,谓此语须秘密。译云:朝鲜之事,俄国已有激而起,毫无自利之心,惟有确照西历一千八百八十六年,即光绪十二年,拉德仁在津面订之约办理。此约准喀希尼本月十二日来电,李中堂迄今依然承认。即将此意密向中国政府声明为要等语。查拉署使前订节略,密致总署在案。现朝鲜局势大变,若能照前样办理,于国体旧制尚无大损,看来俄似有动兵逐倭之意。该使谓如何办法,该国尚未明谕,而大要必不出此。请先代奏。

电中所云"节略"者,即光绪十二年巨文岛事件时,李鸿章与俄署使拉得仁所订"中国不变更朝鲜政体,俄国亦不侵占朝鲜土地"之节略。嗣清廷恐因此受俄束缚,未签字,仅由俄方口头担保不占韩土。至斯情势已变,俄国表示承认此约有效,以为置喙韩事地步。而鸿章即推测其有动兵逐倭之意,并谓大要必不出此,未免近于妄想。而慈禧亦信为果有其事,因遣翁同龢至津晤李鸿章,探询究竟。据翁同龢日记云:

> 八月二十八日:传庆亲王,军机,翁某、李某,凡三起,在颐年殿东暖阁见起,遂至河沿朝房敬候。申初,庆邸入,二刻,军机一刻。余(同龢)与李公(鸿藻)同入,皇太后、上同坐,跪安毕,首言倭事。臣等即言:"平壤既弃,义州已危,鸭绿一水,不过里许,江面无险,若长驱平进,北距兴京六百余里,永陵在焉。虽南面有山,恐兵少难扼。"次及淮军不振并粮械无继种种贻误状。皇太后曰:"有一事,翁某可

往天津,面告李某,此不可书廷寄发电报者也。”臣问:“何事?”曰:“俄人喀希尼前有三条同保朝鲜语,今喀使将回津,李某能设法否?”臣对:“此举有不可者五,最甚者俄若索偿,将何畀之?且臣于此等始未与闻,乞别遣!”叩头辞者再,不允。最后谕曰:“吾非欲议和也,欲暂缓兵耳。汝若不欲传此语,则径宣旨,责李某何以贻误至此!朝廷不治以罪,此后作何收束?且退衄者,淮军也,李某能置不问乎?”臣敬对曰:“若然,敢不承。”则又谕曰:“顷所言,作为汝意,从容询之。”臣又对曰:“此节只有李某复词,臣为传递,不加论断。臣为天子近臣,不敢以和局为举世唾骂也。”允之。既又谕:“明日即行,往返不得过七日。”遂退。

九月初二日,同龢轻装至天津,晤鸿章,传慈禧意,翁同龢日记记此事云:

入督署,见李鸿章,传皇太后、皇上谕慰勉,即严责之。鸿章惶恐引咎曰:“缓不济急,寡不敌众,此八字无可辞。”复责以水陆各军败衄情状,则唯唯而已。余复曰:“陪都重地,陵寝所在,设有震惊,奈何?”则对曰:“奉天兵实不足恃,又鞭长莫及,此事真无把握。”议论反复数百言,对如前。适接廷寄一道,寄北洋及余云:“闻喀希尼三四日到津,李某如与晤面,可将详细情形告翁某,回京复奏”云云。余曰:“出京时,曾奉慈谕,现在断不讲和,亦无可讲和,喀使既有前说,亦不决绝。今不必顾忌,据实回奏。”李云:“喀以病未来,其国参赞巴维福先来云:俄廷深忌倭占朝鲜,中国若守十二年所议之约,俄亦不改前意。第闻中国议论参差,故竟中止。若能发一专使与商,则中俄之交固,必出为讲说”云云。又云:“喀与外部侍郎不协,故喀无权。”余曰:“回京必照此复奏,余未到译署,且此事未知利害所在,故不加论断。且俄连而英起,奈何?”李云:“无虑也,必能保俄不占东三省”云云。

九月初六日同龢回京复命,据是日日记云:

在鸾仪门跪安,入至书房,述所闻见。遂诣枢直,始与恭邸(奕䜣)相见。旋闻皇太后召见,遂西至河边朝房待。午初入见于仪鸾殿,皇上亦在坐。详述情形,并力言:"喀事恐不足恃,以后由北洋奏办,臣不与闻。"二刻退,汗流沾衣。

观此数则日记,可见慈禧之倾向和议,且期望俄国甚殷。而李鸿章所谓必能保俄不占东三省,信俄尤深。中俄密约,在精神上可谓此时已成。至翁同龢之畏葸不敢与闻俄事,非真知俄之不可亲,特恐参与和议而挨骂耳。所谓领袖清议者,大率类此。九月十四日喀希尼始带同巴福禄至津晤鸿章,其问答节略如下:

喀云:欧洲近多霍乱之证,比得堡居民死得甚众。李云:欧洲患霍乱,东方患倭乱,各害各祸,其证相似。从前拉署使暨贵大臣巴参赞屡次来称,俄国断不许他国占据朝鲜土地,现倭已尽据韩地,俄人袖手旁观,是从前所说,尽属诳我之虚谈。喀云:俄国政府尚未明言作何主意,现值中日用兵之际,局面未定,如中日和议成后,倭久踞韩,俄国必照前议,出来干预,目前宜暂守局外之例。李云:闻倭派兵四千,由温贵湾至土们江一带附近地方,将侵俄界,俄岂能坐视耶?喀云:此系传闻之词,尚无确报,想倭人必不敢轻犯俄境。且倭之踞韩,不过暂时之计,议和时,各国自有公论。李云:我接韩王及大院君密函,皆谓倭人逼令改用日本衣服正朔,内外官员任意更换,非占踞而何?倭人奸谲非常,各国公使误信其不据韩地之说,尽为所愚,将来彼不顾公论。喀云:日本系一岛国,如踞朝鲜,必当遣重兵戍守,本国必至空虚,视其力量,不能久踞。李云:倭之踞韩,已如法之踞越,将来必与中、俄两国权利有碍。喀云:或谓中东有商议停战之说,据我看来,日本欲窥犯北京,系虚词恫喝,目下尚无动作,转瞬即届冻河,即不约停战,亦必停也。李云:欧洲向来战事两国有议停战者,有何章程?如何办法?喀云:所谓停战者,两国约明,各军现扎之地,按兵不动,或由两国自议,或由他国调停,限四五礼拜,或一两月,如届期和议无成,再行开仗。未审中国有意议和否?李云:从前贵大臣巴参赞所说之话,皆经我电达总署代奏,今俄国不照前议,我等殊为疑诧,和议似难遽成。喀云:今昔时势已殊,俄暂难搀越,亦无可如何。倭人以为水陆之战,皆甚得手,现时如与议和,中国已须吃亏;然如不趁此了结,将来倭兵再进一步,贪心更大,和局更难。李云:和议亦看条款如何,如吃大亏,不若久战。即如停战一节,喀大人现拟如何商办?喀云:我系驻京各国公使领袖,拟到京后,与英、法、德、意等使商明,电知本国政府,电令驻扎东京各使与日本外部商办。李云:除英国外,其余各国不甚关切。此事如即由喀大人电请贵国政府,电令东京俄使,与日本外部商办,更为直截。喀云:各国有约在先,仍应会同商办;不便独办。李云:既与各使会商,即请喀大人迅速进京,往谒恭邸时,请畅谈,与我接谈无异。喀云:明晚拟即起程进京,恭邸虽未见过,素闻大名,极愿谒谈。遂别去。

据此一段谈话,可知俄人真意,须中日议和后,方出来干预;即调停停战,亦须各国共同出面,不便独办。而鸿章大有“急惊风遇着慢郎中”之势,尚不知此慢郎中之葫芦究有何药也。其时热心调解者乃英使欧格讷(Sir Nicholas R. O'Conor),而非俄使喀希尼,但内外皆信俄而不信英,虽俄使表示暂难搀越亦不悟。后虽收干涉还辽之效,但更启列强瓜分之祸,当时人之识见固陋如此,实无法为之解释矣。

(四) 光绪帝与慈禧

载湉虽已亲政数年,然当甲午战事进行中,一切大计,仍由慈禧操之,观翁同龢日记,每日召对群臣,均光绪帝与慈禧并坐,而问答训示,以慈禧之言为多,即可知矣。光绪帝只能在南书房与翁同龢商议,即处理折奏,亦多询同龢意见。同龢日记云:“(十月)初八日,与庆邸、李公同起,上英爽,非复常度,剖决精明,事理切当,天下之福也。每递一折,上必问臣可否。盖眷倚极重，恨臣才略太短，无以仰赞也。”又十三日云：“言者请下罪己诏，上深韪之。臣进曰：‘此即盛德，然秉笔甚难。假如土木宦官等事，可胪列乎？抑讳弗著乎？讳则不诚，著则不可，宜留中省览，躬自刻责而已。’余所陈甚多，同官舌挢。”十四日云：“上以明日各国使臣致祝嘏国书，欲赐宝星，又俄君即位，欲遣专使贺之。此两事枢臣兼译署者不谓然，上声色俱厉，意在必行。”十五日云：“昨英使欧格讷力谏赫德掌兵，孙、徐陈于上前。余谓：利权兵权悉归赫，毋乃太重？且汉纳根已有成言。是日美使田贝，俄使喀希尼，英使欧格讷，德使绅珂，法使施阿兰，比使陆弥业，瑞典使柏固，日斯巴尼亚使梁威哩，均觐见，递贺书于文华殿。”凡此皆可见光绪帝颇有振作之意，且面谕内廷行走人员，讽示内外臣工，多上主战条陈。于是南书房、上书房两斋人员，每日轮流上封奏，此主战论所以盛极一时也。然翁、李主战，而孙、徐则主和，枢臣中显分两派，在表面上主战派之威势颇盛，实际则恭王、庆王、礼王以及李鸿章无一不主和也。尤以慈禧太后虽禀性倔强，不甘示弱，但以是年十月十日为其六旬寿诞，欲大开庆典，广纳贡献，故主从速和解了事。李莲英希其旨，阴侦帝之左右，凡主战者皆借故惩治之。宫廷之中，暗潮尤烈。九月初九日，志锐请联英伐倭，文廷式等三十八人亦言之。并云张之洞有成说。志锐为珍妃之兄，廷式为珍妃之师，廷式于大考翰詹时，珍妃为言于帝，拔置第一，擢侍读学士，充日讲官。内监因构蜚语，谓妃干预外廷事。十月二十九日，慈禧召见枢臣于仪鸾殿，谓：“珍、瑾二妃，祈请干预，种种劣迹，即着缮旨，降为贵人。”翁同龢再三请缓办，慈禧不谓然。十一月初二日，又召枢臣，论兵事，斥李鸿章贻误，而深虑淮军难驭，以为暂不可动。次及言者杂遝，事定当将此辈整顿。次及二妃，语极多，谓种种骄纵，肆无忌惮。因及珍位下内监高万枝，诸多不法，若再审问，恐兴大狱，于政体有伤，可即日正法。同龢奏言：“明发即有伤政体，若果无可贷，宜交内务府扑杀之。”慈禧以为大是。既扑杀内监，又降谪志锐为乌里雅苏台大臣。对于帝党之打击，不遗余力，盖其时已以美使田贝之调处，先议停战，鸿章且派德璀琳赴日讲和。光绪帝不谓然，云：“倭人畏寒，正我兵可进之时，而云停战，得毋以计误我耶？”孙毓汶、徐用仪力言万无此事。盖慈禧特假诸事以示威，并去帝心腹耳。次日,高燮曾上书指斥前日懿旨,谓枢臣不应唯阿取容,无所匡救。并有“挨次朋比,淆乱国是,若不精白乃心,则列祖列宗在天之灵必诛殛之”等语。慈禧即召枢臣,首指高折,以为离间,必加辩驳,辞色艴然。诸臣再三劝解。同龢谓:“明无弗照,圣无弗容,既调护于先,何必搜求于后。且军务倥偬,朝局嚣凌,宜以静摄之,毋为所动。”慈禧意回,迟徊久之,谕曰:“姑从汝等请,后再有论列者,宜加惩创;否则,门户党援之习成矣。”此门户党援之首见于明文者,高虽未加罪,而初八日即命撤满汉书房矣。同龢日记云:“恭邸请起,偕孙、徐、张(荫桓)见于仪鸾殿。余与李公再见于殿中,慈谕周匝严厉,先论田贝电事,次谕恭亲王授军机大臣,次命撤满汉书房。臣争之力,无人和也。命姑且听传,择日再发。圣意遣员已定(田贝接倭电,仍须派员也),惟停战则不可,如臣等议。”初九日记云:“卯初三刻,始至书房,上色不怡,谓:‘正典学,奈何辍讲。’上问事毕,以书房不欲辍,命恭邸于谢太后恩时言之。并言:‘翁某常来,孙某(指孙家鼐)当来否?’上惓惓于旧臣如此,吾辈真捐糜不足为报矣。”初十日记云:“恭邸奏:‘昨皇太后召对,论及书房事,亦尚在辍不辍之间。’独传臣起,遂至五间房俟。午初,入见仪鸾殿,上未在座。起居毕,略问前事,即及书房,臣力陈讲不可辍。太后谕曰:‘此恭亲王所陈,前日予所谕太猛,今仍传满功课及洋字均撤,汉书不传,则不辍之意可知。汝等仍于卯初在彼候旨,或传或否,或一人或二人,皆不拘可也。’臣等叩头,称:‘圣明洞察,一一敬遵。’因论人才贤否,及志锐举动荒唐。又追溯同治年事,臣不禁泪下如縻,慈颜亦为之戚惨。复褒奖数十语,大意谓:‘汝信实可靠。’臣又力保孙某谨慎无失。”撤书房以减载湉之羽翼,赖奕䜣、同龢力争,始留汉书房,只翁同龢与孙家鼐二人可候旨传进耳。此由暗斗而进于明争,然一切大政,仍操之慈禧之手,光绪帝畏后如虎,丝毫不敢抗颜也。一日帝召见南书房行走陆宝忠,告以为难情形。宝忠奏:“社稷为重,母后只可婉劝,而不可奉命惟谨。”载湉云:“拂意太过,于孝有亏。”时军事孔棘,而慈禧于颐和园工程,及沿途点景(由西苑至颐和园沿途扎彩亭、彩棚,植花奏乐演剧,每五步一座),虽屡经诸臣奏请停办,迄未尝停。慈禧向廷臣云:“今日令我不欢者,吾亦将令彼终身不欢。”二妃之黜，志锐之斥，高阉之死，书房之撤，皆慈禧发挥其权威，颇有杀鸡儆猴之意也。及十二月初二日，御史安维峻上封奏，请杀李鸿章，辞连慈禧、李莲英，帝后和战之争始达于最高潮。其奏曰：

窃李鸿章平日挟外洋以自重，今当倭贼犯顺，自恐寄顿倭国之私财，付之东流，其不欲战，固系隐情。及诏旨严切，一意主战，大拂李鸿章之心。于是倒行逆施，接济倭贼煤米军火，日夜望倭贼之来，以实其言。而于我军前敌粮饷火器，则有意勒掯之。有言战者动辄呵斥。闻败则喜，闻胜则怒，淮军将领，望风希旨，未见贼先退避，偶遇贼即惊溃。李鸿章之丧心病狂，九卿科道，亦屡言之，臣不复赘陈。惟叶志超、卫汝贵均以革职拿问之人，藏匿天津，以节署为逋逃薮，人言啧啧，恐非无因。而于拿问之丁汝昌，竟敢代为乞恩，是以朝廷为儿戏也。而枢臣中无人敢为争论者，良由暮气已深，入而俱化，故不觉其非耳。张荫桓、邵友濂为全权大臣，尚来明奉谕旨，在枢臣亦明知和议之举，不可对人言，既不能以生死争，复不能以利害争，只得为掩耳盗铃之事，而不知通国之人早已皆知也。倭贼与邵友濂有隙，竟敢索派李鸿章之子李经方为全权大臣，尚复成何国体？李经方乃倭逆之婿，以张邦昌自命，臣前已劾之，若令此等悖逆之人前往，适中倭之计。倭贼之和议，诱我也。彼既外强中干，我不能激励将士，决计一战，而乃俯首听命于倭贼，然则此举非议和也，直纳款耳。不但误国，而且卖国。中外臣民，无不切齿痛恨，欲食李鸿章之肉。而又谓和议出自皇太后，太监李莲英实左右之，此等市井之谈，臣未敢深信。何者？皇太后既归政皇上，若仍遇事牵制，将何以上对祖宗，下对天下臣民？至李莲英是何人斯，敢干政事乎？如果属实，以祖宗法制，李莲英岂复可容？惟是朝廷受李鸿章恫喝，不及详审，而枢臣中或系私党，甘心左袒；或恐李鸿章反叛，姑事调停。而不知李鸿章久有不臣之心，非不敢反，直不能反。彼之淮军将领，类皆贪利小人，绝无伎俩，其士卒横被克扣，皆已离心离德。曹克忠天津新募之卒，制李鸿章有余，此其不能反之实在情形也。若能反，则早反矣。既不能反，而犹事事挟制朝廷,抗违谕旨,彼其心目中不复知有我皇上,并不复知有我皇太后。故敢以雾气之说戏侮之也。臣实耻之!臣实痛之!惟冀皇上赫然震怒,明正李鸿章跋扈之罪,布告天下。如是将士有不奋兴,倭贼有不破灭者,即请斩臣,以正妄言之罪,祖宗鉴临,臣实不惧。用是披肝胆,冒斧锁,痛哭直陈,不胜迫切待命之至。

维峻所论李鸿章之罪,率多意气浮说,鸿章诚有罪,亦不足以证之。惟谓和议出自皇太后,太监李莲英实左右之,又谓皇太后既归政于皇上,若仍遇事牵制,将何以上对祖宗,下对臣民?殊为胆大敢言,以是讽谏,暴露慈禧之恶,光绪帝不得不表示震怒,命革职发往军台。谕旨云:“托诸传闻,毫无忌惮,若不严行惩办,恐开离间之端。”实则帝之乾纲从未振,又何须离间之乎?维峻以言获罪,直声震中外,人多荣之。访问者萃于门,饯送者塞于道,或赠以言,或资以赆,车马饮食,众皆为供应。侠客大刀王五且护之行。可见当时之民意所归矣。然既有一当国之母后,不恤人言,不遵法制,虽军事万急,仍大举做寿,上谕:“听戏三日,诸事廷阁,尽可不到也。”“诸公一筹莫展”,“议论未有所决”(皆翁同龢语),视此腐败之清廷,宁有幸免挫辱之理乎?

九十三　和议之进行与受阻

(一)德璀琳之东渡

甲午战役进行中,迭有和议之酝酿,九月间,英、俄二使尝致力于此,以格于清议,势难成为事实。迨旅、大告警,和议趋向渐形有力。而始终居间者,厥为美国,美驻北京公使田贝(Charles Denby)与驻东京公使谭恩为经手之人物。十月初九日,谭恩以美国政府之训令,转达于日本外务大臣陆奥宗光,拟于不损中日两国名誉之范围内,尽力仲裁。盖恐日本军队进攻若无限制,则与东方局面有利害关系之欧洲列强,难免对日本为不利之要求也。日政府以觉书答复谭恩,谓帝国之军队,到处获胜,今为息止战争,以为无乞助友国之必要。然帝国非欲乘胜超越此次战争结果之定限外,逞其欲望。在中国政府尚未直接向日本乞和前,不能认为已达上述定限之时机。陆奥又私语谭恩曰:“日本若公然请美国仲裁,或不免招其他国家之干涉。若中国先开讲和之端绪,美国居间转达彼此之意见,日本当深倚赖。”谭恩以告田贝。田贝复电云:“中国将直接开媾和谈判之事,委托本使,媾和条件为承认朝鲜之独立及赔偿军费二件。”盖此时中国已决意讲和,曾嘱驻外使节,遍托英、俄、德、法、美、意各国,英、法虽允,而不愿出头,美颇热心于此事也。李鸿章以恭王复出,派户部侍郎总署大臣张荫桓秘密赴津,与商和议,特建议由津海关税务司德璀琳(Gustav Detring)前往东京,会晤伊藤博文,相机转圜。德璀琳请头品顶戴,鸿章权宜授之。于十月杪抵神户,携鸿章致伊藤书。日政府谓:鸿章牍,非国书也;德璀琳西人,非中国大员也。苟非中国钦派著望大员,不与议也。德璀琳以十一月初一日启碇回华。是日,日政府致觉书于美使谭恩,使转达中国,若诚意媾和,任命有正式资格之全权委员,会议后始能宣布罢战条件。中国因外传日本所欲甚奢,望其提出两国将来应议问题之概要,意即欲先知日本以何种条件为媾和基础也。日本以如此往返传询,优游不断,徒惹各国注目,而启干涉之渐,遂以决绝态度,于十一月初六日,经美使转电北京曰:此次要求罢战者,系中国,非日本,故日本政府非具有正当资格之全权委员相会后,不能宣告媾和条件。若中国对此不能满足,即可罢议。鸿章以德璀琳回津所述,知非正式遣使不可,又恐派员赴日,为所要挟,因拟以烟台或上海为议和地点。清廷因于十一月十六日,倩美使田贝,转电东京,要求以上海为会合地。日政府二十二日倩美使谭恩电北京,须中国先将全权委员之人名官位,通知日本,会合地在日本国内选定。日本既强迫中国派使求和,清廷又不敢言战,不得不继续屈服。乃决定派张荫桓及署湖南巡抚邵友濂为议和代表,于十一月二十四日,由田贝电告日本。日本指以广岛为议和地,并声明休战条件,亦非两国全权代表会合后不能明言,盖所以绝中国之观望。而张、邵广岛之行,由是决矣。

(二)广岛之拒使

时日人因屡战屡胜之故,朝野间之气焰极高。和议即将举行,关于媾和条件,议论纷纷,主张极不一致,各存一种狂热的憧憬。横滨报载,有赔款四万万,及割让日本所据中国地方之说。日本政府经陆奥宗光与伊藤博文之迭次协议,又经内阁阁僚同意,始决采秘密政策,使第三者事前无交涉之余地。光绪二十一年正月初二日,日皇明治在广岛大本营(日皇在宣战后,即移居广岛大本营,示亲征也),开御前会议,陆奥提出媾和条约草案之要领,大体分三段:第一段规定使中国确认朝鲜独立;第二段规定由中国让受土地及债金;第三段规定日本之特权及利益,一如欧美各国,并扩张江河通航诸权利。此外则对降服日本之汉奸,不施责罚。伊藤则起奏关于媾和应取之大要方针曰:

此次中日事件,为我朝开辟以来未曾有之大事,幸以陛下之神威,开战以来,迄今日止,海陆到处奏捷,以辉扬我国之武威。虽由第三国开干涉之端,然随时摆脱,未至太甚,以至今日。然结果如何,实关我国将来之隆替,故收拾此变异之局,宜慎重熟筹,鉴时察机,以讲求适应之策。宣战媾和之大权,虽为陛下所掌握,而确定庙议,则须阁臣先悉心妥筹,同时亦不能不期待参与帷幕诸臣之协同一致。而宸断一下,当局者宜任奉行之责,帷幕臣僚他日亦不可挟丝毫异议。盖阁臣幕臣,皆夹辅陛下,领袖百僚,犹如车有两轮,鸟有两翼,应各相辅而行,听头脑之指挥,以运行人身之肢体。苟筹划庙谟之阁幕两臣,意思归一,纵令世上有如何异议,皆不足顾虑者也。此媾和条约中条项,以此次中日两国开战主因之朝鲜独立、割让土地、赔偿军费,及将来帝国臣民在中国通商航海之便宜等件为主眼,其他重要数件次之,共为十条。惟关于此次来朝之中国媾和使之会见,虽信十中八九不能妥当了局,然彼等苟遵万国普通之惯例来朝,我国亦依国际法常规应之,固不待言。今假定为中国计,与其此后尚屡战屡败,竟为城下之盟,不如此时行豫期外之让步,收拾此变局,较为得计。然以博文所知,不信彼等为避将来之危难,今日有断然之决心。若果如此,则此次双方全权委员,假令会合,终当一议不成而别也。若万一与豫期相反,中国竟有大决心,则以此次之会合,此事难断其不告终局。不论中国媾和使之谈判成立与否,若一旦明言媾和条件,难保不招第三国之容喙干涉,或系不能免者也。至其干涉之性质如何,程度如何,虽以如何贤明之政治家,固不能预料;尤以使他国毫不干涉,更属不能保证。若假定此种干涉为早晚不可免者,则观察时机,外交上之手段,尽力操纵,固不待言;然当此局面,各强国所取之政略方针,往往不能于樽俎之间使之转换。故万一此种干涉到来,则斟酌该第三国之意响,或致不能不变更我对中国之条件,或宁可增加其他之强敌,始终维持我庙议,则属未来之问题,彼时更当讨论。要之,今日收拾此局,须文武两臣各一其心,巩守成算,严保秘密,使外间毫不能窥知,始终一辙,以期贯彻。至当谈判之冲者,应任奉行庙议之人,选择其人,下令任命,则悉仰陛下之圣裁。

伊藤此奏,明慎周详,面面俱到,其对中国之估量,及预料他国干涉之不免,尤为精敏。内部则侧重阁幕意见一致,对外则严保秘密,贯彻始终。议和之条件,明确规定范围,成否皆有安排。反观中国,则内部意见,始终分歧,在不得已而屈膝求和之时,仍无一定之主张。其派使之谕旨曰:

朕奉皇太后懿旨:张荫桓、邵友濂现已派为全权大臣,前往日本会商事件,所有应议各节,凡日本所请,均着随时电奏,候旨遵行。其与国体有碍,及中国力有未逮之事,该大臣不得擅行允许。懔之!慎之!

何为与国体有碍,及中国力有未逮之事?一切皆须随时电奏候旨遵行,则全权之意义何在?其不能妥当了局,果在伊藤预料中矣。光绪二十年十二月十一日,荫桓发北京,十八日到上海,与友濂会晤。逗留久之,及总署电催,始于二十一年元旦出洋,正月初四日抵长崎,初六日至广岛,从行者随员翻译二十人,差弁仆役二十八名。日本派伊藤博文、陆奥宗光为全权代表。博文先告宗光曰:今熟察内外之情势,媾和之时机尚未成熟,且中国之诚伪,亦甚不可测,若我国要求之条件,先传播于世,有惹起内外物议之虞。故吾侪与中国使臣会合之日,非明察彼辈之材能及权限后,不可轻易开媾和之端。遂决定先考察中国使臣之全权证书,如发见罅隙,即行拒绝谈判。故广岛拒使之一幕,不待张、邵之至,已在伊藤之老谋深算中矣。正月初七日,两国全权大臣会晤于广岛县厅,先查阅全权证书,日本之敕书,有委以便宜行事,缔结媾和豫定各条,署名画押之全权。中国国书,则只有特派某某前往贵国商办,惟愿接待,俾该使臣可以尽职,是所望也。日本当然认为全权不足,陆奥因取出其预先草就之觉书,向中国代表宣读,谓:关于媾和结约中国皇帝果付与该钦差全权大臣之一切权限否?望以文书确答。张、邵允容日答复。初八日张、邵答复一公文,谓本大臣由本国皇帝赋与为缔结和议会商条款签名盖印之全权,所议各条款,因期迅速办理,电请定期签字。并将条约携归中国,恭候皇帝亲加披阅,果属妥善,然后批准施行。是日两国代表再会于广岛县厅,伊藤即宣读预拟之英文说帖,谓中国代表被委任之职权,不过听受本大臣及同僚之陈述而报告贵政府而已。事已至此,此后决不能继续谈判。如中国诚信求和,委其使臣以确实全权,选择有名望官爵以担保实行条约之人员,当此大任,则我帝国当不拒绝再开谈判。并告张荫桓等:“贵国不过试探消息,此时既不开议,仍是仇敌。广岛为屯兵之所,不宜停留。”此不但拒议,而且逐客矣。张、邵乃发临别赠言,贻书伊藤,谓中国敕谕往外国议约,其格式向与此同,各国从未挑剔。贵国多讪讥之词,诚为可惜。且不准发中国密电,中国致本大臣电亦扣不送来。议和大臣,向有应得权利,本大臣不能照享,实出意外。惟前荷接待,理当鸣谢。十一日,中国代表被送往长崎。此不得不谓日本政府之失礼也。既而清廷议加张、邵定约画押之全权,经田贝转告。日本政府谓须另派有名爵资望之全权委员,此次谈判不调之使节,不能承诺。张、邵再度被拒,乃于十八日归国,广岛一幕即告终焉。

九十四 李鸿章马关议和

(一) 清廷任李鸿章为全权

当广岛二次会议后,伊藤博文独留中国代表团之道员伍廷芳谈话,盖光绪十一年伊藤至天津与李鸿章订约时，廷芳即为随员，与伊藤素识也。次日，廷芳又送公文往伊藤处，伊藤表示如以恭亲王、李中堂为全权，方为郑重其事。张荫桓、邵友濂电被拒回国经过，亦有伊藤词意，中国若复遣使，自非名望极崇能肩重任者，不足与议。慈禧初以使臣被逐，势难迁就，拟撤使回国，免得挫辱。恭亲王与孙毓汶、徐用仪嗫嚅委婉言曰："宜留此线路，不可决绝，若决绝，则居间人田贝亦无体面。"慈禧云："若尔，中国体面安在?"诸臣略劝慰，翁同龢亦言定约画押，添入国书，或稍可维持。盖当时刘公岛败降，海军覆没，盛京危急，清廷焦虑万状，而主战派之意气亦渐消矣。光绪二十一年正月十六日，载湉召见军机大臣翁同龢等，问诸臣时事如此，战和皆无可恃，言及宗社，声泪并发。诸臣亦无善策，次日，遂决派李鸿章为全权大臣。十八日，慈禧召见枢臣议事，论及美使田贝转来东京之信，曰："所指自是李某，即着伊去，一切开复，即令来京请训。"十九日，廷寄曰："现在倭焰鸱张，畿疆危逼，只此权宜一策，但可能解纷纾急，亟谋两害从轻。李鸿章勋绩久著，熟悉中外交涉，为外洋各国所共倾服。今日本来文，隐有所指，朝廷深维至计，此时全权之任，亦更无出该大臣之右者。该大臣当念时势阽危，既受逾格之恩，宜尽匪躬之义，谅不至别存顾虑，稍涉迟回也。"同日，以云贵总督王文韶调署直隶总督北洋大臣。正月二十四日，田贝转电日本政府，日政府以为中国于确认朝鲜独立赔偿军费外，因战争之结果，割让土地，及为将来之交际，缔结确然条约，应再派能谈判此等事件之全权使臣。清廷于二月初二日(西二月二十六日)托美使田贝电告日本政府："李鸿章被任为头等全权大臣，商议日本来电中各种问题，带有执行此等任务之全权。"是割地赔款之局，中国政府业已承认矣。时鸿章入京请训，三次召见。奏言割地之说，不敢担承。翁同龢言：但得办到不割地，则多偿，当努力。孙毓汶、徐用仪谓：不应割地，便不能开办。鸿章因请同龢同往议和。同龢曰："若余曾办过洋务，此行正不辞，今以生手办重事，胡可哉?"鸿章云："割地不可行，议不成则归耳。"语甚坚决。旋往各国使馆，意在联络，未得要领，计无所出。毓汶以如割地，可了局，同龢仍力持不可。庆亲王奕劻等遂公奏慈禧太后谓："敌情叵测，时势阽危，皇上特遣重臣，再申和议。诚恐倭人俟河冻一开,分兵冲突畿辅,则可忧者大矣。臣等伏思倭奴乘胜骄恣,其奢望可亿计。现在勉就和局,所最注意者,惟在让地一节,若驳斥不允,则都城之危,即在指顾。以今日情势而论,宗社为重,边徼为轻,利害相悬,无烦数计。皇上深维至计,洞烛时宜,令臣等谕知李鸿章以商让土地之权,令斟酌轻重,与倭磋磨定议。昨据田贝送到日本复电,定于长门会议,李鸿章自应迅速起程,免致另生枝节。”二月初八日,李鸿章单独请训,遂发下全权敕书。并密谕以割地一层,拟就形势方域,斟酌轻重,力与辩争,相机迎拒。惟当权衡于利害之轻重,情势之缓急,通筹全局,即与议定和约,以纾宵旰之忧,而慰中外之望。鸿章奏陈预筹赴东议约情形,亦言:“窃以中国壤地,固难轻以与人,至于戎狄窥边,古所恒有。唐之叶河、湟之地,而无损于宪武之中兴;宋有辽、夏之浸,而不失为仁英之全盛。征以西国近事,普法之战,迭为胜负,即互有割让疆埸之事,一彼一此,但能力图自强之计,原不嫌暂屈以求伸。此次日本乘屡胜之势,逞无餍之求,若竟不与通融,势难得解纷纾急。详阅日本致田贝两电,于兵费及朝鲜自主两节,均认为已得之利,而断断争执,尤在让地一层。惟论形势则有要散,论方域则有广狭,有暂可商让者,即有碍难允许者。臣必当斟酌轻重,力与辩争。……但能争回一分,即少一分之害。伏念此行,本系万不得已之举,皇上轸念生灵,不恤俯从群议。臣受恩深重,具有天良,苟利于国家,何暇更避怨谤!惟是事机之迫,关系之重,转圜之难,均在朝廷洞鉴之中,臣自应竭心力以图之。倘彼要挟过甚,固不能曲为迁就,以贻后日之忧;亦不敢稍有游移,以速目前之祸。”鸿章在举国唾骂之时,仍肯负此割地求和之重责,其精神亦殊不可及也。

(二) 马关之乞和与遇刺

鸿章于二月初九日萧然出都,十七日晚自天津登德商轮,十八日晨开驶,随员有参议李经方(鸿章子),参赞罗丰禄、马建忠、伍廷芳,美员科世达,医官、翻译、学生、供事、差弁、厨丁五十七人,二十三日到马关。二十四日,两国全权,会聚于春帆楼,交换全权敕书毕。中国代表以要求停战之英文节略面交伊藤。伊藤约以明日回答。此第一次谈判,所言皆应酬语,鸿章云:“中、东两国,最为邻近,且系同文,讵可寻仇?今暂时相争,总以永好为事。如寻仇不已,则有害于华者,未必于东有益也。试观欧洲各国,练兵虽强,不轻启衅,我中、东既在同洲,亦当效法欧洲。如两国使臣,彼此深知此意,应力维亚洲大局,永结和好,庶我黄种之民,不为白种之民所侵蚀也。”伊云:“中堂之论,甚惬我心,十年前我在天津时,已与中堂谈及,何至今一无变更?本大臣深为抱歉。”鸿章云:“维时闻贵大臣谈论及此,不胜佩服,且深佩贵大臣力为变革俗尚,以至于此。我国之事,囿于习俗,未能如愿以偿,当时贵大臣相劝云:中国地广人众,变革诸政,应由渐而来。今转瞬十年,依然如故,本大臣更为抱歉,自惭心有余而力不足而已。贵国兵将,悉照西法,训练甚精,各项政治,日新月盛。此次本大臣进京,与士大夫谈论,亦有深知我国必宜改变方能自立者。”伊云:“天道无亲,惟德是亲。贵国如愿振作,皇天在上,必能扶助贵国如愿以偿。盖天之待下民也,无所偏倚,要在各国自为耳。”其时伊藤五十五岁,陆奥五十二岁,而鸿章已七十三矣,当不胜沧桑之感。伊藤并谓:“贵国必须将明于西学、年富力强者,委以重任,拘于成法者,一概撤去,方有转机。”鸿章答以中国亦有明白事务之人,惜省份太多,各分畛域,互相掣肘,事权不一,有似日本封建之时。二人对中国不能自强之故,盖皆慨乎言之矣。二月二十五日,第二次谈判,伊藤以英文宣读对停战要求之答复,应以天津、大沽、山海关让日军占领,铁路由日军管理,军费由中国支补三项为条件。鸿章甚为惊诧,予以诘辩,而伊藤老奸巨猾,故提此种苛刻条件,迫使中国放弃停战之想也。二十八日,开第三次会议,鸿章备文撤回停战之议,并索议和条款,伊藤许以翌日告知。会谈时,伊藤谓日兵往攻台湾,已露占据之意。会毕鸿章自春帆楼回行馆,忽有日人名小山丰太郎者,自人丛中走出,距舆前五尺许,以手枪击鸿章,倏逸去。警察追捕之。子弹击中鸿章左颧,深入目下。舁至行馆寝室,鸿章晕眩,几不省人事。医官奔至,止血裹创。日官来问疾者,络绎不绝,寝室前后甬道游廊皆满。时陆奥留李经方议事,尚未开谈,忽报鸿章遇刺,已负重伤。二人大惊,陆奥顾经方曰:“对兹可痛恨之事,吾侪当尽力之所及,讲善后之策。足下请速归馆,看护老父。”陆奥即赶赴伊藤所,相偕至中国使臣行馆,榻前慰问,谢罪甚恭,忧惧之情,见于辞色。地方文武大小官弁,纷至沓来,慰问甚殷,行馆附近,宣布戒严,防守甚周。众医商取子弹,谓:“子出,则创愈,然难保无虞;且取出之后,尚须静养多日,尤不能稍劳心力。”鸿章慨然曰:“国步艰难,和局之成,刻不容缓,予焉能延宕以误国乎?我宁死,勿割!”遇刺之明日,见血满袍服,或言曰:“此血所以报国也。”鸿章潸然曰:“舍予命而有益于国,亦所不辞。”其慷慨忠愤之气,诚不愧古大臣之风也。日皇得报,即派医及护士二名至马关,予郑重待遇,并下诏诰诫国民。日本全国,举现狼狈之色。各报于开战后对中国及李鸿章皆尽情丑诋,至是反列举鸿章之功业,加以扬谀,谓东方将来之安危,系于李鸿章之生死。人情反复,有如此者,盖日人深惧将因是而遭外来之责难也。陆奥与伊藤会商,恐鸿章借词回国,非难日本,巧诱欧美各国之同情,增加干涉,则日本之要求,不得不大行让步。莫如无条件允许中国所要求之停战,以事实表现日本之诚意,使彼衷心满足,亦可间执他国之口。然停战不能不询军部之意见,除陆军大臣山县复电赞成外,其余大藏大臣松方,海军大臣西乡,农商大臣榎本,海军军令部长桦山,参谋本部次长川上,皆请重加考虑。伊藤因自往广岛,与文武重臣会议,详陈得失,结果全体赞同,寻经日皇裁可,停战之举,因而确定。鸿章被刺之后,即会伊藤、陆奥,谓遇此意外,明日之会,不能躬往,届时拟令李经方代表。虽在病创之中,而犹不忘使命,盖亟欲知议和条款,清廷之指示,亦重在此。二月二十九日,陆奥亲至行馆视疾,面致一复照,深表忧歉之意,谓对和款之事,因出此意外,应奏明皇帝,难免稍有耽延。并密告经方曰:“中堂之不幸,大清举国之大幸,此后和款,必易商办。中日战争,将从此止。”已暗示将行停战也。三月初三日,陆奥又来行馆,就鸿章病榻前,述日皇承诺停战之意,鸿章以绷带外之一眼,表示欣喜。并云:“随时皆可就病榻前开谈判。”初四日,伊藤自广岛归,初五日,两国全权签订停战条约六款,停战限二十一日,于三月二十六日届满,如和议决裂,约即中止。是日,陆奥函送判词,凶犯被判处无期徒刑。鸿章亟欲赓续议和,即照会伊藤、陆奥,促开和款节略,请至行馆谈判。陆奥因与经方商谈判办法,将条约案一体提出或将各款承允,或将某条更行商酌,须四日内回复。经鸿章同意后,日方即于三月初七日将媾和条约底稿，送达中国行馆。

（三）和约底稿之说帖

日本所提和约底稿，共十一款，第二款又分三项，第六款又分七节，既索奉天南边各地，台湾、澎湖各岛，赔军费三万万两，而于通商权利，复作无餍之求，可谓苛酷极矣。鸿章电告总理衙门，请密告英、俄、法三使，论中国万不能从，惟有苦战到底。清廷聚议，光绪帝之意，颇在速成，翁同龢力陈台湾不可弃，与礼亲王世铎、庆亲王奕劻之语不洽，而龃龉。时恭亲王奕䜣方病卧，军机大臣诣邸会商。奕䜣主交廷议，而己不坚持。孙毓汶力争须和，并言战字不能再提。奕䜣惟唯唯，执毓汶手曰："是。"所议卒无结果。而四日之期已届，鸿章乃于三月十一日，对和约底稿答复一说帖曰：

> 今将约稿大意，合为四端，以免逐条应对之烦。所谓四端者：一、朝鲜自主。中国已于数月之前声明，欲认保朝鲜为完全无缺之独立自主局外之国，此次立约，自应载入。惟日方亦须照认，日本所拟约文，自应酌改。二、让地。查日本所拟讲和条约文内，有订定和约，俾两国及其居民杜绝将来纷纭之端等语。是第二款内自应照此办理。今查拟请所让之地，如果勒令中国照办，不但不能杜绝争端，且必令两国争端纷纷而起。两国子孙，永成仇敌，传之无穷矣。我辈既为两国全权大臣，不能不为彼此臣民深谋远虑，自应立一永远和好互相援助之约，以保东方大局。中日系紧邻之国，史册、文字、艺事、商务，一一相同，何必结此仇衅？国家所有之地，皆列代相传数千年数百年无价之基业，一旦令其割弃，其臣民势必饮恨含冤，日思报复。况奉天为我朝发祥之地，其南边各处，如被日本得去，以为训练水陆各军驻足之地，随时可以直捣京师，凡在中国臣民，揽此约文，必曰：日本取我祖宗之地，以养水陆之兵，为乘隙蹈瑕之计，是欲为我永远之仇敌也。且彼此边界，必多设炮台，多养水陆各军，以资防守，所费不赀，而两国无赖之徒，皆以彼此交界为逋逃薮，借端生事，无所不为，添出

无数交涉案件。日本与中国开战之时,令其公使布告各国曰:我与中国打仗,所争者朝鲜自主而已,非贪中国之土地也。日本如果不负初心,自可与中国将此约稿第二款并以下所指各款,酌量更改,成为一永远和好彼此援助之约,屹然为亚洲东方筑一长城,不受欧洲各国之狎侮。日本如不此之图,徒恃其一时兵力,任情需索,则中国臣民势必尝胆卧薪,力筹报复,东方两国,同室操戈,不相援助,适来外人之攘夺耳。三、兵费。此次战争,中国并非首先开衅之人,战端已开之后,中国亦并未侵占日本土地,论理似不当责令中国赔偿兵费。惟上年十月间,我政府因战争不息,美使愿出调停,有允偿兵费之说,原为息事安民起见。本年正月二十三日,又由日本电致美国驻扎北京公使声明,如所定数目公道,本大臣自当应允载入和约款内。惟据日本声称;此次战争,日本之意,在于欲令朝鲜自主,然中国于上年十月二十五日,业经声明愿认朝鲜自主。是纵使勒令中国赔偿兵费,亦只应算至中国声明愿认朝鲜自主之日而止,过此不应多索。且估定兵费数目,亦应酌量中国财力能否胜任,如中国财力实在短绌,一时勒令立约画押,后来不能如数赔偿,日本必责中国负约之罪,兵端必因而复起。现查日本所索兵费数目,必非中国现在财力能偿。如将内地赋税加增,百姓必至相率为乱。盖国家屈志求和,百姓已引为深耻,如复横征暴敛,贫民岂能相安?如将洋关之税加增,而现在未届修约之期,各国何能应允?且一时纵可修约,必待各国众谋佥同,方能开办,亦属缓不济急。至商借洋债一节,亦必以新关税款为质。查西历本年三月初一日江海关税务司报称:因借洋债,以为战饷……二十年之内,应由新关认还洋银七千七百零一万七千一百零三两。此系三月以前认还洋债之数目,三月以后中国所借洋债,尚不在此数之内。新关所收税金拉算每年约得关平银二千二百五十四万八千一百五十两。中间六成应拨归各省督抚,作本省公用。如借洋债,以偿日本,周年行息六厘半,连本带息,限二十年还清,必须关平银六百九十兆。如此巨款,岂中国所能赔偿?且和局已成以后,中国必须办理善后事宜,在在需款……故非请日本将拟索兵费之数,大大删减不可。且日本所索赔款,既名为兵费,似即指此次用兵之费而言,其迄今所费详细数目,未睹官中簿籍,虽非外人所能周知,然较之日本所索之数,恐不及其小半。……且日本此次用兵既已得胜,所得中国兵船军械军需,折价为数甚巨,自应从拟赔兵费中划出扣除。且限年赔费,复行计息,更属过重不公,亦难照办。本款既复以子母相权,中国财力有限,曷克胜此?尚望贵大臣详细思之。四、通商权利。此款专索通商权利,情节极为繁重,非一时所能遍加考察,以下所陈各节,只照现时所见及者而言,随后自应酌商增改。惟望贵大臣览此说帖,便知此款中国既有可以照准之处,亦即有必加更改之处,方能照准也。前此通商条约,一经开战,即作罢论,和局既成,自应另立新约。中国之意,亦愿以中国与各国现行条约章程作为底本,惟开端应将两国优待彼此相同一句叙入第一条。子口半税减作值百抽二,日本方与欧美各国条约,加增税则,岂有令中国将本来甚轻之税,再行减轻之理?至洋货一经进口,卖与华人之后,尚欲令其免纳一切税钞,此为各国公使久在北京历年要求而不得者,盖所谓并无公道故也。……自可将此条更改,只令洋货在洋商之手时,方行免厘,此系照最优待之国之约章办理,日本亦应足意。第四款所陈之事,无论是否公道,即以办事谨慎而言,亦未见其得计。……如洋商聚集内地太多,势将购地作为租界,岂非又添枝节?……洋商在中国改造土货,久有例禁,各国以此系中国自主之权,亦即听从。中国准洋商在华造土货,势必尽夺小民生计,于华商所设制造厂所,极有妨碍,国家自不能不出力保护。此事关系中国经久章程,各国公共之事,不能因一时战争遽行更改也。至日本臣民在华改造土货,运入内地,免完税课一节,于向例既有歧异,即属窒碍难行,如果中国以此等利益准予日本,各国皆援一体均沾之例,则华商之制造厂所,立即挤倒矣。第八款末云"但通商行船约章未经批准交换以前,日本国仍不撤回军队"等语,此款既不公道,又属过虑。既有第六款作保,即不必以不撤军队为词。

以上各节,系本大臣将贵大臣交来和约底稿细加察阅之意见,所限时日无多,伤病又未平复,今已力疾作复,如此直言无隐,似亦不能再求详密。至关系稍轻之款,并未逐细作复者,诚以四大端彼此意见如果相同,其小节细目,自可随时相商。本大臣尚有一言,效其忠告,惟贵大臣恕而听之。本大臣回溯服官中外,近五十年,现在自顾晚景无多,致君泽民之事,恐终于此次之和局。所以极盼约章一切妥善,毫无流弊,两国政府从此永固邦交,民生从此互相亲睦,以副本大臣无穷之愿望。今和局将次议成,两国民生后来数世之造化命运,皆在两国全权大臣掌握之中,故宜遵循天理,以近今各国大臣深谋远虑之心为师法,而保两国民人之利益福泽,方能克尽全权大臣之职分。日本现在国势已甚强盛,而人才众多,尤为方兴未艾。今日赔费数目,或多或少,今日思得兵力所到之地,以增幅员,或广或狭,皆属无关紧要。至今中日两国官民日后或永远和好,或永远雠仇,则有关于日本之国计民生者甚大,不可不深思而熟虑之也。本大臣为中国头等全权大臣,自能代中国决计,与日本全权大臣订一周密完善永远和睦之约章,俾将来嫌隙无从而生,衅端无从而起。如此和局订约者,不但不遭后人唾骂,亦且与有光荣。庶东方两大国百姓,日后永远和睦,彼此相安,福泽绵长,实基于此。望贵大臣熟思而图利之!

此说帖娓娓说理,如谓:"勒令中国照办,不但不能杜绝争端,且必令日后两国争端纷纷而起,两国子子孙孙,皆成仇敌,传之无穷矣。日本如果不负初心,自可与中国成一永远和好彼此援助之约,屹然为亚洲东方筑一长城,不受欧洲各国之狎侮。日本如不此之图,徒恃其一时兵力,任情需索,则中国臣民,势必尝胆卧薪,力筹报复,东方两国,同室操戈,适来外人之攘夺耳。"深识远虑,足以感愧古今,惜伊藤见不及此,其任情需索,直超出中国与英、法、俄各战役我所受损失之总和,利在一时,而贻害后世,不意罗刹人之窃笑于其旁也。

(四) 关于条款之谈判

伊藤、陆奥得鸿章之说帖后,伊藤谓:"非精确论辩,先使彼豁然悔悟,并醒觉其迷梦,则彼不能了解彼我之地位,将始终继续哀诉,徒延长谈判。又我不摘发彼方论据之谬误,或使局外第三者疑日本力虽胜而理屈矣。"陆奥则谓:"当初余与李经方商定媾和条约讨论顺序之方法时,曾约定论局限于事实问题,承诺或拒绝我提案或各条修正,是不过欲禁止如本说帖之类而已。今我对此泛然的概论,一开论驳之端,则彼亦有再三反驳之余地,往复争辩,竟成相与狂走之类。加之使对手不入本题,徬徨歧路,尤为中国外交家之惯技,故我宁追前约,主张对于我提案全体或各条论决事实问题。在我与其占论争之位置,不如占指命的位置为得策。"伊藤深韪其言,乃完全置理论于不顾,而惟追问条款之诺否。于三月十二日照会鸿章,请于和约底稿,或全案,或按条,可否之处,望即明复。鸿章电告总署,谓:若欲和议速成,赔款恐需过一万万,让地恐不止台、澎,惟求指示遵行。时清廷方以议和之事,议论不决,十二日,军机大臣等会商,大起争论。据翁同龢日记云:"余力言台不可弃,气已激昂。适封奏中亦有如此为言者,同官不谓然也。因大龃龉。既而力争于上前,余言恐从此失天下人心。彼则谓陪都重地,密迩京师,孰重孰轻,何待再计? 盖老谋深算蟠伏于合肥衔命时久矣。见起三刻,书房一刻,不觉流涕。再到直房,将稿删数十百余字,然已落彀中矣。余之不敏不明,真为愧死。同诸公散值,径诣恭王府,以稿呈阅,王亦无所可否,似已入两邸(指奕劻与世铎)之言,嫌余讦直也。"十三日,鸿章电达,廷臣于回电颇费斟酌。旋奉慈禧懿旨,谓:"两地皆不可弃,即撤使再战,亦不恤也。"是日总署复鸿章电,令先将让地应以一处为断,赔费应以万万为断,与之竭力申说,并与之商展停战日期。鸿章于十四日又电称:倭意仍逐日由广岛运兵出口,恐添兵赴台,将有南北并吞之志。旨饬让地以一处为断,极是正论,自应如此立言,不知将来能否办到。停战期迫,二十日后相机商展,若彼不愿议和,恐难多展耳。是日因将商改约稿节略,拟一说帖,大意朝鲜为特立自主之国,须中日两国公共认明。让地按欧洲向例,只有将兵力所已到者,酌量仍还本国,并无将兵力所未到者让与敌国之理。日本所拟请让奉天南部地方,内有辽阳州等处,与台湾全岛,皆日兵所未到者,未便请让。旅顺口、大连湾乃北京、渤海最要门户,应照法国俾路佛之例,让还中国。赔款及通商事项,与上次说帖略同。经方时已被任为钦差全权大臣,携此节略往晤伊藤。伊藤曰:“此次停战,由余力持乃允。各武员必欲分道直攻北京,再行和议。”经方曰:“我父子现在所处之地位,极为困难,乞加谅察。日本提案中之过半,能即确答,现在草就携来矣。然割地及赔款二问题,事甚重大,尚望面议。”伊藤曰:“中国使臣对我提案,应全体言明诺否,或逐条表示意见,今对我提案,一部分确答,一部分须面议,不能接受。赔款之额,中国使臣单根据新闻纸上之臆说,主张削减;又关于割地,欲保存奉天、台湾两者之一之修正,则吾侪不能承允。赔款虽能减轻少许,然决不能削减多额,割地则奉天、台湾均须割让。为避免他日之误解,故特言明。此外尚望中国使臣熟虑现今两国情形如何。即日本为战胜者,中国为战败者是也。曩者中国请和,日本应之,以至今日。若不幸此次谈判破裂,则我命令一下,七十艘之运送船,搭载大军,轴轳相接,直往战地。如此则北京之安危,有不忍言者。再深切言之,谈判破裂,中国全权大臣一去此地,能否再安然出入北京城门,亦属不能保证。是岂吾侪悠悠迁延会商时日之秋乎?故中国使臣关于我提案为大体诺否之确答前,即令几次面议,亦无何等利益。”经方经此严重恐吓,因曰:“俟归与家父商议,再行提出答案。但此答案万一有不满日本之意时,则希望不因此招日本全权大臣之怒,谈判不调,致九仞之功,亏于一篑。”盖伊藤已窥知李鸿章欲迁延应付,以规避自己专断之责,而北京政府又优柔寡断,诸事不得要领,故如此严重催迫,以促鸿章与清廷之决心。比经方归馆,鸿章知事机已迫,乃决另办节略,许割奉南之四厅州县及澎湖列岛,赔款一万万两。三月十六日,两国全权复会于春帆楼,作第四次谈判。伊藤提出一改定条款节略,赔款减至二万万两,割地亦稍有减让,故谈判完全集中此两点。鸿章再三要求减少赔款,及台湾、营口不能割让,伊藤毫不松口。李云:“中国请尔为首相何如?”伊云:“当奏皇上,甚愿前往。”李云:“奏如不允,尔不能去,尔当设身处地,将我为难光景,细为体谅。果照此数,写明约内,外国必知将借洋债,势必以重息要我,债不能借,款不能还,失信贵国,又将复战。何苦相逼太甚!”伊云:“借债还款,此乃中国之责。”李云:“不能还则如之何?”伊云:“已深知贵国情形为难,故减至此数,万难再减。”李云:“总请再减。”伊云:“无可减矣。”李云:“赔款还请再减五千万,台湾不能相让。”

伊云："如此，即当遣兵至台湾。"李云："我两国比邻不必如此决裂，总须和好。"伊云："赔款让地，犹债也，债还清，两国自然和好。"李云："索债太狠，虽和不诚。前送节略，实在句句出于至诚，而贵大臣怪我不应如此说法。"此次谈判，并无结果，伊藤面交之修正案，直似最后之条款而已。次日，伊藤果致函鸿章，谓此修正和约为尽头条款，中国对之，只有"诺"、"否"二字，请于四日内答复。鸿章复函谓日本提出议和条款后，仅经一次晤面，即行提出尽头条款，使中国使臣无陈明其国家意见之机会，仍请对割地赔款酌为减轻，并要求会商一次。三月十九日伊藤更复一函，将鸿章之言，全行抹倒，惟谓此次日本索款，实为尽头一着，无可再让，惟有"允"、"否"二字耳。其咄咄逼人之态度，殊令鸿章感觉难堪也。

（五）媾和条约之签订

鸿章经伊藤之催逼，于十七日电总理衙门，请旨应付。清廷令再与磋磨，为避免决裂，与以不待再商即行定约之权。十九日，鸿章连发三电，以情势紧急，非与订约不可。二十日，得清廷谕旨：如竟无可商改，即遵前旨与之定约。三月二十一日，中日全权会议于春帆楼，为最末一次之谈判。其问答节略，摘述如下：

> 李云：昨日我派经方至贵大臣处面谈各节，一一回告，贵大臣毫不放松，不肯稍让。伊云：我早已说明，已让到尽头地步，主意已定，万不能改，我亦甚为可惜。……李云：总请再让数千万，不必如此口紧。伊云：屡次说明，万万不能再让。李云：又要赔钱，又要割地，出手太狠，使我太过不去。伊云：此战后之约，非如平常交涉。李云：讲和即当彼此相让，尔办事太狠，材干太大。伊云：此非关办事之才，战后之款，不得不尔。如与中堂比才，万不能及。李云：赔款既不肯减，地可稍减乎？到底不能一毛不拔！伊云：两件皆不能稍减，屡次言明，此系尽头地步，不能少改。李云：我并非不定约，不过请略减，如能少减，即可定约。此亦贵大臣留别之情，将来回国，我可时常记及。伊云：所减之数，即为留别之情，昨已告伯行（经方字）星使，初约本

不愿改,因念中堂多年交情,故减万万。李云:如此口紧手辣,将来必当记及。伊云:我与中堂交情最深,故已多让。国人必将骂我,我可担肩,请于停战期前,速即定议,不然索款更多,此乃举国之意。李云:赔款既不肯少减,所出之息,当可免矣。伊云:日前会议说明,换约后一年内,两期各还五千万,又一年将余款一万万还清,息可全免。……伊令伊东写出英文,一俟换约后,一月内,两国各派大员,办理台湾交接。李云:一月之限过促,总署与我远隔,台湾不能深知情形,最好中国派台湾巡抚,与日本大员即在台湾议明交接章程,其时换约后两国和好,何事不可互商?伊云:一月足矣。李云:头绪纷繁,两月方宽,办事较妥,贵国何必急急?台湾已是口中之物。伊云:尚未下咽,饥甚!李云:两万万足可疗饥,约后尚须请旨派员,一月之期甚促。伊云:可写一月内奉旨派员云云。李云:不必写明奉旨。伊云:一月内可派员否?李云:月内即可派员,至交接一节,应听台湾巡抚随时酌定。伊云:当写明两月内交割清楚。……李云:威海卫留兵,日本究派多少?伊云:一万。李云:无处可住。伊云:将添盖一兵房。李云:刘公岛无余地。伊云:在威海卫口左近。我武官初意派二万驻盛京,二万驻威海。李云:款内"各费由中国支办"等语,可将此节删去。前英、法亦曾驻兵皆未偿费。伊云:驻兵偿费,乃欧洲通例。李云:既已割地,又赔兵费,而且加息,留兵之费,应在赔费内划出。伊云:赔费乃战事所用之费,留兵之费,又是一事。……伊云:定约之时与定约之地,是否即在烟台?期以二十日为限?李云:总须一月之内。伊云:此约谅可批准,万一不准,又将开衅,故愈速愈妙。李云:此约谅可不驳,但请放心。……伊云:一月究竟太远。李云:留兵赔费究竟可去否?伊云:不能。李云:无法?伊云:中国为难情形,无论如何,兵费总须各认一半。李云:二百万兵费太多,一百万各半,每年我净贴五十万,一应在内。……伊云:烟台甚近,如能准二十天,我即准贴费五十万,不然,必要一百万。李云:已讲明一月。伊云:太远。签约应从速,批准互换亦然。李云:转折甚多,总须请旨,每年贴费五十万,自换约之日起。伊云:如能允二十日。李云:写明一月,我可催及早互换。会议已久,当派参赞将约本校对清楚,后日签押。伊云:何不明日签押?李云:我回去请旨,换约日期可空起。中堂起席,伊又谆谆以二十日为请,方可允贴费五十万。中堂答以言定不必多议,而别。

三月二十三日,中日两国全权,签订媾和条约于马关春帆楼,计新约十一款,议订专条三款,另约三款,停战展期专条二款,大致如下:

马关新约第一款:中国认明朝鲜国确为完全无缺之独立自主,故凡有亏损独立自主体制,即如向中国所修贡献典礼等,嗣后全行废绝。

第二款:中国将管理下开地方之权,并将该地方所有堡垒、军器、工厂及一切属公物件,永远让与日本。

一、从鸭绿江口溯抵安平河口,又从该河口划至凤凰城、海城,及营口而止,画成折线以南地方,所有各城市邑,皆包括在划界线内。该线抵营口之辽河后,即顺流至海口止,彼此以河中心为分界。

二、台湾全岛及所有附属各岛屿。

三、澎湖列岛及东经百十九度至百二十度,北纬三十三度至二十四度之间诸岛屿。

第三款:本约批准互换之后,两国应各选派官员二名以上,为公同划界委员,就地踏勘,确定划界。

第四款:中国约将库平银二万万两,交与日本,作为赔偿军费。

第五款:限二年内,日本准中国让与地方人民迁居,退去界外,限满尚未迁徙者,视为日本臣民。

第六款:中日两国所有约章,因此次失和,自属废绝。其两国新订约章,应以中国与泰西各国现在约章为本。应准添设湖北省沙市、四川省重庆府、江苏省苏州府、浙江省杭州府为通商口岸。日本轮船得驶入各口,日本臣民得在中国通商口岸城邑,任便从事各项工艺制造。

第七款:日本军队现驻中国境内者,应于本约批准互换之后三个月内撤回。

第八款:中国为保明认真实行约内所订条款,听允日本军队暂行占守山东省威海卫。倘中国确定赔款抵押办法,日本可允撤回军队。否则未经交清末次赔款之前,日本应不允撤回军队。

第九款:两国应将所有俘虏,尽数交还。所有关涉日本军队之中国臣民,概予宽贷。

第十款:本约批准互换日起,应按兵息战。

第十一款:本约批准之后,定于光绪二十一年四月十四日,即明治二十八年五月初八日在烟台互换。

另约第一款:暂驻威海卫之日本军队,应不越一旅团之多,所有驻守需费,中国每年贴交四分之一,库平银五十万两。第二款:在威海卫口湾沿岸,约合中国四十里以内,为日本军队驻守之区。第三款:日本军队驻守地方,治理之务,仍归中国官员署理。但日本司令官为军队安宁,一经出示颁行,中国官员亦当遵守。停战展期专条,订续展至四月十四日为止,即条约批准允换之日也。签约之次日(二十四日),李鸿章等一行自马关登轮回津,船至大沽,派随员杨福同乘火车至天津,星夜赴京,赍送约本与总理衙门。鸿章至津,称病不入京,奏报签约之经过,有云:"伏维皇上灼知时局,许息战争,简畀微臣,任以专使,臣何暇为一身之计,以重君父之忧?惟是汉刘敬之赴朔北,当时本属从权;宋寇准之盟澶渊,同朝或以为辱。臣适当事机棘手之际,力争于骄悍不屈之廷,既不免毁伤残年之遗体,复不能稍戢强敌之贪心,中夜以思,愧悚交集。所最疚心者,赔款虽减,尚有二万万两,奉天迤南虽退出数处,而营口至金复一带不肯稍让,台湾兵争所未及,而彼垂涎已久,必欲强占。……臣昏耄,实无能为,深盼皇上振励于上,内外臣工,齐心协力,及早变法求才,自强克敌,天下幸甚!"时廷臣议论纷纷,俄、法、德已起而干涉,迟至四月初八日,始奉硃批曰:"依议。"盖清廷既不得不屈膝求和,又不能不稍顾舆论,处境亦良苦矣。

（六）阻和之议论与换约

《马关条约》既结，割地赔款，且许以商利，因之议论朋兴，争言和议之非。然在当时战既不能，和必屈辱，其无补于实际，亦为必然之事也。文廷式《闻尘偶记》云："马关约至，在廷皆知事在必行，余独以为公论不可不伸于天下。遂约戴少怀庶子（鸿慈）首先论之。都中多未见其约款，余录之，遍示同人。俄而御史争之，宗室贝勒公之在内廷行走者争之，上书房南书房之翰林争之。于是内阁总署及各部司员各具公疏，大臣中单疏者亦十数人。而各省公车会试京师者，亦联名具疏，请都察院代奏。都察院初难之，故迟迟不上。余乃劾都察院壅上听抑公议，上令廷寄问之。裕德徐郙始惧，不数日悉上。时和议几阻。上连召公载泽，侍郎汪鸣銮诸人，皆以为和若必行，亡将不远，上亦不能无动。无如中外之势已成，劫持之术愈固，事遂不可挽矣。"据此可知群臣交章论议，尤以公车会试之康祖诒（有为）等千余人联名上万言书，颇能哄动内外。举国汹汹，莫知所从，各省疆吏，亦连电力争。如署两江总督张之洞于三月二十六日电云："闻和议各条，不胜焦灼痛愤，倭寇狂悖至此……恐系大学士李伤重昏迷之际，李经方等冒昧应许。窃惟遣员议和，乃朝廷休兵息民之盛德，顾全大局之苦衷，洞虽愚昧，亦知仰体，断不敢为大言迂论，以渎宸听。所虑者，京城不能安，和议不能成，不论远患，先有近忧。伏望圣明，熟思深察，敕下王大臣等，迅速会议，设法补救，以候圣裁。但此时总须乞援，方易措手。惟有速向英、俄、德诸国恳切筹商，优与利益，订立密约，恳其实力相助，问其所欲，许以重酬，绝不吝惜。无论英、俄、德酬谢若何，去中国较远，总较倭患为轻。此时先恳各国公同告倭，令其停战，以便从容议办，尤为紧要。"之洞所陈乞外援之主张，在当时则缓不济急，在以后则几肇瓜分之祸，此种外交路线，始终为清廷及疆吏所执持者，又不仅李鸿章为然也。李对伊藤云："如此口紧手辣，将来必当记及。"报复之念，形诸辞令，殊不知已隐种祸根矣。四月一日，之洞再电阻和废约，仍以赂英、俄，乞强援为言，后日清廷用此办法，俄虽干涉还辽，而自据之，列强纷纷效尤，国几不国，可见己德不竞，而惟假人力以泄愤，此取辱之道耳。何有于利？宋庆电称：敌忾之士，誓不共戴，愿与天下精兵，舍身报国，成败利钝，所不敢计。清廷因议论纷歧,旨令在山海关督师之刘坤一,及署直隶总督王文韶决和战之策,不得以游移两可之辞,敷衍塞责。二人在唐山会商后,意见略同。复奏有“必可一战,亦各有可用之将,究竟是否可靠,臣实不敢臆断”之语,固仍是游移两可之辞也。文韶文人,代理鸿章事,无关轻重。坤一为以军功出身之湘军将领,据《闻尘偶记》云:“坤一驻山海关,一日,讹言倭兵至,坤一惧而三徙,其怯谬如此。举国望湘军若岁,至是乃知其不足恃。”又云:“刘坤一治兵既无效,而营求回任之心至亟。内则恭亲王及荣禄主之,然上意殊不谓然也。乃遣江苏候补道丁葆元入都,粮台以报销余款十万继之,遂得要领。余告李高阳(鸿藻),高阳以为事所必无。不数日而回任之旨下,高阳又谓余曰:‘汝前所言之事,乃真实语也。丁者何名?信有神通邪?’”盖其时荣禄方为步军统领,参军事,又为慈禧私眷之人(野史言荣禄为慈禧情夫,辛酉政变时,以侍卫保护之甚力),与李莲英交通,坤一方赂荣以求回任,其所谓持久之战者,宁非欺人之谈?故《清史稿》本传谓:“坤一以身任军事,仍主战,而不坚执。”翁同龢日记云:“刘虽电复可战,而同列颇摘其一二活字,谓非真有把握也。”殆属实情。至御史易顺鼎所陈迁守二策,谓:“李鸿章为虎作伥,教猱升木,其子李经方所纳外妇,即倭主睦仁之甥女,其奸诈险薄,诚不减蔡京之有蔡攸,严嵩之有严世蕃,假使凭依城社,窃据要津,张邦昌、刘豫之事,不难立见。……以权奸为丑虏内助,而始有用夏变夷之阶,以丑虏为权奸外援,而始有化家为国之渐。俱成头角,各长羽毛,腐木虫生,履霜冰至。微臣悲江河之日下,痛沧海之横流,所为涕泗泛澜而不能自已者也。虽然李鸿章敢于犯天下之不韪,欺朝廷以其方者,窥见皇太后、皇上畏倭之心,而后借词保京,反自托为忠爱之忱,以巧随其奸欺之诈也。在李鸿章固以为舍己别无他人,舍此别无他策,微臣不揣冒昧,窃于此策之外,为朝廷敬画二策焉。海业大开,形势久异,千金之子,坐不垂堂,以此而迁,又何所讳?宅中建极,莫若太原五台,若当日早定大计,则此时八方风雨,三晋云山,业已高屋建瓴,神京巩石。砥方隅而镜寰海,砺泰山而带黄河,何至廑宵旰之焦劳,患畿疆之危逼哉?然投鼠忌器,此后方多,则亡羊补牢,及今未晚。与其以二万万资盗赍粮而利在海外,何如以二万万营都充帑而利在中国。此微臣所画一策曰迁者是也。又揣朝廷畏倭之心,不过以犯京师为虑,不知倭力果能犯京,何待今日?我军未必尽属疲聋,岂竟任其飞入京师而毫无闻见耶?微臣逆料,倭人必不能犯京,其故有四:一曰倭人不能攻坚,我所失之地。皆瑕也,非坚也。畿辅为我最坚之地,而彼敢轻于尝试乎?一曰倭人不能持久。越国图远,縻饷劳师,多一日则多一日之粮,少一兵则少一兵之用。倭至今日,黔驴之技已穷,骑虎之势难下,左支右绌,外强中干久矣。夫以中国地大物博,尚以旷日持久为忧,蕞尔之倭,更何能堪?一曰倭人不能疾驱。考倭之军制,皆效德国,陆操步伍整齐纪律严肃,诚有足多;而辎装繁重,行走甚迟,以之持重则有余,以之疾驱则不足。视中国之卷甲衔枚,一日夜可行二三百里者,实有长短优劣之殊。一曰倭人不能深入,夫以无援之军,不继之饷,而入最深之地,犯极厚之兵,是必有进无退,有死无生而后可。倭人固未能出此,如其出此,则必用全力掷孤注,行险徼幸。而自津至通,一线长途,两旁皆水,沿途一带,皆有重兵,程文炳、董福祥可以抵御于前,聂士成、曹克忠可以合围于左右,刘坤一率领诸将可以追蹑于后,彼非深入送死而何?倭人情见势绌,渐成弩末,我即不与之战,而但与之坚持,再阅数时,彼力断难支久。然后再言和议,自必易于转圜。此又微臣所画一策曰守者是也。总之以迁为战之地,能迁则不战而已可屈人之兵;以守为战之地,能守则不战而已可制人之命。或迁或守,而不失为中策,赔款割地,非仅下策,而实无策。伏查光绪六年,崇厚使俄,与俄国定约画押,让地一二百里,经廷臣交章论劾,立将崇厚拿交刑部治罪,约虽画押,仍行更改。俄人终亦降心俯首,就我范围。今昔相衡,以敌言,则俄更强大于倭;以事言,则让地尚非割地,边地尚非内地,一二百里之地尚非一二千里之地。是李鸿章之罪,尚为崇厚所无。惟有仰恳天威独断,将李鸿章拿交刑部治罪,并撤回李经方,革职严办。一面饬王文韶、刘坤一妥备战守,如战而不胜,赔款割地,尚为未迟。如其或迁或守,而致贻误大局,请先诛微臣,以谢天下。"此种书生空论,固不能启清廷之信心,虽三国干涉之端已开,台民亦号泣反对,而换约之期已迫。总署托美使田贝要求展缓十数日。伊藤拒之,并电鸿章称:互换之后,亦可商改。清廷乃派伍廷芳、联芳为换约大臣,同往烟台。日本亦派伊东美久治(内阁书记官长)为换约大官,四月十三日到烟台,不肯登岸。卒于十四日晚,十点钟换毕。中日战争,于焉告终。翁同龢记和约批准之经过云:“四月初二日,传懿旨:和战重大,两者皆有弊,不能断,令枢臣会商一策以闻。三国无回信,而言者益多,劝成者益促,噫!难矣!”初四日:“上以和约事不能决,天颜憔悴。书斋所论,大抵皆极为难,臣恨不能碎首以报。”初五日:“闻东朝(慈禧)犹持前说,而指有所归。”初八日:“上意幡然有批准之谕。书斋入侍,君臣相顾挥涕,此何景象耶?”十二日:“见许电,倭复俄,允还辽。余创议将换约展期。孙(毓汶)、徐(用仪)不可,至于攘袂。”十四日:“覆水难收,聚铁铸错,穷天地不塞此恨矣。”四月十七日,清廷宣示批准和约之苦衷曰:

> 近自和约定议,廷臣交章论奏,谓地不可弃,费不可偿,仍行废约决战,以冀维系人心,支撑危局。其言固出于忠愤,而于朕办理此事熟筹审处万不得已之苦衷,有未深悉者。自去岁仓猝开衅,征兵调饷,不遗余力,而将非宿选,兵非素练,纷纷召集,不殊乌合,以致水陆交绥,战无一胜。近日关内外事情更迫,北则近逼辽沈,南则直犯畿疆,皆意中事。沈阳为陵寝重地,京师则宗社攸关,况二十年来,慈闱颐养,备极尊崇,设使徒御有惊,藐躬何堪自问?加以天心示警,海啸成灾,沿海防营,多被冲没,战守更难措手。是用宵旰徬徨,临朝痛哭,将一和一战,两害兼权,而后幡然定计。其万分为难情事,言者章奏所未及详,而天下臣民皆当共谅者也。兹批准和约,特将先后办理缘由,明白宣示。嗣后我君臣上下惟期坚苦一心,痛除积弊,于练兵筹饷两大端,实力研求,亟筹兴革,毋萌懈志,毋骛虚名,毋忽远图,毋沿积习,务宜事事核实,力戒具文,以收自强之效,于内外诸臣,实有厚望焉!钦此。

九十五 台湾之割让

(一) 战事期中之台防

光绪十一年中法和议成后,始建台湾行省,升淡水厅为台北府,设巡抚驻焉。经营铁路商轮，屯垦开矿，菁华咸萃于台北，以基隆、沪尾为台北门户。基隆澳设炮台四：曰社寮、顶石角、小基隆、仙人洞。又筑陆路炮台于狮球岭，以扼基隆、台北之冲。沪尾炮台二：曰沪尾，曰关渡。基隆值省会东北，山海倚依，最据形势，商轮矿务诸局在焉。铁道六十里达省会，山岭复沓，回环拱卫。沪尾值省会北稍西四十里，内港直达台北，缘港皆坦途无阻隘。循沪尾稍西而南，为新竹，为台中，再南为台南，沿海港口纷歧，不可枚举。惟台南府之安平口（即鹿耳门），有炮台三，再南打狗港有炮台一，打狗港北岸之旗后有炮台一。建省之始，经营缔造，巡抚刘铭传之功居多。铭传宿将，所部淮军从驻台者四十余营。光绪十六年铭传乞病归，邵友濂继之，屡遣撤，存者仅二十余营。甲午衅起，海疆戒严，台湾悬峙海外，为东南洋屏蔽。清廷命福建水师提督杨岐珍、广东南澳镇总兵刘永福率师驻守。友濂又调南洋之南琛、威靖两兵轮往护海面，六月十二日抵台。七月永福率广、勇两营至台北，增募六营，成八营，仍称黑旗。中法之战，永福起于越南，以黑旗兵屡挫法军，唐景崧独身走越南招之。景崧以法越罢战后，由吏部主事授台湾道，旋擢藩司。八月，岐珍统所部十营亦至，兵稍集，乃令提督张兆连率十三营守基隆，以扼三炮台。台绅林朝栋统台勇十营守狮球岭，管狮球岭炮台。提督李本清统所部七营守沪尾。本清原驻中路新竹，而知府朱上泮驻沪尾，至是移上泮守中路。未几，本清与藩司唐景崧交恶，本清求去，乃以提督綦高会守沪尾。旋又以提督廖得胜代之。两月之间，沪尾凡三易将。又改令朱上泮往澎湖，偕总兵周镇邦率练勇八营驻守。而以台绅主事邱逢甲率土勇守彰化。新竹兵冗将新，人和、地利皆失固，窳敝不任战。友濂旋闻援韩诸将败溃入边，虑兵祸将及台湾，大惧，徘徊思去，密求枢府内调。十月调湖南巡抚，以藩司唐景崧署理台抚。景崧电调刑部主事俞明震、副将陈季同，礼部主事李秉瑞，亦至台求自效。三人先后至。二十一年正月，景崧令副将黄义德、督弁目吴国华挈银二十万两内渡，至广东募勇，义德粤人，吴国华本粤海盗，知县唐镜沅介诸景崧，谓其大侠知兵，景崧昵之。二月，广勇陆续至，喧扰无纪律，不可统驭，台湾兵事益坏。景崧与永福共事粤西后，积不相能，至是移永福军于台南，会同台南镇总兵万国本守南路，景崧自任守台北，自张兆连一军外,专倚广勇。令知县胡友胜统之守狮球岭,而移林朝栋守中路彰化。二月二十七日,日本兵船攻澎湖,妈祖宫炮台击之,伤其两艘,盖日兵将于澎湖之文良港登岸,而先攻妈祖宫炮台,以牵缀我师。统领知府朱上泮等不察,乃电台湾告捷,景崧立保上泮道员,并以银二万两犒师。是日澎湖兵弁方争赏银,日兵已从文良港登岸,我兵不能支。二十八日,澎湖至台湾电线断,二十九日,日兵遂入澎湖城。澎湖既失,台势益孤,而粤、闽、苏、浙海道中梗,于是中国凡购外洋军械,尽截于日,委输将断,台湾益孤悬矣。三月,更有李文奎之变。李文奎者,原直隶保定游匪,从淮军渡台,得保外委,充抚辕亲兵。时副将方良元为武巡捕,文奎犯禁令,责革,乃转事中军副将黄义德,充什长。是岁正月,义德募勇往广东,以良元署中军副将,文奎又以事责革去,遂思乱。其徒党布城中及抚署内外,三月二十八日,景崧之婿余姓者内渡,令勇丁舁其装出抚署,将入船,文奎率党十余人,持刀劫于道,勇丁逃。文奎令其党安置掠物于关帝庙,而自追勇丁,直入抚署门,方良元自出喝曰:“汝欲反耶?”文奎径砍其头,良元抱头反奔,入门踣毙。中军护勇时屯署内,将应文奎,争出棚放排枪,盖以为号也。景崧闻变不知颠末,先遣差官出询,甫及仪门,中刃而返。文奎徒党将入杀景崧,适景崧盛服出,其徒猝见巡抚,矜持手不能下,谬请安侍立云:“无事无事!”景崧奖以有胆,命出为周旋。台湾知府管元善闻变,奔告杨岐珍,岐珍率一营至,喝开抚署门,与乱党对施枪炮,死者十余人。先是景崧闻文奎徒党众,将令充营官以安之,令募缉捕一营,至是卒用文奎,命屯基隆,而方良元之死,仅以一捕贼告示了之。于是将领离心,兵浸骄不可约束矣。

(二)运动各国之援助

马关谈判既开,割台之说,喧腾中外,台民忧愤,省吏谏阻。迨条约签押,事已定局,景崧电称:割台臣不敢奉诏,且王灵已去,万民愤骇,势不可遏,奸民并乘此为乱,朝廷已弃之地,臣无可抚驭,无可约束。倭人到台,台民抗战,臣亦不能止。我可急挽英、俄为同盟,许其保辽、保台,即以赔倭之款与英、俄,或请各国从公剖断,不可专从李鸿章办法。三月二十五日总署电告割台系万不得已之举，台湾虽重，比之京师，则台湾为轻。又台湾孤悬海外，终久不能据守，请出示晓谕云云。景崧以此等非常之变，告示一出，乱民立起，且百余防营，不裁何待？一裁则人皆无王法可畏，岂能以空言解之？外间已汹汹欲变，抚之不可，剿之不能。泣求于无可如何之中，饬挽各国从公剖断。与其径割与倭，不如与英、俄密商，许以重利，较可从容办理。是日总署电示传播，无一语抚衃，台民不服，男妇拥入抚署，哭声震天，二百年文物之邦，忽沦化外，迁徙谈何容易？其惨自不待言！次日，即鸣锣罢市。适英领事金璋来抚署，绅民环请设法，拟以台归英保护。将煤金两矿，并茶、脑、磺各税酬之，恳其转达公使。景崧屡电称：臣诚不知所措，恐为军民截留，无死所矣。四月初一日，景崧又电告台中之群情汹涌，请诸国公议，派兵轮相助，务求废约。及闻俄、德、法三国出阻批约，人心稍定，欢声雷动。旋知阻割辽西，未阻割台，又建议以全台界各国为租界，各认地段开矿，我收其税，彼利益均沾，仿烟台、上海之例。清廷对唐景崧电请废约再战，及要求各国公议之事，均难置复，惟汪鸣銮谓浼英设法，当可转圜。因电两江总督张之洞请连衔会奏，并速请驻英公使龚照瑗径达英外部。之洞复电云：

> 江两电悉，深为焦灼，欲恳英保台，商龚无益。仆自正二月迭电奏并商龚，拟将台押与英国，恳其派轮保卫。电旨已允，而龚复云：英外部守局外，如英商愿押台，英廷亦不阻。复电龚询英公司，屡催不复。龚与合肥（指李鸿章）亲厚，断不肯翻和局。惟有电奏请旨设法，然断不可与仆联衔，因仆素为要人深恶，半年来筹划战守之电奏太多，嫉恶尤甚，事事为难。仆三次电奏，力阻和议，第一次被合肥奏驳，第二、第三奏尚无消息。若联贱名，必谓全由仆主使，万难望成。请公速自行电奏，历陈台民万不愿归倭，即日必致大乱。前日台民攻抚署，戕中军，劫官吏，留军火，及台民自恳英领事，电英使外部，愿将金、煤、茶、磺各利许英各节，均痛陈，或可冀朝廷垂恩闵念，设法商英。发电后请将电奏全文转敝处，仆当再为电奏，力助之。再仆第三奏因王使之春在法托人商外部，据复云：俄阻辽东，法愿阻台，劝中国

缓批准,但切嘱密秘等语。即照此奏,不知能行否?务望密之!时局至此,将来中国祸变,实难逆料。……洞支。(四日)

据此电可知商英不成,又由王之春在法接洽,而法颇有意阻割台湾。张之洞、唐景崧均电王请与法商保台事,王之春于初八日电之洞云:

连日商法外部,答公已奉旨,始允议。昨唐中丞电到,又往恳,伊云:倭已有怵,阳许减约,阴耸李(鸿章)入京逼批。以机不可缓,言次遂发电,调兵轮,分布基隆、沪尾,限日到。请唐若法提督就商,万勿疑贰。法并约西班牙协助,另电诘倭。德本勉从,英私诈。前台电求英,置之不理,淡水英领事须防,纵令批准,法作不算等语。乞转唐,现属外部勿告龚(照瑗),我亦宜缓奏,防李(鸿章)阻。惟龚因递国书来此,甚疑忌,客难处。傥消息通李,逼离欧洲,谋恐中断,乞荩筹。春叩齐。

时之春赴欧,路过巴黎,便道商洽台事,而与驻英、法公使龚照瑗互相疑忌。之洞得电,即转告总署,旨令照瑗回英,着参赞庆常帮同之春办理。法以两使事权不一,不愿再议台事。据之春十六日电告张之洞,谓:“台事屡奉旨催复,不料龚来巴后,春与外部消息阻绝,至今屡次照会,不复。庆言反复,未敢遽奏,徒深焦灼。旨令龚回英,逾四日无行意。此事首重神速,法既允许,当先定约稿请旨,龚、庆匿不令知,故电台展缓。洎谕旨屡颁,复辗转宕延,直待换约而止,可为痛哭。春驻此无益,乞婉陈召归。”十七日,法驻北京公使施阿兰至总理衙门,谓:前外部与庆常商及保护,因恐日不听劝,北路或有战事,法欲以台湾驻兵,今已允让辽东,与前情不同。中国既将台湾许与日本,自不便再想别法,致启衅端,本国亦不便出而干预,此事可作罢论。中国本有驻法使臣,王大人(之春)路过法都,若久留不去,令人生疑。设台湾之事稍有漏泄,于中国甚为危险,应令王大人即行回国,为要。观此可知法虽初有阻台之议,嗣以日允还辽,不便再行启齿。中国虽尚冀意外之助,如十九日唐景崧电云:“有德人来说,中德交情最厚,向无微嫌,台事曾请英、俄设法,独未及德。因此德领事亦以为应有电旨饬许星使(景澄)向德外部商请阻割台湾。并由总署向德使筹商。"无奈各国已不愿再行多事矣。

(三)昙花一现之民主

当割台势已不免之时,台湾有宣布自立为民主国之一幕,虽瞬即消逝,然颇足表现我中华民族之精神,尚胜于不战而亡也。三月杪,工部主事邱逢甲率全台绅民上呈台抚唐景崧反对割台,愿与抚臣誓死守御。并决留景崧及刘永福守台,为民作主,永福亦慷慨自任。四月二十一日,全台绅民电禀总理衙门、南北洋大臣、闽台官宪文曰:

> 台湾属倭,万姓不服,迭请唐抚院代奏下情,而事难挽回,如赤子之失父母,悲惨曷极!伏查台湾为朝廷弃地,百姓无依,惟有死守,据为岛国,遥戴皇灵,为南洋屏蔽。惟须有人统率,众议坚留唐抚台,仍理台事,并请刘镇永福镇守台南。一面恳请各国查照割地绅民不服公法,从公剖断,台湾应作何处置,再送唐抚入京,刘镇回任。台民此举,无非恋戴皇清,图固守以待转机,情急万紧,伏乞代奏。

二十二日景崧电总署以闻,谓至台能守与否,亦惟尽人力,以待转机,此乃台民不服属倭,权能自主,其拒倭与中国无涉。恳商倭外部,彼员从缓来台,则台与倭尚可从容与议,若即以武力相临,不过兵连祸结,彼断难驯致全台。是日,清廷以台湾绅民死守情形,电告李鸿章,令问伊藤如何。二十四日鸿章据伊藤复电,谓:桦山资纪(日本所派之台湾总督)已起程赴台接收,应先行电知唐抚筹备。清廷知无可挽回,于二十六日,电旨唐景崧着即开缺,来京陛见。台省大小文武各员,并着饬令陆续内渡。台民闻讯,知事已绝望,乃决自立为民主之国,于五月初二日,蜂拥集于抚署,上台湾民主国总统印绶暨蓝地黄虎国旗于景崧。景崧朝服出,望阙九叩首,谢罪,北面受任,大哭而入。即抚署为总统府,乃宣告自主焉。改布政使署曰内务部,以俞明震为内务大臣;筹防部曰外务部,以陈季同为外务大臣;别设军部,以李秉瑞为军务大臣,邱逢甲为义军统领。开议院,集绅士为议员,众举林维源为议长,辞不就,唯拔贡陈云林等数人就职。景崧电奏,谓倭人不日到台,台民必拒,若炮台仍用龙旗开仗,恐为倭人借口,牵涉中国,不得已允暂视事。嗣后台湾总统,均由民举,遵奉正朔,遥作屏藩,俟事稍定,臣能脱身,即奔赴宫门,席藁请罪。出示晓谕台民,改年号曰“永清”,示不忘本也。台民为檄布告中外曰:

> 窃我台湾隶大清版图二百余年,近改行省,风会大开,俨然雄峙东南矣。乃上年日本肇衅,遂至失和,朝廷保兵恤民,遣使行成,日本要索台湾,竟有割台之款。事出意外,闻信之日,绅民愤恨,哭声震天。虽经唐抚帅电奏迭争,并请代台绅民两次电奏,恳求改约,内外臣工,俱抱不平,争者甚众,无如势难挽回。绅民复乞援于英国,英泥局外之例,置之不理。又求唐抚帅电奏,恳由总理各国事务衙门商请俄、法、德三大国,并阻割台,均无成议。呜呼惨矣!查全台前后山二千余里,生灵千万,打牲防番,家有火器,敢战之士,一呼百万。又有防军四万人,岂甘俯首事仇?今已无天可吁,无人肯援,台民惟有自主,推拥贤者,权摄台政。事平之后,当再请命中朝,作何办理。倘日本具有天良,不忍相强,台民亦愿全和局,与以利益。惟台湾土地政令非他人所能干预,设以干戈从事,台民惟集万众御之。愿人人战死而失台,决不愿拱手而让台。所愿奇才异能,奋袂东渡,佐创世界,共立勋名。至于饷银军械,目前尽可支持,将来不能不借资内地。不日即在上海、广州及南洋一带埠头,开设公司,订立章程,广筹集款。台民不幸至此,谅必慨为佽助,泄敷天之恨,救孤岛之危。并再布告海外各国,如有认台湾自主,公同卫助,所有台湾金矿、煤矿以及可垦田、可建屋之地,一概租与开辟,均沾利益。考公法让地为绅士不允,其约遂废,海邦有案可援。如各国仗义公断,能以台湾归还中国,台民亦愿以台湾所有利益报之。台民皆籍闽、粤,凡闽、粤在外洋者,均望垂念乡谊,富者挟赀渡台,台能庇之,绝不欺凌;贫者歇业渡台,既可谋生,兼同泄忿。此非台民无理倔强,实因未战而割全省,为中外

千古未有之奇变。台民欲尽弃田里,则内渡后无家可归,欲隐忍偷生,实无颜以对天下。因此槌胸泣血,万众一心,誓同死守。倘中国豪杰及海外各国能哀怜之,慨然相助,此则全台百万生灵所痛哭待命者也。特此布告中外知之。

此五月初二日之事,五月初五日日本兵轮二十九艘游弋台北海面,复分泊各海口外。初六日日人勾结汉奸由澳底登岸。十一日狮球岭破,十二日,台北逃走一空,景崧出亡。此昙花一现之民主国,其寿命仅十日耳(俞明震有《台湾八日记》,系五月五日至十二日,叙抗日及逃亡事。日军陷台北,在十四日,距民主国之建立,亦不过十二日。《清史稿》谓景崧立国仅七日,殊不符)。

(四) 台湾之交割与台北之亡

台民既宣告自主,台湾之交割问题,乃成为一种形式上之仪节。清廷以台民不服,旨令李鸿章与伊藤筹商缓交,伊藤谓中国政府只须将治理台湾之事并公家产业,照约派大员交与日本所委派之台湾总督桦山资纪。了结地方变乱之法,勿庸两国会议。其意即指可由桦山负责矣。清廷势逼处此,因于四月二十四日派李经方前往台湾交割。盖刑科给事中谢隽杭奏请派李鸿章父子赴台交割,欲以羞之也。经方辞以病,二十六日奉旨:"李经方前派为全权大臣,回津后尚未复命,何以遽行回南?现在日使将次到台,仍着李经方迅速前往,毋许畏难辞避。傥因迟延贻误,惟李经方是问,李鸿章亦不得辞其咎也。钦此。"时都中清议,极对李鸿章父子不满,鸿章既奉严旨催迫,不得不令经方力疾前往。五月初九日,经方抵淡水,日舰千代田候于口外,赍有桦山书云:因淡水放枪要击,无由进口,请乘该兵船来基隆相会。初十日,经方与桦山会于基隆口外之三雕澳。桦山初尚刁难,欲俟到台北再交。经方谓:民变非一日可平,应和衷商办。桦山见经方病状颠连,如久留于此,万有不测,实属疚心。因照和约草一交接文据,由两国全权画押,囫囵交割,即为了结此事。此后台湾变乱,与中国无涉矣。日兵抵台,凡可登岸之处,皆有日轮,故作疑兵,以缀我师。其主力由澳底登岸,澳底本驻有杨岐珍之防营,初三日,岐珍奉旨撤兵内渡,台湾兵备益单。曾喜照以新募土勇两营守之,成军甫三日,遇敌不战而溃。澳底西去基隆五十里,路崎岖,中隔三貂岭,最险峻。过岭分大小两道:大道通瑞芳,达基隆;小道则通吴朱埕、暖暖街、达八堵,已绕及狮球岭后,此由澳底西行山道。若循海岸行,则过庚子寮,逾九芬山,即抵社寮炮台。于时日兵登岸,才二千人,若以兵严扼三貂岭,直可聚而歼之。自杨岐珍军去后,三貂无一兵,瑞芳、九芬亦单薄,不足当大敌。日人循山路进,初七日,前锋已过三貂岭,住梁绅家。景崧闻日兵登岸,令吴国华率广勇七百人往守三貂岭。国华新自广东来,仓卒部署,始率四百人先行,初八日到小楚坑,遇日探兵,遽搏战,团勇夹击,日兵反奔,国华追之,乡民拍手欢呼。时景崧复派营官胡连胜、陈国柱、陈柱波、包干臣等各率广勇数百人赴前敌助战,均号统领,无所系属,兵事益不可为。营务处督办俞明震请景崧自出督师,景崧派明震往,驻基隆张兆连大营。明震檄包干臣率三百人往助国华,至则日兵已遁,不继国华追蹑,而与团勇争日酋首级,大哗。包缚团勇,指为汉奸,将杀之。国华追日兵已至岭巅,因雨待棚帐,尚未驻营,闻报,知干臣将持首级夺其功,大忌,撤队驰下岭。干臣立桥上望见,藏首级竹簏中,遽拔队回。国华尾其后,俱还基隆,遂弃三貂岭不守。干臣竟以大捷闻,景崧及省会官绅毕贺。明震愤极,电禀景崧,如今夜瑞芳失守,非斩包、吴无以谢百姓。又请景崧自驻狮球岭调度。初九日凌晨,日兵冒雨登三貂岭,于是基隆东道藩篱尽撤。景崧令前敌分三路进,图复三貂岭:一由大路从瑞芳过小楚坑为正兵,专责国华;一由暖暖街小路至吴朱埕,绕出三貂岭之左为奇兵,专责游击杨连珍;一由海边社寮炮台度九芬山直达澳底,截其归路,专责分统李文忠。期以申初会基隆齐进。讵我军未集,日兵已分两队踔至,一扑九芬,一直抵瑞芳,别队扼吴朱埕北,防我军包抄。九芬近海岸,且兵单,敌移快炮登岸猛击。战移时,营哨官死四人,九芬遂陷。明震率亲兵六十人赴瑞芳督战,令广东守备刘燕率炮勇三十人,督格林炮五架,扼西面土山。瑞芳四面皆山,形如锅底,前夕大雨,适国华率营至,耽安逸,未筑垒,入住金砂局,敌至始出,逼于地势,拥遏不成列。而日兵列队东面高山上,每队八人,甚严整,距三貂岭四里。敌先驱汉奸千余人下岭扼九芎桥。我军遽开枪，敌伏不动，相持一时许，始大呼过桥，山顶日兵，乃发炮掩护。枪弹及金砂局，伤数人，有逃者，明震斩三人以徇。飞书告国华："今日之战，关全台存亡，诸公退后一步，弟必开枪轰击。若弟先回大营，不与诸公同死者，愿斩首以谢。"时已昏黑，国华率队进争九芎桥。奸民埋伏溪涧旁，俟国华至突起截击，死伤二十余人，各军哗溃，大奔不能止。敌乘势薄瑞芳街口。刘燕发炮下击，敌死十余人，复退去。是夜大雨，国华弃瑞芳不守，竟拔队回基隆。日人亦疑畏未至。四更张兆连率护卫营冒雨至瑞芳，告明震言，愿亲打冲锋，拼死一战。二人相与泣下。初十日天明，待吴国华、胡连胜营至，兆连立九芎桥，吹角列队。日军督汉奸三四百人来攻，每十二人由两倭兵持刀督其后，我枪炮并轰，敌颇伤亡，稍退。兆连率队冲入，国华兵不接应，日军自山顶驰下，断九芎桥归路，围裹数重，枪炮凶猛。兆连被围，右腿被枪子穿过，亲兵死亡略尽。陈得胜率八十人，曾喜照率三十余人，涉溪涧冒死入救，一卒负兆连潜行溪水中得脱。得胜战死，喜照受伤，归路阻绝，裹创至庚子寮李文忠营。是时瑞芳虽败，而庚子寮、吴朱埕（杨连珍扼守）诸隘尚未失也。明震欲扼桥为兆连声援，营官黄义光有难色，旋称奉令撤回。十一日，日军分两路专攻瑞芳西面土山，枪炮如急雨怒潮，炮勇死八人，重伤四人，炮管太热不能放，仅凭土壕用步枪抵拒。明震受伤抬送狮球岭，瑞芳遂陷。时各军均溃，敌尚疑有伏兵，未敢竟抵基隆。初甲申中法之役，台绅林朝栋驻狮球岭，拒法兵不得前，积功洊保道员，所部土勇皆劲卒，且训练有法，颇负时望。景崧用广勇，而广勇、土勇积不相能，睚眦寻衅，因移朝栋守中路，以胡友胜统广勇四营守狮球岭，广勇素无纪律，友胜非将材，又怯战，明震调援瑞芳，竟出怨言，欲斩之，刘燕为乞免。岭防为省会关键，于是台北绅民及英人提理皆言速移朝栋扼狮球岭，以守为战，事犹可为。明震命移基隆电报局设八堵，自偕基隆同知方祖荫赴台北告景崧。景崧一见，即言大事已去，奈何？明震出绅士公禀且请景崧驻八堵，为死守计。景崧言向午闻败，即令黄翼德率护卫营往扎八堵矣。翼德旋驰回，诡言狮球岭已失，大雨不能驻营，且敌悬六十万金购总统头，故趁火车急归，防内乱。明震斥其欺罔，景崧不敢诘，但请明震自为计。是夜翼德部勇索饷大哗,幸守藩库勇甚安静。十二日黎明,日军登狮球岭,广勇溃退。明震偕方越亭、熊瑞图入见景崧,力劝退守新竹,就林朝栋、刘永福图再举。左右均怒目视。景崧嬖人吴觐庭手枪拟瑞图曰:“大人五天不睡,诸君亦宜歇息,谁多言者,手枪击之。”景崧默然。觐庭夜将电线斫断,不得前敌消息,溃兵入城,城中大乱,积尸遍地,哭声震耳。是晚,景崧微服出亡,奔沪尾,乘德商轮船逃。明震亦雇小船径渡沪尾,上驾时轮船。城中散勇游匪,沿途劫掠,藩库犹存银二十四万,劫夺互斗,库中积尸四百余。十三日林朝栋率所部至,无可弹压,仍回台中。日军未得虚实,尚回翔未进。德商毕底兰、鹿港人辜显荣以状驰告日军,请速派兵来定乱。十五日,日兵始来收城,台北亡。

(五)台南之败亡

甲午后,南澳镇总兵刘永福以帮办台湾军务渡台,乙未正月,唐景崧移永福于台南,专防南路,驻营三碗厝,旋移凤山县属之旗后。四月和议成,割弃台湾。五月中旬,日军陷台北,景崧遁。军储与矿产诸大利,遂举为日有。台南僻处一隅,且海道绝,饷源已涸,不足以守。于是镇道以下各官及台绅林朝栋、邱逢甲等皆相继内渡,土匪蜂起。台南绅民相率至旗后迎永福入府城议防守。奉总统印章,永福不受,乃与台南镇杨泗洪、布政使顾兆熙、台中知府黎景嵩、安平知县郑汉卿及各军统领十八人并台南义民等登台歃血立盟书誓守。推永福为军统,泗洪为分统。海口陆路,各布防军,而义民进士许南英之台南团练,吴汤兴之新竹义军,林得谦之十八堡义军,生员林清泉、谢鹏翀之五段团练,皆助守望。日人既据台北,以一军取宜兰,一军攻新竹。五月二十九日日军入宜兰,闰五月初一日,新竹失陷。时林朝栋等土勇相继委中路去,永福令杨紫云率新楚军代之守,凡大小二十余战,互有伤亡,北埔富民姜绍祖死焉。汉奸导日兵由僻径抄击头份,紫云战殁,新竹遂陷。永福令吴彭年往援不及,遂据大甲溪为守。六月十七日,永福军营官汤人贵、袁锦清合队进攻新竹敌垒,获胜。十八日,日兵来攻,义军徐骧为所困,败退,敌追甚急,骧反斗,日兵以路险箐深,炮无所施,退去。骧率健卒由间道绕出其后,突发抬枪,敌惊扰,初有擒获。日军攻苗栗,前敌诸军请济师,永福苦无以应。初台南独立之时,道库仅存银七万余两,府库六万余两,军多备分,饷械早罄。永福忧惶无措,搜括得银八千两,解前敌,复令文案罗绮章渡厦门,仍电求沿海督抚拯台民,辞甚哀痛。是时台南盗贼充斥,为日人间谍,将引以登岸。日舰迭游弋台南海面,泊安平口外,永福令各台严防,俟炮力能及始轰击,勿轻发。曾击断日船桅杆,日兵落水者十余人,乃断索驶去。七月一日,复窥恒春县属之鹅鸾鼻、枋寮诸海口,由枋寮登岸,行半里许,黑旗伏兵从山后出,日兵来扑。时吴光忠奉命至枋寮剿匪,闻警率队由大路进援,恒春营刘游击、黑旗营官黄副将,分左右翼斜抄兜围日兵。日舰望见,连发大炮助战,我军稍却,日兵乘势突围去。光忠追之,突凤山土匪麇至,为敌之援,直犯黑旗军,敌得遁去。光忠转击土匪,日暮匪来愈众,会永福子成良率精卒驰至,匪大创,始逸。是役也,匪首邓蛮子、林苗生等迎降敌,故日兵登岸,无稍顾忌。永福令成良、光忠招抚邓蛮子等,绝敌内应。初七日日舰泊布袋口,三十余人登岸,入市捉台民,诘永福所在,时总兵谭少宗所部驻布袋,距口二十余里,罔觉察,任其优游去。旬日以来,日舰游弋海面,登岸侦台南虚实,亦以牵缀永福兵,使不得北顾,而以全力扑大甲溪也。大甲溪自吴骧败敌后,屡战互胜负。七月初三日,我军出队与敌遇,敌以汉奸为前锋,分十三人为一队,每队督一日兵,而以马炮队随其后。前队败,则马炮队列横阵继进猛击,弹急如雨,我大队千人当其冲,死伤枕藉,大败退。敌来追,会吴彭年率兵伏路侧,猛轰之,敌阵乱,我军反戈乘之,敌大奔。彭年穷追十余里,至一小溪,敌兵凫渡及半,而徐骧自对岸林中出,盖骧率义民三十余先伏林际,乘其来渡出击,彭年追亦至,敌张皇急遁,毙五十余人,夺枪械甚夥。彭年收队归,道经海口,见敌粮艄数艘泊港内。亲兵吴正川者,勇敢善战,率七星队数人,踊跃登竹筏,将追及,日兵格以枪,正川避弹,跃登敌船,戮运兵水手略尽,夺其艘。初四日,敌大队猛攻大甲溪,汤人贵率福军先锋营当其冲,与相持。袁锦清、徐骧由溪湾左右绕出,攻其两腋,敌已稍却,忽闻后路大营陷,各军震骇,遂哗退。盖新楚军统领李惟义素畏葸,台中知府黎景嵩介诸永福,率军为大甲溪后继。时日兵阻于人贵、锦清,不得进,以重金购土匪,伪称日兵,往袭惟义营,惟义遽遁,前敌乃大挫。锦清扼大甲溪,抵死不退,率健卒五十人,冲入敌队,颇有斩获。旋日军炮队至,发弹如雨,锦清死之,健卒五十余人,无一还者,敌遂据大甲溪。永福令各军扼守彰化境内大溪。初五日,徐骧率义民三百为前锋,与敌遇,敌枪甚厉,势不敌。骧令义民伏山湾丛竹中,自竖大旗引敌兵过山湾,适李邦华率台义民至,值敌炮猛轰,死千余人,大溃。营官李仕高、陈尚志及吴汤兴、沈仲安所率义民数千人由左右路包抄,至截敌兵为两。汤兴、仲安乘之,敌后队先遁,为徐骧伏兵所要,死甚众。汤兴纠各营前进,将争大甲溪,日军列炮,守甚严,不克拔,夜半始收队归。初七日,前敌战,日军败,窜入后山。吴彭年自率队穷追,将截其回大甲溪归路。告捷永福,谓必扫荡此虏,不遗丑类。乃未几八卦山告警矣。盖日人入台,先以重金购奸民土匪,刺官兵虚实,并山川道路,结为内应,以掩我不备。斯时敌窜后山者,以有土匪为导,知有小路数枝,可达八卦山。八卦山俯临府城,若为敌踞,则彰化不守。永福电令吴彭年速扼八卦山以待。台中知府黎景嵩与彭年龃龉,议兵事多不合。彭年令吴汤兴为前队,陈尚志为后队,李仕高为左队,林鸿贵为右队,严守八卦山,而吴孔搏率旱雷营伏山之阳,俟敌退轰之。初八日,日军大队来攻,快枪快炮,环垒而进,汤兴中炮死,鸿贵率七星队百余人冲入,将夺汤兴尸,而敌炮雨下,鸿贵亦殉,军遂大溃。彭年立山顶不去,挥七星队三百余人奋争,敌猛发大炮,七星队伤亡殆尽。左右掖彭年行,不可,死之。八卦山遂陷。日军置炮山顶,将轰城,城中奸民竖白旗,迎敌入。李仕高、沈仲安、杨春发俱巷战死。彰化陷,知府黎景嵩遁去。初十日敌连陷苗栗、云林二县,十二日薄嘉义。永福令守备王德标统七星营防守。杨泗洪统镇海武毅军赴前敌援攻。永福亲赴曾文溪筹防御。是时敌焰张甚,其兵舰又分援布袋口、凤山、旗后、恒春、鹅鸾鼻及安平口,海口炮声,终日不绝。永福闻警,驰归台南。仿内地保甲行联庄法,令各乡自近及远,次第举行。又召抚著名匪首黄荣邦、林义成、简成功及其子精华等,编为义民军,以成功为总统。泗洪率所部星夜进攻大莆林,义民军助之,反为敌所乘,泗洪突阵登先,军威陡振。日军围之,亦数败,泗洪腿部受伤,裹创奋杀,日军慑遁。泗洪率众急追二昼夜,及落虹桥,腹部中弹,乃回彰化行辕休息。营官朱乃昌率健卒数百人再战，日军开炮，声振山谷，乃昌奋战，精华助之，历三刻，日兵败溃。乃昌挥兵竞进，将抵大莆林，遥见火光烛天，声喧甚，乃义成、荣邦率义民军抄至，前后夹击，遂复大莆林。毙敌数百，乃昌身受殊伤，裹创血战，中炮死。永福令都司萧三发统福军前敌各营，进代泗洪，图恢复。十三日，德标率队攻云林，敌军退走。会义民军进追，日人惶急，误窜入山，为义民擒斩殆尽。十四日，进攻苗栗，歼日兵二百余人，遂复苗栗。云、苗既复，萧三发亦至。十五日，三发督诸军进，就地设伏。敌大队来攻，三发立山顶指挥，日军怒而仰攻，我兵散伏山畔，用土枪轰击，敌乃溃遁，我军蹑之，颇有虏获。十六日，三发督诸军攻彰化，敌炮如雨，诸军不得进，令各择地屯驻。时台兵声势顿起，以义民趫捷可用，飙忽猱腾，每绕敌兵后路，日人畏之。于是台北、台中，颇思反正。适联庄法已及台中，颇著成绩，台北乡民闻之，愿潜入联庄，受约束，期大军至，即内应同举，为台湾全局一大转机。惜台南饷械已匮，不能派兵前进，台民觖望。旋赴内地筹饷者，皆失望而归，知内地不能接济，于是人心益涣，营弁纷逃不可止，台事遂不可为。二十四日，三发电请饷械，永福仅括得二千两以应。二十七日官银票局绅庄序端请发现银，以利转运，永福无以应，仍令文案内渡，求接济，遍走沿海各省无应者，盖恐日人借口构衅也。三发等攻彰化，战连捷，而饷械不继，饥困愈甚。因议相持非久计，不如并力前进，夺回彰化或可驻足。八月初五日，遂合军进攻，而扼于城外炮台，不得进，荣邦、义成猛攻炮台，均中炮伤死。三发力战，亦受创甚。会徐骧又集义民七百余人往援，斩十余级，敌始退。前敌无粮，求饷益急，语极悲痛，永福无策搜括，叹曰："内地诸公误我，我误台民。"盖钞票既失信，商民索银愈急，楮贝填委，市易梗绝，军民饥困，日益不支。台南之亡，不败于兵，而败于饷。台省富绅，皆早内渡矣。十九日，日军大队来攻，各军应战，将士丧二千余人。二十二日，徐骧为先锋奋战，诸军继之，敌颇却，骧旋中炮死，诸军夺气，溃败相寻，云林、苗栗复陷，而海口警报亦叠至。永福自驻安平炮台，敌舰分五路攻台南，炮声震郡城。永福历各台督防守，敌舰驶去，海岸解严。二十三日，敌以炮队攻嘉义，德标埋地雷营垒，走入城，日军至，地雷发，轰毙七百余人，敌惊退，德标设伏要之，敌死甚众，大忿。二十四日,以列炮攻城,陷之。总兵柏正才等皆死,德标、精华退后山。嘉义去台南百二十里,嘉义陷,而台南已不可守。先是,日本总督桦山资纪介英人致书永福,说其率部去台,谓将以礼之内渡。永福复书却之,辞甚峻。八月,日人调澎湖踞兵及战舰三十余艘,以全力攻台南。我前敌诸军,已饥溃不支,驻台英国领事欧思讷复为永福与日约和,让台南,听永福率兵内渡。已言成签字矣,会嘉义陷,日方责永福徒手归命,永福怒,约乃绝。二十五日,日舰攻旗后炮台,永福子成良拒守,奸民夜引日兵由僻径登岸,突入大营,陷之,进围炮台,台兵持两日,死伤枕藉,饥不能战,成良乘间冲出,永福欲斩之。二十六日,敌进攻凤山,屠戮甚惨,以骑兵迫台南,台南戒严。永福移驻安平炮台。二十八日,各军饥哗散去,郡中大震,争舟走厦门。九月初一日,城中无食,永福议退于关帝庙庄,未行,而警报叠至。初二日,永福见大势已去,遂与成良及幕客数人乘德轮爹利士内渡。初三日,台南士绅介英人请日军镇抚。初四日,日军入城,台湾民主国遂亡。其后五十年,我对日抗战胜利,台湾始得光复云。

第二十二章　瓜分之酝酿

九十六　三国干涉还辽之一幕

（一）中日问题卷入世界漩涡

甲午之战，为中国民族盛衰之最大关键。清廷昧于事机，徒以慈禧六旬大寿故，不能集全力以应付之，一切惟李鸿章是赖。日本自维新后，已有近代国家之组织，政府人民，合而为一，运用灵活。日皇复亲至广岛督师，谋臣宿将，举国动员。鸿章既非统帅，又不欲战，各省疆吏，中央重臣，复掣其肘，以北洋一隅之力，搏倭人全国之师，其失败也固宜。梁任公云："当时西报有论者曰：日本非与中国战，实与李鸿章一人战耳。其言虽稍过，实亦近之。不见乎各省大吏，徒知画疆自守，视此事若专为直隶、满洲之私事者然，其有筹一饷出一旅者乎？即有之，亦空言而已。以一人而战一国，合肥！合肥！虽败亦豪哉！"此论确系实情，观刘公岛降后，粤省曾要求将广丙一舰放还，谓此战与广东无关云。夫以一人而敌一国，已属千古奇谈，而战后求和，其影响更有倍蓰于割地赔款者，抑岂常识之所及料乎？此皆俄廷之阴谋，清人于不知不觉中竟落其圈套，斯真中国之大不幸也。盖西方帝国主义在甲午以前，所以未积极推动侵略者，一则因忙于瓜分非洲；二则因互相牵制，各不相下；三则因中国与日本为独立国，具有相当之抵抗能力。日本进步虽快，而国小人稀，仅能自立，无关世界大局。中国地大物博，仍受各国重视。但战后列强之态度，完全相反。中国已成无可救药之"东亚病夫"，日本却为亚洲之强国。在战争进行中，清廷虽百计请求各国援助，各国皆持隔岸观火之意，以为中国愈败，则需要之援助愈切,而所出之代价亦愈大;日本虽胜,战争必须消耗国力,正可为将来要挟之地步。故中日战争,彼等皆拟坐收渔人之利,故不援助我未败之前也。《马关条约》一经签字,俄国联合德、法陡然出而干涉,强迫日本退还辽东半岛。日本固暂时屈辱,中国几召致瓜分之祸。从此中日问题,卷入世界漩涡,以后世界两次大战,均于是种其因焉。三国干涉之由来,纯缘日本战胜骄恣,思将岛国之根据,置于东亚大陆之上。既并朝鲜,复攫辽东,俄国不免感受威胁,盖自巨文岛事件后,俄国即对朝鲜注意,始终与中国保持联系。李鸿章即误信俄人之言,知必起而干涉,故战事乏布置,因之迟误。俄人乃故张声势,以引诱中国,实则绝不肯替中国作战。及战争结束,日本亦感筋疲力尽,俄方开始行动,借收事半功倍之效,其诡计可谓工矣。法为俄之同盟,俄起法必为助,乃属自然之势。德与法为世仇,何以竟与俄、法共利害,而一致行动乎?此在欧洲政局方面,颇有微妙之关系。第一次大战后,德国秘档发表,事之真相始大白。盖其时德相俾斯麦方去位,德皇威廉二世亲政,亟思发挥其辣腕。一反俾斯麦维持欧洲和平之稳健政策,拟展骥足于世界,而与列强争利益。其首相加普力维将军(Caprivi),外交大臣马沙尔男爵(Marschall),与继任首相何亨洛公爵(Hohonlohe,一八九四年即光绪二十年),于政治皆为外行,一切全听威廉二世之指挥。俾斯麦与奥、意结三国同盟,与英国接近,原欲维持对法、俄之均势。威廉二世于俾氏去后,即对俄废止保证条约,又以竞获殖民地与英国乖离。其参加干涉还辽之动机有三:一、借此与俄国接近,以离间法、俄之关系;二、鼓励俄国向远东发动,在欧洲即不会多事;三、防止日本占据中国之富源,以便在远东攫取一军港。三国初要求英国共同参加,英国原对中国事最为关心,曾两次调解中日纠纷而未成,又欲联合列强干涉(见《德国外交秘档》英使马来特〔Edward Malet〕致德外交大臣马沙尔照会),终以无决心而罢。此时日本既胜,不愿作武力冒险,以得罪新兴之日本,助长敌国(俄)之成功,故表示消极。德、俄既合,英、德之感情,因之疏隔,而三国同盟之精神,亦因之动摇。迨日本退还辽东,俄、德、法向中国需索报酬,俄首取满洲,法图云南,德占胶州。更引起列强之剧烈角逐,中国已肇瓜分之祸,国几不国矣。然凶终隙末,俄、法、德亦开始为倾轧之行动,德既与日本为敌,与英疏远,种英、日同盟之因。奥、意之宿盟既溃,德国之外交地位,自此陷于孤立,以至一九一四年欧洲大战之爆发,德遂失败。中国之辽东半岛虽还,而满洲为俄所攫,祸胎潜伏,历亘数十年,以后庚子事变,日俄战争,以至二次世界大战,均此一线绵延之悲剧,素畏多事之中国,遂卷入世界漩涡中,相与激荡而莫知所止矣。

(二)俄、德、法三国之干涉

英国于光绪二十年九月间(一八九四年十月),曾有约法、俄、美、德四国干涉中日战争之意,以无强硬之决心而罢。光绪二十一年春,中国再乞列强援助,英、俄、法三国乃促日本提出媾和条件,德国未尝参加。迨德国知日本需索辽东与台湾,即径向日本提出劝告,谓在大陆要求割让领土,殊有惹起列强干涉之虞,故日本应先为适当之解决,较为有利。日本政府表示感谢,但谓:“对中国之要求,决非过大。”马关议和时,英国之态度突变,英使欧格讷退出共同行动,俄、德颇认英国为失信。其时俄外交大臣罗拔诺夫(Prine Lobanov)稳健而无能,深恐积极干涉,使英人乘机收渔人之利;而财政大臣威特(Witte)则为一阴谋野心家,为俄国一代权臣,大政几全出其手。威特认为欲防止日本向大陆发展,此正其时。因向列强提议,对日共同干涉,以试探各国之态度。德国立表赞成,德皇且有“不必待英国之共同行动”之谕。英国外交大臣张伯伦(Joseph Chamberlain)甚踌躇,经阁议讨论,以为英国在东亚之利益,既未受影响,无武力干涉之必要。然英国决不反对三国计划。法国虽不愿与世仇之德国共同行动,究以俄、法同盟故,不能背俄,故终成三国干涉还辽之局。俄、德、法既已一致,即将计划通知中国,使勿接受日本之媾和条件。日本由英国方面得闻三国行将干涉之消息,即减少赔款及辽东割让地域,迫使李鸿章于三日内回答。清廷以三日之限甚短,而实行干涉之事亦难有把握,遂不得已而签字。俄国大受冲动,威特以为不能容忍日本侵入中国内地,坚决主张否认《马关条约》。俄皇召开御前会议,以罗拔诺夫始终持和平意见,致无结果而散。第二次会议,威特之主张,始获俄皇之裁可。得有如下结论:一、为保持华北均势,先对日本作友谊之忠告,使之撤退在南满之军队,因此种行动,有损俄国利益,并妨碍远东和平。日本如拒绝此项劝告,即向日本政府宣言保留俄国行动之自由,并为俄国之利益而采取动作。二、向欧、美及中国发表正式声明,俄国决不攫取土地,但为保持俄国自身之利益,深感坚持日本撤退南满驻军之必要。俄皇即谕令外交部执行此计划。德国政府复称:“业已训令驻日德使哥屈米德援助俄国之要求,德国远东舰队亦奉命与俄国海军共同动作。”三月二十九日(西历四月二十三日),即《马关条约》签字后六日,俄、法、德三国公使同至日外务省致送觉书。其时日皇及阁僚重臣,皆在广岛、京都,陆奥宗光则养病于播州舞子,故东京几无重要负责之人。三公使与外务次官林董面会,各提出关于中日媾和条约中割让辽东半岛之异议。俄、法两国觉书大致相同。皆谓:辽东半岛为日本所有,不特足以危及中国之首都,且使朝鲜国之独立,亦为有名无实,对于将来远东之和平,予以障害。因之敝国政府欲重表诚实友谊,兹劝告日本政府,应放弃领有辽东半岛。德国之觉书,较为强劲。因政府训令有:“日本之过大要求,损害欧洲各国之利益。德国为其利害关系之重大,故参加抗议,而共为有效之行动。日本如知敌对三强国之不易,即须让步也。”哥屈米德素对日抱恶感,故觉书有“贵国弱,敝国强,若果开战,贵国必败”等语,经日方抗议,始行删去。林董于接受三国觉书后谓:“日本如暂行占领辽东半岛,至赔款付清时为止,列强尚有异议否?”三使未与确答。伊藤得林董之电告,即在广岛开御前会议,电询陆奥意见,陆奥复云:“此时维持我地位,一步不让,更观彼等将来之举动如何,再定庙议。”时伊藤在会议时提出三案,任择其一:一、断然拒绝劝告;二、招请列国会议;三、容纳三国劝告,恩惠的交还辽东于中国。出席各人反复讨论,以第一策必须准备作战,而将卒军需,已告疲劳缺乏,海陆空虚,无力对付三国,即单独与俄作战,亦无把握。第三策又嫌太软,遂决定用第二策。伊藤即夜赴舞子,与陆奥会商,陆奥仍执先拒徐待之议,伊藤谓:“俄国之举动,不须探究,其真意甚为明白,若由我挑拨,其危险甚多。况当危险将爆发之际,已无讲外交上转圜之余地乎?”大藏大臣松方、内务大臣野村,亦均赞同此旨。陆奥乃撤回己说,然于列国会议,恐更别生枝节,招欧洲各国之新干涉,以为非计。又虑中国乘机抛弃《马关条约》,

故主张对三国之要求让步，对中国则一步不让。伊藤所以迫使李鸿章批准换约，而于三国干涉还辽事，暗示将另案办理者，即本此决策。其外交手腕之老辣，可概见矣。

（三）日政府接受三国之要求

日本政府既决定上述之方针，犹冀引诱其他二三大国之强援，以牵制三国干涉之势力。一方电驻俄日使西德二郎，请俄廷再加考虑，并保证不危及俄国之利益，以试探其决心；一方面即分电驻英日使加藤，及驻美日使栗野，希望援手。并谓恐三国之行动，或使中国不肯批准条约，再陷于炮火相见之中，为预防此种事变，不能不望二国为友谊协力。美国答允在于中立不相矛盾之范围外，与日本协力，并劝告中国政府速批准《马关条约》，英国则谓欲维持局外中立，对日本虽抱友情，亦不能不考虑自国之利益而援助日本。惟日本驻意公使高平电告，意政府愿与英、美合同援助日本，以限制三国干涉之势力于某程度。因此突发事件，颇属戏剧性，故意国认为不抵触三国同盟（德、奥、意）而彼此立于反对之位置也。日政府视意国之态度，为意外之侥幸，然以英国态度冷淡故，除全部或一部容纳三国之劝告外，无他法矣。但日人仍拟另辟一途径，以图永久占领辽东半岛，此为驻俄日使西德二郎之建议，声明放弃辽东半岛，惟作为偿金之担保，可一时占领，而大增其金额，使中国永久不能还清。陆奥因使西德向俄国提出一觉书，谓日本对俄国之劝告，在追加如下之条约中，表示同意。第一，除金州厅外，完全抛弃辽东半岛之永久占领。但日本对于抛弃之土地，当定相当之报酬金额。第二，日本政府迄中国完全履行媾和条约之义务时止，有占领该领土为担保之权。此于要求补偿金外，仍欲据有旅顺、大连湾，且暂行占领辽东半岛也。四月初九日（西历五月三日），西德复电，谓俄国完全拒绝此要求。同时德、法亦持同一之态度。至是日本乃不得不实行对三国虽全然让步，对中国则一步不让之政策矣。因此陆奥向三国提出觉书，谓根据俄、德、法之友谊忠告，约定抛弃奉天半岛之永久占领。四月十五日，俄、德、法三国驻使，同时至日本外务省，表示满意，并致祝辞。三国干涉之举，始告一段落。日皇并下诏宣布以宽洪处事，于帝国之光荣及威严,无所毁损。若夫关于交还半岛壤地之一切措置,特命政府与清国商订。名虽与中国政府商订,而实则仍由俄、德、法三国与日本谈判。日本代理外务大臣西园寺公望,于闰五月二十七日(西历七月十九日),约晤俄、德、法驻日公使,声明交还辽东半岛之赔款数目定为五千万两。于修订通商行船条约后,即行退出。并认台湾海峡为公共船路,非日本所得独自利用,借以减少各国之反感。德、法果皆同情日本之要求,认为合理。惟俄国颇不谓然,与德、法协商减少偿款至三千万两,于偿款外不应再有要求,德、法自亦赞同。经三国驻日公使交涉之结果,日本承认由中国赔偿三千万两,在交款三个月内,实行撤兵,并不以缔结商约为撤兵条件。此可谓日本不得已之屈辱也。八月十九日(西历十月七日),日本政府由西园寺代表宣言确实解决辽东问题之意见,三公使各转达其政府后,九月初一日,又同至日外务省面递觉书,对于日本贤明谦和之此种新证明,唯有深致赞美之意而已。八月二十六日,清廷旨派李鸿章为全权大臣,与日本公使林董议商还辽事宜。谈判之结果,由李、林于九月二十二日,签订中日辽东条约六款,并议定专条限五日内互换。约定九月三十日,将库平银三千万两交与日本政府,自是日起三个月内,日本军队从该交还地方一律撤回。十月二十三日总理衙门王大臣奕䜣,奏报接收辽地情形,谓十月十四日,营口、盖平、凤凰城、岫岩各处地方均已收回,并以营口为通商要埠,应即料理开关事宜。十二月十七日,又续奏复州、旅顺、大连湾均于十月底十一月初一律收回。并请赏给俄国使臣喀希尼、法国使臣施阿兰、德国使臣绅珂各头等第三宝星一座,以酬劳勚,而联邦交。实则三国所欲者,岂在一勋章而已。俄人之餂我,又不仅干涉还辽,并由法、俄银行借款一万万两,年息四厘,以应中国之急需。数目之大,利息之低,为从来洋债所未有,清廷受宠若惊,无一不视俄国为中国最亲厚之友邦矣。而俄之处心积虑,在乘机向中国索取报酬,以达其开拓领土之阴谋,德、法亦然。当辽事将了之隙,俄国即有借地修路之议,德国要求划得津、汉租界,并索山东海口,法亦要求西南利权。其他各国,虎视眈眈,莫不欲相机而动,瓜分之祸,已肇其端,盖皆由于干涉还辽之一幕也。

九十七　李鸿章出使与《中俄密约》

（一）联俄拒日之议

中俄密约之缔结，为造成满洲纠纷之始，虽成于李鸿章之手，然而发动此议者，内而廷臣，外而疆吏，无不以联俄拒日为言。盖以俄人助我索还辽东，又借巨款，感德望援，咸集目光于俄矣。慈禧与李鸿章之宿主亲俄，前已言之，而当时光绪帝与翁同龢固不以依赖外援为然也。翁同龢为军机大臣，讨论及修订中俄密约时，电码皆其手译，进呈后亦非若惯例之列入档册，故吴汝纶编《李文忠公全集》，缺少此卷，但私藏电稿，实较军机处档案为多。同龢在其日记中，毫未露丝毫抗争之意，反之，于光绪二十二年正月初四日记云："拜李合肥（鸿章），晤谈。一关朝鲜自主，一密结外援，此语尚结实。"可见联俄结援之事，同龢已视为必然，则光绪帝之态度可知。奕䜣重起执政，对慈禧仍有不甚服帖之意，如同龢记派李鸿章赴马关议约时，慈禧云："一切开复，即令来京请训。"恭王以为上（光绪帝）意不令来京，如此恐与早间所奉谕旨不符。慈禧云："我自面商，既请旨，我可作一半主张也。"又记恭邸所陈，大拂慈圣之意，曰："任汝为之，毋以启予也。"同龢谓可知邸之措词，往往趁口，不甚思索。此语足为奕䜣一生个性定评。其与慈禧屡次龃龉而不能相处，盖纯由于个性使然耳。然恭王于咸丰十年初当折冲之艰巨，即深知俄人口蜜腹剑，心怀叵测。何以此时亦复倚俄畏俄？或以其隔绝实际政治逾十年，行年又已六十，似不免有苟安之情绪，自审国力不敌狡徒，乃为此笼络之计耶？如《康有为自编年谱》云：

> 光绪二十一年，公车上书后……时尝与翁（同龢）长谈，论变法事，并告以应提举人才，同龢然之。因索读所著论治之书，亦锐意变法矣。然当时当事者多守旧之士，如徐用仪等，即恭王亦不明外事。
>
> 光绪二十三年……胶案起后，日本参谋部曾使人见两湖总督张之洞云：愿助中国联英拒德，惟朝士多猜疑日本，而恭王更主倚俄，故

却日本之请。……既而英使提议开旅顺、大连为商埠,俄使闻而怒之。以绝交威吓中国,(有为)乃上书常熟(翁同龢)谓:"此为中国之生机也,吾意且尽开沿边口岸以众国敌俄耳。"卒以恭王及慈禧畏俄甚,不徇英请。未几,英愿以三厘不扣借款中国,而俄强以四厘息扣,于是朝议纷纷,终畏俄使大言恐吓,用两不借之说。自是朝士始渐知英国之可信,而俄国之叵测。

观此可知恭王奕䜣复出后,已无提倡自强兴革之勇气,反以积久之痛苦经验,而因循畏难,阻碍变法。其倚俄畏俄,殆亦此种老人颓丧之心情,维新一变为守旧,即康有为后日又何尝不然?此时主张对俄结援者,不仅朝廷重臣,即外省疆吏之最著名者,如刘坤一、张之洞等,无不有此建议。如二十一年闰五月十五日坤一奏云:

臣维华洋交涉,垂三十年,至今日事益棘手。中国刚柔之用,贵随时变通;各国向背之机,在因势利导。自越南之役,中国措置失当,颇为各国所轻;此次与倭议和,诸多迁就,益启四夷窥伺之渐。虎视眈眈,皆思择肥而噬。我自度力不能敌,不可不亟联邦交,以资将伯之助。以臣愚见,各国之患犹缓,惟日本之患为急。……第倭之强,非俄所愿,倭之扰我东三省,尤为俄所忌。是以中倭和约业经割予辽东,而俄与法、德勒令退还,讵专为我,亦自为耳。我乘此时与之深相结纳,互为声援,并稍予以便宜,俄必乐于从我。纵不能保沿海各省,而东三省与俄毗连之地,倭必不敢生心,则保全之利,较沿海各省奚啻万倍?倘东三省有失,则我朝何以奠根本?皇上何以对祖宗?或谓俄与中国接壤最宽,将来必为害中国,臣前此亦以为然,今则颇知其说之谬。俄疆宇已广,且信义素敦,与我修好二百数十年,绝无战事,实为千古所未有,垂之史册,可为美谈。前以伊犁还我,此次与法、德争还中国辽东,其为德于我更大。……伏乞密饬总理衙门及出使诸臣,凡与俄交涉之事,务须曲为维持,有时意见参差,亦须设法弥缝,不使启衅,中俄邦交永固,则倭与各国有所顾忌,不至视我蔑如,狡焉思逞矣。

是年闰五月二十七日(《清季外交史料》作“六月十八日”)张之洞附奏《密陈结援要策片》云:

再今日救急要策,莫如立密约以结强援。……查外洋近年风气,于各国泛交之中,必别有独加亲厚之一二国,平日预订密约,有战事时,凡兵饷军火,可以互相援助,若无密约者,有事便守局外,不肯干预。今欲立约结援,自惟有俄国最便。缘英以商朘中国之利,法以教诱中国之民,德不与我接壤,美不肯预人兵事,皆难议此。查俄与中国乃二百余年盟聘邻邦,从未开衅,本与他国之屡次构兵者不同;且其举动阔大磊落,亦非西洋之比。即如同治庚午天津教堂之事,各国争哄,而俄国不与其事。伊犁之约,我国家将十八条全行驳改,而俄国慨然允从。此次为我索还辽地,虽自为东方大局计,而中国已实受其益,日人凶锋,借此稍挫。较之他国袖手旁观,隐图商利,相去远矣。正宜乘此力加联络,厚其交谊,与之订立密约,凡关系俄国之商务界务,酌与通融,如俄国用兵于东方,水师则助其煤粮,准其兵船入我坞修理;陆路则许其假道,供其资粮车马一切,视其所资于我者,量为协济。而与之约定,若中国有事,则俄须助我以兵,水师尤要,并与议定如何酬报之法。盖俄深忌英独擅东方之利,中俄相结,则英势稍戢,俄必愿从。……此尤邦交之微权、救急之要策也。

刘坤一仅言联俄拒倭,张之洞则主张与俄结军事同盟。此虽代表一部分大臣之意见,而非清廷有此决策,然不待李鸿章使俄一行,中俄密约业已呼之欲出矣。

(二)李鸿章之出使欧美

俄皇尼古拉斯二世期于光绪二十二年四月十四日(西历一八九六年五月二十六日),举行加冕典礼。各国均派重使往贺。中国于俄有索辽之惠,谊当遣使致贺,驻俄公使许景澄于二十一年九月即致函总理衙门,谓应制东珠宝星,备作贺礼,以昭贵重。清廷以布政使王之春曾充唁(故君)贺(新君)专使,尚在欧洲,特电派之春前往。俄国以王之春位望太轻,各国专使相形,难于接待。同时御史胡孚宸亦奏言:“中俄交睦,似宜派李鸿章前往。”十二月二十七日,上谕特派李鸿章前往,并以邵友濂为副使。鸿章具奏恳辞,谓:“微臣以七十有四之衰龄,涉三万有余里之海路,时逾数月,地隔三洲,凡风涛寒暑之交侵,实疾病颠连之莫保。……即使凭仗威灵,长途无恙,亦岂能以残躯暮齿,从事于樽俎之间。傥陨越于礼仪,殊有伤于国体。踌躇再四,跼蹐难安。惟有吁恳圣慈,鉴臣衰疾,收回成命。”二十八日,奉谕慰留。二十九日,鸿章具折谢恩,有“俄国本通聘最早之邦,而加冕又异俗至崇之礼,但有益于交邻之道,何敢惮夫越国之行。……一息尚存,万程当赴。阻重深于山海,未改叱驭邛板之心;梦咫尺于阙廷,犹存生入玉关之望”等语。光绪二十二年正月初十日,特颁敕谕,授为钦差头等出使大臣,前往俄国,致贺俄君加冕,并着前往英、法、德、美四国,亲递国书,奉宣德意,联络邦交。电谕邵友濂、王之春毋庸前往。又谕令鸿章子李经述赏给三品卿衔,随侍前往,以示优眷。鸿章复于带随员折附片中,奏以其子经方熟谙各国风土人物,及西国语言文字,请一并随行,则程途之照料,宾客之酬应,均可分劳。时京中舆论,谓鸿章“无备丧师,奉使辱国,调度乖方,议款卑屈,实有无君鬻国之心,本非才力不逮之罪”。其子经方与罗丰禄、龚照瑗辈,多与英、倭阴相结纳,平日既情存偏袒,临事遂私以废公。即如此次俄助还辽,视英人坐观成败,显分厚薄,而李鸿章之党人,则反为俄腾谤,谓俄将不利中国。此其顺英、倭之意以拒俄人,实与朝廷厚联与国之本心大相刺谬。是非颠倒如此,而资之以通情好,可不为寒心乎?于是翰林院编修丁立钧、侍读张百熙相继言之,均请严旨切责李鸿章不得仍将万众指目之李经方、罗丰禄各员率行带往。百熙更云:“查李鸿章于各国私交皆固,而英、倭尤亲,独于俄国未即联结。今知俄势日强,英、倭畏忌,暂睦于我,观衅东方。乃因朝廷择使,必欲派其子为随员,显肆其要求挟制之情,巧售其私结外援之计。臣窃料李鸿章此行,必阴托于俄矣。……可否乞下严旨切责,庶可稍戢邪心,俾知儆惧。"彼等反对李经方之理由,谓经方私娶倭女,马关订约时,左右其间,犹可说也。然而谓李鸿章素亲英、日,与俄未联结,恐借此阴相结托。丁立钧并有"窃料此辈果行,必将于去年中俄交际之好,阴图翻局反报之日。非谓俄帝中干,万不可恃,即虚言恫喝,谓俄实有图我之意,亟宜联英合倭以为之备。皆情事所必至者耳"等语。可见联俄拒倭之议,为当时一般人之意见,而李鸿章似不谓然,其岂因喀希尼之空言欺骗,遂有憬然改图之意欤?是则李鸿章之见解,毕竟高人一筹,谓其鬻国,盖皆愤激影射之词,非确论也。惟丁立钧推测英人之态度,颇有卓见。其奏疏云:"且英人盘踞中国,岁占利益,根柢至深。尝恐中国之强,而彼失其利;又恐中国之弱,而利将为各国所分。伺隙觊觎,匪伊朝夕。今幸俄人助我,故不敢明附于倭,相连为难,然意实未已。若中俄既离,英必乘之,各国生心,祸至无日,岂细故哉?"英人在中日战后,确虑中国因积弱而召致瓜分之祸,引起各国之竞争,不能独擅其利。故英使欧格讷曾数次劝恭亲王立海军,练精兵,主持革新事业。王以暮气已深,唯唯而已。因此欧格讷对翁同龢大发牢骚。其警语有云:

> 自中倭讲和六阅月,而无变更,致西国人群相訾议,今中国危亡已见端矣,各国聚谋,而中国至今熟睡未醒,何也?且王果善病,精力不继,则宜选忠廉有才能之大臣,专图新政,期于必成。何必事事推诿,一无所就乎?吾英商贸易于中者,皆愿中国富强,无危险,吾英之不来华者,借贸易以活者,亦愿中国富强无危险,故吾抒真心,说真话,不知王爷肯信否?即信,所虑仍如耳边之风,一过即忘耳。此吾临别之言,譬如遗折,言尽于此。

文廷式《闻尘偶记》云:"和议既成,举国争言洋务。……中国人心至是纷纷,欲旧邦新令矣。乃英使欧格讷濒行告恭邸曰:'中国若再不改行新政,吾数年复来,不见此国矣。'德前使巴兰德来告枢廷诸大臣曰:'中国败衄不可危,既和之后,玩时愒日乃可危。是促各国分裂中国也。'当时闻之者亦颇有警心。旬日以后,泄沓如故。呜呼!天祸中国,祖伊之告,乃出敌人,吾辈于何逃责耶?”可知英、德二使之警告中国,确有恐中国衰弱,利将为各国所分之意,非有爱于中国也。惜当时执政诸人,不能熟审大势,振作有为,以符英、德各国之劝告,“病急乱投医”,又误信俄人之甘言利诱,举国皆以俄为可靠之友人,而李鸿章虽颇表怀疑,亦不能不入其彀中,舆论之庞杂若此,殊令人有彷徨迷离之感耳。李鸿章于二十二年正月十八日请训陛辞,(十六日慈禧召见)二十日发北京,公私纪载,均无只字提及与俄结约,惟翁同龢日记有拜合肥晤谈,密结外援语。是知鸿章奉使之初,清廷虽无确切指示,而枢臣则已隐隐论及矣。

(三) 鸿章抵俄后之交涉

鸿章于二月初一日抵沪,十四日始搭法国邮船出洋。俄国得报,即准备隆重之招待,俄皇特派乌克托木斯基亲王(Prince Ukhtomski)迎于苏伊士运河。时英、德、奥诸国,均派大员往迎,劝诱鸿章先往游欧洲,盖皆以为奇货可居也,俄人派亲王往迎,即欲阻鸿章先赴他国。三月十五日(西历四月二十七日),鸿章乘俄罗斯号轮船行抵俄境乌得萨(O. Dessa),次日改乘专车往圣彼得堡,十八日抵达。凡此皆俄财政大臣威特之主张,欲借此时机,先与李鸿章交涉借地筑路之问题也。先是,俄修西伯利亚铁路,方至外贝加尔(Transbaikalia),前进之路线,发生问题。若沿黑龙江建筑,其工程尤为困难,与轮船亦发生竞争。若取径中国之东蒙、北满,直抵海参崴,则可缩短路线五百余俄里(二千余华里),省费五六千万卢布。所经过之土质既甚肥沃,气候亦较适宜。威特对此,极为注意,其代索还辽东,即欲挟德求报耳。光绪二十一年五月,驻俄、德公使许景澄,曾致函总理衙门,述俄报之纪载,促清廷之注意。各国报章,亦多传中国已允俄国借地筑路。署两江总督张之洞于七月初八日电总理衙门,谓俄造西伯利亚铁路,意在网罗亚洲东方一带贸易,为防后患,华境铁路,应由中国自造,与俄路相衔接。俄国运货运兵,皆可行用,惟须议定章程限制,造路之费,即托俄代借,彼亦可有沾润,此电未注意国防上之利害,且主借俄款,亦殊矛盾。然清廷即本其意,对俄表示愿与接修铁路。俄国不待征求中国同意,径行派员至东三省查勘路线,自由行动,不听地方官吏之干涉,经吉林将军恩泽电闻。八月二十六日，俄驻北京公使喀希尼始照会总理衙门，谓该国修造西伯利亚铁路，将来或与中国在满洲地方兴造铁路相接，须预先查明路径，故派员四起，分道赴东三省内地查勘，因时间迫促，不能等待北京护照，业已动身前往云云。此为甲午战后俄人在东省行动之最初表现，即属任意矣。总理衙门奏闻，清帝谕曰：

> 俄派员四起，分赴东三省勘路，虽以与我接路为辞，实有借地修路之势。此事源委，许景澄曾经函述，业已了然。现在俄外部何以不与该大臣面商，遽欲兴办？至中国办法，惟有自造铁路，在中俄交界，与彼相接，方无流弊。着许景澄即将此意先与俄外部说明，总期勿损己权，勿伤交谊，方为两得。钦此。

许景澄接奉电旨后，恐先言自造，而少退步，拟先设词探询俄财政大臣威特之意见，然后再与俄外部开谈。盖许知筑路事由威特主持，欲杜遏其借地之阴谋也。总理衙门复电，仍令与俄外部说明。景澄遂晤外交大臣罗拔诺夫，声明中国愿自造铁路，与俄路相接。罗拔诺夫对此深表谢意。此时，俄人已露强行修路之端，清廷虽声言自造铁路，乃恐俄人独占铁路之利，并非拒绝俄国势力之南侵，且毋宁谓为欢迎俄国势力之伸张，因政府诸人对俄怀有幻想，不知俄国野心之大，惟许景澄鉴于三国之忮求不已，认为时局日艰，不胜忧愤之感。其九月十三日致函总署云："窃以三国代争辽地，卒致赔给巨款，已非尽美，而相助之国，方挟以为德，各怀忮求，在我尤不暇应接。时局日艰，弗胜忧愤。"在当时亲俄狂流中，可谓独具远见矣。威特于罗拔告知中国现拟自造铁路后，即邀景澄晤谈，谓为中国计，目前未必有款，又无熟悉工程之人，办理恐难迅速。俄路至九十八年（光绪二十四年）即可造至中国黑龙江省边界，若华路稽延不成，于俄颇有不便。莫如准俄集立一公司，承造此路，与中国订立合同，只要无碍主国事权，在中国可无他虑。请由贵使电请国家，准由俄拟合同草稿，送呈中国核办。景澄谓公司办法与前奉政府训令自造之说不同，未便遽尔电请。既而威特来华馆，告景澄，谓公司之议，已由外部电饬喀希尼在北京商办。景澄电告总署,谓揣俄商物力,未必能举此巨役,且议出威特,明系托名商办,实则俄廷自为。盖即借地修路之谋,变通其策,以免诸国之忌,而释我之疑。既曰公司,则如何议订合同,取益防损,在我得操其权,与借地之授权于人,譬之两害相权,自觉较轻。光绪二十二年二月,鸿章已启程赴俄,景澄犹电称,俄公司办法,已寄喀希尼与总署晤议,可见喀希尼在北京所交涉者为接路问题。后上海《字林西报》所发表之中俄密约,亦谓之《喀希尼条约》(Cassini Convention)者,即由英人偷录喀希尼所草拟之文件,而伪造者也。鸿章抵俄后,威特负与交涉之全责,其人才气纵横,以为与中国人交涉,切忌急促,诸事循礼节逐渐进行,自能达到目的。两次与鸿章会晤,均未提及重要问题。迨三月二十一日(西历五月三日,俄历四月二十一日),威特亲访鸿章于行馆,始叙述其对中国曾如何尽力,继而郑重声明:“俄国主张中国领土完整之原则,惟为实现此种主张,须于必要时,处于能以武力帮助中国之地位。因俄国军队集中西部,若以铁路将欧洲、俄罗斯海参崴及中国联络一起,始能成功。当中日战役,俄国虽曾向海参崴调遣军队,因无铁路联络,故军队进行迟缓,及抵吉林,战事业已终了。故余以为保持大清帝国之完整,须由俄国筑成经过满、蒙北部而达海参崴之铁路。”言次威特更向鸿章指述,如计划中之铁路实现后,俄属及经过华境之土地,其生产力均将大增。威特复恐鸿章对日本有所顾忌,故又谓:“日本对此铁路,亦必表示赞许,盖彼国可借此路与西欧各国联络。”并主张由俄代荐公司修路,若由中国自造,恐十年无成。鸿章当然表示赞成御倭互助,惟铁路则可由中国自造。威特则以俄国从此不能再助中国胁之。此为中俄密约之第一次谈判。

(四) 俄皇之特别招待与鼎足谈判

当威特提出铁路问题时,李鸿章虽表示反对,然威特于鸿章谈话神色中,察知其怀疑此议出自威特,恐非俄皇之意。设能证明此议系俄皇之意,便可予以同意。威特因请俄皇特别招待鸿章,亲言此意,以祛鸿章之惑。三月二十二日(西历五月四日,俄历四月二十二日),鸿章觐见俄皇,呈递国书后,俄皇特在宫内接见鸿章,此事极为秘密,外间绝无知者,鸿章

之随员,仅李经方一人。俄皇亲对鸿章谈论铁路问题。此幕谈话,对鸿章之印象甚深。三月二十四日鸿章电总署曰:

向例递书后不再见,俄皇借回宫验收礼物为名,未正接见。令带经方传报,不使他人闻知。……即引至便殿赐坐畅谈。彼谓我国地广人稀,断不侵占人尺寸土地。中俄交情最密,东省接路,实为将来调兵捷速,中国有事,亦便帮助,非仅利俄。惟华自办,恐力不足。或令在沪俄华银行(即道胜银行)承办,妥立章程,由华节制,定无流弊,各国多有此事例。劝请酌办。将来英、日难保不再生事,俄可出力援助云云。较微德(即威特)所议加厚,未便壅于上闻,请代奏。

鸿章既受俄皇之麻醉,中俄密约之谈判,乃事进行。三月二十六日,俄外交大臣罗拔诺夫邀宴李鸿章,威特在座,三人遂开鼎足谈判,由铁路问题而归结于军事同盟。鸿章翌日电总署云:

昨罗拔邀赴外部晚饭,与微德会议,该大臣等皆以东省接路为急,微德谓三年必成。鸿云:赤塔至三岔口,向多山险,我办漠河矿,久知漠河至齐齐哈尔省城,高山丛莽,人迹不通。必强穿过,亦甚难办。彼谓多费工而直捷合算。中国自办,无款无期,不如俄华银行承办较速,姑属妥议章程送核。鸿云:此须请旨定夺。至俄皇所称援助,罗谓尚未奉谕,容二十九日请示后再面商。大意以若请派兵,须代办粮饷。华有事俄助,俄有事华助,总要东路接成乃便。俟成准后另订密约。(此电后段,为《清季外交史料》所未载。《六十年来中国与日本》据 E. J. Dillion, *The Eclipes of Russia* 以补足之,乃译文也。)

经此谈判之后,威特复与鸿章会议数次,商定中俄密约之大纲,据威特《回忆录》(*The Memoirs of Count Witte*)云:

一、中国允许俄国在中国境内建筑一由赤塔至海参崴之直捷铁

> 路。但此铁路须由一私家机关经营。李鸿章绝对拒绝由俄国政府建筑或掌有之建议。因此特组织一私家公司,即所谓东清铁路公司(Eastern Chinese Railroad Corporation)是也。此公司名义上虽为私家机关,实际完全握于俄国政府之手,受俄国财政部之统制。
>
> 二、中国允许让地一段,足敷建筑及经营此项铁路之用。在此地段内,准许铁路公司自有警察,行使充分不受拘束之权。中国对此项铁路之建筑及经营,不负任何责任。
>
> 三、中俄两国于日本攻侵中国领土,或俄国滨海省时,有互相防御之责。

据此大纲以观,则知俄之所重在借地筑路,中国所重在军事同盟,李鸿章明明割让绵亘铁路线之一大段领地,供俄国建筑铁路,在名义上虽不为俄国所有,而系私家机关经营,实则掩耳盗铃,粉饰门面,乃中国外交家丧权辱国之本色也。四月初一日,罗拔诺夫即根据威特与鸿章之口头协定,制成正式约章,竟将"日本国"下加"或与日本同盟之国"。威特认为此种改变,关系甚大,俄国若与中国缔结广泛的军事同盟,必将引起列强之反对,而肇无穷之纠纷。即进见俄皇奏明真相。请俄皇令罗拔改正。罗拔告威特曰:"余初写作日本,既经考虑,以为可使此事更广泛些。然回想君之反对意见,洵为适当。"实则清廷所希望,为广泛的军事同盟,非专对日本一国也。四月初二日,总署电鸿章,提出密约三条:一、如有兵事,俄与中国彼此援助;二、松花、混同两江,彼此行船;三、中国合资本五百万附入俄华银行。俄人谓此皆可包括于俄方草案之中,故商讨以俄稿为根据。清廷仍不愿允俄筑路,又提出省去末两条,只签订前四条之办法。俄恐失去铁路运兵之联锁,则云:"六款通篇结穴,一字不能改动。否则,此约作罢论。"四月初九日电旨又谓:"倘中国西南水陆有事,俄国如何援助之处,亦应于约内叙明,以期周密。"此当指日本以外之国家如英、法,威特明知其意,乃云:"第一言中国土地,系包括西南在内,日本有事,可商办。若英、法启衅,俄不便明助,牵动欧、亚大局,应勿添叙。"其《回忆录》解释:"欧洲几个强国,我们同盟的法国,以及英国亦在其内,皆在中国有利益,我们若为中国抵御这些国,必使他们全反对我们,立即激出冲突。"此威特与罗拔意见参差之由来,盖罗拔尚有循中国要求之意,与俄皇所云将来倭、英难保不再生事,俄可出力援助之言相符耳。但俄国只能以日本作假想敌,而不能为中国以普遍敌对列强,亦为当然之事,故威特之意见,终被俄皇采纳,而罗拔知其误矣。其时尼古拉斯二世加冕之期已近,世人咸注意于盛大典礼,初不知有此一幕重要历史剧在进行中也。

(五)《中俄密约》之签订

光绪二十二年四月十四日(西历五月二十六日,俄历五月十四日),俄皇加冕礼成,中俄密约之条文,亦已完全商定。然两国对此事之进行,关防均极严密,俄除威特、罗拔及外部秘书二人外,无知之者,俄报亦从未提及。李鸿章之随员中,仅李经方、李经述、罗丰禄、林怡游四人知之。清廷方面,李鸿章之来电复电,均由军机大臣翁同龢及总署大臣张荫桓二人亲译,不假军机章京之手。在《翁文恭公日记》尚有若干线索可寻,虽故为隐秘不详,但亦可窥见一斑。兹撮录数则如下:

丙申(光绪二十二年)三月十六日:抄银行事,又抄俄使开铁路说帖,欲恭邸观之,以备辩论也。

十八日:俄使喀希尼来,庆邸与敬、吴及余东亭晤之。首言东三省铁路,允其中国自修,而驳其公司代办。喀语不逊,直谓:"中国不顾邦交,我与日本联络,另筹办法。"余直斥之,并指图谓之:"此路汝有八百余里,我无分毫之利,勉力成之者,为邦交也。汝为公使,不顾大体耶?"喀语塞,乃云:"必六年筑成,否则缓不济急。"余颔之。

二十三日:一电,李(鸿章)抵彼得堡,二十二日见。

三十日:与庆邸议俄事,毫无主意。(时鸿章已见俄皇,电告密约,故商应付之策也。)

四月初二日:请电合肥论俄路……李件堂上自写,未经南屋。(军机章京办公处,大臣则在北屋。向例写件皆经章京抄缮,此则未经,所以保密也。)访樵野(张荫桓),在彼吃面,与彼排发李相电,一时多始毕。电本留樵处,电稿余带回,以码字交发,一百三十八字。(按,此即提出密约三条之电也。)

初三日:李相电到,樵野待余馆上同译之,本是洋码,张仆先译成汉码,按号寻之,较发电易,四刻毕。余收来电及李公密本,写李电两分备递。(李电报告俄人提出密约初稿。)

初五日:余译李电,与景官偕,甚得法,可嘉也。……酉初抵园,写电报,直至亥初。(按,中日战后,有人题城门上一联云:"万寿无疆,普天同庆;三军败绩,割地求和。"既而又传一联云:"台湾省已归日本,颐和园又搭天棚。"可知慈禧仍在颐和园恣请娱乐,帝及大臣皆趋园伺候也。)

初六日:以二电呈览,欲与诸王商此事,而庆不来,恭观剧,无从抒一词。(庆王、恭王为当政亲王,一不来,一观剧,使同龢无从商谈,密约之事,沓泄如故可知。)……又译李昨报,写二分,乏甚。

初七日:夙约荣(荣禄)、张(荫桓)两君议事,晨集军机处,稍谈,庆邸亦来,既退,而荣、张、刚(毅)三君集余斋,以蔬食款之。拟复件,庆邸来,阅之。译李电,送稿与恭邸。晚刚君来谈,又有所改。子密亦来,议论不决。

初八日:写六件,密事,乏甚。晚访高阳(李鸿藻),高阳发论,能见其大,归而改稿。

初九日:以复件请旨发电,退,呈稿,午正二刻,到樵野处,排发电旨及总署电信,共二百五十余字。归后又得李二电,幸景官能译,交之,余倦卧矣。(按,所发电信,即拟将密约末二条删去,只用前四条立约者也。)

十四日:申正偕庆邸、敬、张、吴共诣俄馆,贺其酋加冕。补祍,款我酒果,谆约亥初茶会,却之。看其旧君加冕图,雄丽之至,又闻西乐,其声宏远,可惧哉!归译李电二件,兼钞两分,眼花缭乱,亥初始就枕。

十五日:李二电。邀张樵野、吴蕙吟来,会商联俄事,二邸、李、荣皆集，惟敬君该班未至，将所有密电录稿公阅，遂议照办。既定议，乃拟旨一通。（按，此为清廷重臣会议决定，俄约照办矣。）

十六日：是日请旨寄李相，定约事。钞电旨，明日递。

十七日：电二，电旨二，赴樵野处排发电旨，先将谕旨排讫发出（申刻）。复将约文全篇改定排发（戌正）。请总办来，交讫始归。逐字磨对，目眩心烦，几不能支，归亥初矣。

据翁同龢日记，可知清廷中当政之恭、庆二王，对中俄密约皆不甚经心，或毫无主意，有"噫！国事孰仔肩耶？"之语。同龢以稿商荫桓，荫桓回信，但云："所虑极是，可与二邸商之。"同龢因有其责任，似多半由同龢负之。至四月十七日始电谕鸿章认可。于是四月二十二日（西历六月三日，俄历五月廿二日），中俄双方齐集俄外部，举行签字式。华方全权为李鸿章，俄方全权为罗拔诺夫及威特，届时双方人员入座，罗拔诺夫乃宣告开会，并称：此约条文，两方全权代表均已深悉，约本业由秘书谨慎缮妥，无须宣读，即可签字。但中国代表如愿再读，亦无不可云。随将一本递交李鸿章之随员。威特捡起另一约本查看，忽发现关于中拟防守同盟一段，尚未更改，仍广泛的以"任何国"为对象。威特即走至罗拔之前，请其暂到侧边，低声与之耳语曰："关于防守同盟一节，何以未照皇上之意修正？"罗拔诺夫以手摸额曰："天呀！余竟忘记令秘书照最初之文义改正。"罗拔立即走回，视其时计，正中午十二时一刻，乃拍手呼唤侍者，并转向众人言："时已过午，请先用饭，然后再签条约。"诸人咸离席就膳，罗拔留两秘书将约文缮正抽换（威特令财政部总务厅主任色鲍夫亲缮法文本），饭后乃就新本签字，李鸿章固夷然不知中间有此一段重大曲折也。密约之正文，共六条，兹据外交部《中外约章汇编》全录如次：

大清国大皇帝陛下暨大俄国大皇帝陛下，因欲保守东方现在和局，不使日后别国再有侵占亚洲大地之事，决计订立御敌互相援助条约。是以大清国大皇帝特派钦差头等全权大臣、太子太傅、文华殿大学士、一等肃毅伯爵李鸿章，大俄国大皇帝特派钦差全权大臣、外部尚书、内阁大臣、上议院大臣、实任枢密院大臣、王爵罗拔诺夫,钦差全权大臣、户部尚书、内阁大臣、枢密院大臣微德,为全权大臣,即将全权文凭互换校阅,均属如式,立定条款如下:

第一款:日本国如侵占俄国亚洲东方土地,或中国土地,或朝鲜土地,即牵碍此约,应立即照约办理。

如有此事,两国约明,应将所有水陆各军,届时所能调遣者,尽行派出,互相援助,至军火粮食,亦尽力互相接济。

第二款:中俄两国既经协力御敌,非由两国公商,一国不能独自与敌议立和约。

第三款:当开战时,如遇紧要之事,中国所有口岸,均准俄国兵船驶入。如有所需,地方官应尽力帮助。

第四款:今俄国为将来转运俄兵御敌并接济军火粮食,以期妥速起见,中国国家允于黑龙江、吉林地方,接造铁路,以达海参崴。惟此项接造铁路之事,不得借端侵占中国土地,亦不得有碍大清国大皇帝应有权利。其事可由中国国家交华俄银行承办经理。至合同条款,由中国驻俄使臣与银行就近商订。

第五款:俄国于第一款御敌时,可用第四条所开之铁路运兵、运粮、运军械。平常无事,俄国亦不在此铁路运过境之兵粮,除因转运暂停外,不得借他故停留。

第六款:此约由第四款合同批准举行之日算起照办。以十五年为期,届期六个月以前,由两国再行商办展限。

光绪二十二年四月二十二日,俄历一千八百九十六年五月二十二日。订于莫斯科。

是年七月十五日鸿章之随员塔克什讷(同文馆翻译)从俄国由德国归,赍约本来。酷暑走红海,同舟为日本王爵某,极费周防也。十七日,塔克什讷将约本匣送交翁同龢。十八日,同龢呈递,其管钥面呈,诸皆缜密。派庆亲王奕劻至懋勤殿用宝,不知照内阁,不令章京伺候。十九日约本批准发下。八月二十二日,同龢偕张荫桓赴俄使馆,庆亲王亦到,与俄使喀希尼画押互换，举酒互祝。二十三日，诸臣往寿皇殿觐见光绪帝，奏有昨日互换事，将管钥及两要件缴上，垂询颇详。

(六) 中东铁路与道胜银行

根据中俄密约，中国允许俄国建筑一横断吉、黑两省达海参崴之铁路，是即中东铁路。路由华俄道胜银行修筑及经营，并订明关于修路之契约，由中国驻俄公使与道胜银行商订。此事之详细办法，当鸿章留俄时，已经大体商定。迨鸿章离俄，威特即令财政部副大臣罗曼诺夫（Romanov）赴柏林，与中国驻德俄公使许景澄交涉，于八月初二日（西历九月八日，俄历八月二十七日），签订合同十二款如次：

中国政府现定建造铁路，与俄之赤塔城及南乌苏里河之铁路相接。所有建造经理一切事宜，派委华俄道胜银行承办，所有条款列后：

第一款：华俄道胜银行建造经理此铁路，另立一公司，名曰中国东省铁路公司。该公司应用之钤记，由中国政府刊发。该公司章程，应照俄国铁路公司成规一律办理。所有股票只准华俄商民购买。设公司总办由中国政府选派，其公费应由该公司筹给。该总办可在京都居住，其专责在随时查察该银行暨铁路公司于中国政府所委办之事，是否实力奉行，至该银行暨该公司所有与中国政府及京外各官交涉事宜，亦归该总办经理。该银行与中国政府往来账目，该总办亦随时查校。该银行应专派经手人在京都居住，以期一切事宜就近商办。

第二款：凡勘定该铁路方向之事，应由中国政府所派总办酌派委员，同该公司之营造公司暨铁路所经之地方官，和衷办理。惟勘定之路，所有庐墓村庄城市，皆须设法绕越。

第三款：自此合同奉旨批准之日起，以十二个月为限，该公司应将铁路开工，并自铁路勘定及所需地段给与该公司经理之日起，以六年为限，所有铁路应全行告竣。至铁轨之宽窄，应与俄国铁轨一律，即俄尺五幅地，约合中国四尺二寸半。

第四款:中国政府谕令该管地方官,凡该公司建造铁路需用料件,雇觅工人及水陆转运之舟车夫马,并需用粮草等事,皆须尽力相助,各按市价,由该公司自行筹款给发。其转运随时由中国政府设法使其便捷。

第五款:凡该铁路及铁路所用之人,由中国政府设法保护,至于经理铁路等事需用华洋人役,皆准该公司因便雇觅。所有铁路地段命盗词讼等事,由地方官照约办理。

第六款:凡该公司建造经理防护铁路所必需之地,又于铁路附近开采沙土、石灰等项所需之地,若系官地,由中国政府给与,不纳地价,若系民地,按照时价,或一次缴清,或按年向地主纳租,由该公司自行筹款付给。凡该公司之地段,一概不纳地税,由该公司一手经理,准其建造各种房屋工程,并设立电线,自行经理,专为铁路之用。除开出矿苗处所另议办法外,凡该公司之进项,如转运搭客货物所得票价,并电报进款等项,俱免纳一切税厘。

第七款:凡该公司建造修理铁路所需料件,应纳各项税厘。

第八款:凡俄国水陆各军械过境,由俄国转运经此铁路者,应责成该公司径行运送出境,除转运时必须沿途暂停外,不得借他故中途逗留。

第九款:凡外国搭客经此铁路于中途入内地,必须持有中国护照,方准前往。若无中国护照,责成该公司一概不准擅入内地。

第十款:凡有货物行李由俄国经此铁路仍入俄国地界者,免纳一切税厘,惟此项货物除随身行李外,该公司应另装车辆,在入中国边界之时,由该处税关封固,至出境时仍由税关查明所有封记并未拆动,方准放行。如查中途私行拆开,应将该货入官。至货物由俄国经此铁路运往中国,或由中国经此铁路运赴俄国者,应照各国通商税则,分别交纳进口出口正税。惟此税较之税则所载之数,减三分之一交纳。若运往内地,仍应交子口税,即所完正税之半。子税完清后,凡过关卡,概不重征。若不纳子税,则逢关纳税,遇卡抽厘,中国应在此铁路交界两处各设税关。

第十一款:凡搭客票价、货物运费及装卸货物之价,概由公司自行核定,但中国所有因公文书信函,该公司例应运送不须给费,至运送中国水陆各军及一切军械,该公司只收半价。

第十二款:自该公司路成开车之日起,以八十年为限,所有铁路所得利益,全归该公司专得,如有亏折,该公司亦应自行弥补,中国政府不准作保。八十年限满之日,所有铁路及铁路一切产业,全归中国政府,毋庸给价。又从开车之日起,三十六年后,中国政府有权可给价收回,按计所用本银,并因此路所欠债并利息,照数偿还。其公司所赚之利,除分给各股人外,如有盈余,应作为已归之本,在收回路价内扣除。中国政府应将价款付存俄国国家银行,然后收管此路。路成开车之日,由该公司呈缴中国政府库平银五百万两。

此约虽订有三十六年备价赎回之说,然条件奇苛,威特即言"恐中国政府无赎回能力"。其心计之工,可以证明矣。盖中国于五月二十四日电商添改合同四项:一、路轨应照中国式,四尺八寸五分,交界换车。二、开出矿苗,另议办法。三、俄货经此路仍入俄境者征半税。四、三十六年后将路归还中国。俄仅采纳第二项,第三项改为封记。第四项改备价赎回。惟第一项俄坚持须用俄轨,谓若驳此条,不如并密约俱废。翁同龢日记六月十一日谓:"总署及本处诸公毕集,议铁路合同事,樵野属稿,再询李相,令与俄部商量铁轨,明知无益,姑尽我心而已。"即此可知俄人与中国订密约,意在筑路,防御同盟云云,不过为筑路之借口,亦可谓交换条件,故密约之生效,视合同之批准起算。威特《回忆录》谓密约有三项:即一、让造铁路;二、公司在铁路地带有警权;三、对日防御同盟。惟关于警察权,密约及合同均无明白规定。而事实则由俄人攘之,殊可异也。至中东铁路名义由华俄道胜银行承办,遂并签中俄银行合同五条,由中国政府以库平银五百万两入股,伙作生意。所有赔赚,照股摊认。此仅表面文章,无关宏旨。铁路建成时,由公司呈缴中国五百万两,并每年不论盈亏,中国年得二十五万元。俄人以此为饵,不令中国出分文,实等于白让一大段土地与俄筑路而已。故翁同龢日记有"开银行事,此事与铁路牵连,百方恬我,可恨!可叹!"之言。盖所谓银行投资,公司筑路,皆俄人故弄之狡狯,同龢虽已知之,而噬脐莫及矣。以后同龢主张变法维新,进行联英、日之政策,以为立宪之助,又与李鸿章分道而驰。及俄国强占旅、大,续修南满铁路,其真相毕露,俄之居心叵测,吾国人始知上当不浅也。

九十八　德国租占胶州湾

(一) 德国野心之暴露

三国干涉还辽之后,德索报酬,要求设立天津、汉口两处租界,清廷允之。嗣闻俄攫东北路权,乃谋在中国取得一海口,以扩张其势力。迨曹州教案发生,遂借为口实,强将胶州湾占领。以是俄占旅、大,英租威海卫,法取广州湾,日划福建为势力范围,列强角逐,而成瓜分之局。实以胶州事件为爆发点,因此一串事实,激出庚子事变,造成日俄战争,以至欧洲大战。德国野心之发动,在光绪二十一年九月已见之。其推广土地会上书首相何亨洛曰:

> 我国家近在中国天津、汉口新设租界二处,惜尚不能副本国臣民所望得推广本国利权之益。德国应在中国得一合宜可占地方,或一海口,或数岛,专为保护本国商务,特请宰相设法商办此事,并须不顾他国嫉忌之心。会中据上海德商来信称,如德国不得上海地方,德国商务从此无兴旺之日。(见《许文肃公遗稿》卷八)

此为德国企图攫取中国土地之始。德国军舰旋即出现于厦门,盛传将索金门岛,以为海军储煤之地。经路透社发布消息,数日未有续音。驻德公使许景澄函告总署,谓:此虽子虚,然夏秋以来,各报颇言德国须在中国海岸得一船埠,方能保护商务。金门之谣,大率缘是而起。其后德拟借地泊船之说益盛,总署特电许景澄,使向德国外部解释中国之苦衷。景澄于光绪二十二年正月十二日复函云:

德外部借地泊船一说，奉衙门冬电后，于腊月十八日便晤马沙尔(德国外交大臣)，告以：中国如允德国，则在东方有权之数大国，必援照要索。若不见允，必致我为难，德国有何良策能代中国弭杜后患？马云：英有香港，法有西贡，无须再在东方添埠。俄已有海参崴，且新允海澳过冬，想不更有所求，此外诸国，更可无虑。弟谓：总署电云：当绅使(德驻华公使)谈及，英、法使屡来探询，即可见其注意。马云：彼若知德国所商仅止借地泊船，当即释然。弟谓：中国总觉为难。马云：德国此事极愿与中国情商，既虑他国口实，但请暂借数年。若中国果有为难，德国或亦可想法。烦代达总署为托。又云：中国仇人现在门内，将朋友关在门外，恐亦无益等语。词气虽尚和平，却无松意，所叩代筹一层，亦确实担承。谨据转闻。迨弟于腊月杪回俄馆，晤及德使拉度林，据云：现在东方情形，英、日为一局，俄、法为一局，相争不能相合。然俄、法之力，仅能抗英、日，不能驾其上，须视德国所向，为两局之强弱。故俄自争辽后，仍约德国合力，德因亦愿与俄合。然非开埠屯船，不足联络，大约俄、法二国，决不因中国允德，别生为难之端。德国既须预闻东事，借地一节，早晚决要办成，此非我职，聊为私告。其言似有意耸动，而于各大国离合近状，却非饰言，特附陈之。洋员汉纳根现住柏林，弟移德时，来见数次，去腊初旬，德主召令入见，询问中日海战情事，近日外部令其查南澳地方情形，俟马沙尔定期邀晤。弟以腊杪来俄，知马尚未见汉，容再探询续闻。德兵舰前赴金门山岸测量，近又询察南澳，不知其意何居耳。

德国野心之暴露，至此已极显然。惟究索何地，尚无定局。光绪二十二年杪，驻北京德国公使海靖(Heyking)始向总理衙门指明索借胶澳。总署拒之。以德人借地之谋，始终未已，难保后日不更来尝试，遂奏请设坞驻兵，以杜觊觎。并订购德国穹甲快船三艘，英国铁甲快船二艘，德厂雷艇三艘，俟造成在胶州停泊，以固吾圉。电商直隶总督王文韶，山东巡抚李秉衡筹办。然筹办尚未着手，而德国兵舰已将胶州占领矣。

(二) 胶州湾之强占订租

先是光绪二十一年十月间,俄国兵船请借胶州湾停泊守冻,清廷许之。以是俄船每于胶州度冬,春融驶回。光绪二十三年八月,德皇威廉二世访俄,曾问俄皇尼古拉斯二世有意于胶州湾否?俄皇答云:俄须保持该湾门户,迄于得到位于该湾以北之平壤港为止(时俄正与日本争夺朝鲜)。德皇又问:倘德国兵船因在东方无停泊舰队地点,得到俄国海军当局允许在该处停泊,俄皇有否异议。俄皇答称:极愿予以便利。于是德、俄遂成立一种默契,俄殊无意始终保有胶州湾,俟兵船撤退后,甚愿该湾为德国所得,以免英国动手。中国瓜分之祸,实以此幕交涉为起点。时适山东曹州府巨野县,有杀害两名德国教士之事发生,德遂以此为借口,于十月二十日将胶州占领。山东巡抚李秉衡电告总署曰:

> 顷据章高元禀称:二十日早,德国棣提督带兵上岸,勒令将胶州湾兵退出,以四十八点钟为度,等因。查巨野教案已派司道前往督拿凶盗,现在盗已获四名,办理不为不速,乃德人竟以兵船登岸,图占胶澳。查各国从无因一抢杀案,不容办理,立即动兵占地之事。是其蓄谋已定,即无此盗案,亦将别启衅端。现在胶澳止有四营,一面去电曹州镇万本华,赶招五营,以足兵力,应请与该国使臣理论,如不可以说动,则衅自彼开,非与之决战不可。衡不敢以交卸在即,稍存退诿。

二十一日奉电旨曰:

> 胶澳事已悉,德国图占海口,蓄谋已久,此时特借巨野教案而起。度其情势,万无遽行开战之理。惟有镇静严扎,任其恫吓,不为之动,断不可先行开炮,衅自我开。所请添调募勇数营,着照办。凶盗已获四名,须讯确供,将来讯办时,安姓等必从旁观审也。钦此。

二十三日复奉电旨曰:

敌情虽横，朝廷断不用兵。此时办法，总以杜后患为主，若言决战，致启兵端，必至牵动海疆，贻误大局，试问将来如何收束？章高元、夏辛酉均着于附近胶澳屯扎，非奉旨不准妄动，新募之营乌合，适启戎心，毋庸招募。此事已饬总署与之理论，再定进止。新抚张汝梅已饬赴任。所有获犯供讯等事，着李秉衡上紧妥办。钦此。

盖此时之清廷，已不敢再言用兵，故力戒妄动，以免牵动海疆，贻误大局。总署与德使交涉之结果，卒于光绪二十四年二月十四日，与订胶澳租界合同三端如下：

第一端　胶澳租界

第一款　大清国大皇帝欲将中德两国邦交联络，并增武备威势，允许离胶澳海面潮平周遍一百华里内，准德国官兵无论何时过调。惟自主之权，仍全归中国。如有中国饬令设法等事，先应与德国商定。如德国须整理水道等事，中国不得拦阻。该地中派驻兵营，筹办兵法，仍归中国，先与德国会商办理。

第二款　大德国大皇帝愿本国如他国在中国海岸有地，可修造排备船只，存栈料物，用件整齐各等之工，因此甚为合宜。大清国大皇帝已允将胶澳之口南北两面，租与德国，先以九十九年为限。德国于所租之地，应盖炮台等事，以保地栈各项护卫澳口。

第三款　德国所租之地，租期未完，中国不得治理，均归德国管辖，以免两国争端。所租各段之地，将来两国派员查照地情，详细定明。

第四款　胶澳外各岛及险滩，德国应设立浮桩等号，各国船均应纳费，中国船亦应纳费，为修整口岸各工程之用，其余各费，中国船均无庸纳。

第五款　嗣后如德国租期未满之前，自愿将胶澳归还中国，德国所有在胶澳费项，中国应许赔还，另将较此相宜之处，让于德国。德国应许永远不转租与别国，租地界内华民，如能安分，并不犯法，仍可随意居住,德国自应一体保护。倘德国需用土地,应给地主地价,并中国原有税卡,设立德国租地之外。

第二端　铁路矿务等事

第一款　中国国家允准德国在山东盖造铁路二道:其一由胶澳经过潍县、青州、博山、淄川、邹平等处,往济南及山东界;其二由胶澳往沂州,及由此处经过莱芜县至济南府。其由济南府往山东界之一道,应俟铁路造至济南府后,始可开造,以便再商与中国自办干路相接。

第二款　盖造以上铁路,设立德商、华商公司,各自集股,各派妥员领办。

第三款　一切办法,两国迅速另立合同。中德两国自行商定此事,造办铁路,中国理应优待。盖造以上铁路,决不占山东地土。

第四款　于所开各铁路附近之处,相距三十里内,允准德商开挖煤斤等项,及须办工程各事,亦可德商、华商合股开采。中国一律优待。

第三端　山东全省办事之法

在山东省内,如有开办各项事务,商定向外国招集,帮助为理,或用外国人,或用外国资本,或用外国料物,中国应许先问该德国商人等愿否承办工程售卖料物,如德商不愿承办此项工程及售卖料物,中国可任凭自便另办,以昭公允。

此约由李鸿章、翁同龢与德使海靖签订,是年五月二十九日在柏林互换。我国瓜分之祸,盖以是为开端,帝国主义者侵略中国,不外巧取豪夺,此则别开生面,先行强占,迫订租约,方法已为从来所未有;由胶澳而盖造铁路至济南、沂州,并及山东界,势力伸展全省,以一点而控制全面,更为划定势力范围,创一新例。于是列强纷纷效尤,中国乃成待宰之羊矣。俄人欲修中东铁路,尚以密约为饵,而德国不加一惠,不遗一矢,仅以"前经相助之谊",攫取此种广大利益,几何不令列强垂涎而肆其饕餮乎?

九十九　俄国占领旅、大与日本之势力范围

(一) 俄占旅、大之阴谋

当德军占领胶州之顷,中国政府以与俄有同盟关系,颇希望俄派军舰前往监视德军行动。俄国则欲利用此时机,取得海军根据地。光绪二十三年十一月初,俄外交大臣模拉维夫(Muraviov)提出一建议案,认德国在胶州之军事行动,为俄国取得旅顺、大连之最好机会。俄皇召集御前会议讨论此问题。参加会议者,计有外交大臣模拉维夫、陆军大臣温诺夫斯基(Vannovski)、海军大臣泰尔多夫(Tytorv)及财政大臣威特。模拉维夫宣称,俄国在远东需要一太平洋上之海口,目前即为取得旅顺、大连之最好时机。此港在军事上占重要地位。威特则谓:俄国曾宣布中国领土完整之原则,且因此强迫日本退出包括旅顺、大连之辽东半岛。中俄两国并曾缔结军事同盟,以防御日本之侵略。在此种情形之下,占领中国之港口,实为最大之失信。威特复谓:抛开道德之观点,此种计划,对于俄国本身利益,亦极危险,俄国现在中国境内建筑铁路,若夺取海港,定将引起中国全国之反抗,而使筑路之事发生危险。此外被占领之海口,又必须以铁路与干线联络,则纠纷愈多,结果愈恶。威特之见解,可谓超越侪辈,但当时与会诸人,直无与彼表同情者。温诺夫斯基坚决拥护模拉维夫之建议,泰尔多夫颇属意于朝鲜之平壤。俄皇当时颇为威特之热烈反对所动,计划未曾决定。数日后,威特再谒俄皇,俄皇告之曰:“朕已决定占领旅顺、大连,并已派兵舰前往。朕所以采此步骤者,因会议之后,外交大臣奏言,据彼所接报告,英舰巡弋于旅、大之间,我如不取,英将为之。”事后证明,模拉维夫之报告实错误也。威特得此消息,甚感烦扰。彼别俄皇后,与米克海洛维支大公(Grand Duke Alexander Mikhailovich)相遇,米为远东问题之重要人物,威特语之曰:“请君记取此日,此种致命之行动,将生灾祸之结果。”帝俄之颠覆,实肇因于此,威特诚有远识之人矣。俄舰于十一月二十二日到旅顺,海军登岸,强暴杀人之事,迭有报告。俄驻北京代办巴布罗福(A. Paulow)照会中国政府,谓:俄国并无夺取中国领土之意,占领

旅、大,系为保护中国免受德国之侵略,德国军队撤退后,俄军亦立即撤退。清廷竟信之,并允供给俄舰之用煤。光绪二十四年正月二十七日驻俄公使杨儒谒见俄皇尼古拉斯二世,请俄船退出旅、大,免中国为难,并保东方大局。俄皇诳称:俄船借泊,一为胶事,二为度冬,三为助华,防护他国占据。并谓中东铁路如通至黄海尤好。遂令俄使向总署要求租借两港,并接修铁路。清廷恐在北京交涉,易惹各国注目,特派许景澄为头等专使、杨儒为会办,赴俄京谈判。二月二十日,景澄与俄外交大臣模拉维夫晤谈,模谓:俄主意在必成,务请转达总署,从速答复。二十三日景澄谒见俄皇,递国书,缕陈中国难以允借旅、大两口情形,如一允俄国,则英、法、日皆接踵要求,中国即不能自立,必致东方大局扰乱。务请俄国通盘筹划,看重睦谊,持平退让,两国皆能获益。俄皇云:俄国在东方不能不有一驻足之地,现在外部所定条款及画押期限,我们早经筹定,实难改动,惟望转达贵国政府,早日允办,使他国知我两国关系和衷商成,方为妥善。景澄仍请减让,俄皇不答,顾左右而言他。旋模拉维夫告景澄云:"顷接巴代办电,总理衙门仍无确复,如过三月初六,约未订成,俄国另有办法。"所谓另有办法者,即海军业已奉命登岸,强行占领而已。是俄国不仅不准中国还价,且限定订约日期,极意恫吓,直欺清廷若童騃矣。

(二) 旅、大租约之签订

俄国强租旅、大,世界注目,英、日两国极力阻挠,清廷以畏俄之故,卒从俄人之欲,于三月初六日(西历三月二十七日,俄历三月十五日),签租约于北京,瓜分之祸,更进一层。据威特自述,关于旅、大问题,彼之意见,与政府远东政策相左,遂向俄皇辞职,俄皇不许,谓相信其能胜任财政大臣之职。关于旅、大问题,俄皇命其促成此举之完成,谓:"事局已就,不能挽回,此后便可证明曲直也。"威特亦以势成骑虎,若使破裂或竟演成流血惨剧,亦未可知,因电其驻北京之代表,向李鸿章、张荫桓疏通,并使对李、张各送重礼,一值五十万卢布,一值二十五万卢布。威特言:"此为余对中国人办交涉第一次行使贿赂手段。"其实据罗曼诺夫(Romanoff)所著《帝俄侵略中国史》,李鸿章在俄与威特商订中俄密约时,欢迎鸿章之乌克托木斯基亲王曾得威特同意,与罗曼诺夫(财政部总务厅长)、罗特施坦(Rothstein,华俄银行董事)成一议定书,为便于东清铁路交涉之进行,华俄银行拨出三百万卢布作活动费。俟铁路合同批准时付一百万,路线勘定时付一百万,铁路完成时再付一百万。该款由新成立之东清铁路公司支出,作为筑路费用之一部分。威特并请俄皇特降密旨,由政府借给该公司四百万卢布,其中三百万抽为交涉特殊用项之基金。俄人称之为"李鸿章基金"。但鸿章只得到乌克托木斯基访华时,在上海所转交之一百万,其余未交。可见威特行贿之举,至少已有两次,非仅第一次矣。至威特对南满路支线问题,自始即已议及,乌克托木斯基到北京时,曾向总署言之,而遭李鸿章之拒绝。鸿章云:"我们把你们放进外院,你们却想闯进我们的内宅,那是我们妻妾、子女住的地方。"威特旋于中国拟借债付日本赔款时,提出以一海港之租借权让与东清铁路公司,该港在营口迤东之黄海沿岸选定之。是则威特非不欲得一海口,特不欲强占旅、大耳。模拉维夫所以作此提案,完全以个人之地位为动机,因东方事皆威特主持,拟借旅、大事以自显。威特之反对,亦有不让外交部与闻远东政策之意,初不料此种冒险行为,竟获得意外之成功也。英、日本有积极反对,不惜一战之表示,但俄人对日本在朝鲜方面让步,对英国在借款方面让步,英、日又各与中国缔结扬子江流域及福建不割让他国之协定,并保障海关税务司永远任用英人,英国遂与俄成立默契,双方互许各自行动之自由,故俄人始得压迫中国,以订租借之约。模拉维夫对威特"诚心的感谢",因其曾予以"宝贵的协助与参加"。如无威特之参加协助,则"如此困难之事业,绝不能得到如此良好之结果"。是知威特初虽反对此事,后亦极力赞助之,在其《回忆录》中所标榜之和平侵略政策,固未能贯彻一致也。旅、大之租约,仍由李鸿章、张荫桓与俄代办巴布罗福会同签订,共九款,略述如下:

第一款:为保全俄国水师在中国北方海岸,得有足为可恃之地,大清国允将旅顺口、大连湾暨附近水面,租与俄国。惟此项所租,断不侵中国大皇帝主此地之权。

第二款:所租地段之界,经大连湾迤北,酌视旱地合宜保守所需,应相离若干里,即准相离若干里。其确切界限,俟此约画押后,在圣彼得堡会同许大臣刻即商订,另立专条。此界线商定后,所有划入租界线内之地及附近水面,专归俄国租用。

第三款:租地限期,自画此约之日起,定二十五年为限,然限满后,由两国相商展限亦可。

第四款:在俄国所租之地以及附近海面,所有调度水陆各军,并治理地方,大吏全归俄官而责成一人办理。但不得有总督、巡抚名目。中国无论何项陆军,不得驻此界内。界内华民,去留任便,不得驱迫,设有犯案,送交就近中国官按律治罪。

第五款:所租地界以北定一隙地,此隙地之内,一切吏治,全归于中国官,惟中国兵非与俄官商明,不得来此。

第六款:两国政府相商,旅顺一口,既专为武备之口,独准华、俄船只享用,而于各国兵商船只,以为不开之口。至于大连湾除口内一港,亦照旅顺之例,专为华、俄兵船之用,其余地方,作为通商口岸,各国商船,任便可到。

第七款:俄国仍在所租之地,而旅顺、大连湾两口为尤要,备资自行盖造水陆各军所需处所,建筑炮台,安置防兵,总设所需各法,借以着实御侮。

第八款:中国允以光绪二十二年所准中国东方铁路公司建造铁路之理,而今自画此约日起,推及由该干路某一站起至大连湾,或酌量所需,亦以此理推及,由该干路至辽东半岛营口、鸭绿江中间沿海较便地方,筑一枝路。所有光绪二十二年八月初二日中国政府与华俄银行所立合同内各例,宜于以上所续枝路,确切照行。其造路方向及经过处所,应由许大臣与东方铁路公司谈商一切。惟此项让造枝路之事,永远不得借端侵占中国土地,亦不得有碍大清国大皇帝应有权利。

第九款:此约自两国全权大臣彼此互换之日起举行。此约御笔批准之本,赶紧在圣彼得堡互换。

是年闰三月十七日(西历五月七日,俄历四月廿五日),由许景澄与俄外部续订专约六款。两国互派委员勘分租界,黄海诸岛,网罗殆尽。俄欲将庙群岛划入租界,继又拟划为隙地,经争议结果,中国允不将庙群岛让与别国,而成其势力范围。中俄勘分旅、大租界专条,自光绪二十四年六月在金州会商,至二十五年正月十七日始在旅顺签订。三月二十八日,经总理各国事务大臣、军机大臣、户部尚书王文韶及总理各国事务大臣、工部左侍郎许景澄与俄使格尔斯加押,计八款。另有一附条,规定海面各岛之界。除旅、大租界约外,光绪二十四年五月十八日,又经许景澄、杨儒在俄与东省铁路公司,谈判续订南满洲枝路合同。自哈尔滨起至旅顺、大连湾海口,又要求辽东半岛一带租地自定税则,于是俄在旅、大设关东省,派总督,直以领土视之矣。日俄战后,俄将旅、大之租借权,让与日本,光绪三十一年中日会议东三省事宜,中国予以允诺。南满枝路亦截去长春以南之一段让与日本,日人称为南满铁路。在旅、大租约画押之前一日,御史文悌奏:俄人胁割旅、大,请赴俄庭誓以死拒,急联英助,以戢凶锋。仅报闻。盖自是俄人之真面目毕露,而舆论又转趋于联英矣。

(三) 日本划福建为势力范围

德占胶州,俄租旅、大,各国纷起效尤,竞以中国土地为角逐。日本方盛,自亦不甘落后。惟方割台湾,不便再索海港,乃要求以福建为其势力范围。光绪二十四年闰三月初二日(西历四月二十二日),由日驻北京公使矢野照会总理衙门曰:

> 现准外务大臣电开:日本政府闻清国政府近日艰难,常深轸念。即如威海撤兵,前经声明在案,原系虑节外生枝加累于清国起见,亦足昭命意所在。但日本政府查明实在情形,反顾利害所及,未克置若罔闻,自宜设一妥法,以期未雨绸缪。则请清国政府声明不将福建省内之地让与若租与别国矣。除面述外,请查照,并希照复。须至照会者。右照会大清国总理各国事务王大臣。明治三十一年四月二十二日。

总理衙门于闰三月初四日,照复矢野曰:

> 大清钦命总理各国事务和硕恭亲王(奕䜣),和硕庆亲王(奕劻),太子太傅、文华殿大学士、一等肃毅伯李(鸿章),协办大学士、户部尚书、军机大臣兼署吏部尚书翁(同龢),协办大学士、兵部尚书荣(禄),户部尚书敬(信),太子少保、头品顶戴、镶白旗蒙古都统崇(绮),礼部尚书许(应骙),军机大臣、刑部尚书廖(寿恒),尚书衔户部左侍郎兼署吏部右侍郎张(荫桓),为照复事:光绪二十四年闰三月初二日接准照称:现准外务大臣电开,日本政府……并希照复等因前来。本衙门查福建省内及沿海一带均属中国要地,无论何国,中国断不让与或租给也。相应备文照复贵大臣查照,请转达贵国政府可也。须至照会者。右照复大日本国钦差全权大臣矢野。光绪二十四年闰三月初四日。

其时德划山东,俄索满、蒙,英指长江,法限琼州、两粤、云南,故日本亦定福建为势力范围,不许他国染指。中国宰割之祸日亟,一般士大夫已一变《马关条约》后对日之恶感,而主张联日以制俄。日本且有愿助中国联英拒德之说,终以畏俄不敢徇其请也。但是年秋伊藤博文来华,多言借才变法,以坚同洲之谊。宗人府主事陈懋鼎奏请召见伊藤,谓:“其深通政学,佐开新局,具有过人之才识,现以退位来游,因中国欲行新政,而臣下不能承宣德意,故来有所襄助。修忠告之道,定合从之局,无限光誉,在此一行。中国外交,终以联日为善策。日本资送士大夫游学彼国,显有自信之意,以理势论之,中国亟宜厚与亲密,以为和好之实据。中日共在一洲,民情相同,其未变法时之弊政,亦复相等,使开新之才,迁地以处,不至难易悬殊。我皇上明习外事,侧席求贤,应请明降谕旨,褒誉其品望,令其预备召见,而加以优待外臣之礼,宣中日和睦之谊,询彼国变革之序,于内政外交,两有裨益。”贵州举人傅夔且奏请留伊藤为相,以行新政。其奏略云:

国家自与日本构衅以来,赔兵费,割台湾,情见势绌。以言乎财,则国债累累;以言乎兵,则海军破陆军亦溃;以言乎人才,则辅内政者锢蔽无能,任外交者乖方贻误。士气不伸,民生日蹙,盗贼蜂起,所在皆是,国势破而大局又变矣。今则瓜分势迫,天下破坏,危亡之祸,日急一日。是自古以来未有之世变,中国今日受之,数千年未有之祸患,皇上一人当之。皇上因变成忧,因忧成奋,赫然发愤,锐志变法,而孤立在上,藐焉无辅,是新政之未能遽行,实系执政之不得其人。今有人而可为皇上借助变法以行新政者,日相伊藤是也。……欧洲各国皆有割据中国之心,瓜分中国之势之力,皆欲中国之弱,不欲中国之强。惟英国与日本则不欲中国之甚强,并不欲中国之甚弱,何也?中国甚强则庶务并举,英之商务损而利源失;甚弱则为各国瓜分,而英不能独擅其利。日本则中国甚强惧中国之并己,甚弱己不能并中国,又忌中国为他人所并,则己有唇亡齿寒之惧。二国情同而事异,而其机则一系乎俄。俄急则均急,俄缓则均缓。往者日人攻高丽以召衅中国,日本志不仅欲得高丽而已,又将规我东三省矣。盖俄势日逼于东,俄人东下,中国不能御,席卷之势,并及日本,故日本乘其东方铁路未成,势力未全,而亟思断其左臂。乃俄人捷手疾足,遂乘势而起,援法援德,以重兵逼和日本,倡义举而即行其阴谋,是日本所欲先发捷获于我者,不啻为俄人速致之。于是日人始悔是无异同室操戈,外引强寇入室,于彼于我,两无所利。今则俄占旅、大,英占威海,德占胶州,法索云南,各国要修内地铁路权利,而瓜分之势成矣。……日人尝谓:俄并中国,则无敌于天下,首不利于日本者,非虚语也。他如索兵费则有请缓之谋,出洋生则有来学之请,甚至同仇之议,时见于报章,借箸之筹,亦闻于当事,此尤近事之彰彰可验者也。祸患未形,则思同室操戈以争利,事机已迫则又思同舟共济以纾祸,盖其所以为中国谋,即其所以为日本谋也。……夫中国古来楚材晋用,指不胜屈,近日如暹罗维新,其所用大半皆异国之才,于本国不过十之三四耳。大抵变法之国,其民智皆锢蔽已久,不如是不足以易耳目,振聋聩,鼓舞人才,而收旦夕之效也。日本变法之始,亦曾多用西人,未尝不低首下心,受其挟制,第用舍有权,学成有能其事者,一经考验,即以日人易西人,今则日廷几无西人之迹矣。夫伊藤,日本用之而自强也。亚洲之国变行西法,日本实首创之,故其势逆而难;今我则而效之,则事半而功倍,其势更顺而易。日人素尚义气,喜功名,既无异种之嫌,复有同洲之患,今伊藤之来,苟乐为相助,于我诚便,以视非我族类其心必异者,可无疑无往事也。……今皇上锐志变法,在廷诸臣,多胶于守旧,每以不谙西法为恨。而后来之俊,又名位未显,不足以慑服人望,是以群疑交阻,新政之不能遽行者以此。且不特此也,我国臣工与西人游学者少,又更事未多,未尝游历欧洲各国,亲身探讨泰西之治,闻见所及,难资抉择,故本末或不能兼通,始终或不能具悉。承乏用之,虽不至瞑目操舟,譬之行路,不识其途,则不免多歧之误,岁月之延,而仆夫车马,亦因之况瘁劳殆矣。臣故谓中国今日借助变法莫如伊藤为宜者此耳。臣闻去岁两湖督臣张之洞曾建议,请行聘问日本,联盟共御欧洲,并陈借助之谋,力赞维新之治。事不果行,天下惜之!亡羊补牢,犹未为晚,可否请如该督臣所奏,恳祈留相伊藤借助变法以行新政之处,并请预订年限,以操用舍在我之权,出自圣裁,国家幸甚,天下幸甚。

此折方上时,光绪帝已于八月初五日召见伊藤于勤政殿,伊藤谓:“陛下改良旧法,力图富强,此于保全东亚局面上实有重要之关系。”光绪帝云:“贵我两国,地势上同在一洲之内,最亲最近,目今我国改革,迫于必要,朕愿闻贵爵披沥其意见,请贵爵将改革顺序方法,详细告知总理衙门王大臣,予以指导。”伊藤云:“敬奉谕旨,王大臣如有咨询,臣依实际所见,苟利于贵国者,必诚心具陈。”帝云:“常与贵国同心协力,永久继续亲密国交,为朕所最为切望者。”伊藤云:“我国天皇陛下之圣意,亦实相同,此心若能普及于两国臣民,则交谊日渐亲密,实属易事。”可见光绪帝颇有与日联交借助伊藤之意,初不料次日戊戌政变即作,而光绪帝被幽囚于瀛台矣。可胜慨哉!

一百　英法之继起攘夺与中国之门户开放

(一) 英人之侵略缅、藏

自云南马嘉理案议结之后，英人注力于缅、藏之侵略。光绪十一年，法人既夺据安南，英亦进窥缅甸，踞其都，又欲通商西藏。滇督岑毓英奏请设防，旋遣总兵丁槐率师往腾越备之。中国以缅甸久为我藩属，电曾纪泽向英外部力争，令存缅祀，立孟氏。英外部不认缅为我属，而允立孟氏支属为缅甸教王，不得与闻政令。纪泽未允。英外交大臣易人，纪泽亦交卸归，教王之说，置诸不议矣。既而英使欧格讷以烟台条约有派员入藏之文，坚求立见施行。总署王大臣方以藏众不许西人入境，力拒所请。会欧以缅甸事自诣总署，言缅甸前与法私立盟约，是以兴师问罪，今若重立缅王，则法约不能作废，故难从命。今欲依缅甸旧例，每十年由缅甸长官派员赴京，而勘定滇、缅边界，设关通商，以践前约。总署以但言派员赴京，并未明言贡献，争辩再四。始改呈进方物，循例举行，而勘界通商，则皆如所请。欧格讷始允停止派员入藏。藏印通商，仍请中国体察情形再行商议。议既定，光绪十二年六月二十三日，遂由庆亲王奕劻、侍郎孙毓汶与定缅甸条约四款。中国承认缅甸属英，仅保留十年一贡之虚文而已。十三年秋，缅约互换于伦敦。十四年春，英人麻葛藟督兵入藏，藏人筑卡御之，为英兵所败。旋攻哲孟雄之日纳宗，又败。哲孟雄原为藏属，自是归英，界务久不能决，藏人誓言不愿与洋人共生于天地，将背城一战。清廷谕驻藏大臣，令藏人撤兵。藏人畏逼，请与英兵同撤。十一年驻藏大臣升泰与印度总督所派政务官保尔会议，英必欲哲孟雄为所属，升泰坚未允许，议久不决。十六年二月，朝旨派总税务司赫德之弟赫政赴藏协商藏印约事。升泰奏言："撤兵藏番已允遵旨，所难者分界、通商两大端耳。臣自到边，哲部长之母率其亲族头目来营具禀云：英人昔年立约，曾经议明无论如何，不得逾日喜典河一步。哲部租地与英，每年应收租费洋银十二千圆。英人分毫未给。此次印藏构兵，以致殃及，实不愿再归英属。臣维哲孟雄本属小邦，僻在极边，本年印藏用兵，被英人掠取全土，复迁其部长安置印度噶伦绷之地,而以重兵驻守扛多,即部长平时治所也。流离转徙,情实可矜,是以此次会议,但许其保护,而必争照旧两字,使藏人不至咎臣办理边事失去藩属,并可借此羁縻布鲁克巴。至布鲁克巴地大物博,民俗强悍,其地数倍哲孟雄,实为前藏屏蔽,西人呼为布丹国。上年曾经入贡,其部长向无印信,亦无封号,臣此次到边,其部长派兵千七百人来营效力。臣方饬藏兵遣撤,岂可留此多人,致贻口实?是以优给赏赉,勉以大义,饬令速回,许事后为之代恳天恩,该部人欢欣鼓舞而去。”据此可知英人蚕食藏边,先将哲孟雄骗归掌握,已达藏界,藏人不欲与之接壤,故起兵拒之也。升泰与保尔议,保尔不敢作主,事事仍请命印督,藏欲以哲孟雄为间,而英函哲酋,欲收入印度幅圆之内,藏人闻之益愤。升泰严饬藏官僧俗,毋率行干预哲事,而亟使赫政劝阻英官,勿遽更易哲酋,使藏人有所借口。藏、哲旧界,本在雅纳支木两山间,其后商贩往来,另辟捷径,于是有所谓咱利孔道者,即热勒巴拉岭之支麓也。升泰议即咱利山立石划分藏、哲之界,其印、哲旧界,在日喜河者,亦拟仍旧。藏番不愿通商,初指对邦附近地为商埠,后始议定后藏之亚东。于其修建关卡,设汉官治之。藏官甫首肯,而英人又迁延不决。总署旋拟四条,与英使华尔身筹商久之,始议定八款。第一款藏、哲以咱利山巅为界,第二款哲地归英保护,第三款两边各无犯越。其余缓议,由升泰与印督兰士丹先行画押。是秋出使大臣薛福成与英外部互换于伦敦,是为《中英藏印条约》。光绪十七年保尔复与升泰所派之委员黄绍勋、张昉及总务司赫政,在大吉岭会议,至十九年十月,始议定《续议藏印条约》九款,开亚东为商埠。五年后印茶可入藏销售。至于滇、缅之界,曾纪泽初与英外部交涉,英许以潞江以东南掌掸人之地归中国,纪泽要求八莫,英人不允,仅允于旧八莫,在八莫东二三十里,中国立埠设关收税。因互书节略存卷。薛福成莅任后,促践前议,英人翻不承认。福成因思野人山地绵亘数千里,不在缅甸辖境之内,复照会英外部,请以大金沙江为界,江东之境属滇。而印度总督不允,遽出兵攻击野人,以示不愿分地之意。福成屡促速议,英始允将汉龙、天马两关还中国。又久之,始允让所据之铁壁关,惟虎踞关不允让。光绪二十年正月二十四日,始与订《续议滇缅界商约》共二十条,虽未能尽如曾纪泽前议,然自科干至昔马,我收回约八百英方里,又大金沙江亦可行船。中日战后,法助俄干涉还辽,索我云南普洱徼外猛乌、乌得两地,英人借口两地属缅,又谓薛福成前约,误将北丹尼、科干等地划入,要求索回。且多方威胁,至二十三年正月,与定议《中缅条约附款》十九条,不特北丹尼、科干又改属英,即英认为中国地之三角地带,亦永租于英。滇边又蹙数百里,而英之野心尚未已也。

(二) 势力范围之划分与强租九龙、威海卫

《马关条约》规定三年之内能将赔款全数清还,除将已付利息于应付本银扣还外,余仍全数免息。至光绪二十四年四月条约批准届满三年,故中国拟借外债以付日本之赔款,如此可节省二千一百万两之数。自光绪二十三年十二月起,清廷即令李鸿章与英、俄接洽借款。俄国提出以监督税收为借款之真实担保,英国以海关总税务司原为英人,向总署提出抗议并愿由政府担保向英国银行借款,而以扬子江一带不许让与他国,开大连湾为商埠及推广内地商务,免除厘金为条件。于是英、俄两国之冲突,已不在旅顺口,而转移于借款问题。各向负责交涉之大臣行贿,威特电告北京驻使:"为着该项目的,以一百万卢布,秘密分赠与中国官吏。如果太少,还可增加。"俄并声明无久据旅顺之意,惟必须将铁路问题,先作一圆满之解决。因此清廷颇偏重俄国方面。英舆论激昂,且声言陆军已准备应付战争之爆发,北京驻使玛德纳特且威胁清廷,如不承认英国之借款,将使用"各种老方法"以对付中国。李鸿章提议由两国分借,而法国亦反对英国借款之条件。中国政府遂声言拒绝任何外国借款,以延缓时日。其实是赫德居中,由汇丰银行借款一千六百万镑,承认英国所提出之四条:

一、扬子江沿岸各省之土地,不得割让租借于他国。

二、开放内河,推广内地商务。

三、二年后开长沙为口岸。

四、中国总税务司,永久雇聘英国人。

英人划长江流域为其势力范围,在瓜分中国之阴谋上,可谓又进一步。盖英、俄彼此协议之结果,俄于借款方面让步,而英亦不再干涉俄租旅、大之事也。然英人犹以为未足,四月间,又拓展香港界址至九龙城,租期九十九年。五月,又以俄租旅、大为借口,强租威海卫。威海卫在日本赔款未清之时,尚为日军所占领,英、日因对俄之态度一致,英人声言:俄占旅、大,颇有并吞中国之意,故不得不据威海以抵制之,故易得日人之同情也。但德占胶州后,山东已为其势力范围,英复向德声明,仅占海口,决不侵害其山东之权利,故德国亦予默许。李鸿章与英使反复辩论,英使曰:"君但诉诸俄使,勿诉诸我,俄使干休,我亦干休耳。"鸿章无词以对,遂与订租约一条:"以刘公岛并在威海湾之群岛,及威海全湾沿岸以内十英里之地,租与英国。以二十五年为期。威海卫城内仍由中国自行管理。于英国所租之水面,中国兵船无论在局内局外,仍可享用。"旅顺与威海,原为我海军根据地,乃渤海湾之天然门户,今悉以资敌,而我京、津无险可守矣。光绪二十五年二月,复因展拓香港界址,订立租界合同,北界始于大鹏湾,以沿湾水尽见岸之处为界,其划归租界内之深圳河,则以北岸为界。此虽名为租界,而实同占领,然广大之长江流域,已属英人禁脔,更何有于此区区之地哉?

(三) 法人租占广州湾

三国干涉还辽之后,法求酬报,乃以原属宁洱县属车里土司之猛乌、乌得二地与之。光绪二十三年三月,又要求琼州不割让租借于他国,许之。二十四年三月,因英结长江不割让他国之约,法以保均势为词,向我要求四款。一、中国与东京邻接之广东、广西、云南诸省,不割让租借于他国;二、自东京至云南府之铁路,由法国筑造。总署即复照应允,惟要求租借广州湾及修建铁路事,虽大体承认,而期限与区域,久议不定,几致决裂。法乃借口教士有被杀者,以兵舰强据之。交涉年余,至二十五年十月十四日,始与订租借条约七款如下:

第一款:因和睦之由,中国国家将广州湾租与法国国家作为停船趸煤之所。定期九十九年，惟在租界之内订明所租情形，于中国自主之权无碍。

第二款：议定在停船趸煤之界，以守卫备运兴旺等情，所有租界内水面故归入租界内管辖。其未入租界者，仍归中国管辖，开列如下：

东海全岛

硇州全岛　该岛与东海岛中间水面系中国船舶往来要道，嗣后仍由中国船舶任便往来租界之内停泊，勿得阻滞，并勿庸纳钞征税等事。其租界定在遂溪县属南由通明港登岸，向北至新墟，沿官路作界线，直至志满墟转向东北，至赤坎以北，福建村以南，分中为界。赤坎、志满、新墟归入租界。黄略、麻章、新埠、福建各村，均归中国管辖。复由赤坎以北，福建村以南，分中出海水面横过调神岛北边水面，至兜离窝登岸，向东至吴川县属西炮台河面分中出海三海里(即中国十里)为界。黄坡仍归中国管辖。又由吴川县海口外三海里水面起，沿岸边至遂溪县属之南通明港，向北三海里转入通明港内分中登岸，沿官路为界。此约订明并绘图画明界址，互相划界分执后，两国特派委员会勘明确，妥定界址，以免两国争执。

第三款：于九十九年内所租之地，全归法国一国管辖以免两国争执。又议定租界内华民能安分不犯法，仍可居住照常自便，不可迫令迁移。其华民物业，仍归华民管业，法国自应一律保护。若法国需用物业，照给业主公平价值。

第四款：在租界之内，法国可筑炮台、驻扎兵丁，并设保护武备各法。又在各岛及沿岸，法国应起造灯塔，设立标记、浮桩等以便行船。并总设整齐各善事，以利来往行船，以资保护。

第五款：中国商轮船只在新租界湾内，如在中国通商各口一律优待办理。其租界各地湾内水面均归法国管辖。法国可以立定章程，并征收灯船各钞，以为修道灯桩各项工程之费。此款专指广州湾内水面而言，至硇东水面，已在第二款内声明。

第六款:遇有交犯之事,应照中法条款、互订中越边界章程办理。

第七款:中国国家允准法国自雷州府属广州湾地方赤坎至安铺之处,建造铁路、旱电线等事,应备所用地段,由法国官员给价,请中国地方官代向中国民人照购,给予公平价值。而修造行车,需用各项材料,及养修电路各费,均归法国办理。且按照新定总则数目,华民可用铁路、电线之益。至铁路、旱电线若在中国者,中国官员应有防护铁道、车机、电线等务之责。其在租界者,由法国自理。及议定在安铺铁路、电线所抵之处,水面、岸上均准筑造房屋,停放物料,并准法国商轮停泊上落,以便往来,而重邦交。

此约由广西提督苏元春与法提督克尔订于广州湾,批准后在北京互换。盖英国方要求西江开埠,又以俄、德皆有攘地,法人遂亦积极谋之,视两粤、云南为其势力范围,于是利益均沾之约,由商务而推展至于领土,中国几不免于豆剖瓜分焉。

(四) 美国宣布门户开放政策

自从德国占领胶州湾,于是,俄租旅、大,英租威海卫,法租广州湾,西南各省为法之势力范围,长江为英之势力范围,福建为日本之势力范围,俄则隐操满、蒙之利权,意大利亦要求租借三门湾,中国未许,然滨海沿边要地,几尽为列强所侵占,骎骎乎有豆剖瓜分之势。美国与中国交通甚久,且自领有菲律宾以后,对于东方之利害关系益感密切。美国国务卿海约翰(John Hay)鉴于各国竞争之激烈,中国几将不国,又恐妨害美国在华之商业利益,因宣布有名的门户开放政策(The Open Door Policy)。此政策使列强开放在华租借地以及所谓“势力范围”,使美国人民享有均等之利益与机会。海约翰于一八九九年九月六日(光绪二十五年八月),对驻德、英、法、俄四国大使发出训令,使对各驻在国政府提出门户开放政策,其要点如下:

第一,在中国任何所谓“势力范围”或租借地内之通商口岸,或投资事业,无论如何不得加以干涉。

第二,中国之现行关税率,对于一切所谓“势力范围”内之口岸装卸之一切货物,无论属于何国,均为适用,其税款应由中国政府征收。

第三,此种“势力范围”内之任何口岸,对他国之船舶,不得课以较对本国船舶为高之码头税。又在此种“势力范围”内所敷设管理或经营之铁路,运输属于他国或人民之货物,所收运费,不得较其对本国人民经过同样距离所运输之同样货物为高。

十一月十三日又致同样训令与日本、意大利两国驻使。当经美国驻英大使乔特(Choate)、驻德大使怀德(Henry White)、驻俄大使陶尔(Tower)、驻法大使维哥奥得(Vignaud)、驻日公使巴克(Buck)、驻意大使拉披尔(Draper)等,分别照会各驻在国政府。英国首先答复,表示各国如均赞同,英国愿接受此项建议。兹将乔特所致英国首相兼外交大臣沙立斯百里(Salisbury)之照会,择录如下:

敝国国务卿深悉英国不将其在华所获一切特权,作为排斥一切商业竞争者之手段而行使之,为英国之确定政策及目的,而对华通商自由,即无异对全世界之通商自由。贵国政府依其与德、俄所订正式协定而承认该两国之在华势力或利益范围,在此项范围内享有关于铁路及矿业等之特殊权利,同时曾努力保持所谓“门户开放”政策,在此种范围内,确保各国商务、航务之均等待遇。贵我两国之商业团体,均甚切望保持此项政策,认此为改善现状维持其在中国市场所占地位及使将来有发展可能之唯一政策。美国政府不能承认最近各国所缔结各种协定在中国各地所享之排他的权利及对于各地之支配,同时忧虑缔约国间实有发生纷争之危机存在,此项纷争必致中美间条约所保障之美国权利受其侵害。

敝国政府切望美国人民在任何国家在华享受有支配权之势力范围内,不致因排他待遇而受利益之侵害,并希望能在彼维持一公开市场,以供发展世界商务之用,排除国际感情激刺之危机,俾列强能在北京采取一致行动,促进为巩固中国政府所亟需之行政改革,并维持中国之完整,敝国政府以为此事与西方列强均有关系。敝国政府并信在中国要求势力范围之列强,在其范围内,对于外国通商贸易之待遇,抱有何种意向,如能加以声明,则于获得上项结果,将大有裨益,敝国政府认现时为通知贵政府极良之时机,美国政府自愿作下列声明,并将以其切实赞助之力,俾在中国要求势力范围之列强,亦各自作与下列大致相同之声明。

其他五国,亦相继表示接受,德、俄并宣布胶州、大连为自由港。至此列强利己主义之竞取,一变而为合议共管之缓谋,冲突之祸免,瓜分之危暂纾。于是门户开放,机会均等,保持中国完整,促进世界和平之责,无形中已由美国负之。我国之能得延长国祚,胥此政策宣布为其始因也。